集 刊 名：形象史学
主办单位：中国社会科学院古代史研究所文化史研究室
主　　编：刘中玉

2023 年夏之卷

编委会（以姓氏笔画为序）

主　任　孙　晓（中国社会科学院古代史研究所）

委　员

卜宪群（中国社会科学院古代史研究所）　　李　零（北京大学）
万　明（中国社会科学院古代史研究所）　　沙武田（陕西师范大学）
王子今（西北大学）　　　　　　　　　　　沈卫荣（清华大学）
王月清（江苏省社会科学院）　　　　　　　张昭军（北京师范大学）
王亚蓉（中国社会科学院考古研究所）　　　陈支平（厦门大学）
王彦辉（东北师范大学）　　　　　　　　　陈星灿（中国社会科学院考古研究所）
王震中（中国社会科学院古代史研究所）　　尚永琪（宁波大学）
尹吉男（中央美术学院、广州美术学院）　　罗世平（中央美术学院）
成一农（云南大学历史与档案学院）　　　　金秉骏（韩国首尔大学）
扬之水（中国社会科学院文学研究所）　　　郑　岩（北京大学）
朱凤瀚（北京大学）　　　　　　　　　　　耿慧玲（台湾朝阳科技大学）
仲伟民（清华大学）　　　　　　　　　　　黄厚明（南京大学）
邬文玲（中国社会科学院古代史研究所）　　渡边义浩（日本早稻田大学）
池田知久（日本东方学会）　　　　　　　　葛承雍（中国文化遗产研究院）
杨宝玉（中国社会科学院古代史研究所）　　谢继胜（浙江大学）
杨爱国（山东省博物馆）　　　　　　　　　臧知非（苏州大学）
杨富学（敦煌研究院）　　　　　　　　　　熊文彬（四川大学）
李　旻（美国洛杉矶加州大学）

编辑部主任　宋学立

编辑部成员

王艺　王申　马托弟　刘中玉　刘明杉　安子毓　纪雪娟　李凯凯　宋学立　张沛林
黄若然　曾磊

副主编

宋学立　安子毓

总第二十六辑

古文字与中华文明传承 | CSSCI 来 源 集 刊
发展工程专项资助集刊 | AMI（集刊）核心集刊

形象史学

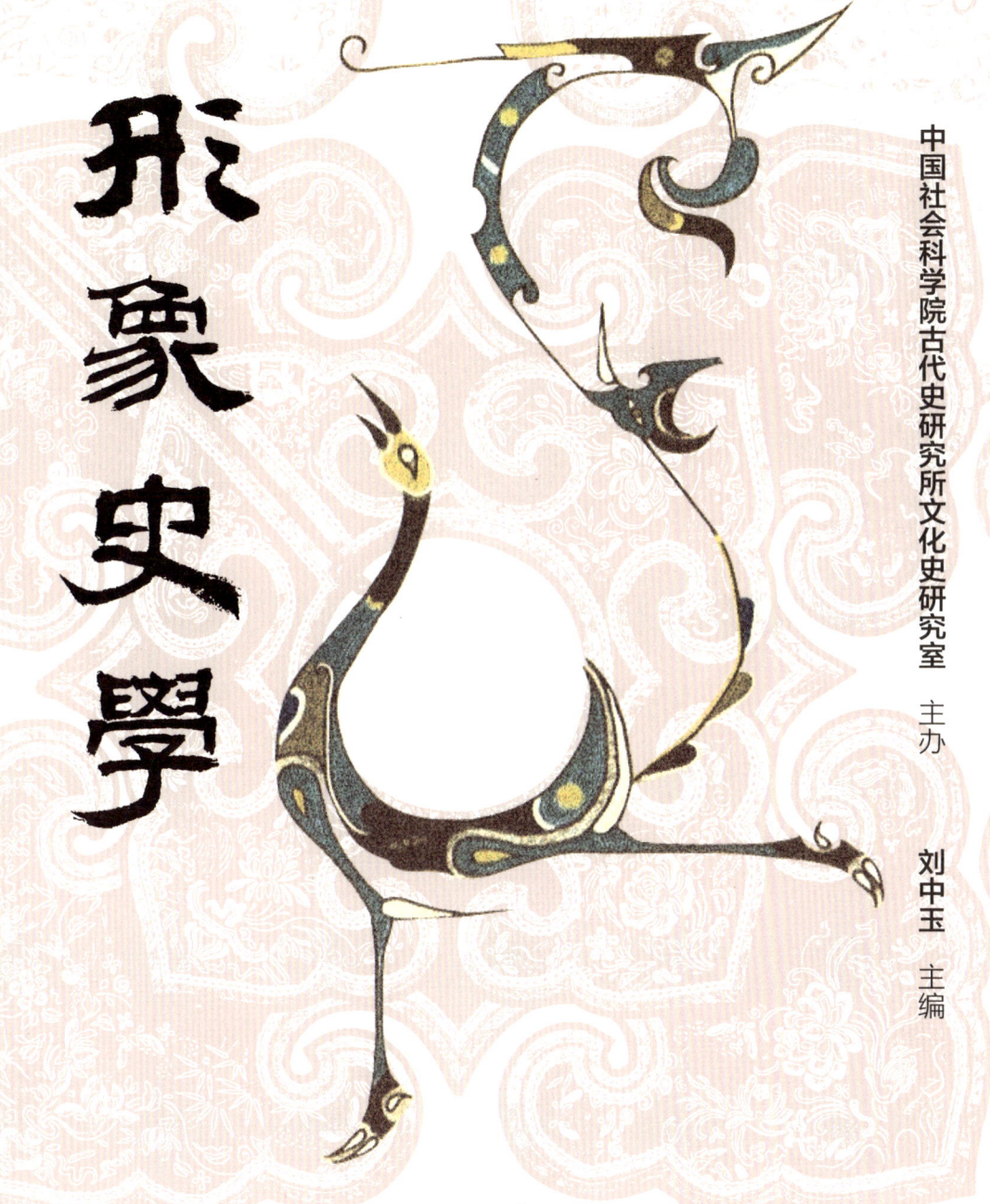

中国社会科学院古代史研究所文化史研究室 主办

刘中玉 主编

2023 年
夏之卷

（总第二十六辑）

中国社会科学出版社

图书在版编目(CIP)数据

形象史学. 2023年. 夏之卷：总第二十六辑/刘中玉主编.
—北京：中国社会科学出版社，2023.5
ISBN 978-7-5227-2105-7

Ⅰ.①形… Ⅱ.①刘… Ⅲ.①文化史—中国—文集
Ⅳ.①K203-53

中国国家版本馆CIP数据核字（2023）第112730号

出 版 人	赵剑英
责任编辑	李凯凯
责任校对	季　静
责任印制	王　超

出　　版	中国社会科学出版社
社　　址	北京鼓楼西大街甲158号
邮　　编	100720
网　　址	http://www.csspw.cn
发 行 部	010-84083685
门 市 部	010-84029450
经　　销	新华书店及其他书店
印刷装订	北京君升印刷有限公司
版　　次	2023年5月第1版
印　　次	2023年5月第1次印刷
开　　本	787×1092　1/16
印　　张	26.5
字　　数	518千字
定　　价	158.00元

凡购买中国社会科学出版社图书，如有质量问题请与本社营销中心联系调换
电话：010-84083683
版权所有　侵权必究

目 录

一 纺织考古
栏目主持　刘中玉

先秦服饰衣缘管窥
　　——基于历史文献与考古材料的观察　　温小宁　王亚蓉　003

长带飘飘
　　——中国古代图像中的特殊服饰　　朱天舒　017

方位、制式与功能：关于古代"衽"的几个问题　　周　方　潘健华　057

二 器物研究
栏目主持　韩　鼎

对甗器时代的认识
　　——兼论觯形尊出现的时代　　王泽文　085

试论商代青铜器十字形镂孔的源流及内涵　　罗英豪　107

古蜀地区出土的持物人像研究　　任　欣　练春海　144

从桎梏到枷锁
　　——汉唐间拘束刑具的变迁　　刘可维　173

三 图像研究

栏目主持 曾　磊

层累的"晏子"
　　——以晏子故事汉画像为中心　　　　　　　　　　　　徐瑛子　　201

敦煌石窟所见三叉冠图像及源流探析　　　　　　宋焰朋　闫文曦　　222

唐墓壁画游园题材考析
　　——从章怀太子墓双层壁画谈起　　　　　　郭美玲　郑春颖　　244

敦煌蕃据时期汉藏佛教交流语境下陀罗尼经咒与密教图像的互构功能
　　——以 Pt. 389、Pt. 4519、St. 6348 等护身符为中心　　王瑞雷　　255

宋代艺术史中"妇人乳婴"形象探源及身份考辨　　　　　　张廷波　　290

中国古代的乌贼形象及开发利用　　　　　　　　　白　斌　李晨欣　　313

四 地图研究

栏目主持 成一农

《大明混一图》绘制时间再探讨
　　——以明太祖"十四封王"为中心　　　　　　　　　　　单　丽　　333

明清时期政区图的测绘技术及其近代转型研究　　　　　　成一农　　349

志观、胜景与城景：明清南京朝天宫图像的变迁　　贺晏然　褚国锋　　369

近代地球仪由中国传入朝鲜的早期历史
　　——以牛津大学博德利图书馆藏地球仪图像为中心　　　王　耀　　387

一

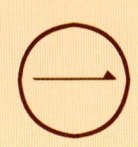

纺织考古

先秦服饰衣缘管窥
——基于历史文献与考古材料的观察*

■ 温小宁（清华大学出土文献研究与保护中心暨"古文字与
中华文明传承发展工程"协同攻关创新平台）
王亚蓉（中国社会科学院考古研究所）

衣缘是中国古代服饰的重要结构，但是相关专题研究并不多，且集中在清代、民国服饰。[1] 沈从文先生最早在《中国古代服饰研究》中对战国衣缘略有提及，指出"领缘较宽，绕襟旋转而下，边缘多做规矩图案，使用厚重织锦"，多次提到与文献所记载的"衣作绣，锦为缘"相符。[2] 之后学界也多引用这一笼统说法，未再做深入讨论。随着先秦考古资料的公布和增多，为我们深入了解早期服饰衣缘的细节提供了很好的线索。本文主要梳理传世文献和考古出土资料的衣缘信息，对其材质、工艺以及文化内涵做进一步考察。[3]

一 衣缘概观

（一）"缘""纯"

所谓衣缘，主要指服饰的领口、衣

---

* 本成果得到国家社科基金冷门"绝学"和国别史等研究专项"汉晋简牍名物词整理与研究"（项目编号：19VJX091）资助。

1 诸多服饰研究的学术著作中，或多或少提及衣缘，如《中国衣冠服饰大辞典》（高春明）、《中国历代服饰艺术》（黄能馥、陈娟娟）、《中国传统服饰形制史》（周汛、高春明）等，但是这些著作更多的关注古代服饰通史，对于衣缘的具体细节未做过多研究。衣缘发展至清代尤为繁缛，相关研究较为集中，如邹毅《晚清民初时期中国女装缘饰研究》，硕士学位论文，东华大学，2005；王晖《清中晚期女便装缘饰探析》，硕士学位论文，北京服装学院，2007；屈杨《清代女装缘饰分析及其在服装设计中的创新应用》，硕士学位论文，北京服装学院，2013。

2 沈从文先生讨论战国楚服特征时，指出："男女衣着多趋于瘦长，领缘较宽，绕襟旋转而下。衣多特别华美，红绿缤纷。衣上有作满地云纹、散点云纹或小簇花纹的，边缘多较宽，作规矩图案，一望而知，衣着材料必出于印、绘、绣等不同加工，边缘则使用较厚重织锦，可和古文献记载中'衣作绣，锦为缘'相印证。"参见沈从文《战国楚墓彩绘木俑》，《中国古代服饰研究（增订本）》，上海书店出版社，1999，第53页。另外《战国帛画妇女》《江陵马山楚墓发现的衣服和衾被》等篇目也对衣缘有简要说明。

3 广义的古代服饰包含首服、体服、足服、发式、首饰、配饰等多种类型；本文所称"服饰"，主要指狭义的服饰，即"服装"，包括上衣下裳制和上下连属制。

襟、下摆、袖口、侧缝等外轮廓边缘，或衣片拼缝。《尔雅·释器》："缘谓之纯。"[1]《说文·糸部》："缘，衣纯也。"段玉裁注："缘者，沿其边而饰之也。"[2]古代文献中，"纯""缘"均泛指服饰衣缘。先秦服饰十分重视对缘边的处理和装饰，《礼记·深衣》描述深衣的缘边有"纯以缋""纯以青""纯以素"之别。传世文献中，衣缘的不同位置又各有专名，略有区别（表1），在材质、色彩、纹样上呈现丰富的变化。

表1		传世文献常见衣缘不同位置名称
装饰位置	名称	相关解释
领、领围	领	《说文》："领，项也。"段注："项当作颈。……不当释以头后……衣之曲夹谓之领，亦不谓衣后也。"多指衣领的交合之处，后又引申指整个衣领。
	襋	《说文》："襋，衣领也。"《诗经·魏风·葛屦》："要之襋之，好人服之。"毛传："襋，领也。"
	襮	《说文》："黼领也。"《诗经·唐风·扬之水》："素衣朱襮，从子于沃。"毛传："襮，领也。诸侯绣黼丹朱中衣。"指绣有黼形花纹的衣领。
	褗	《说文》："褗领也。"段注以为"褗"应作"褗"，即褗领。《广韵》："褗，衣领也。"
衣边	裔	《说文》："衣裾也。"徐锴曰："裾，衣边也，故谓四裔。"
	裾	指衣裾，含门襟及下摆处的缘边，如曲裾深衣延伸部分的缘边称为裾。
	裧	《说文》："裣缘也。"段注："盖古者深衣，右自领及衽，左自袼亦及衽，皆缘之。"
	襈	《释名·释衣服》："襈，撰也。青绛为之缘也。"《类篇》："缘也。"
袖口	袪	《说文》："衣袂也。"《诗经·郑风·遵大道》和《诗经·唐风·羔裘》毛传皆曰："袪，袂也。"朱骏声《说文通训定声》："析言之，则袖曰袂，袂口曰袪。统言之，则袪亦曰袂也。""袪"可专指袖口，也可泛指袖子。
	褎	《说文》："褎，袂也。从衣，采声。袖，俗褎从由。"《诗经·唐风·羔裘》："羔裘豹褎，自我人究究。"指袖端。
	褾	《玉篇·衣部》"褾，衣袪也"，《广韵·小韵》："褾，袖端。"

---

1 （晋）郭璞注，（宋）邢昺疏：《尔雅注疏》卷五《释器》，载阮元校刻《十三经注疏》，中华书局，2009，第5654页。

2 （清）段玉裁：《说文解字注》第十三篇上，中华书局，2013，第661页。

续表

装饰位置	名称	相关解释
下摆	袩	《仪礼·士昏礼》："主人爵弁，纁裳缁袩。"郑注："袩，谓缘。"裳的缘边。
	袡	《仪礼·士昏礼》："纯衣纁袡。"郑注："袡，亦缘也。"《礼记·杂记上》："子羔之袭也，茧衣裳，与税衣纁袡为一。"孔疏："袡，裳下缘襈也。"指裳的下缘。
	緆	《礼仪·既夕礼》郑注："饰裳……在下曰緆。"指裳的下缘。
	綼	《礼仪·既夕礼》郑注："饰裳，在幅曰綼。"章太炎《新方言·释器》："今人谓衣裳边角边纯缘曰綼。"
	裔	《说文》："绠也。"段注补："绠也，裳下缉也。依《释名》当作缉下。'缉下'，横缝缉其下也。"即下裳的锁边。
拼缝	裺	《方言》卷四："悬裺谓之缘。"郭璞注："衣缝缘也。"指衣缝边缘。（《说文》同"褗"）
	褅	《说文》："衣躬缝。"即衣服背后的衣缝。
	裂	《说文》："一曰背缝。"衣背中缝。
	紃	《礼记·杂记》："紃以五采。"郑注："紃，施诸缝中，若今时绦也。"
开衩	衸、衱	《说文》："衱，衣衸。"《说文》："衸，衱也。"段注："膝者，裙衩在正中者也，故谓之衸，言其开拓也；亦谓之衱，言其中分也。""衸""衱"均表示裙衩。

（二）早期衣缘起源与发展

衣缘的首要作用当以实用为主。为了防止织物裁剪后脱线，需要对边缘进行包裹与加固；特别是领、袖、襟、下摆等部位，在使用中易磨损，加缘可使衣服更加结实、耐用。《礼记·玉藻》："缘广寸半"，郑玄释"缘"用来"饰边也"[1]。

衣缘伴随着服饰的发展而不断演变，在后期开始注重美化和装饰，并逐渐纳入中国冠服制度。

夏代已"衣服有制"[2]，囿于资料匮乏，衣缘信息不可详考。殷商时期，贵族阶层的服饰形式完备，制作讲究。[3] 殷墟M1217出土的残大理石人像形象反映了当

---

[1] （汉）郑玄注，（唐）孔颖达疏：《礼记正义》卷二九《玉藻》，载阮元校刻《十三经注疏》，中华书局，2009，第3200页。《汉书》卷五八《公孙弘传》颜师古注曰："缘饰者，譬之于衣，加纯缘者。""缘饰"一语道出衣缘之装饰功能。

[2] （清）王先谦：《荀子集解》卷五《王制》，中华书局，1988，第159页。

[3] 宋镇豪根据考古出土的殷商人物雕像，总结出商代衣服式样有十余种。参见宋镇豪《商代玉石人像的服饰形态》，《中国社会科学院历史研究所学刊》第二集，商务印书馆，2004，第71—108页。

时贵族男子的服饰面貌，"上身穿大领衣，衣长盖臀，右衽；腰束宽带。下身外着裙，长似过膝。衣之领口、襟缘、下缘、袖口缘有似刺绣之花边，腰带上亦有刺绣之纹"[1]。（图1）从图案来看，贵族服饰的领、袖等缘边多装饰回纹、雷纹之类纹样。而平民及奴隶多为素衣，并无衣缘。衣缘装饰已经成为阶级的象征之一。此时，衣缘的工艺细节尚无实物可考，可能是简单的提花织物和刺绣。

周人重视礼乐制度规范，在继承夏、商的基础上形成等级森严的服饰制度。《周礼》记载官府手工业中设有典妇功、缝人、典丝、染人、掌葛、掌染草等职，贵族服饰从原料生产到成衣均有严格管理。衣缘制作工艺日益精良，多采用印绘、织绣等。西周中晚期金文中，周王常以"玄衣黹屯"作为赏赐[2]。"屯"通"纯"。据考证，甲骨、金文中的"黹"象针缕刺绣衣物所成之文，是当时常用的锁绣针迹（图2至图3）[3]。"玄衣黹屯"意即饰有刺绣缘边的黑色礼服，所作纹饰也多为规则几何图形。如《诗经·唐风·扬之水》记载诸侯："素衣朱襮，从子于沃。"毛传："襮，领也。诸侯绣黼丹朱中衣。"[4] 扶风庄白村出土㝬方鼎（西周中期）铭文有"玄衣朱襮裣"，裘锡圭释"襮"从衣虣声，为"襮"异体，指以黼纹装饰的丹朱色衣领[5]。除高档丝织物之外，衣缘也多以动物皮毛类装饰。周代已设"司裘"和"攻皮之工：函、鲍、韗、韦、裘"，专门管理和制造毛裘韦革。《礼记·玉藻》言君子的裘衣"狐青裘豹褎""麛裘青豻褎""羔裘豹饰"。《说文·衣部》："褎，袂也。从衣，采声。袖，俗褎从由。"[6] 大夫等贵族的裘衣以豹和豻（野狗）皮装饰袖口，既美观又保暖。这种服饰在战国时期的漆画中有所表现。长沙黄土岭楚墓漆卮所绘冬季御寒场景中，骑士着交领复襦，领口、袖口处有丰厚蒙茸感，应属于皮毛出锋来作衣缘。

---

1 梁思永、高去寻：《侯家庄·第五本——第一〇〇四号大墓》，"中研院"史语所，1970，第41页，又图19，图版三五、三六。

2 见于庚季鼎（西周中期）、弭伯簋（西周中期）、王臣簋（西周中期）、善夫山鼎（西周晚期）、颂鼎（西周晚期）、此鼎（西周晚期）等青铜器铭文。

3 孙诒让指出"黹屯"即"《书·顾命》'黼纯'之省"，王国维、屈万里等多认为"黹"是某种花纹的象形文字。马怡认为，金文中的"黹"与纹样无干，是刺绣针迹。参见马怡《先秦两汉刺绣论考》，《中国社会科学院历史研究所学刊》第十集，商务印书馆，2017，第35—56页。

4 （汉）毛亨传，郑玄笺，（唐）孔颖达疏：《毛诗正义》卷六《扬之水》，载阮元校刻《十三经注疏》，中华书局，2009，第768页。

5 裘锡圭：《说"玄衣朱襮裣"——兼释甲骨文"虣"字》，《文物》1976年第12期，后收入《裘锡圭学术文集》第三卷，复旦大学出版社，2015，第3—4页。

6 （清）段玉裁：《说文解字注》第八篇上，第396页。

图 1　殷墟出土商代贵族残大理石像
（引自《中国古代服饰研究》）

图 2　即簋（西周中期）铭文"耑"
（引自《殷周金文集成》08.4250）

图 3　颂鼎（西周晚期）铭文"耑"
（引自《殷周金文集成》05.2827）

二　考古材料所见衣缘的工艺与特征

虽然传世文献记载了丰富的先秦衣缘信息，但直到 20 世纪 50 年代，湖南、湖北等地出土大量服饰实物，才使我们有幸得窥具体细节。另外，同时期出土遣策所记各类纺织名物中，亦有许多对衣缘的描述，[1] 如"索（素）豙之纯"（望山 2 号墓简 61）、"绛（锦）纯"（仰天湖 25 号墓简 3）、"乐城之纯"（包山 2 号墓简 261）、"绣纯"（包山 2 号墓简 262）、"䌙（赭）膚之纯"（长台关 1 号墓简 2-015）等，从材质、工艺、颜色或产地来区分和命名各类衣缘。兹举出现频率较高的几类衣缘，考察其具体材质与工艺。

（一）锦类衣缘

遣策记载有绛纯、纷纯、绣纯、缟纯等，皆是指不同材质的缘边，用来装饰服装、竹席、车马器具等。在衣用缘边中，以"绛纯"最为常见，如：

何马之绽衣，绛（锦）纯，绛（锦）繻。☐（仰天湖 25 号墓简 3）

一䝄（豹）青之表，紫里，绣纯，绛（锦）纯，索（素）绛

---

[1] 出土遣策材料以战国时期楚地遣策为主，有十多批较为集中记录了纺织品、服饰信息，包括长沙五里牌 M406、长沙仰天湖 M25、信阳长台关 M1、江陵望山 M2、荆门包山 M2、黄冈曹家岗 M5、老河口安岗 M1 及 M2、随州曾侯乙墓、江陵天星观、荆州望山桥 M1 等。

（锦）绣（韬）（包山 2 号墓简 262）[1]

"缲"为"锦"字的初文，《释名·释采帛》："锦，金也，作之用功重，其价如金。"[2]"缲纯"是以锦作衣缘。战国织锦的经密多在 150 根/cm 左右，马山一号墓的条纹锦经密高达 256 根/cm，质地厚实，特别适合用作服饰缘边，使其更加耐磨、平顺。部分锦还可以通过加捻增加面料强度，如马山 1 号墓出土的条纹锦、舞人动物纹锦的经线加捻，小菱形纹锦的经纬均加捻，捻度 1000—1500 次/m；左家塘 44 号墓的朱条暗花对龙对凤纹锦、褐地几何填燕纹锦的经线加捻。除了厚度外，作衣缘的织锦纹样亦有一定规律。以马山 1 号墓为例，总计 13 种共 39 片（块）织锦文物，用作领、袖缘的织锦主要为条纹锦、大菱形纹锦及几何纹锦三种。这三类织锦纹样单位循环整体较小，如几何纹锦花纹循环经向长 3.2cm、纬向宽 7.6cm，适合裁剪成窄条；同时，纹样骨骼虽简单，内嵌元素组合复杂、造型丰富（图 4），疏密、粗细、虚实形成对比，表现出一定的节奏和韵律，极具装饰性。

图 4　A 型大菱形纹锦
（引自《江陵马山一号楚墓》）

1　释文参照陈伟等《楚地出土战国简册［十四种］》，经济科学出版社，2009，第 470、120 页。

2　（汉）刘熙撰，（清）毕沅疏证，王先谦补：《释名疏证补》卷四《释采帛》，中华书局，2008，第 150 页。

图 5 绵袍（N16）大襟、下摆缘
（引自《江陵马山一号楚墓》）

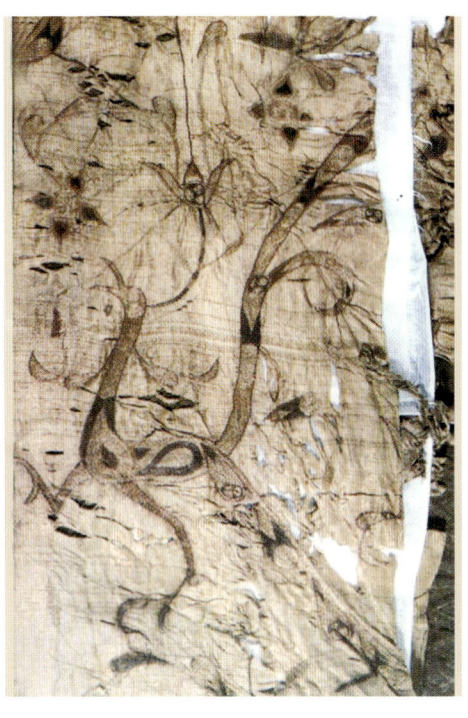

图 6 绵袍（N19）大襟、下摆袍缘
（引自《江陵马山一号楚墓》）

绣纹　　　　　　　　　　　锦地

图 7 石字菱纹锦绣纹样
（引自《中国丝绸通史》）

(二) 刺绣类衣缘

遣策多见"绣纯"类的衣缘，如上引包山2号墓262号简。《说文·糸部》："绣，五采备也。"段玉裁注："《考工记》：'画缋之事杂五采，五采备谓之绣。'"[1] "绣纯"指用有五彩丝线刺绣而成的缘饰。东周时期刺绣工艺达到高峰，《史记·滑稽列传》中记楚庄王曾为马"衣以文绣"。各类衣、衾面料常以刺绣装饰，马山1号墓中出土的袍服中多以绢绣作衣缘，见于一凤一龙相蟠纹绣紫红绢单衣 (N13)、小菱形纹锦面绵袍 (N16)、E型大菱形纹锦面绵袍 (N19) 以及单衣 (N12)。这些刺绣纹饰是楚地典型的龙凤相蟠纹、凤鸟纹等 (图5至图6)，单位纹样图案宽度在22.5—31cm，与衣衾所用刺绣纹饰相比较小。从出土实物和遣策来看，刺绣作衣缘或者衣料时绝大多数都是以绢为地，即遣策中常见的"绢""緅"二字联用名物。[2] "绢緅之纯""绢緅聊绔之纯"是指以绢地上刺绣的织物镶于竹席、[3] 车马物品的边缘上，正如马山1号墓出土的袖缘、襟缘。除以绢为地的"绢绣"，还有以锦为地的刺绣，即常说的"锦上添花"效果。望山1号墓出土一件石字菱纹锦绣残件片，以石字菱纹锦为绣地，上绣以波浪纹饰 (图7)。[4] 长台关1号墓遣策记有"一繻口衣，绘 (锦) 緅 (绣) 之夹"(简2-07)，[5] "夹"为"袷"，[6]《集韵》"衽也"，指衣襟。"绘 (锦) 緅 (绣)"是以锦地刺绣作装饰的衣襟。

刺绣衣缘中以"绕经纳绣"最为复杂，见于马山1号墓凤鸟花卉纹绣浅黄绢面绵袍 (N10) 领缘装饰。N10的衣领内外再附有一条田猎纹饰带，宽6.8cm，花纹单位长17cm。[7] 王亚蓉先生复织时发现，此类衣缘织造繁复，先用合股丝线平纹织一长带，织带织成染色后，再按意匠

1　(清) 段玉裁:《说文解字注》第十三篇上，第655页。

2　"緅"为楚简遣策中出现次数较多的纺织品名目。学界有关"緅"的考释多有分歧，"緅"为"绣"比较合理，应是刺绣品，而非机织物。马山1号墓出土一件自名"緅衣"的冥衣，用整块衣料制作，主体衣料以红棕绢为地，绣凤鸟践蛇纹。战国时期出土的刺绣品大多以绢为地，除马山1号墓出土的龙凤虎纹绣罗单衣面 (N9) 为罗地、望山1号墓出土的石字菱纹锦绣 (WM1:T199-2) 为锦地外，其余均为绢地，为此提供了实物佐证。参见刘国胜《楚简文字中的"绣"和"緅"》，《江汉考古》2007年第4期。古敬恒《楚简遣策丝织品字词考辨》，《徐州师范大学学报》(哲学社会科学版) 2002年第2期。

3　马山1号墓出土竹席 (N44) 边缘即是以绢为地，绣龙凤相博纹。

4　上海纺织科学院:《望山楚墓出土的织锦和刺绣》，载《江陵望山沙冢楚墓》，文物出版社，1996，第339页。

5　释文参照陈伟等《楚地出土战国简册 [十四种]》，第382页。

6　田河:《出土战国遣册所记名物分类汇释》，博士学位论文，吉林大学，2017，第186页。

7　据观察，田猎纹饰带是钉缝在锦领上，类似现今的护领或男士们使用的各色领带，推测可能因应时节随时更换。这种处理细节在其他朝代是何种情况，未知。但是，明代出现以净色的缘边作护领，可拆卸替换，以保持衣领的清洁和提高耐磨损度。

图纹饰绕经纬向施以纳绣工艺。[1] 其针法极其细密，耗时惊人，绣工完成单位纹样大约需要30个工作日，整条绣缘需大半年时间绣完。因此生产量极低，只能是作为衣缘等局部使用。

（三）编织类衣缘

先秦时期编织技术已相当成熟，常见组、绦、纠、缯、绶等手工产品，[2] 使用时仅需按长度裁剪。战国墓葬中出土的编织物均为狭带状且纹饰复杂，马山1号墓出土绦带就有龙凤纹、六边形纹、菱形纹、花卉纹、动物纹、星点纹、十字纹等，大多作为袍领、衣缘。长台关1号墓遣策记有"一丹䋺之衿，□里，【组】聚（摄）"（简2-015），[3] "聚"为"摄"的异体字，读为"摄"，训为"缘"。《仪礼》"贰车白狗摄服"，郑玄注："摄，犹缘也。"[4] "组聚"即是以组类编织绦带为缘边装饰。

编织物除了作服饰外轮廓缘边外，还用于衣片拼缝处，此类缘饰常为学界所忽视。文献记载以"纠"嵌缝在衣缝中。《说文·糸部》："纠，圆采也。"段玉裁注："圆采，以采线辫之，其体圆也。"[5] 《礼记·杂记》："纠以五采。"郑玄注："纠，施诸缝中，若今时绦也。"[6] 马山1号墓E型大菱纹锦面绵袍（N19）袍面上即可见圆形绦带（图8）。墓中出土的凤鸟花卉纹绣红棕绢面绵袴（N25），袴脚的各拼缝处均镶嵌十字形纹绦带（图9）。N25上的这类绦带制作工艺复杂，采用复合重环结构显花。其组织结构分为花部和地部，在花部，每一线圈横列用两根颜色不同的丝线编织。两种不同色彩的丝线按花纹需要，轮流形成线圈，在织物正面组成图案，不成圈的丝线在反面形成较长的水平浮线。在地部则是单色平针组织。同时，绦带的背面有一层衬绢，用以固定编织线的两端。这种绦带线圈不易散脱，纵向拉伸性良好，衬绢后整体更为稳定，有利于稳固衣片之间的拼接，也可以减小服用时外力带来的影响。

1　详见王亚蓉《战国服饰的复原研究》，《形象史学》2022年夏之卷。

2　编织物应用极为广泛，文献中所见名称复杂多样，按现代织物结构分斜编织物、绞编织物、斜绞复合织物、环编织物等几类。绦、组、纠的区别，可参考彭浩《江陵马山一号墓出土的两种绦带》，《考古》1985年第1期。为了行文方便，统一称为绦带。

3　释文参照陈伟等《楚地出土战国简册［十四种］》，第383页。

4　（汉）郑玄注，（唐）贾公彦疏：《仪礼注疏》卷四一，载阮元校刻《十三经注疏》，中华书局，2009，第2518页。

5　（清）段玉裁：《说文解字注》第十三篇上，第661页。

6　（汉）郑玄注，（唐）孔颖达疏：《礼记正义》卷四三《杂记》，第3404页。

图 8　N19 袍面接缝绦带
（引自《江陵马山一号楚墓》）

图 9　绦带在 N25 上的运用
（引自《东方既白：春秋战国文物大联展》）

（四）绢类衣缘

上述衣缘质地相对较厚，另外，出土实物中可见以绢作衣缘。绢为经、纬线一上一下平纹织物，质地轻薄，在先秦考古发现中最为多见，常用作衣衾、囊袋或书写的主要材料。墓葬中出土的各类经纬密度不一的绢织物，用作衣缘的为相对紧致的高密度绢,可对衣片进行包边加以固定。除绝大多熟绢外,也有少数织后不练的生丝织品。目前仅见马山1号墓中的素纱绵袍(N1),其领缘与袖缘为生绢织物,正可与楚简中的"绁绢之纯"(如包山2号墓简271)对照。曾侯乙墓、马山1号墓还出土有经碾纱、砑光工艺处理的绢织物残片,用作领缘。望山2号墓简记有"二红緅(绣)之䋺,霝光之纯"(简48),"䋺"为"韨",指蔽膝。[1] 有学者指出"霝光之纯"即采用砑光工艺。[2] 丝织物在织机上刚织造好时具有一定的屈伸度,经过石头等重物捶压整理之后(类似过压辊),"丝线扁平,多断裂产生的毛茸,使织物的孔隙缩小。一些较稀疏的绢经砑纱处理后,经纬线的位置移动,形成不均匀的孔隙"[3],绢织物表面既具备良好的光泽,也变得相对紧实、耐磨。

三 先秦衣缘的文化内涵

从考古资料来看,衣缘材质、工艺多样,远超"衣作绣,锦为缘"之记载。制作服饰时,缘边可以起到拼接衣料,提高耐磨度,增加垂坠感与轮廓感的作用。同时,辅以色彩、图案以及不同的宽窄变化,又增加了服饰的层次性和视觉效果,展现出瑰丽多彩的艺术审美。在以礼为核心的先秦服饰框架下,衣缘也是服饰语言的一种外在表现,蕴含深刻的社会属性和人文内涵。

(一) 强化社会身份

《诗经·郑风·子衿》:"青青子衿,悠悠我心。"毛传:"青衿,青领也,学子之所服。"[4] "衿,谓之交"[5],即指衣服交领之处。先秦时期,学子服饰为深衣之制,以青色衣领装饰。缘何为青色?《释名》曰:"青,生也,象物生时色也"[6],其本义源于初生禾苗的颜色。至晚在春秋战国之际,五方五色与五行相配之说已基本成型,"青"又代指东方,主春,有着万物萌发、生机盎然之意。因此,"青"成为生命早期阶段的象征,正如青少年之生命勃发。同时,教育在人生早期阶段至关重要,以青衿装饰学子之服,不仅是服饰需求,更是人们对于天、地、人之间自然秩序的认识和对教育的重视。

---

1 刘国胜:《楚丧葬简牍集释》,科学出版社,2011,第111页。
2 朱学斌、朱其智:《战国楚简所记丝织品"霝光"研究》,《丝绸》2020年第10期。
3 湖北省荆州地区博物馆:《江陵马山一号楚墓》,文物出版社,1985,第32页。
4 (汉)毛亨传,郑玄笺,(唐)孔颖达疏:《毛诗正义》卷四《子衿》,第729页。
5 华学诚:《扬雄方言校释汇证》,中华书局,2006,第292页。
6 (汉)刘熙撰,(清)毕沅疏证,王先谦补:《释名疏证补》卷四《释采帛》,第147页。

"青衿"服制影响颇深，后世亦沿用。《周书·斛斯征传》记载周宣帝宇文赟为鲁公时，与皇子们穿着青衿，向斛斯征行束大礼，请求学问。"青衿"一词成为读书人的代称，杜甫诗云："训谕青衿子，名惭白首郎"，明末的《幼学琼林》衣服篇曰："布衣即白丁之谓，青衿乃生员之称。"正如"白领""蓝领"等现代称谓，"衿""领"早已脱离服饰部件的本义，引申所指为社会身份和更丰富的文化内涵。

（二）维系个体与家庭关系

文献记载，未成年的童子之衣，"缁布衣，锦缘"，"所用之锦，皆朱锦也，取其华美也"[1]，重饰衣缘以异于成人。成年行冠礼之后，士的深衣又有不同变化。《仪礼·曲礼上》曰："为人子者，父母存，冠衣不纯素。孤子当室，冠衣不纯采。"[2] 又《礼记·深衣》曰："具父母、大父母，衣纯以缋。具父母，衣纯以青。如孤子，衣纯以素。纯袂、缘、纯边，广各寸半。"[3] 具体来讲，参照《礼记·深衣》孔疏所云：

"具父母、大父母，衣纯以缋"者，所尊俱在，故"衣纯以缋"。言"具父母"则父母俱在也，"大父母"则亦然也。若其不具，一在一亡，不必纯以缋也。"具父母，衣纯以青"者，唯有父母，而无祖父母者，以为吉不具，故饰少，而深衣领缘用青纯，降于缋也。如父母无，唯祖父母在，亦当纯以青。

以上可见，如父母和祖父母均健在时，衣缘则不受限制，以绘画文采装饰；如仅父母或仅祖父母在世，衣缘则只能用青色；如三十岁以下就没有了父亲，衣缘只能用白色。之所以出现这种差别，如《礼记·深衣》郑注所言："尊者存，以多饰为孝。"[4] 长辈在士人衣缘装饰上遵循"以多饰为孝"，即以华美的纹饰表示对长辈的尊重、孝道。陈祥道《礼书》云："纯以缋，备五采以为乐也。纯以青，体少阳以致敬也。纯以素，存凶饰以致哀也。"[5] 因此，如何装饰衣领与至亲至尊的存亡密切相连。

丧服中的"五服"衣缘则是在上述原则下最直接的体现。《仪礼·丧服》详列斩衰、齐衰、大功、小功和缌麻五服差降，依服丧者与死者的亲疏远近不同，以斩衰最重。斩衰是死者的至亲，如妻妾、

1　（清）孙希旦：《礼记集解》卷三〇《玉藻》，中华书局，1989，第824页。

2　（汉）郑玄注，（唐）孔颖达疏：《礼记正义》卷一《曲礼上》，第2670页。

3　（汉）郑玄注，（唐）孔颖达疏：《礼记正义》卷五八《深衣》，第3611—3612页。

4　同上注。

5　（清）孙希旦：《礼记集解》卷五六《深衣》，第1383页。

儿子、儿媳、未嫁的女儿、孙子等所着的丧服；在制作时将极粗的生麻布斩断，四缘及袖口均不缉边，使断处外露，形式粗糙简陋，以此充分表达对亡者的哀悼。齐衰以下的丧服衣缘则可缉边。在先秦礼制和以孝亲为基础的宗法制社会下，看似并不显眼的"衣纯"细节蕴含着装人不同人生阶段和家庭身份的转换。

（三）凸显"摄盛"之意

先秦服饰"服以旌礼"，主流是"非其人不得服其服，所以顺礼也"[1]。但是仍存在"摄盛"。所谓"摄盛"，指在某种特殊礼仪场合，地位低的人可以超越等级规定而使用较高一级的服制用物，以示贵盛。婚礼在先秦诸礼中具有重要地位，对衣缘调整正是实现婚服"摄盛"的主要手段之一。

《仪礼·士昏礼》记载士（新婿）亲迎当日，婚服为"爵弁，纁裳，缁袘"[2]。爵弁本是士参加助祭之服，《仪礼·士冠礼》："爵弁服，纁裳，纯衣，缁带"，郑玄注曰："此与君祭之服。《杂记》曰：'士弁而祭于公。'"[3] 爵弁服又为士冠礼三加之服，见于《仪礼·士冠礼》："宾降三等，受爵弁，加之。服纁裳。"[4] 出于"摄盛"，士在婚礼上亦可服爵弁。然而，其略异者又在于婚服下裳多一"缁袘"，即黑色缘边。士妻亦如此，服"纯衣，纁袡"，郑注："纯衣，丝衣。女从者毕袗玄，则此衣亦玄矣。袡，亦缘也，……以纁缘其衣。"[5] 依注疏所言，士妻所服的纯衣为丝衣，且为褖衣。褖衣是王后之服，士妻只能在助祭时穿着。与士服爵弁服一样，士妻的婚服"摄盛"，且亦多加一"纁袡"，即浅绛色缘边。郑玄注："凡妇人，不常施袡之衣。"贾疏："王后已下，初嫁皆有袡。"[6] 此谓士妻婚服装饰"袡"以盛于他时。

男女婚服在服制上多加一"袘"一"袡"点缀，皆非常服，皆因古人重视婚礼。依郑玄对士衣缘的解释："以缁缘裳，象阳气下施。"贾疏："男阳女阴，男女相交接，示行事有渐，故云'象阳气下施'。"[7] 士妻亦是如此，郑注："袡之言任也。以纁缘其衣，象阴气上任也。"贾疏："妇人阴，象阴气上交于阳，

---

[1] （南朝宋）范晔撰，（唐）李贤等注：《后汉书》志第二十九《舆服上》，中华书局，1965，第3640页。
[2] （汉）郑玄注，（唐）贾公彦疏：《仪礼注疏》卷四《士昏礼》，第2078页。
[3] （汉）郑玄注，（唐）贾公彦疏：《仪礼注疏》卷二《士冠礼》，第2050页。
[4] （汉）郑玄注，（唐）贾公彦疏：《仪礼注疏》卷二《士冠礼》，第2055页。
[5] （汉）郑玄注，（唐）贾公彦疏：《仪礼注疏》卷五《士昏礼》，第2084页。
[6] 同上注。
[7] （汉）郑玄注，（唐）贾公彦疏：《仪礼注疏》卷四《士昏礼》，第2079页。

亦取交接之义也。"[1] 婚姻对于宗族的延续而言极为重要，居于古代政教体系的核心地位，《礼记·昏义》言："将合二姓之好，上以事宗庙，而下以继后世也，故君子重之。"[2] 通过一"袘"一"袡"衣缘装饰细节，象征阴阳和合相生，或者说是天地之气的交通，传达古人对婚礼的重视，意在祈望夫妇婚姻美满，子嗣昌盛。

结　语

加缘一直是古代服饰的常态，无缘之衣往往在特定场合使用，或是非常罕见的现象。《荀子·正论》："杀，赭衣而不纯。""不纯"意为不镶边，杨倞注："杀之，所以异于常人之服也。"[3] 相对服饰整体而言，衣缘虽只是"点缀"之处，却承载丰富的文化内涵。通过对衣缘的处理，以区别着装者的身份等级、着装场合，表达人们对礼乐教化的追求。纵观古代服饰演变，从楚汉深衣之锦绣衣缘，到宋代褙子上的"一年景"缘饰，再至清代旗袍上的"七姐妹""十八镶"，不同时代的衣缘各有特色。通过对于早期衣缘的总体考察，可以勾勒出更直观的先秦服饰特点，也有助于从多角度深入认识后世服饰衣缘。

1　（汉）郑玄注，（唐）贾公彦疏：《仪礼注疏》卷五《士昏礼》，第2084页。

2　（汉）郑玄注，（唐）孔颖达疏：《礼记正义》卷六一《昏义》，第3647页。

3　（清）王先谦：《荀子集解》卷一二《正论》，第327页。

长带飘飘
——中国古代图像中的特殊服饰

■ 朱天舒（澳门大学历史系）

在中国古代的人物图像中，交衽汉服的装束上有时也会搭配一种细长的披带，不固定在衣服上，一般从背后绕过两臂，挂在手臂上，飘垂的部分有时甚至会长过身体。如常见的唐代月宫镜里的人物（图1-1、图1-2），不仅女性，男性也有佩戴，常常无风自飘，律动优美。中国古代妇女服饰的发展史上，隋唐五代时期的确一度盛行过一种帔帛，[1] 形制宽大，是和同时期的窄袖开胸上襦加高胸长裙配套的服装的一部分；滥觞于南北朝，[2] 宋以后演变成为形制完全不同的直帔和霞帔。[3] 如此细长的飘带，也不遮体，加上中国古代衣服丝绸的材质，极易滑落，拖在地上还会行动不便，实际生活中并不存在，反映日常服饰的供养人画像和墓葬壁画中没有这样的细飘带。这种飘带明显是受到佛教艺术的影响，广见于中国佛教艺术里的飞天伎乐等，直接来源于中亚的佛教图像。但是印度早期佛教艺术里没有这样的飘带，中亚佛教艺术里的供养人也没有这种服饰。那么中亚图像里的飘带是怎么发展起来的呢？佛教里的天人等本不穿汉服，佛教里的长飘带又是怎么转嫁成了汉服的配饰？本文详细梳理这一图像横跨欧亚、纵深千年的发展变化。西方学者对古希腊罗马披巾图像的东进很早就有共识，[4] 中国学者对隋唐时期现实生活中的帔帛和中国佛教图像里菩萨、天人的披巾的形制有专门研究，也有一些学者探讨了

---

1 沈从文：《中国古代服饰研究》第七十一节《唐永泰公主墓壁画中妇女》，上海书店出版社，2002，第306—314页。

2 北朝时留下了个别先例，如敦煌莫高窟288号和285号窟女供养人身上的帔帛，为隋唐帔帛之滥觞。参见黄能馥、陈娟娟《中国服装史》，中国旅游出版社，1995，第162页。再如西安草厂坡北朝墓出土彩绘陶女俑，戴花帔子，是晋代帔子的代表，形制像宋代的帔子。参见沈从文《中国古代服饰研究》，第240—241页。

3 高春明：《中国服饰名物考》，上海文化出版社，2001，第581—597页。

4 Ingrid Loschek & Gundula Wolter, *Reclams Mode-und Kostüm Lexikon*, Stuttgart: Reclam, 1999, p. 17; Alexander C. Soper, "Northern Liang and Northern Wei in Kansu", *Artibus Asiae*, Vol. 21, 2 (1958), pp. 131-164.

图1 月宫镜（唐代）
（1-1 陕西历史博物馆藏；1-2 日本兵库县立考古博物馆藏；1-3 Honolulu Academy of Arts）

中国帔帛的起源问题，[1] 但是对这种图像的全面发展史，尤其是对中国的影响，还没有充分认识；也很少注意到飘带的本质只是图像，而非实际生活中的服饰，以及它和服装之间的关系。长飘带，在整个图像中只是一个小小的元素，但是它同时又承载了一部恢宏复杂的跨文化跨宗教的传播和交流史。

一 从实用披巾到飘带图像：中亚披巾图像的形成

传到中国的、直接影响中国图像的是中亚佛教艺术里的披巾。中亚佛教艺术里的披巾形制的形成，要追溯古印度、古希腊罗马、古波斯的披巾服饰及它们在视觉艺术里的展现。

（一）古印度服饰中的 Uttariya

古印度的传统服装，尤其是和早期佛教相对应的从孔雀王朝（约前324—前184）到笈多王朝（319—550）的早期中古时期，男女服装以上下两块布为主，棉布或亚麻布，没有裁剪缝纫。一块围在下半身，好似裤子或裙子，叫 antarīya，后来发展成 dhoti。[2] 上半身裸体，有身份地位的人，上身会再佩戴一块又长又宽大的布，叫 uttariya。[3] Uttariya 在之后发展成

---

1 孙机：《唐代妇女的服装与化妆》，《文物》1984年第4期；段文杰：《莫高窟唐代艺术中的服饰》，载《向达先生纪念论文集》，新疆人民出版社，1986，第238页；袁杰英：《中国历代服饰史》，高等教育出版社，1994，第81—82页；高春明：《中国服饰名物考》，第581—597页；马希哲：《中国中古时期帔帛的文化史考察》，博士学位论文，北京大学，2008。

2 Govind Sadashiv Ghurye, *Indian Costume*, Bombay: Popular Book Depot, Bombay, 1951, p.130.

3 Uttariya 在不同的古文献里有各种各样的别名。

妇女围在肩部和头上披巾 dupattā[1]。Uttariya 的披戴很讲究，各时期各地区都可能不一样，其颜色也有可能是地位和身份的标志。著名的《摩诃婆罗多》（Mahabharata）和《罗摩衍那》（Rāmāyana）里的印度神也是这种装束。[2] 早期印度塑像里的天神、夜叉、世俗供养人乃至菩萨亦同。图 2 以巽伽 Sunga 王朝时期（约前 187—前 75）的巴弗大塔（Bharhut）上的形象为例，展示了 3 种佛教早期常见的 uttariya 的佩挂方式。最常见的佩戴方式是从左肩到右跨胸前背后斜挎，两端都从左肩垂下，如俱毗罗（Kubera）像。第二种是在胸前折成 V 字形，两端从两肩垂挂背后。个别情况下也会松松地绕过身后，搭在两臂上，这是中亚及中国佛教艺术里最常见的佩戴方式。印度的 uttariya 图像上，折叠的纹理很多，宽大厚重，呈现静态下垂状态。垂挂的部分不会长过身体。这就是演变出中国佛教艺术里的菩萨装和天人装的原型。这种披巾是怎么飞起来的呢？

图 2　印度巴弗大塔浮雕上的俱毗罗、供养人、龙王（巽伽王朝）
（Roshen Alkzai, *Ancient Indian Costume*, New Delhi: Art Heritage, 1983, figs. 4, 5, 6）

1　Jain Simmi, *Encyclopaedia of Indian Women Through the Ages: The middle ages*, v. 2, Delhi: Kalpaz Publications, 2003, p. 200.

2　Chintaman Vinayak Vaidya, *Epic India, Or, India as Described in the Mahabharata and the Ramayana*, New Delhi: Asian Educational Services, 2001, pp. 140-145.

图3　古希腊涅瑞伊德纪念碑上的涅瑞伊德女神塑像（前380）

（二）古希腊罗马艺术中鼓风飞扬的大披巾

古希腊罗马的服装和古印度有相近之处，男女身着各式长袍，长袍之外都会再围一个大披巾。古希腊（前750—前30）男女围长方形的大披巾，称himation或pallium。罗马男女围更厚实的toga，半圆形，长达 3.7—6.1m，套在左肩，斜跨胸前。公元前 2 世纪以后，女性围一种名叫 stola 的大披巾，[1] toga 成为男性的专属。在罗马 toga 仅限于有公民权的公民，是罗马男性的正装，正式场合必须佩戴，其形制反映公民的身份和等级。[2] 古希腊罗马艺术中，充满了飞扬的大披巾的图像，形象地表现飞行和速度，多用于女性。常见于各种天神、海洋女神涅瑞伊德斯（Nereids）和酒神的追随者女神迈那得斯（Maenad）等。这种图形最早可上溯到公元前 5 世纪古希腊的涅瑞伊德纪念碑胜利女神像（Nike of Paionios）。图 3 是此纪念碑上涅瑞伊德女神的塑像（前 380），披巾与衣袍的飞扬，和女神形体动作一致，雕塑充满动感，整体和谐。飞扬的披巾很快就发展成为一个固定模式，常用于各种雕刻、马赛克和绘画，并东传到伊朗高原。罗马全面继承了这种图案，比如著名的罗马皇帝奥古斯都的和平祭坛上的风神和海神。在罗马石棺上更比比皆是，图案开始僵化。图 4 罗马石棺上的浮雕（约 150），女神两手握大披巾的两端，披巾在女神头上被风吹出极具张力的饱满的圆弧形，圆弧已经图案化，略显僵硬。古希腊罗马艺术里上扬的大披巾图样总体上表现出写实主义风范，披巾展开之处，可以很宽大。Himation、toga 和 stola 都是羊毛织品，所以图像上的披巾有非常厚重的质感。这样的手握圆鼓鼓的大披巾的风神形象一直传到了印度的犍陀罗、中亚的巴米扬和库车等地。[3] 不过，直接对佛教艺术里的披巾图像产生影响的，还是披巾图像在西亚、中亚地区的变形。

图 4　罗马石棺上的浮雕（约 150）
（现藏美国大都会博物馆）

1　Judith Sebesta & Larissa Bonfante, *The World of Roman Costume*, Madison WI: University of Wisconsin Press, 1994, p. 48.

2　Caroline Vout, "The Myth of the Toga: Understanding the History of Roman Dress", *Greece & Rome* 43, 1996, pp. 204-220.

3　Tianshu Zhu, "The Sun God and the Wind Deity at Kizil", in Matteo Compareti, Paola Raffetta & Gianroberto Scarcia eds., *Ērān ud Anērān, Webfestschrift Marshak Studies presented to Boris Ilich Marshak on occasion of his 70th birthday*, Buenos Aires: Transoxiana, 2003, pp. 681-718.

（三）帕提亚帝国和波斯萨珊王朝的披巾图像

古希腊罗马艺术中天神、海神飞扬动感的披巾，在西亚中亚一带的帕提亚/安息帝国（前247—224）和波斯萨珊王朝（224—651）时期发生很大变化，从写实性的、充满立体感的描绘走向概念化、图案化，同时也增加了线性的流畅和优美。俄罗斯Kustanai出土的公元1—2世纪的杯子上刻画了希腊化时代的古典人物，披巾下端上扬或从膝前横垂，[1] 是较早的例子，代表古希腊罗马纹样在该地的传播和变化方向。不过这一地区的主要图像实例来自萨珊银器，一般年代都为五六世纪。现存图像中，佩戴披巾的主要是乐伎、舞女和女祭司。从比沙普尔（Bishapur）城市遗址（226年至7世纪）出土的马赛克和萨珊银器上的图案，学者们总结出三种主要的佩戴方式。[2]

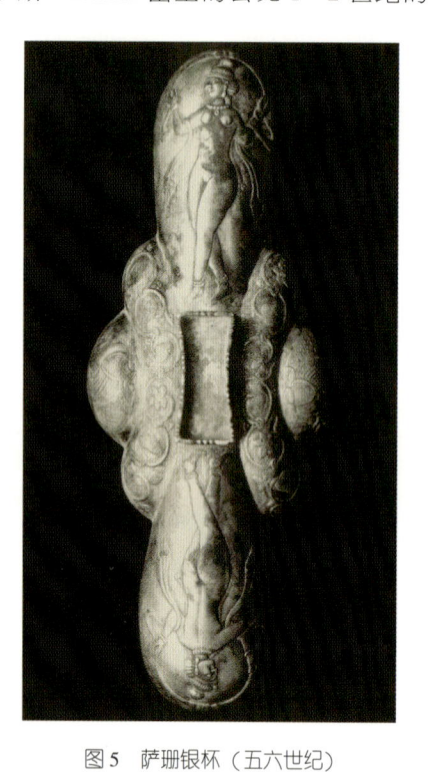

图5　萨珊银杯（五六世纪）
(Oleg Grabar, *Sasanian Silver—Late Antique and Early Meddiaeval Arts of Luxury from Iran*, Ann Arbor: The University of Michigan Museum of Art, 1967, fig. 20, p. 107)

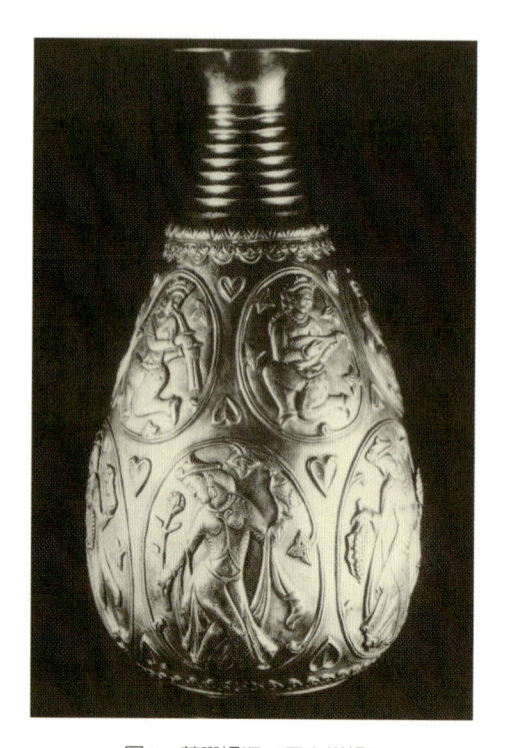

图6　萨珊银瓶（五六世纪）
(Oleg Grabar, *Sasanian Silver—Late Antique and Early Meddiaeval Arts of Luxury from Iran*, fig. 21, p. 108)

1　J. Orbeli and C. Trever, *Orfèvrevie sassanide*, Moscow-Leningrad, 1935, plates 16, 17; R. Ghirshman, *Pathes et Sassanides*, Paris: Gallimard, 1962, figs. 357, 358.

2　Madeleine Hallade, "The Ornamental Veil or Scarf", *East and West* 15. 1/2 (1964), pp. 36–49.

图 7　俄国 Bartym 出土高足银杯（二三世纪）
(Salomea Fajans, "Recent Russian Literature on New Found Middle Eastern Metal Vessels", *Ars Orientalis* 2 (1957), figs. 23-24)

第一种，人物两手紧握披巾下端，披巾在头上方形成细长圆弧（图5）。这种形式明显沿袭罗马风格，但披巾中部不再张开，总体形状变细。第二种，披巾在身后或身前垂落，呈细长 U 形弧线（图6）主要出现在伊朗地区萨珊晚期。第三种，披巾紧贴在肩膀手臂之上形成圆弧，披巾下端飞舞。这种形式不多见，但对佛教图像有深远影响。图 7 俄国 Bartym 出土的拜占庭风格的高足银杯上的舞女，此杯被断代在二三世纪。[1]

因为披巾披在乐舞身上，原来表达神的飞行和速度的动感，变成了乐伎的舞动。披巾的总体特征也发生了重大变化，质感变轻，流线优美。而且披巾常常折叠成长条，不展开，末端开始呈现三角形，有图案化的折叠纹样。这些特征都将在中亚的佛教艺术里发扬光大。

不过，这些银器上舞女的披巾图像绝不代表西亚、中亚日常生活中的披巾佩戴习俗。按中文记载，古波斯男女都戴大披巾，《魏书·西域传》中说到波斯："其俗丈夫剪发，戴白皮帽，贯头衫，两厢近下开之，亦有巾帔，缘以织成；妇女服大衫，披大帔，其发前为髻，后披之，饰以金银花，仍贯五色珠，落之于膊。"[2] 但

---

[1] O. N. Bader and A. P. Smirnow, *Serebro zekamaskoie pervykh vekov nasheiery*, Bartymskoie mestonakhozhdenic. (Silver of the Kama region of the first centuries of our area. The Locality of the Bartym finds). Trudy Gosudarstvennogo Istoricheskogo Muzeia, Pamiatniki Kul'tury, vyp. XIII, Moscow: Gosudarstvennoie Izdatel'stvo, 1954, pl. 8, fig. 2; Salomea Fajans, "Recent Russian Literature on New Found Middle Eastern Metal Vessels", *Ars Orientalis* 2 (1957), pp. 55-76.

[2] （北齐）魏收：《魏书》卷一二〇，中华书局，1997，第 2271 页。《北史》《旧唐书》《新唐书》相关部分与此大同小异。

现存世俗人物佩戴大披巾的图像资料不多。西亚、中亚的服装与古印度及古希腊罗马属完全不同体系，有裁剪，男性穿裤子和有袖子的窄身长袍。这一时期从西亚到中亚的各民族基本都是裤子加各式各样的或短或长的窄袖上衣。一般女性日常服装的资料很有限，窄身长袍之外，帕提亚女性有戴垂在脑后的头巾的形象，[1] 如阿富汗 Tillya-Tepe 贵族墓葬中所见女装，被认为是帕提亚广大地区各阶层女性的典型服饰。[2] 帕提亚和萨珊女性还会外挂披巾从左肩垂下一直到腿部，披巾也可遮盖头部，与古希腊的 himation 一脉相承。[3] 现实生活中，女性的大披巾担负实际的遮覆作用，不可能有以上舞女各种各样飞扬的形式。萨珊银器上舞女的披巾图案与其说反映服饰，不如说是图像传统。中国佛教艺术里，披巾与伎乐的密切关联应该根植于此。

（四）西来的披巾图像对贵霜时期印度佛教艺术的影响

亚历山大东征（前334—前324）将古希腊文明乃至古希腊人直接带到印度河岸，为此地以后的多元文化发展埋下重要一笔。帕提亚帝国极盛之时西到地中海，接邻罗马帝国，东到印度河岸，包括古犍陀罗的核心地区，并连接中亚及汉帝国。萨珊亦接壤印度佛教文化，极盛之时也一度占领印度河以西地区。贵霜王朝（1—3世纪）是印度佛像兴起且蓬勃发展的时期。关于印度佛像的产生是否借力于古罗马希腊化时代的雕塑艺术，学界从很早开始就有争议，佛教图像里，尤其在犍陀罗地区，古希腊罗马元素很多。和披巾图像有关的有几个特征，以往被学者追溯到受西方影响。[4] 如马图拉地区的佛像上方对称的飞行的天人形象（图8），广为引用，被认为是中国的飞天形象之源。此图像中，uttariya 紧贴着天人的身体，还没有飞扬之势。另外，偶见一种 uttariya 跨在肩头的披戴方式，uttariya 立成弧形，如一架拱形桥。供养人和神祇都有这种披戴方式，虽然少见，但明显与波斯第三式一脉相承。图9是贵霜马图拉地区佛塔围栏上的浮雕，主题是佛的诞生，帝释天站立一旁，他身上的 uttariya 就是这种形式，下端还有弧形飘摆。

1　Trudi Kawami，"Clothing ii. In the Median and Achaemenid periods"，*Encyclopaedia Iranica* V/7，1992，pp. 737–739. Available online at http：//www.iranicaonline.org/articles/clothing-iii，accessed on 30 December 2012.

2　V. Sarianidi，"Traces of Parthian Culture in the Cemetery of Tillya Tepe（Afghanistan）"，in *The Art and Archaeology of Ancient Persia*，*New Light on the Parthian and Sasanian Empires*，eds. by Vesta Sarkhosh Curtis, Robert Hillenbrad and J. M. Rogers，London：I. B. Tauris Publisher，1996，p. 21.

3　Elsie H. Peck，"Clothing iv. In the Sasanian period"，*Encyclopaedia Iranica*，V/7，1992，pp. 739–752. Available online at http：//www.iranicaonline.org/articles/clothing-iv，accessed on 30 December 2012.

4　除了本文中提到的两种，Alexander C. Soper 认为犍陀罗菩萨身上斜挎的 Uttariya，如弥勒的形象也受西方影响。Alexander C. Soper，"Northern Liang and Northern Wei in Kansu"，pp. 144–145，131–164.

在印度本土，uttariya 毕竟是实用服装的一部分，即使受到西亚古波斯的纹饰影响，uttariya 的厚重感依然在，长度也没变，没有太夸张的动感，uttariya 的下端一般都贴着身体或正常下垂，没有飞离身体太远，末端大多还是趋平。这些都将在中亚和中国的佛教艺术里完全改变。

图 8　马图拉石刻佛像（贵霜时期）
（现藏于马图拉博物馆）

图 9　马图拉石刻佛诞图（贵霜时期）
（现藏于马图拉博物馆）

图 10　克孜尔 17 窟本生故事壁画（5—7 世纪）
（《中国石窟·克孜尔石窟一》，文物出版社，1989，图 66）

图 11　和田丹丹乌里克佛教寺院遗址发现的木板上的神像（约 6 世纪）

（Aurel M. Stein，*Ancient Khotan：Detailed Report of Archaeological Explorations in Chinese Turkestan*，Oxford：Clarendon Press，1907，plate LXI）

（五）中亚佛教艺术里的披巾纹样

中亚佛教各佛教遗址里普遍有飞舞的披巾纹样，以克孜尔石窟壁画（5—7世纪）的表现最为典型丰富。这是全面延续印度佛教图像中原有的 Uttariya 的服饰传统，在中亚民族文化的影响下，翻飞起来，在佩戴方式和形制上发生大变。

披巾广泛地配给一切穿印度服饰的菩萨、神祇、天宫伎乐以及本生和佛传里的各色人物。印度的 antarīya，在没有这种穿着的中亚人笔下，开始裙子化。供养人着中亚服装，本生故事中也有中亚服装人物，他们不戴披巾（图10，从下第二排中间菱格故事），但是中亚服装的神祇很可能会披挂细长的飘带，包括男神。比如斯坦因在和田地区丹丹乌里克佛教寺院遗址发现的一个木板上的神像（图11），高冠、四臂，手持织机的筬和梭。[1] 他穿中亚窄袖窄身服饰，[2] 臂肘处挂着细带。撒马尔罕以西 70km 的 Biya-Nayman 遗址纳出土的骨瓮上面绘有三男三女六位祆教神祇，推测是代表自然界的六大元素之神（Amesha Spentas），即天空、水、土、植物、动物、火之神。[3] 他们都戴披巾，手臂上缠绕之后，再下垂。

佩戴方式上，印度常规的胸前斜挎 uttariya 方式在中亚普遍存在，但大多图像是萨珊银瓶舞女的二式和三式，即挂在手臂上，披巾中部在身前或身后下垂；或者披巾中部沿肩膀手臂拱起如桥梁。挂在手臂上不是很容易滑落吗？披巾怎么可能立在肩膀上？库车地区石窟的壁画里，将这些想象出来的图像都画出了合理的细节。前一种，披巾常常会在一只或两只手臂上缠绕一匝。后一种，披巾通常固定在脑后头冠的位置。图10是克孜尔石窟第17窟券顶上的本生故事，图中众多人物的披巾在臂肘处，甚至两肘处都绕了一下。这种缠绕方式在萨珊银器上已经出现，早期中国的飞天偶尔也有。图12是克孜尔206号窟左侧壁说法图中的波斯匿王 Prasenajit 礼佛图。图中波斯匿王重复多次，佛右下角处，他正跪地亲吻佛足。因为这里是侧面像，披巾固定在脑后的表现比正面像更为明显。无独有偶，在中亚和西亚不仅妇女有在头冠上固定披巾的做法，萨珊王冠也有这种形制。伊朗 Kermanshah 著名的 Taq-e Bostan 浮雕中萨珊国王加冕图（4世纪）中的王冠上就绑缚

---

[1] 此神，一般被认为是养蚕纺织之类的神。木板的另一面是印度三头四臂的大自在天，也有同样披带。Aurel M. Stein, *Ancient Khotan: Detailed Report of Archaeological Explorations in Chinese Turkestan*, Oxford: Clarendon Press, 1907, plate LXI, p. 280.

[2] 他双臂上束裥褶，应该对研究中国服饰中裥褶的形成有帮助。

[3] 葛乐耐（Frantz Grenet）：《北朝粟特本土纳骨瓮上的祆教主题》，毛民译，载张庆捷、李书吉、李钢主编《4—6世纪北中国与欧亚大陆》，科学出版社，2006，第191页。

夸张的绶带（图13），[1] 中间的国王一般被认为是阿达希尔二世（Ardashir Ⅱ，379—383年在位）。头冠两侧绶带飞扬的纹样在中亚佛教艺术里也普遍存在。应该是西亚、中亚披巾固定在头上、绶带系在头冠上的习俗为中亚佛教图像里的这些披巾图像带来了灵感。

图12 克孜尔206号窟波斯匿王礼佛图壁画

（Albert Grünwedel, *Alt-Kutscha: archäologische und religionsgeschichtliche Forschungen an Tempera-Gemälden aus buddhistischen Höhlen der ersten acht Jahrhunderte nach Christi Geburt*. Veröffentlichungen der Preussischen Turfan-Expeditionen, Berlin: Elsner, 1920, Tafel XXX-XXXI, fig. 2）

1　Elsie Holmes Peck, "The representation of Costumes in the Reliefs of Taq-i-Bustan", *Artibus Asiae*, vol. 31, n. 2/3 (1969), pp. 102-104; Carl D. Sheppard, "A Note on the Date of Taq-i-Bustan and Its Relevance to Early Christian Art in the Near East", *Gesta*, vol. 20, no. 1, (1981), pp. 9-13.

图13 伊朗阿达希尔二世加冕图（Taq-e Bostan, Kermanshah, 4世纪）
(Eric Lafforgue)

形制上，中亚佛教艺术里的披巾承继萨珊银器上披巾图样传统，并继续发展，普遍变得更细长，末端以三角形为主，大的图像还绘出折叠纹，如克孜尔163号窟涅槃图旁边站立的等身帝释天（图14）；小的图像上就趋向忽略这些细节，如果没有折叠的纹路，原本宽大的披巾就会变得宛如细飘带。如前面提到的本生因缘故事图、说法图中人物和中亚服装的神像的披巾，都如较窄的带子。这些披巾图像，总体上显得更加轻盈、流畅；并且更有波动感，披巾的曲线不再是反映一股强风或人物某一个方向的移动。仔细观察，披巾飘动的幅度多少反映人物的动态，飞行的、站立的、坐卧的人物的披巾垂摆幅度大不相同。

总之，披巾图像在中亚发展出来的三大特征，将对中国的飘带图像产生深远影响。第一，披巾和神祇产生密切联系；第二，披巾是长条形飘动的形状；第三，天人伎乐形象开始发达起来，而他们身上的披巾格外张扬。

图 14　克孜尔 163 窟帝释天和干达婆
（张爱红临摹）

二 飘带图像在中国的演化[1]

中亚的披巾图像在中国佛教艺术里得到蓬勃发展，更细长优美，更多样复杂。因为披巾形状已变得过于细长，所以本文改称飘带或披带。飘带在中国的图像艺术里同时发生了两个现象，一方面，佛教艺术里的印度神祇开始穿上了中国式的衣服；另一方面，飘带也被中国人借用到了本土神祇身上。二者都是一个持续发展的过程，以中国传统仙人图像为开端，经唐朝过度，在五代以后大量出现交衽汉服配飘带的图像。最后，在中国古代绘画传统上，尤其是从宋以后，飘带还进入了古装仕女图。

（一）全面进入中土佛教艺术

与中亚佛教艺术里长条形飘舞的披巾纹样同时期，披巾纹样全面进入中土，并在中土进一步发展，以5世纪的云冈石窟为标志，展现了这些图像进入中原的盛况，以敦煌壁画的资料时段最长、种类最为丰富。

中国佛教艺术里飘带纹样在以下几方面有长足发展。第一，菩萨的披巾从北魏开始就自成体系，比天人神祇等更复杂，印度的antarīya在菩萨天人身上完全变成了中国人可以理解的裙子，披巾变成菩萨华丽的装饰的一部分。北魏时菩萨像的披巾流行在胸前呈各种十字交叉。隋唐时流行披巾从双肩垂下，在腿前弯成一上一下两个U形弧，再搭到另一侧的手臂上；同时把后背部分加宽，遮盖袒露的上半身。这种佩戴方式，又回传给天人，见于神仙类图像（图15）。第二，传承于萨珊银器和克孜尔壁画的传统，中国的飞天、伎乐的飘带格外加长、纷飞卷动，分外突出，发展出独特的飞天、伎乐图像艺术。第三，穿盔甲的天神也披戴细长飘带，飘带成为四天王的图像标志之一。在克孜尔壁画里穿盔甲的人物，一般都没有披巾，印度当然更没有。现实世界里要上阵杀敌的铠甲武士，不会在胳膊上挂一条又细又长的带子。但是6世纪开始，以敦煌莫高窟285号窟后壁主龛佛像两侧的四天王（大统四年，538）（图16）为标志，又如大住圣窟（隋开皇九年，589）门口的迦毗罗神王，中国佛教图像里着甲的神祇普遍有披戴飞扬的细飘带，几乎是其图像的一部分。除了四天王，还有唐代发展起来的韦陀像也必配飞扬的飘带。另外，飘带还成为金刚力士、夜叉小鬼等图像的组成部分。他们在中国佛教艺术里基本保留了印度下身穿antarīya、上身袒露的装束。这种印度服装原本配印度披巾，凶煞的体貌改配胸前十字形的披巾或优美飞扬的细飘带，形成强烈反差，可算是中国佛教图像里独创的奇特现象。

---

[1] 此处用"中国"一词，是历史文化概念上的"中国"，在现代概念上前文讨论的中亚克孜尔也是中国的一部分。

图15 敦煌莫高窟159文殊普贤赴会图（前排梵天帝释天，中唐）
（《中国石窟·敦煌莫高窟四》，文物出版社，1987，图80、81）

图16 敦煌莫高窟285窟后壁主龛佛像两侧的四天王（大统四年，538）
（敦煌研究院：《敦煌石窟全集2》，商务印书馆，2002，图218、219）

在图像方面，披巾变细变长，有时会远远超出身体的长度，开始从原来长方形大披巾，变成一条带子。静态人物的披巾也会几波几转远离身体，比如坐式或立式的尊像。披巾的弯曲形状夸张不自然，不反映人物的动感或合理的风向。佩戴方式，以挂在双臂为主。有时人物身上已有斜披前胸的 uttariya，但还是会佩飘带，飘带已发展成独立的新饰件。并且，比较重视披带中部上扬的弧线，不谋而合地呼应古希腊罗马的图像。总体来说，因为飘带不是实用服饰，中国佛教艺术里的图像完全不考虑它的实用性，即是否会滑落，是否影响行动。它脱离现实，但是极尽优美之势，充满张力。

不是所有外来元素都能在本土生根。能在本土生根的外来元素，往往是在本土文化里引起了共鸣，并能为本土人民进一步表达他们的愿望。为什么在中国的佛教艺术里，飘带会如此发扬光大？这种中亚传来的飘带图像，一方面和神和印度画上了等号；另一方面它飞扬的样式，与当时中国南朝的审美一致。南朝人物画，以传世的顾恺之风格为代表，推崇秀骨清风之美，追求表现飘逸与潇洒之气。在仿顾恺之的传世画作里，如《洛神赋图》《女史箴图》等，还有北魏琅琊王司马金龙墓（484）出土的漆画屏风上的人物，没有披巾或长飘带，只有裙裾和系在腰间的绶带，都飞舞飘扬起来。这样的审美和对飞扬的飘带的喜爱，甚至诞生了以"吴带当风"而闻名的著名画家吴道子（约686—760）。总之，充满异域风情的、与天神紧密相连的纷飞的飘带，深受中国人的喜爱，在图像中成为神格的一个标志，表现优雅自由的神的身份，和神的超越凡俗之美。这一点，还可以从下文的仙人图像得到进一步佐证。

（二）仙人与飞天：隋唐以前飘带与汉服的结合

随佛教一起传来的西域飘带，在中国基本遵循配给印度装束裸露上身的人物的原则。隋朝以前，飘带出现在汉服人物身上是个别现象，有的出现在非佛教语境下，有的出现在佛教艺术里。比如 6 世纪北朝一度盛行的神王图像，当神王身着印度式服装或盔甲的时候，[1] 普遍披挂飘带，神王穿北方民族圆领窄袖衫时，就没有飘带。大留圣窟（东魏武定四年，546）的神王像就属后者。[2] 再如云冈同时期的降魔成道图像中的魔众，第 10 窟主室南壁西部第三层的赤膊魔众就有戴飘带，第 6 窟西壁下层和第 35 窟降魔龛里的魔众穿交衽汉服，便没有飘带（图17）。

---

[1] 如北响堂山第 4 窟，见常青《北朝石窟神王雕刻述略》，《考古》1994 年第 12 期，图 20—21。

[2] 河南省古代建筑保护研究所：《宝山灵泉寺》，河南人民出版社，1991，插页一，图 46—53。

图 17　云冈第 10 窟和第 6 窟降魔图对比（云冈石窟二期，北魏）

（左：云冈第 10 窟，《云冈石窟》第七卷，图版 555；右：云冈第 6 窟，《云冈石窟》第三卷，图版 105）

图 18　青海省平安县窑坊画像砖墓出土仙人画像砖（东汉晚期至三国，3 世纪）

现在所知最早的交衽汉服配饰飘带的例子，应该是青海省平安县窑坊画像砖墓里出土的仙人画像砖（图 18），年代为东汉晚期至三国，[1] 即 3 世纪。图像左右上

1　文化部文物局、故宫博物院编：《全国出土文物珍品选 1976—1984》，文物出版社，1987，第 139 页，图 351；青海省文物处、青海省考古研究所编：《青海文物》，文物出版社，1994，第 153 页，图 91—96。

方有一日一月，中间一立像，左手托月，大耳异相，应非普通的人。但具体是什么神，还不可知。[1] 他上身右衽，下身裙摆有褶，很像是汉代上衣与下裳缝接成一体、但上下不通幅的长衣。[2] 粗大的飘带从脖子后向两侧拱起，再绕臂肘垂下。总体风格质朴笨拙，但这样的披巾和前文提到的马图拉贵霜时期的披巾（图9）很像，时代也相近。此画像砖时间早，又靠近中亚地区，所以出现多文化元素的杂融。

南朝画像砖墓出土的大量飞仙画像砖，如江苏常州南郊南朝晚期画像砖墓、[3] 江苏丹阳三座南齐帝陵、[4] 湖北襄阳南朝画像砖墓，[5] 尤其是2011年发掘的杭州市余杭区小横山东晋（317—420）画像砖墓，[6] 将飘带在中国的传播指向南朝。这些飞仙或吹奏乐器，或持捧匣、熏炉等供物，大体分三类：伎乐、供养、侍从。[7] 在墓葬装饰里，飞仙烘托仙境，是升仙主题的一部分。这种飞仙图像，终止于隋。

以萧道生修安陵（494）的飞仙图像为例（图19），他们通常身着典型的南朝襦裙，上襦与长裙的搭配，上襦对襟、V字领或交衽，广袖，上襦束入下裙，并系上宽束带，腰线适中，皆衣带、裙裾当风飞扬。有的也上穿右衽短衣，下穿袴褶。他们的装束和同墓或同时期墓葬里陶俑或其他形式的侍从人物所穿服饰大致相同，是六朝最普遍的衣着。[8] 只不过飞仙多配飘带，侍俑完全没有。飘带很细，质感轻薄，挎在手臂，向后上方45度角飞扬，中间部分远远地抛出细长的弧圈，末端多锐角。从头冠、发饰和胡须来看，飞仙有女性，也有男性。结合青海窑坊出土的仙人画像砖，虽然飘带更多用于女性服饰，但汉服男性形象装饰飘带，从一开始就有。

---

1 对此仙人画像砖的不同推测，有佛教、仙人、祆教人物不同说法。如徐新国《青海平安县出土东汉画像砖图像考》，《青海社会科学》1991年第1期；温五成《公元1至3世纪中的仙佛模式》，《敦煌研究》1999年第1期。

2 关于这种长衣的结构，见沈从文《中国古代服饰研究》，第104—108页。

3 常州市博物馆：《常州南郊戚家村画像砖墓》，《文物》1979年第3期；常州市博物馆、武进县博物馆：《江苏常州南郊画像、花纹砖墓》，《考古》1994年第12期。

4 尤振克：《江苏丹阳县胡桥、建山两座南朝墓葬》，《文物》1980年第2期；林树中：《江苏丹阳南齐陵墓砖印壁画探讨》，《文物》1977年第1期。

5 刘江生、杨一：《湖北襄阳麒麟清水沟南朝画像砖墓发掘简报》，《文物》2017年第11期；刘江生、杨一：《湖北襄阳柿庄南朝画像砖墓发掘简报》，《文物》2019年第8期。

6 有"一砖一幅"的单个画像砖，见于M2、M7、M18、M23、M52、M54、M93、M103、M119；有大型拼接砖画，见于M9、M12、M109；大型接砖画里还有高浮雕的，见于M10、M27、M65。独幅图像一般砌于封门的券门直壁或者墓室南壁两侧墙面上，数量最多。大型拼接砖画砌于墓室两侧壁面，数量相对较少。参见杭州市文物考古研究所、余杭博物馆《余杭小横山东晋南朝墓》，文物出版社，2013。

7 刘卫鹏：《浙江余杭小横山南朝画像砖墓飞仙和仙人》，《中国国家博物馆馆刊》2016年第9期。

8 张珊：《从南朝"飞仙"到北朝"飞天"》，《美与时代》2020年第10期。

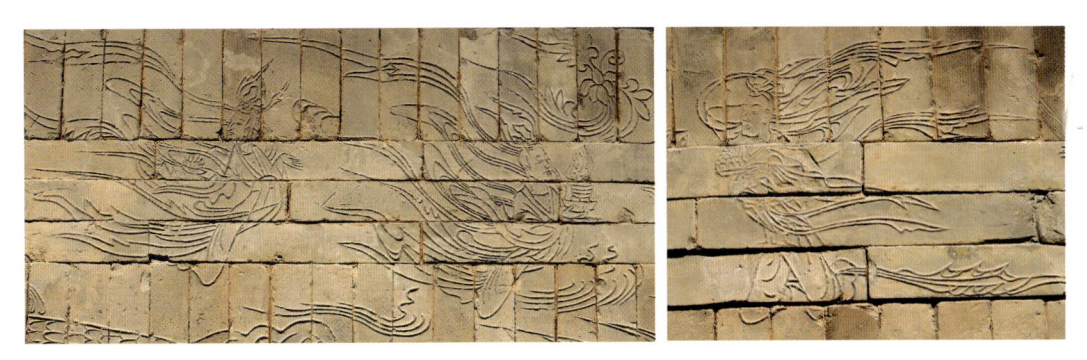

图19　南齐萧道生修安陵的飞仙画像砖（494）

（八木春生：《关于龙门石窟宾阳中洞飞天的研究》，《美术大观》2022年第8期，图14）

图20　集安五盔坟4号墓壁画上的飞仙像（6世纪下半叶）

（吉林省博物馆：《吉林集安五盔坟四号和五号墓清理略记》，《考古》1964年第2期，图7-2）

这样的飞仙形象也偶尔出现于北方墓葬，如吉林省集安五盔坟中晚期高句丽王族墓。这些墓壁画内容丰富，充满中国传统神话人物，交衽广袖长衣，其中的仙人伎乐形象，飘带飞扬（图20）。[1] 早期伎乐没有飘带，5世纪中叶至6世纪前期出现披飘带的男性天人伎乐，6世纪中叶以后更加盛行，[2] 明显是受到佛教艺术或南朝的影响。

就身份而言，浙江余杭区小横山东晋

---

[1] 李殿福：《吉林集安五盔坟四号墓》，《考古学报》1984年第1期。

[2] 孙力楠：《东北地区公元2—6世纪墓葬壁画研究》，博士学位论文，吉林大学，2008，第140—151页；吕蔷：《集安高句丽壁画墓中的乐器图像研究》，硕士学位论文，东北师范大学，2019，第30—32页。

墓 M109 图像旁附有"吹笙飞仙"铭文，[1] M107 刻画"仙"字，[2] 可见其身份为"飞仙"或"仙"[3]。中国传统的仙人，来源于中国绘画传统中在仙山云雾中穿行的"羽人"和"仙人"形象。但飞仙在这里是无名无姓的伎乐、侍从级别的，时期墓中连驾驭青龙白虎的仙人甚至都不戴飘带。集安高句丽壁画墓中更为明显，有明确身份的神话人物女娲等没有飘带，或者说非伎乐类仙人一般都没有，只是伎乐仙人有飘带。

汉服加飘带的飞天形象也一度出现在南朝和北朝的佛教艺术里。四川出土的南朝背屏式造像上往往在最外沿有飞天形象，因为一般都很小，又是浅浮雕，所以南朝飞天的服饰没有引起学者的注意。南朝飞天胸前多有 V 字领，其中成都西安路出土的南齐永明八年（490）造像上的飞天比较大，衣服飘带较清楚，是 V 字领大袖上襦加长裙（图 21）。装束和飘带都与南朝墓砖上的飞仙差不多。

受南朝影响，北朝的飞天也有着汉服者，这是佛教艺术在 5 世纪末的北魏吸收南朝元素、全面中国化的一部分。长广敏雄很早就指出云冈飞天衣着变化与双领下垂式的褒衣博带的佛装出现时间一致。[4] 较早的要数云冈第 5、6 窟中的飞天（图 22），身上出现了 V 字领上襦。八木春生观察到，有别于云冈第一期及第二期诸窟，这样新形式的飞天像与中国传统的仙人形象一样多数都没有头光。另外，八木春生还注意到南朝的飞仙图像分乘云和不乘云两种类型，而云冈这些新式飞天这时还没有配云纹。[5] 对卷云纹的喜爱是楚汉以来的中国传统。云冈第 5、6 窟开凿于云冈第二期之尾，褒衣博带即将兴盛。这样的新式飞天还广见于青州的 6 世纪北魏造像，如孝昌三年（527）造像（图 23），飞天的服饰、体态、袖摆裙裾和飘带呈锐角的形状以及它们上扬的形态，都与南朝的飞仙图像如出一辙。从东魏初年（534—550）开始，飞天图像身上有领有袖的上襦不见了，不过南朝风格的飘带依然存在。[6] 敦煌飞天一直以祖露上身为主；但也有少数例子，穿中式上衣并同时披挂飘带，明显是汉风，如西魏莫高窟第

1　刘卫鹏：《浙江余杭小横山南朝画像砖墓飞仙和仙人》，《中国国家博物馆馆刊》2016 年第 9 期，图 5-3。

2　同上注，图 5-5。

3　飞仙是魏晋以来开始流行的装饰题材，南朝时期王侯贵族的宫殿及服饰上会以飞仙作为装饰。如齐东昏侯"又别为潘妃起神仙、永寿、玉寿三殿，皆帀饰以金璧。其玉寿中作飞仙帐，四面绣绮，窗间尽画神仙"。见（唐）李延寿《南史》卷五《齐本纪下》，中华书局，1975，第 153 页。梁、陈两朝还分别下诏断绝用飞仙和仙人纹饰装饰锦衣（李延寿：《南史》卷六《梁本纪上》，第 196 页）。东晋顾恺之曾绘《维摩天女飞仙图》。

4　[日] 长广敏雄：《雲岡と龍門》，中央公论美术出版，1964，第 120 页。

5　[日] 八木春生：《关于龙门石窟宾阳中洞飞天的研究》，《美术大观》2022 年第 8 期。

6　付卫杰：《对青州七级寺出土一件背屏 2 式造像时代的考证——兼谈青州北朝晚期背屏式造像的发展演变规律》，《敦煌研究》2019 年第 1 期。

249 窟里的个别飞天,[1] 还有初唐第 329 窟里的骑龙仙人。[2]

图 21　成都西安路出土南齐永明八年(490)造像

(四川博物院等编著:《四川出土南朝佛教造像》,中华书局,2013,第 150—151 页,图 52,图版 54-1)

---

[1] 史苇湘等:《敦煌壁画复原图》,江苏凤凰美术出版社,2013,第 17、24、25 页。

[2] 史苇湘等:《敦煌壁画复原图》,第 74 页。

图22　云冈第6窟飞天（云冈二期，北魏）
(《中国石窟·云冈石窟》编辑委员会：《中国石窟·云冈石窟一》，图80、83)

图23　青州朱良镇良孟村出土邑义造像左侧飞天（北魏孝昌三年，527）
(王华庆主编：《青州博物馆》，文物出版社，2003，第174页)

（三）唐代：有身份地位的神祇开始穿汉服披飘带

飞仙题材南北朝以后不见，而且不论是飞仙还是飞天，都是背景人物。唐朝前期，丝绸之路畅通，大量印度佛经图像传入，深受中国人推崇，同时这也是佛教中国化的重要时期。汉服大量出现在佛教护法神身上，比如四川石窟的天龙八部形象。另外，隋唐五代，披巾在中国发展成了日常女性服饰的一部分，一般称帔帛或帔子。在这样的潮流下，不论是佛教还是非佛教艺术，汉服加飘带开始过渡到一些有地位的神祇图像上。就现存的图像来看，数量并不大。唐代展现的是一个过渡阶段，同样人物，有戴飘带的也有没戴飘带的。

非佛教的图像，前文提到的月宫镜就很典型。唐代的月宫镜有几种固定模式，有嫦娥披飘带的，也有嫦娥不披飘带的（图1）。图1a中嫦娥双环髻，右衽大袖短衣，手臂上加束如意水云纹裥褶，左手托举药罐，身后上方飘带飞扬。图1b中，吴刚头上双童髻，右衽长袖衣，外套短袖筒宽袖口长衣，[1] 也饰飘带，是仙人童子的形象。他左手擎托盘奔向对面的人物——头上戴冠，右衽大袖衣，下裳（即裙），笏头履，可能就是嫦娥。图1c的嫦娥没有飘带，她的装束和图1a中嫦娥一样。右衽大袖衣在唐朝已不是男女常服，唐代男子的常服是窄袖圆领长衫，女子穿敞胸窄袖短襦长裙。右衽大袖衣是古制，是唐人眼里古人的服装，[2] 飘带配给这样的服饰，意义深远，其他披飘带的汉服人物形象也多是交衽大袖。

佛教艺术里，在穿上汉服又披挂飘带的护法神中，有两组神像比较有代表性，梵天和帝释天，以及五星神。梵天和帝释天，欲界之内众神之首。敦煌壁画里，他们会出现在来赴佛会的护法神众当中。中唐（781—847）以后，他们往往会以汉服形象出现，并披挂披带。因为这些神像都是立像，所以他们的披带不同于飞天，其披挂方式与同时期的同为立像的菩萨像一样——背后加宽、腿前横挂两道。比如绘在敦煌莫高窟东壁门两侧或西壁主龛两侧的文殊普贤赴会图，中唐和晚唐时，前排会有梵天和帝释天，见敦煌莫高窟第159窟（中唐）（图15）、第458窟（中唐）、第9窟（晚唐）等。[3] 在环绕文殊普贤的众多护法神、供养菩萨、天人中，只有梵天和帝释天及其侍从身穿传统中国服饰：上衣下裳，中式翘头履。梵天和帝释天在发饰头冠上保持着中国佛教艺术里天神和菩萨的式样，但服饰和体态如《列帝图》中的帝王像的造型，侍从托扶

---

[1] 满城汉墓长信宫灯侍女像穿的就是这样的衣服，两层袖子的结构与此处镜上的人物一样。对这种汉代的宽袖衣和长袖衣的介绍，见沈从文《中国古代服饰研究》，第103—108页。

[2] 关于曲领的形制和发展，见沈从文《中国古代服饰研究》，第370—372页。

[3] 敦煌文物研究所编：《中国石窟·敦煌莫高窟四》，文物出版社，1987，图80、81、116、179。

手臂，有的衣服还绘成黑色的。他们胸前曲领拥颈，交衽上衣长到膝部，广袖及地，下配白裳。中国传统的大袖衣在隋唐保留在官服里。图中梵天和帝释天的"衣"和"裳"基本是《旧唐书·舆服制》里称为"具服"的朝服中最高规格的礼服，只有五品以上高级官员参加祭祀、朝贺等时才穿。[1] 曲领是隋唐从七品以上省服。[2] 两位手臂上也如上文的铜镜中的嫦娥加束如褟褶，大袖褟褶是唐五代时期女性乐伎的装束。[3] 梵天手执长圆形羽扇，帝释天手执岐头式羽扇，即南朝流行的麈尾扇。[4] 褟褶和羽扇使得这些图像更近一步脱离现实服饰，连同飘带，各种视觉符号合成唐人对天神的想象。这也将是其他佛教道教大神的服饰：交衽大袖朝服配菩萨飘带。另外中式帝王装此后也成为梵天和帝释天在中国的基本图像，不过帝释天后来变女相，如河北定州静志寺塔基地宫壁画里的帝释天，飘带方式继承唐风。[5] 宋以后二者的形象广见于二十诸天的图像中。

佛教里有五星神，常出现在炽盛光佛的图像里，五星形象主要依照《梵天火罗九曜经》。不过中国也拜五星，也许是这个原因，五星神的衣着穿戴有三个像中国的神仙。现存的五星神图像，有的没有飘带，[6] 但是有两幅图中的金星（太白星）有飘带：法国国家图书馆所藏之《炽盛光佛并五星图》（图 24）和日本东寺藏《天宫图》。现在的《天宫图》是 1166 年的摹本，基于 874 年的原画。金星，弹琵琶，交衽广袖衣。《天宫图》中的金星也束褟褶，大概是琵琶让画工为她配上乐伎的装饰。

（四）宋元及以后的佛道等宗教图像

从宋代开始，汉服加飘带的图像增多，以现存图像为依据的话，成规模发展可能在五代以后。最为突出的表现是这样的装束进入道教男性主神，男子形象更多起来。同时佛道汉服配饰飘带的神祇的形象相通，飘带的披戴方式沿袭隋唐以来的菩萨飘带的形制。

1　沈从文：《中国古代服饰研究》，第 291—292 页。

2　沈从文：《中国古代服饰研究》，第 270—272 页。

3　见盛唐乐伎女俑、南唐李昇四墓女乐舞俑、前蜀王建墓石棺座四周的乐舞雕刻等。沈从文：《中国古代服饰研究》，第 340、395—397 页。

4　麈尾扇的识别讨论，见曾布川宽著、傅江译《六朝帝陵》，南京出版社，2004，第 99 页；张文清、史一媛：《扇底风流：魏晋名士用扇杂考》，《考古》2018 年第 6 期。

5　中国寺观壁画全集编辑委员会：《中国寺观壁画全集 1》，广东教育出版社，2011，图 30、32、33。

6　如：现藏日本大阪市立美术馆唐代梁令瓒《五星二十八宿神形图》（8 世纪）、现藏伦敦大英博物馆藏干宁四年（897）的《炽盛光佛并五星图》、莫高窟第 61 窟炽盛光佛经变相图、苏州瑞光寺塔天宫藏北宋景德二年（1005）《大随求陀罗尼经》中心的《炽盛光佛并九曜十二宫图》。

在佛教艺术里，延续已有的作风，叙事故事中的人物、乐舞和护法神有时会着汉服，并在汉服之上加饰飘带。中国的本生佛传故事里的服饰和场景常常汉化，宋以后更是如此。如山西高平开化寺大雄宝殿北宋壁画《善事太子本生》中的侍女、[1] 山西稷山兴化寺元代壁画《佛诞图》[2] 里的故事人物（图25）等，都是女性，交衽上衣长裙，并装饰飘带。其中佛母广袖、束裲褶。宋以后佛教壁画里的乐舞者，也有穿交衽汉服的，如兴化寺元代壁画《观音法会》中的伎乐舞女，[3] 并沿袭伎乐戴飘带传统。经变故事人物，如稷山兴化寺[4]和青龙寺[5]元代壁画《弥勒说法图》里剃度的国王和王后，着朝服，挂飘带。神祇形象的例子很多，如前文提到的静志寺地宫宋代壁画帝释天。著名的大理《梵像卷》（1172—1175）里的梵天帝释天也是同样装束并披挂飘带。这样的装束宋以后更多，如河北毗卢寺后殿诸神壁画、[6] 山西稷山青龙寺元代壁画里的各种护法神，[7] 山西广胜寺元代壁画《药师

图24　《炽盛光佛并五星图》（9—10世纪）
（法国国家图书馆藏 Pelliot chinois 3995）

1　中国寺观壁画全集编辑委员会：《中国寺观壁画全集1》，广东教育出版社，2011，第166页，图106。
2　孟嗣徽：《元代晋南寺观壁画群研究》，紫禁城出版社，2011，第11页，图2。
3　中国寺观壁画全集编辑委员会：《中国寺观壁画全集1》，第177页，图118。
4　孟嗣徽：《元代晋南寺观壁画群研究》，图18。
5　孟嗣徽：《元代晋南寺观壁画群研究》，图28。
6　中国寺观壁画全集编辑委员会：《中国寺观壁画全集2》，广东教育出版社，2011，图116、117、120—125、130—137等。
7　中国寺观壁画全集编辑委员会：《中国寺观壁画全集2》，图3、9、14、15、20、21、24、27。

佛佛会图》[1]（现藏美国大都会博物馆）里的夜叉神将等。这些护法神皆曲领交衽广袖朝服，披飘带。青龙寺壁画里地狱十王同样的朝服，就没有飘带，好像他们不符合飘带的天神身份的寓意。

上文提到的几处山西元代佛寺壁画，形象和风格都比较统一，实际上它们还和本地道教寺观壁画里的汉服披飘带的神祇人物完全一致。一个地方的佛教和道教寺观壁画有可能出于同一派的画师，乃至同一作坊。晋南的这些元代壁画，好几处可以追溯到当地著名画师朱好古和他的"古新远斋"画坊。[2] 同样风格的山西元代道观壁画里，永济宫永乐宫三清殿的《朝元图》[3] 和现藏加拿大安大略博物馆的平阳府《朝元图》（图26）都满是同样装束，方心曲领交衽大袖朝服，配飘带。飘带式样形同佛教里的菩萨像，飘带在肩膀处似有加宽，亦是模仿菩萨像。以平阳府《朝元图》为例，东壁依次绘天蓬、真武、北斗七星、北极大帝、玉皇大帝、后土、五星、五老；西壁绘天猷、黑煞、三台、南斗六星、老子、东华帝君、金母、十二元辰。[4] 两壁壁画以中间三位地位最高。即这种装扮几乎用于道教全班人马，高可至玉皇、后土、老子、北极、东华等帝君。

这种图像传统，在道教图像里，可以上溯到著名的北宋武宗元（994—1050）所绘《朝元仙仗图》，描绘五方帝君中的三个帝君东华帝君、南极大帝、扶桑大帝，前往朝谒元始天尊的队仗行列（图27）。图中三位帝君，八名武装神，十名男神仙，六十七名女仙，普遍都盛装朝服、披挂飘带。其中帝君的冠、服及其姿势都是传统的帝王像，和前文的梵天帝释天同源。《朝元仙仗图》是白描图，学者普遍认为这是大型壁画的副本小样一类的稿本。[5] 武宗元，北宋时期画家，官至虞曹外郎，擅画道释人物。曾为开封、洛阳各寺观作大量壁画。沈从文先生根据《朝元仙仗图》里的服饰判断，原稿出于盛唐。[6] 若果真如此，很有可能唐代的时候，朝服飘带的形象在中原地区寺庙壁画里，已经很多了。

---

[1] 孟嗣徽：《元代晋南寺观壁画群研究》，图52-1。

[2] 孟嗣徽：《元代晋南寺观壁画群研究》，第186—195页。

[3] 中国寺观壁画全集编辑委员会：《中国寺观壁画全集2》，图56—100。

[4] 景安宁：《元代壁画——神仙赴会图》，北京大学出版社，2016，第145页。

[5] 徐邦达：《从壁画副本小样说到两卷宋画——朝元仙仗图》，《文物参考资料》1956年第2期。

[6] 沈从文：《中国古代服饰研究》，第343页。

图25　山西稷山兴化寺壁画《佛诞图》（元代）

（孟嗣徽：《元代晋南寺观壁画群研究》，紫禁城出版社，2011，图2，第11页）

图26　山西平阳府壁画《朝元图》（元代，现藏加拿大安大略博物馆）

（景安宁：《元代壁画——神仙赴会图》，北京大学出版社，2016，图2a）

图 27 （宋）武宗元《朝元仙仗图》（局部，白描）

同理，民间宗教里的神祇也可以穿上朝服，披上飘带，比如晋祠圣母殿（天圣年间即 1023—1032 年创建，崇宁元年即 1102 年重修）里的宋代圣母塑像。[1] 圣母乃姜太公之女邑姜，嫁周武王，为周成王与唐叔虞之母，按身份也该享有帝后的装束。民间宗教神祇的封号往往可以到王爷、帝、后级别。另外，宗教语境里的侍女和乐舞有时也会在汉服之上加饰飘

---

[1] 柴泽俊：《山西古代彩塑》，文物出版社，2008，第 235 页，图 57。

带。晋祠圣母殿里共 43 尊宋代雕像，其中侍女像非常著名，多交衽小袖上襦长裙，饰飘带（图 28 右边 3 尊），装束同前文提到的佛诞图中的侍女。飘带的披法主要是挂在肩膀上，前挂后挂等翻出好几种花样。长度有的能到四五米。沈从文先生就曾指出，这些有飘带的侍女宽大的衣着和飘带都是前朝古风，[1] 也有侍女身穿当时在宋代妇女中时兴的修身的对襟旋袄，便没有飘带（图 28 左边 2 尊）。这样的交衽襦裙配飘带偶尔在宋辽墓葬中的乐舞图里见到，[2] 应该不是现实世界的乐舞。

同一人物有无飘带无关紧要，飘带不是某个神的图像的关键性标志。不过还是有几位道教的常见神，其图像里比较常见飘带，例如玄武大帝（图 26，前排左 1）、中坛元帅三太子哪吒。

明清佛道宫观寺庙壁画保存到今天的当然比宋元多，所以明清图像里神仙朝服配飘带的装束的例子也不少。但是，不配飘带的图像也有，而且更多，这里不再列举。《绘图三教源流搜神大全》按儒释道三教的体例，收录神祇 132 位，是中国宗教神祇的大百科。以该书为例，飘带总体出现很少。元刻本《新编连相搜神广记》里有后土女神、玄天上帝（玄武）、赵公明元帅三位饰飘带。[3] 前两位交衽广袖朝服，赵元帅披甲，前文列举的配飘带的唐

以后的中国神祇，也多是朝服和盔甲。此书的明刻本，饰飘带者只有寥寥几位女性：武则天之母"先天太后"、西王母、昭灵侯夫人、蚕女，全部交衽上衣配长裙。[4] 男性完全没有飘带，就连四天王、玄武和赵公明都没有。这也许是明清飘带图像式微的一个表现，飘带图像就这样慢慢隐晦在历史里。

（五）仕女图中的披带——飘带和披巾的结合

在中国的绘画传统里，飘带还进入了仕女图，尤其是仙女、古代美女、假想美女为题材的人物画，延续至今。仕女图里的飘带有两个源头，一个是飞天神像图像中细长的飘带，往往单色无花纹，比较长。另一个是唐五代女性的实用帔帛，相对较短，多有花饰。仕女图中时常出现一种披带，形似二者的结合，有的像合理化了的飘带，有的像画窄了的帔帛。

飞天图像中细长的飘带，本文已经证明，它是图像演化的结果，在现实生活中不存在这样的服饰。仕女图中的飘带，一般不能像飞天那样飞扬，而是垂下来，所以多被缩短长度，不至碰到地面。另外画家为给飘带赋予实用性，还会加宽飘带。有的还会给飘带加花纹和波浪形的边。缩

---

1 沈从文：《中国古代服饰研究》，第 448—449 页。
2 如遵义送赵王墓雕刻的女乐，交衽大袖衣长裙，就有飘带。见沈从文《中国古代服饰研究》，第 444 页。
3 佚名：《绘图三教源流搜神大全（外二种）》，上海古籍出版社，2012，第 468、469、561 页。
4 佚名：《绘图三教源流搜神大全（外二种）》，第 22、28、105、137 页。

短、加宽、加花纹的飘带就趋近唐五代盛行的实用的帔帛了。

图像作品中的隋唐五代帔帛展现出至少两大形式，一种直接在短襦长裙外披裹，唐墓壁画描绘了各种缠绕方式，有遮体的实用功能，像半个外衣，多纯色，不绣花；另一种，如著名的《簪花仕女图》（图29）所示，有丝或纱的质感，还有花纹图案，长方形。披挂简单，一般从身后或身前绕过手臂，两端自然垂下，大约到膝盖以下位置，既有拖垂感又不至拖到地面。《簪花仕女图》左1人物左手把帔帛撩起，让帔帛在身前散开，展示出帔帛宽度，不小于60cm。其他任务帔帛即使都折叠在一起，看起来也有宽大的质感。其实这种帔帛几乎不见展开使用，不为遮体或保暖，以装饰为主。后代仕女图里延续的基本是不展开、纯装饰这种形式。五代以后，中国的服饰发生重大转折。宋朝在上衣外一般再穿窄袖或大袖的对襟长衫外衣。帔帛在宋明时期发展成为僵硬直板的霞帔和直帔，[1] 霞帔的佩戴还成为礼制等级的一部分。[2] 在这样的背景下，即便是模仿前朝帔帛的绘画，也难免失真走样，五代以后绘画里的帔帛很容易变得像窄带子，形式上就像是有花纹的短了一点的飘带。

图28 晋祠圣母殿彩塑侍女像（宋）
（柴泽俊：《山西古代彩塑》，文物出版社，2008，第236—237页，图58）

---

[1] 霞帔和直帔的形制和出土实物，见于长英《古代霞帔制度初探》，硕士学位论文，南昌大学，2007。

[2] "今代帔有二等。霞帔，非恩赐不得服，为妇人之命服而直帔通用于民间也。"见（宋）高承《事物纪原》卷三，《丛书集成》本，中华书局，1985，第108页。

图 29 （传）（唐）周昉《簪花仕女图》中的帔帛（绢本设色，现藏辽宁省博物馆）
（Yang Xin et al., *Three Thousands Years of Chinese Painting*, New Haven：Yale University Press, 1997, fig. 74）

图 30 （五代）顾闳中《韩熙载夜宴图》（局部，宋代摹本，绢本设色，现藏故宫博物馆）
（Yang Xin et al., *Three Thousands Years of Chinese Painting*, fig. 103）

仕女图至宋代才正式成熟，明中期以仇英、唐寅为代表恢复繁荣，清以后蓬勃发展。从宋开始，仕女图中柔软的披巾，是脱离当时服饰的图像文化，可以看作是神仙飘带和唐五代帔帛的结合，有的绘画偏帔帛，有的偏飘带。因为总有些图像不好在帔帛和飘带之间明确分类，这里我们就暂且把它们统称披带。

偏帔帛类的披带首推一批宋代的摹本。传为五代顾闳中所绘著名的《韩熙载夜宴图》（图30），就是一个典型的例子。此图原本是南唐顾闳中根据韩熙载夜宴实况而画。当代学者根据画中各处屏风上的山水画的风格推测为北宋晚期摹本。[1] 五代时帔帛还很盛行，所以图中乐伎很多饰帔帛。但是，宋朝人对此可能已经不那么熟悉了，摹本中宽大的帔帛褶皱在一起的感觉没有画出来，其中大多披巾看起来就像条带子。同样性质的还有传世宋人绘《女孝经图》，[2] 曾被定为唐代阎立本所画，其中披带也很窄。这种从《簪花仕女图》的帔帛到《韩熙载夜宴图》的披带的变窄过程，与印度中亚佛教图像里的披巾到中国飞天的飘带的演变过程几乎如出一辙——一种曾经实用的宽大的披巾，在不使用这种披巾的文化的绘画里变形成了窄带子。另外，《女孝经图》中女性的服装和《韩熙载夜宴图》里的基本一致，都是交衽小袖衣腰间长裙，配窄披带。这也是晋祠圣母殿侍女的服饰。她们都是当时人们心中的古代人物形象。从唐代开始，交衽上衣腰下长裙已成为古装的象征符号，直至今日。

古代美女是仕女图题材中的大宗。平阳府姬家作坊金代木版画《四美图》（图31），绘宋金时代推崇的古代四大美女：绿珠、王昭君、赵飞燕、班姬，各个交衽上衣外加交衽半臂，腰下长裙，然后披带。披带的绣花和长度，接近帔帛。木版画更能反映大众审美，图中装束代表了当时人们集体意识里的古典美人。其他接近帔帛的著名古画还有唐寅（1470—1532）的《陶谷赠词》（图32）、明仇英（约1498—1552）的《汉宫春晓图》（现藏台北"故宫博物院"）等。两幅画都是历史题材，《陶谷赠词》讲的是北宋初陶谷（903—970）出使南唐时，爱慕宫妓秦蒻兰的故事。两图中披巾多有花纹，但是又不够宽。《汉宫春晓图》中的贵族女子，丰腴，穿晚唐五代风格的V字领短襦配高胸长裙，有明显模仿唐五代绘画的迹象，画中披巾形式多样，有的很像带子。

---

[1] 也有学者认为是南宋摹本。见 Yang Xin et al.，*Three Thousands Years of Chinese Painting*，New Haven: Yale University Press, 1997, p. 110.

[2] 童文娥：《〈女孝经图〉图文位置的重建》，《故宫文物月刊》2005年4月第265期。

图 31　平阳府姬家作坊《四美图》（木版画，金代）

(Mikhail Piotrovsky ed., *Lost Empire of the Silk Road: Buddhist Art from Khara Khoto* (X-XIIIth Century), Milan: Electa, 1993, fig. 241, p. 357)

图32　（明）唐寅《陶谷赠词》（局部，绢本设色）
（台北"故宫博物院"藏）

偏飘带的披带也是宋朝就有，如苏汉臣（1094—1172）的《妆靓仕女图》，披带虽然有图案，但是不宽，而且很长，拖到地上。唐寅有一副《嫦娥》画作，现藏台北"故宫博物院"（图33），就是一个飘带改造的典型例子，嫦娥的披带又细又长，拖在地上。唐寅为它加了海带一样的波浪边和花纹图案，还在嫦娥一侧的肩膀处让飘带展开，以显示飘带的宽度。加波浪边、加花纹、加宽都是画飘带时的常见现象。

仕女图中也会出现没有花纹图案的披带，完全就像飞天的飘带。比如元代张渥《九歌图》[1]（1346）中的湘夫人、清焦秉贞的《历朝贤后故事图》[2] 里的诸位皇后、清改琦（1773—1828）《元机诗意图》（1825）（图34）里的唐代女道士鱼元机等，一直到当代张大千的众多仕女图上还常能见到。以《元机诗意图》为代表，全是历史人物，多穿交衽上衣腰下长裙。鱼元机的披带，蓝色为主，另一面白色，窄如飞天的飘带，只是略短。

宋以后的仕女图中，戴披带的总体比率并不是非常高。但是什么类型的人物会被画上披带的规律，耐人寻味：一般是假

---

[1] 现藏吉林省博物馆。见 Yang Xin et al., *Three Thousands Years of Chinese Painting*, fig. 140, p. 151.
[2] 现藏北京故宫博物院。焦秉贞，生卒年不详，活动于清康熙时期。

想的古代或神话传说中的美女，所以有古装。而飘带，即有宗教图像的神仙形象传统，又有隋唐实用帔帛的历史，用在古代美女图上，不仅代表神仙般的飘逸，还代表古雅。

图34 （清）改琦《元机诗意图》（局部，1825，纸本设色）

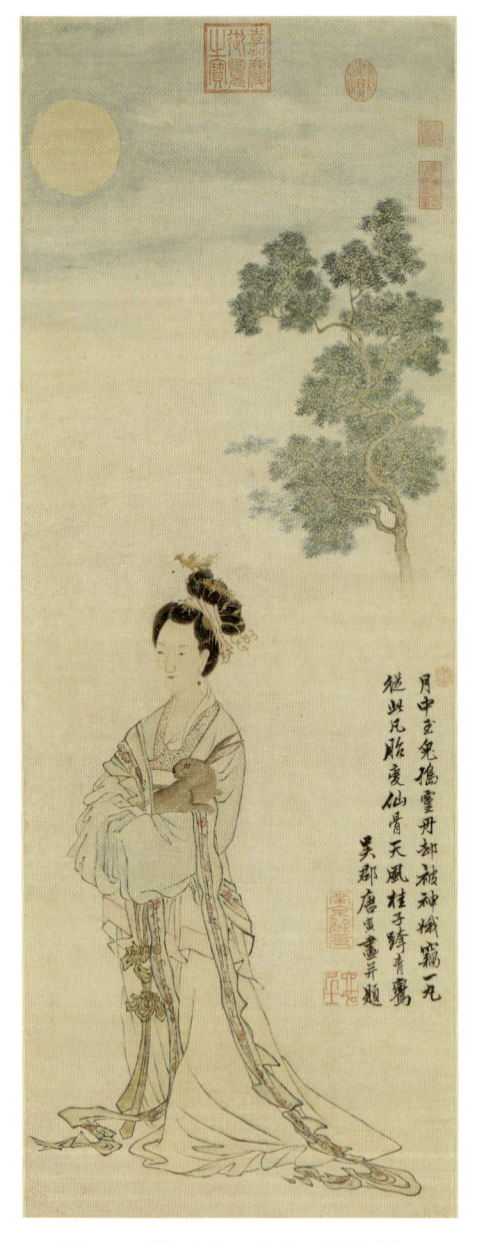

图33 （明）唐寅《嫦娥》（纸本设色）
（台北"故宫博物院"藏）

图35 任率英绘1978年挂历上的《嫦娥奔月》

图36　南阳画像砖《嫦娥奔月》拓片（汉）
(《中国美术全集》编辑委员会编：《中国美术全集·绘画编18·画像石画像砖》，上海人民美术出版社，1993，图178)

仕女图中的人物的披带只是一件服饰，原则上可有可无，但是飞天式飘带也进入了个别人物的图像，以嫦娥最为突出，从唐代的月宫镜开始，直到当今的各种嫦娥奔月图，嫦娥通常都会披挂飘带。图35是1978年挂历上的《嫦娥奔月》，为当代著名画家任率英（1911—1989）的工笔重彩人物代表作。挂历年画最能反映一个时代的大众艺术，这是当代人共识的嫦娥形象——想象中的古代的上衣下裳，飘带飞扬。飘带也是两面蓝白两色，这是飘带的常见颜色，蓝色正面上还有图案。中国传统的、受佛教艺术影响之前的嫦娥图像所幸也有传到今天的。图36是南阳汉画像砖上的《嫦娥奔月》，嫦娥穿汉代的大袖衣，姑且不讨论她人面兽身的形态，反正飘带绝不存在。

结　语

中国古代艺术里细细长长的飘带，它的前世和今生，是一个跨越欧亚大陆、交融各种文化、历经两千多年并延续至今的传奇故事。它在中国的发展和演变展现了一个外来元素如何与中国文化结合的复杂又持久的过程。

简而言之，它源于古印度服饰的 uttariya，从贵霜王朝开始，与一路从古希腊罗马兴起，又在古帕提亚、萨珊图像中变形的、原本迎风飞扬的大披巾图像相碰撞结合，在中亚佛教艺术里变成了舞动的飘带，然后随佛教艺术全面进入中土。

在中国艺术里，飘带图像更加蓬勃发展。一方面，佛教艺术里的飘带纹样与南朝追求潇洒、飘逸的人物画风格产生共鸣，和中国传统的仙人图像结合，诞生了飞仙图；从此在视觉艺术中，中国的神仙也慢慢开始披上飘带，披带样式大体如佛教中的菩萨。另一方面，飞仙图中飘带风格以及中国人的想象力和艺术创造，又极大地丰富了中国佛教艺术里的飘带纹，飘带更细更长更浪漫。最后，飘带发展成为深入中国文化的象征，诞生了一批汉服飘带人物像，涉及佛教、道教、民间宗教艺术和世俗艺术的仕女图，用以表现佛教道教神祇、杂仙或古人。神祇服饰源于朝服，朝服又源于"古装"，上衣下裳，交衽大袖。仕女图里的古人也是穿人们概念里的"古装"。结果，这些身份迥异的汉服飘带人物像的装束惊人地相似。

就像佛教漫长的中国化过程，佛教艺术里各种人物的衣服都或多或少地经历了一场旷日持久的复杂的中国化过程。披巾只是其中的一部分。披巾的演变发展，基本上符合这一中国化洪流的总体上的起承转化，但又有其独立的历史和独特的奇光异彩。比如佛教艺术里披巾与汉服结合的5世纪末6世纪初，也是佛教里各种服饰中国化的结点，但各自有各自的脉络，并不完全同步。八木春生就曾发现开凿于495年的龙门石窟，尤其在古阳洞中，菩萨首先表现出中国化趋向是498年前后，飞天是503年，佛像的佛装是505年。[1]

宗教图像里漫天的各种披巾飘带，很可能帮助促生了隋唐日常生活中的帔帛。在仕女图中，飘带图像又受到日常生活中帔帛的影响而发生变化。作为一个现实生活中不存在的服饰，细细长长舞动的飘带，在中国人物画里千百年来的存在，堪称一个奇迹。它已成为一个视觉符号，展现神仙的优雅飘逸，象征古典的浪漫美丽。

---

[1] 八木春生：《敦煌莫高窟第257窟研究一得》，载《2000年敦煌学国际学术讨论会文集》（石窟艺术卷），甘肃民族出版社，2003，第84—96页。

方位、制式与功能：
关于古代"衽"的几个问题*

■ 周　方（上海大学上海美术学院）　　潘健华（上海戏剧学院）

一　古今释"衽"

"衽"是"深衣"的关键部位，齐志家认为历代对深衣的看法纷争不断主要因为"衽当旁""续衽钩边"两处难考，而且尤以"衽"字难解，[1]"深衣"的形制考辨实际上就是"衽"的考辨史。[2] 自东汉许慎、郑玄以来，唐孔颖达、宋朱熹、明方以智、清黄宗羲、江永、任大椿、黄以周等学者皆有考说，沈从文开近现代考究之先河，指认马山楚墓出土袍服腋下的"小要""嵌片"就是"古深衣制度中百注难得其解的衽"[3]。李凤立认为凭"嵌片"与"棺衽"相似就定名为"衽"不妥，"棺衽"与方便手臂上下活动的腋下"嵌片"形状和功能都不同；[4] 黄宁玲认为丧服（上衣下裳）和深衣（上下连属）的"衽"与"小要"无关，并言历代注家受郑玄影响"构思衽如何能够拼成小要之形状（两头大中间小），解说往往不完全准确"[5]。席乐认为《礼记·檀弓》"棺束"一句郑玄注"衽"为"小要"，本义与衣无关，指的是"棺衽"，即束棺的麻绳。[6]

丧服之"衽"与燕服之"衽"方位

---

* 本文系2021年度国家社科基金艺术学重大项目"中国戏曲服饰研究"阶段性成果（项目批准号：21ZD14）。
1 齐志家：《深衣之"衽"的考辨与问题》，《南京艺术学院学报》（美术与设计版）2011年第5期。
2 齐志家：《深衣之"衽"解析》，《理论界》2012年第6期。
3 沈从文：《中国古代服饰研究》，商务印书馆，2013，第131页。
4 李凤立：《〈离骚〉"敷衽"考——结合出土材料的探讨》，《简帛》2021年第1期。
5 王宁玲：《古代丧服"衽"制解析——兼论"小要"之义》，《文教资料》2020年第30期。
6 席乐：《再论棺衽与小腰》，《华夏考古》2020年第1期。

及形态皆不同。《礼记·玉藻》郑玄注："凡衽者，或杀而下，或杀而上。"[1] 南朝皇侃曰："或杀而下为丧服之衽，广头在上，狭头在下；或杀而上谓深衣之衽，宽头在下，狭头在上。"[2] 《礼记正义》曰："丧服之衽，广头在上，狭头在下。……深衣之衽，宽头在下，狭头在上。"江永《礼记训义择言》："丧服之衽杀而下，左右各二尺五寸，叠作燕尾之形，属于衣，垂而放之，朝祭服亦当然。深衣、长衣之衽杀而上，属于裳，缝之以合前后。"[3] 典籍虽有清晰表述，却依然多见将丧服之"衽"与燕服之"衽"不加区分混为一谈者。近年黄宁玲对丧服之"衽"与深衣之"衽"的制式做了区分，指出丧服之"衽"形似燕尾，深衣之"衽"近似三角形，实为梯形。[4]

王锷据先秦两汉文献考证"衽"有三义，即衣襟、木楔和卧席，未言"衽"之本义或形态，亦未明服装上"襟衽"与"裳衽"的关系。[5] 罗婷婷认为"衽"有交叠之意，席衽附会自衣襟交叠，又言"衽"之本义是"用以掩裳际"，对丧服之"衽"与燕服之"衽"未加区分，结论还可商讨。[6] 李凤立考《离骚》中"敷衽"，将"衽"分为连属在衣襟的"上衽"和缝合在裳的"下衽"，古人跪拜时下裳前衽敷于地即为"敷衽"[7]，对"衽"在衣裳上的方位做了清晰表述。

综上可见，自东汉至当代学者们对"衽"虽多有考说，但尚未形成较为统一的认知，对"衽"之本义、属性、方位、制式、功能等还存有较大深入探讨空间。本文将在前人基础上，尝试回归"衽"之本体，并将"衽"置于古人制衣的一般历史演化发展历程之中再做考察。

二 "衽"字再释

甲骨文中未见"衽"，但有"衣"和"壬"。湖北云梦睡虎地秦简及《说文解字》中有"衽"，由"衣"加"壬"构成，与"袵""纴""任"通，皆从

---

1 （汉）郑玄注，（唐）孔颖达疏：《礼记正文》卷二九，北京大学出版社，2000，第1044页。
2 同上注。
3 （清）江永：《礼记训义择言》卷五，《影印文渊阁四库全书》，第128册，上海古籍出版社，1987，第349页。
4 王宁玲：《古代丧服"衽"制解析——兼论"小要"之义》，《文教资料》2020年第30期。
5 王锷：《说衽》，《人文论丛》2019年第2期。
6 罗婷婷：《衽考》，《中国经学》2022年第1期。
7 李凤立：《〈离骚〉"敷衽"考——结合出土材料的探讨》，《简帛》2021年第1期。

"壬"。《说文解字》注曰:"壬,位北方也。阴极阳生,故《易》曰:'龙战于野。'战者,接也。""壬"是"天干"第九位,九为单数最大数,故曰"极","阴极阳生"表阴阳相交之意,训"相接"。《史记·律书》:"壬之为言任也。言阳气任养万物于下也。"亦言上(阳)下(阴)相接之意。

图1 新石器时代的陶纺轮
(国家博物馆藏)

图2 新石器时代屈家岭文化彩陶纺轮
(湖北省博物馆藏)

"壬"内涵丰富，博大而抽象，加了不同偏旁之后又各有侧重。《说文解字》注曰："壬象人裹妊之形。"陈启彤言："壬，当训物包也。象隐伏之形，故中画大。"又言壬"古名玄默，玄训悠远，默有黑暗不明之意，与隐伏之义近。妊从壬声，训孕，此取本义。袵从之，训衣袵，则意取隐伏"[1]。《汉书·律历志》："怀妊于壬。"腹部位于人体中端，是人体的上下相接处，女子孕后腹部增大隆起为"壬"，后加"女"旁做"妊"字。《诗经·小雅·宾之初筵》："百礼既至，有壬有林。"壬，大也；林，盛也。故"壬"为盛大之象，初义应训"大"或"增大"，后引申出"妊""包物"之义。

《说文解字》："纴，机缕也。"周凤玲认为"巠"象经缕在"壬"之形，推测"壬"与纺织有关。[2] 林义光认为甲骨文"壬"为"胜之古文，机持经者也……故《礼记》戴胜……'巠'为经之古文，正象'滕'持丝形。从壬"[3]。滕即胜，《说文解字》："滕，任也。""滕，机持经者。""滕""壬"皆与原始纺织器具关系密切，从中国古代纺织起源来看，早期是人工编织"手经指挂"阶段，这个时期有一种重要的纺织工具——"加杆纺轮"出现（图1）。新石器时代遗址中出土了大量骨质、石质和陶质纺轮，中间皆有穿孔，用来插入捻杆，使用时利用纺轮的重量和旋转时产生的力矩做功，通过纺轮的旋转，纤维被加捻纽合成一股细纱。[4] 纺轮旋转时，象天极周天运转轮回之象，[5] 所以出土陶纺轮上常见有表示循环运动的曲线（图2）。原始纺轮旋转做工，纤维在捻杆上卷绕，形成线圈堆积（图3）。《说文解字》注曰："壬承辛，象人胫。胫，任体也。"《释名》："胫，茎也。直而长，似物茎也。""胫"又曰"股"，"股"又曰"髀"，"髀"是上古用来测量日影的表，呈竖直之貌。《祭统》："殷人贵髀。"甲骨文"壬"字写作"I"，呈竖直之貌，中间一杆象胫直立。甲骨文、金文"壬"字还有中间鼓起的写法（图4），象原始纺轮加杆之形，亦象纤维在捻杆上缠绕堆积，捻杆腹部增大与妇人"裹妊之形"同象。

1　李圃、郑明主编：《古文字释要》，上海教育出版社，2010，第1349—1350页。

2　周凤玲：《干支考》，《汉字文化》2006年第2期。

3　李圃、郑明主编：《古文字释要》，上海教育出版社，2010，第1349—1350页。

4　饶崛：《纺轮的诞生、演进及其与纺纱技术发展的关系演进》，博士学位论文，东华大学，2019。

5　原始纺轮上大量存在表示"天极"观念的图纹，详见李新伟《中国史前陶器图像反映的"天极"观念》，《中原文物》2020年第3期。

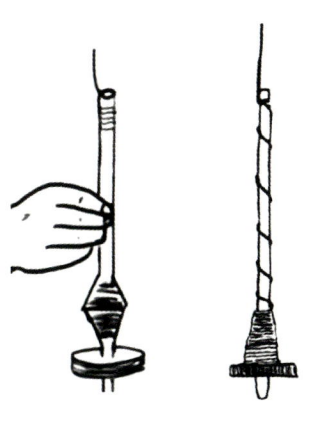

图3 纺轮纺纱示意图
（图片采自《纺轮的诞生、演进及其与纺纱技术发展的关系演进》插图2-51、2-56）

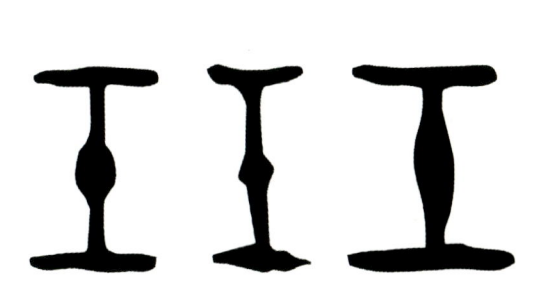

图4 甲骨文和金文中的"壬"
（图片采自汉典网）

图5 山东滕州汉代画像石西王母带胜杖
（滕州汉画像石博物馆藏）

图6 湖南常德南坪乡出土胜形金饰
（常德市博物馆藏）

图7 江苏邗江甘泉二号墓出土胜形金饰
（南京博物院藏）

当原始纺织逐渐进入"机杼胜复"的时代，原始织机开始出现，手持的纺轮逐渐进化为织机的经轴，至今河南安阳农村还将织机经轴两端的挡板和扳手称为"滕花"[1]。

当手持的"壬"（又称壬器）转变为织机上的经轴，不再日常携带，转变为上古"男耕女织"社会的一种象征物，后逐渐演化为女子头上的盛饰。传说中西王母戴"胜"，即取象原始纺织所用"壬

---

[1] 王抒：《八角星纹与史前织机》，《中国文化》1990年第1期。

器之形（图5）。姚孝遂认为"壬"字的甲骨文写法（I）即"纴器之属，形制较为原始"，又引《高士传》："夫负釜甑，妻戴纴器。"[1]《方言笺疏》也说"古者妇人任器，行则戴之。"女子戴"胜"后世虽多有改变，但依然保留了早期"壬"的形态信息（图6、7）。

综上可知，"壬"本义为"接"（相接、交接）与"大"（盛大、使增大），同时是一种原始纺织器，与原始制衣紧密相关（还与原始天象观测有关）。早期的"衣"制式简单，皆短、狭、紧、窄，通过接"壬"，"衣"的内部空间得以增大，故有"衽"字。在"衣"上加"壬"，又称之为"续衽"，"续"意连接、连属。当"衣"与"衽"连属，"衣"取正幅，"衽"取斜幅。北大藏秦简《制衣》曰："大襦有袌，长丈二尺而交裔，其一尺各以其袌为上尉。""袌"作"斜"，即将布幅斜裁，制为斜幅。"交裔"即"交输"，也指斜裁。《说文解字》："褽，衽也。"刘丽和王煊均释"尉"为"衽"[2]，王煊又言秦简《制衣》中"衣衽有袌还是无袌决定了襦类服装的衣长，大襦有袌和小襦有袌均为长襦，可达膝上；而大襦无袌和小襦无袌均为短襦，应仅在腰臀部

上下"[3]。说明"衣"接"衽"后皆大或长。《说文解字》："以衣衽扱物谓之撷。""撷"意手持衣衽兜物，"衣衽"可纳物，说明"衣衽"之大。《释名·释衣服》又曰："衽，襜也。在旁襜襜然也。"亦言"衽"之宽大宏裕，有襜然飘动之貌。郑玄注《礼记·深衣》"续衽钩边"曰："续，犹属也。……续，或为裕。"[4]"续"作"裕"也应与衣内空间增大丰裕有关。所以，"衽"是在"衣"上加"壬"，是与"衣"连属（连接）的、使"衣"增大的斜裁布幅。

三 "衽"的方位

《说文解字·衣部》段注"衽"："《玉藻》注所谓或杀而下属衣……此注所谓或杀而上属裳，则缝之以合前后者也，此二者皆谓之衽。"孙希旦《礼记集解》言"衽"有"礼衣之衽""深衣之衽""在衣之衽""在裳之衽"[5]。说明"衽"非深衣专有结构，具有普遍性，我们对"衽"的理解不应局限于深衣之属，而要对"衽"属"衣"的不同方位加以甄别。从文献资料来看，"衽"可分为以

---

1 于省吾主编：《甲骨文字诂林》，中华书局，1996，第3589—3590页。

2 刘丽：《北大藏秦简〈制衣〉释文注释》，《北京大学学报》（哲学社会科学版）2017年第5期。王煊：《北大藏秦简〈制衣〉所见上衣服类相关问题探讨》，《南方文物》2020年第4期。

3 同上注。

4 （汉）郑玄注，（唐）孔颖达疏：《礼记正义》卷五八，第1823页。

5 （清）孙希旦：《礼记集解》卷二九，中华书局，1989，第799—800页。

下三类（见表1至表3）。

（一）衽在衣襟

衽在衣襟这一点较为明确，没有什么争议。"襟"又作"裣""衿"，指上衣前襟左右连属的两幅，所以有左衽、右衽、交衽之说。"左衽"又为亡者衣襟方向，称为"袭"。儒生认为掩衣左右是族属的标志，中原右衽夷狄左衽之说虽影响深远，但其实是较晚才出现的说法，上古先民造衣之初并没有这种思想。早期衣襟多直襟而下或交叠幅度极少，殷墟出土的玉人、石人及三星堆出土的铜人上衣皆可为证，说明商晚期"衽"还没有出现，至少在安阳、古蜀地区还没有得到广泛应用。

表1	衽在衣襟
出处	注者及观点
《论语·宪问》	微管仲，吾其被发左衽矣。邢昺曰："衽谓衣衿，衣衿向左谓之左衽，夷狄之人被发左衽。"
《说文解字》	衽，衣裣也。裣，交衽也。段玉裁注："裣之字，一变为衿，再变为襟，字一耳。"
《方言》	衽谓之褛。郭璞注："衣襟也。"
《汉书·张陈王周传》	颜师古注："衽，衣襟也。"
《礼记·丧大记》	小敛大敛，祭服不倒，皆左衽，结绞不纽。郑玄注："左衽，衽乡左，反生时也。"孔颖达疏："衽，衣襟也。生乡右，左手解，抽带便也。死则襟乡左，示不复解也。"
黄宗羲《深衣考》	衽，衣襟也。

表2	衽在丧服
出处	注者及观点
《仪礼·丧服》	郑玄注："衽，所以掩裳际也。二尺五寸，与有司绅齐国也。上正一尺，燕尾二尺五寸，凡用布三尺五寸。"
《仪礼·丧服》	贾公彦疏："此掩盖两厢下际不合处也。"
《礼记·玉藻》	郑玄注："凡衽者，或杀而下，或杀而上，是以小要取名焉。衽属衣，则垂而放之。属裳则缝之，以合前后，上下相变。"
江永《礼记训义择言》	丧服之衽杀而下，左右各二尺五寸，叠作燕尾之形，属于衣，垂而放之，朝祭服亦当然。

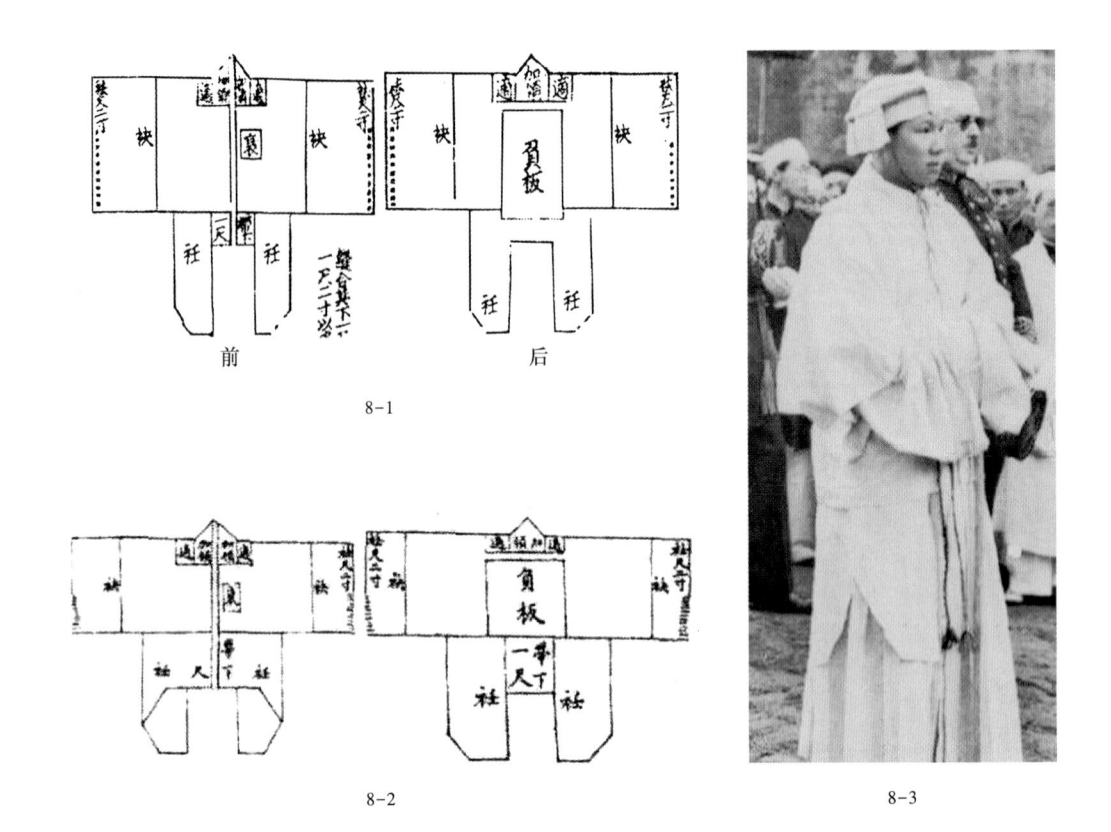

图 8 "丧服之衽"呈上阔下狭燕尾形

8-1《文公家礼》残卷二；8-2《明集礼》（图片采自王宁玲《先秦丧葬礼名物丛考》第 70、71 页）；8-3 越南末代皇帝为其父出殡所穿孝服（图片采自网络）

（二）衽在丧服

衽在丧服与上衣连属，整体呈"上阔下狭""杀而下"式，上阔处与衣相连，下狭如燕尾处呈"垂而放之"的状态，其作用是"掩裳际"。丧服裳前三幅、后四幅，各自为之不相连，故丧服之衽的作用是掩盖"下（裳）际不（相）合处"，长度与"有司绅齐"。如《文公家礼》（图 8-1）和《明集礼》（图 8-2）中丧服下皆有衽，上沿与衣相连，下垂处收杀，如燕尾之形，掩于裳两旁。又如越南阮朝末代皇帝为其父启定帝出殡身穿孝服（图 8-3），依然延续了丧服之衽"属衣，则垂而放之"的形态。王宁玲总结了"丧服之衽"的裁制方法，为两片布相叠的形态，缀于衰衣下。[1] 另据钱玄考

---

[1] 王宁玲：《古代丧服"衽"制解析——兼论"小要"之义》，《文教资料》2020 年第 30 期。

证，后代上衣再无此衽。[1] 因此，这种缝缀于衣、垂而放之、掩裳两际、上阔下狭的"衽"为丧服专属，不可与燕服中的"襟衽""袖衽""裳衽"混淆，故后文所述皆与丧服之衽无涉。

表3	衽在深衣
出处	注者及观点
《礼记·深衣》	古者深衣，盖有制度……续衽，钩边。
	郑玄："续，犹属也。衽，在裳旁者也。属连之不殊裳前后也。钩，读如'鸟喙必钩'之钩。钩边，若今曲裾也。"
	孔颖达疏："衽，谓深衣之裳，以下阔上狭，谓之为衽。接续此衽而钩其旁边，即今之朝服有曲裾而在旁者是也。""衽当旁者，凡深衣之裳十二幅，皆宽头在下，狭头在上，皆似小要之衽，是前后左右皆有衽。今云'衽当旁'者，谓所续之衽当身之一旁，非为余衽悉当旁也。云'属连之，不殊裳前后也'。……今深衣，裳一旁则连之相著，一旁则有曲裾掩之，与相连无异，故云'属连之，不殊裳前后也'。"
	皇侃义疏："凡衽，非一之辞，非独深衣也。或杀而下谓丧服之衽，广头在上，狭头在下。或杀而上谓深衣之衽，宽头在下，狭头在上。"
《礼记·玉藻》	孔颖达疏："……衽当旁者，衽，谓裳之交接处，当身之畔。……衽谓深衣之裳，以下阔上狭，谓之为衽。"
黄宗羲《深衣考》	衽二幅，其幅上狭下阔，阔处亦尺二寸，长与衣等。内衽连于前右之衣，外衽连于前左之衣。……续衽者，衣与裳相连属之也。……盖续衽其横，而钩边其直也。
江永《深衣考误》	连属于裳之两旁，所谓衽当旁也，是凡言衽者皆谓裳之两旁也。如裳前后当中者，为襟为裾，皆不名衽，惟当旁而斜杀者乃名衽。
黄以周《礼书通故》	衣有四衽，二衽属衣，二衽属裳。其用布及裁法并同。合四衽为小腰形，故小要取名焉。
任大椿《深衣释例》	在旁曰衽。在旁之衽，前后属连曰续衽。右旁之衽不能属连，前后两开，必露里衣，恐近于亵。故别以一幅布裁为曲裾，而属于右后衽，反屈之向前，如鸟喙之句曲，以掩其里衣。而右前衽即交乎其上，于覆体更为完密。
戴震《深衣解》	衽当旁，削幅在裳谓之衽。
孙希旦《礼记集解》	凡衽者，皆所以掩衣裳之交际者也。然有礼衣之衽，有深衣之衽，有在衣之衽，有在裳之衽。郑氏之注既未晰，而后之说者或混衣之衽于裳，或混礼衣之衽于深衣，或又即指深衣之裳幅为衽，是以其说愈繁而愈乱也。

---

[1] 钱玄：《三礼辞典》，江苏古籍出版社，1998，第587页。

（三）衽在深衣

衽在衣襟、在丧服制式形态都较为明确，唯衽在深衣难明，深衣之"衽"相关注释又最多，不可不察。自汉末郑玄起，历代学者释"衽"均有可取之处，综合前人对衽在深衣的注释，总结提炼出以下几个要点：

(1) 衽在裳两旁（侧缝处），将前后裳连接成一体（不殊裳之前后）。

(2) 深衣之衽为上狭下阔的制式（与衽在丧服上阔下狭不同）。

(3) 衽又在衣，不仅连属前后裳，也连属上衣下裳。

(4) 衽有内、外之分，内衽连于前右之衣，外衽连于前左之衣。

(5) 衽有左、右之分，左衽连属前后裳，右衽不连属前后裳。

(6) 裳衽又分右前衽和右后衽。

这六个要点说明前人释"深衣之衽"视野各有侧重，如摸象的盲人，未必是整体性描述。持续近两千年的考释也告诉我们继续停留于文字训诂很难彻底厘清"衽"的方位、制式及功能。"衽"既是"衣"的重要部分，我们何尝不将"衽"置于"衣"的演化发展路径之下再做考察。下面将结合文物证据和古代服装裁制技艺的一般发展路径，尝试解读"衽"的源起与流变、制式与功能。

四 "衽"之源起

我们目前了解到的最早的成衣是"贯头衣"，沈从文在《中国古代服饰研究》中较早介绍了"贯头衣"："用两幅较窄的布，对折拼缝，上部中间留口出首，两侧留口出臂。它无领无袖，缝纫简便，着后束腰，便于劳作。这种服装对纺织品的使用，可以说是非常充分而无丝毫浪费的，在原始社会物力维艰时代，这是一种最理想的服制，其名应叫'贯头衣'。"[1] 甘肃、青海辛店文化遗址出土彩陶上的人物和新疆岩画上平肩束腰的人物都被认为是"贯头衣"的原始图像记录，新疆哈密五堡出土的史前服装实物中有红色套头长袍和棕地竖条纹褐长衣，[2] 一如沈先生所述，都是由两幅面料拼合前中后中缝，留出领口贯头制成。从地理分布来看，"贯头衣"具有一般性和普遍性，向东抵达日本，向西到中国新疆西北边境。

台湾博物馆藏有一件雅美族平肩直身短衣，平肩直身，领部无挖无接，前襟竖开，后中缝合，是一件十分典型的"贯头衣"（图9）。新疆且末县扎滚鲁克第二

---

[1] 沈从文：《中国古代服饰研究》，第35页。
[2] 这批服装大约来自公元前1300—前800年，考古学中属于青铜时代到早期铁器时代的过渡阶段，因此这一阶段的服装也具有过渡性质。见信晓瑜《公元前2000年到公元前200年的新疆史前服饰研究》，博士学位论文，东华大学，2016。

期文化墓葬[1]出土了一件长衣[2]，延续了"贯头衣"的制式特征，只增加了衣长，拼接了袖子（图10）。这些遗物向我们揭示了早期的制衣思路：原始衣物都用两幅布，直身拼接而成，领部不挖不接。"贯头衣"与"开襟衣"的区别只是前中缝合不缝合的问题（图11）。当前中、后中缝合，仅保留领口贯头的位置即为"贯头衣"；当后中缝合，前中对开直下即为"开襟衣"，如殷墟侯家庄5号墓出土石人的上衣即表现为开襟直下的式样。贯头衣的长短，袖的有无，则根据地域、气候、选用材料及穿着人群的需求而变，如沈先生所言："它是一种概括性，也可说是笼统化的整体服装，是新石器时代典型服装之一。"[3]

图9 雅美族服装
（台湾博物馆藏）

图10 新疆且末县扎滚鲁克墓葬出土长衣
（新疆博物馆藏）

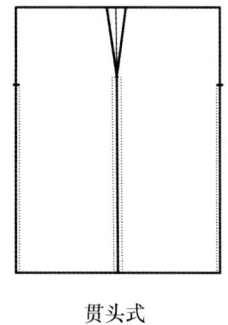

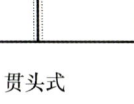

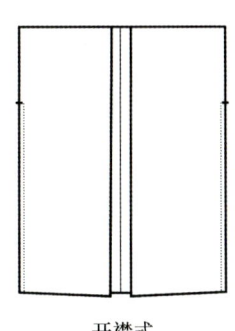

贯头式　　　　开襟式　　　　开襟接袖式

图11 早期服装的基本制式
（周方绘制）

---

1 新疆且末扎滚鲁克第二期文化有墓葬90座，是扎滚鲁克一号墓地的主体文化，时代大约在公元前800—前300年。见王博等《新疆且末扎滚鲁克一号墓地发掘报告》，《考古学报》2003年第1期。

2 衣通长145cm、肩宽80cm、衣袖长45cm，袖口宽12—13cm，下摆周长220cm。

3 沈从文：《中国古代服饰研究》，第38页。

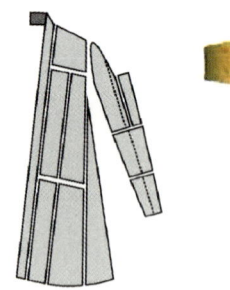

12-1 苏贝希一号墓地 M11 出土女尸皮衣分片

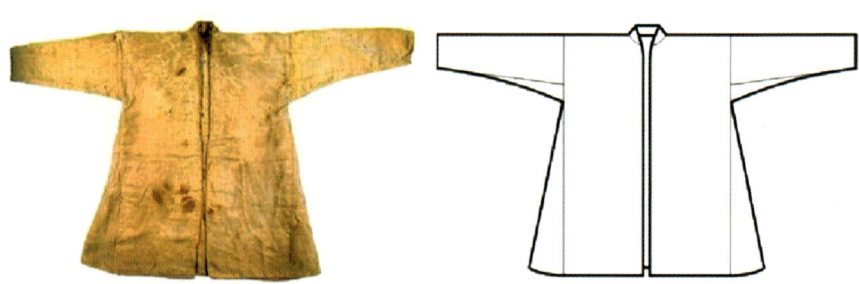

12-2 苏贝希出土开襟短上衣

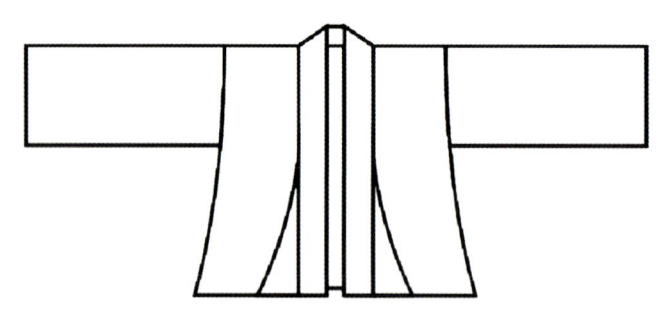

12-3 扎滚鲁克出土开襟短上衣

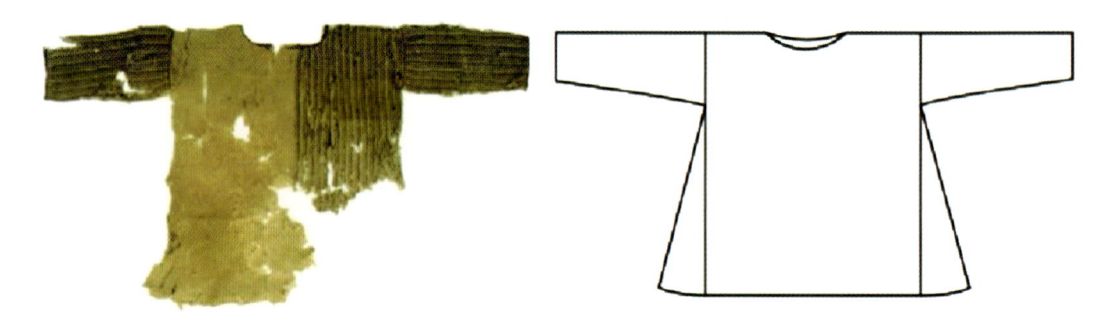

12-4 扎滚鲁克出土贯头衣

图 12 早期服装的变化

(图片采自信晓瑜《公元前 2000 年到公元 200 年的新疆史前服饰研究》图 4-52、4-59、4-60、4-62)

原始服装平肩直身，衣身无分片，裁制十分简单。但随着时代的发展，这种简单的制衣状况逐步发生改变，我们可以从一些早期遗物中看到一些变化。例如，新疆鄯善县苏贝希墓地，据考来自公元前 5—前 3 世纪[1]，墓中出土了一件有着较为复杂分片的皮衣，特别是在衣侧缝处增

---

[1] 新疆文物考古研究所、吐鲁番地区博物馆：《新疆鄯善县苏贝希遗址及墓地》，《考古》2002 年第 6 期。

加的三角形接片，有效拓展了衣身的内空间（图12-1）；苏贝希4号墓出土了一件毛布衣，大身延续了"贯头衣"平肩、直身的制式特征，但在袖腋、左右侧缝处拼缝了三角形接片（图12-2），拓展了袖腋和衣身的空间；扎滚鲁克二期文化墓葬出土的直身开襟短衣，在衣襟正下方拼缝了三角形接片（图12-3），同区域墓葬出土的"贯头衣"左右侧缝处同样也出现了三角形的接片（图12-4）。这些服装在原始贯头衣的基础上，较为普遍地使用了三角形接片，分别拼缝在袖腋、侧缝、衣襟处，与先民拓展衣身内部空间的需求有关。综合这些早期服装遗物的裁制与拼接特征，我们可得到如图13的一件衣服，并可将其在贯头衣基础之上的新发展描述如下：

（1）当三角形衣片与衣襟连属时，对襟直下式自然转变为交襟式，衣襟左右相掩幅度加深，领襟的掩体密闭程度也随之加深。从此，古人制衣逐渐进入了交领衣时期；

（2）当三角形衣片与袖腋连属时，拓展了袖腋活动空间，手臂可上下抬升自如。从此，古人制衣逐渐从小袖、窄袖时期进入大袖时期；

（3）当三角形衣片与侧缝连属时，服装内部空间增大，下摆围度增加，随之产生了A形轮廓。从此，古人衣身、衣裾裁制逐渐进入盛大时期。

江永《深衣考误》曰："深衣者，圣贤之法服，衣用正幅，裳之中幅亦以正裁，惟衽在裳旁，始用斜裁。"[1] 这里只提到了"裳衽"用"斜杀"。事实上，衣"正幅"与衽"斜杀"关系也体现在"襟衽"和"袖衽"。简言之，袖腋、衣襟、侧缝处连属的三角形衣片都是"衽"，古人裁衣，衣用正幅，凡衽必用斜幅。

五　"衽"之流变

郑玄言："衽，在裳旁者也。属连之不殊裳前后也。"[2] 孔颖达言："衽，谓深衣之裳，以下阔上狭，谓之为衽。"[3] 这些注解多聚焦于"裳衽"。南朝皇侃言："凡衽，非一之辞，非独深衣也。"[4] 孙希旦言"衽"有在衣、在裳的区分，故"衽"不是深衣专有，而是古人制衣常用的制衣结构，"衽"也不是一成不变的，会随着服装制式的变化而改变。我们对"衽"的解读还需进一步拓展。

1　（清）江永：《深衣考误》，中华书局，1991，第5页。
2　（汉）郑玄注，（唐）孔颖达疏：《礼记正义》卷五八，第1822页。
3　（汉）郑玄注，（唐）孔颖达疏：《礼记正义》卷五八，第1824页。
4　（汉）郑玄注，（唐）孔颖达疏：《礼记正义》卷五八，第1044页。

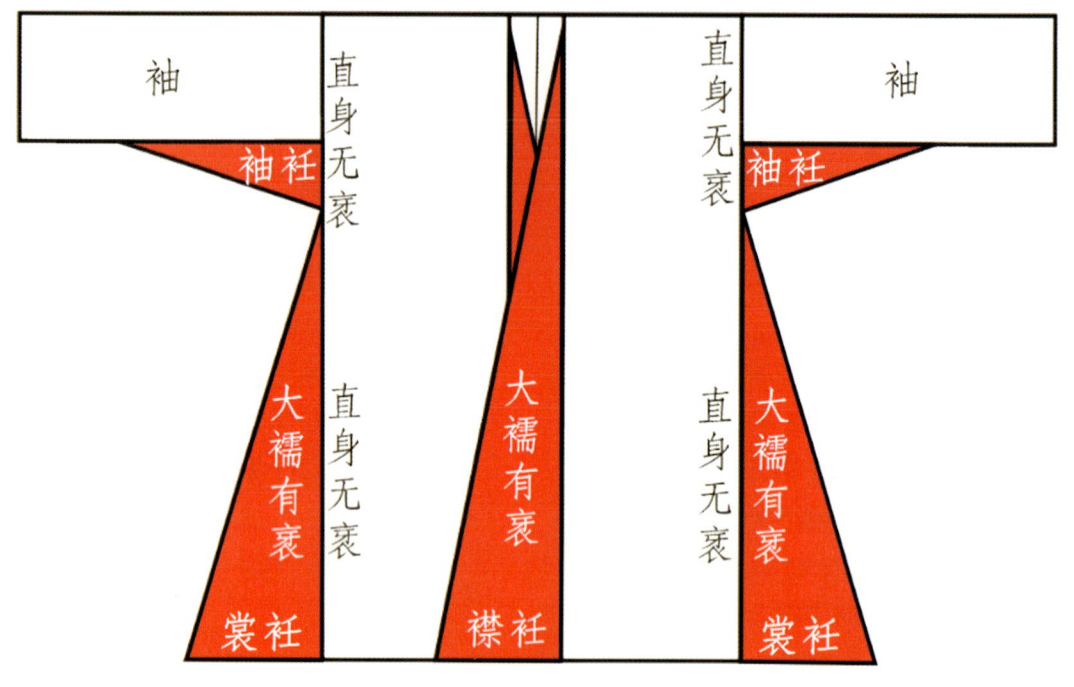

图13 "衣"正幅连属"衽"斜幅示意图
(周方绘制)

14-1　　　　　14-2　　　　　14-3　　　　　14-4

图14 "襟衽"逐渐扩大为"交领大襟"
14-1 山西侯马出土周代青铜人物铸范，山西博物院藏；14-2 长治市分水岭M127出土战国青铜人像，长治市博物馆藏；14-3 纽约大都会博物馆藏东周青铜立人；14-4 明尼阿波利斯艺术博物馆藏战国错金铜人

（一）襟衽：掩体密闭功能的增加

《释名·释衣服》曰："襟，禁也，交于前，所以禁御风寒也。""衿，亦禁也，禁使不得解散也。"衣襟之"禁"源自其掩体的程度，衣襟交叠程度愈加，包裹性愈好，才能产生所谓的"被体深邃"。《礼记·深衣》："曲袷如矩以应方。""袷"即衣合，与"袂"通，表示领部相交。《集韵》释"袂"为"衽"，领襟接衽后，衣襟左右自然相掩，即为"袂"。《类篇》："怀袂，藏也。"也是在表述领部相交掩身藏体之意。

山西出土周代青铜人物铸范服装刻画细腻精致，服装为上下连属、四起施缘的窄袖袍服，领部为相交的矩形方领（图14-1），此时"襟衽"为前中拼接的矩形接片，这是周代的代表性领形，在这一时期出土物中常见。但"襟衽"形态是不稳定的，总体呈逐渐增大增广、掩体密闭程度不断增加的发展趋势。如山西长治分水岭M127出土战国青铜人所穿交襟矩领袍（图14-2）和纽约大都会博物馆藏东周铜人（图14-3），领部相交程度均有增加，同时"襟衽"随之右移，逐渐靠近衣右侧缝；明尼阿波利斯艺术博物馆藏战国时期错金小铜人"襟衽"相交幅度更大（图14-4），"襟缘"几乎抵达右侧缝，此时矩形"襟衽"已消解不见，转化为完整的"交领大襟"。"襟衽"不断增大、增长的演化历程最终以"续衽绕襟"制式的出现告一段落，将在后文"裳衽"部分详述。

（二）袖衽：手臂抬升自如的嵌片

袖部有"衽"，《广雅·释器》言："袂、衽，袖也。"[1] "袖衽"也不是一成不变的，随着古人的制衣水平不断提高，对"袖衽"的处理愈加巧妙。早期三角形"袖衽"与袖腋直线相接，较初级生硬（图12-2）。大约在战国前后，"袖衽"发展成一种在旁与衣相接，在下与"裳衽"相接，连接袖腋、衣、腰、裳的不规则形接片（图15、16），这个接片大约在战国晚期更名为"袼"。《礼记·深衣》："袼之高下，可以运肘。"郑玄注："袼，衣袂当掖之缝也。"孔颖达疏："胳，谓当臂之处。"[2]《广雅》："胳谓之腋。"《说文解字》："胳，腋下也。"袖腋下的接片即"袼"（图16），黄宗羲说"深衣乃自袼下以至裳之下畔尽缝合之，左右皆然"[3]，亦指"袼"与"裳衽"上下连属的关系。

---

1 （清）王念孙：《广雅疏证》，上海古籍出版社，2016，第1186页。朱骏声认为衽有袖袂的含义是因为衽在裳旁，正是两手下垂的地方，故转而名衽。此说不妥，袖下亦有衽，非与裳衽近。见朱骏声《说文通训定声》，中华书局，1984，第90页。

2 （汉）郑玄注，（唐）孔颖达疏：《礼记正义》卷五八，北京大学出版社，1980，第1822、1824页。

3 （明）黄宗羲：《深衣考》，第169页。

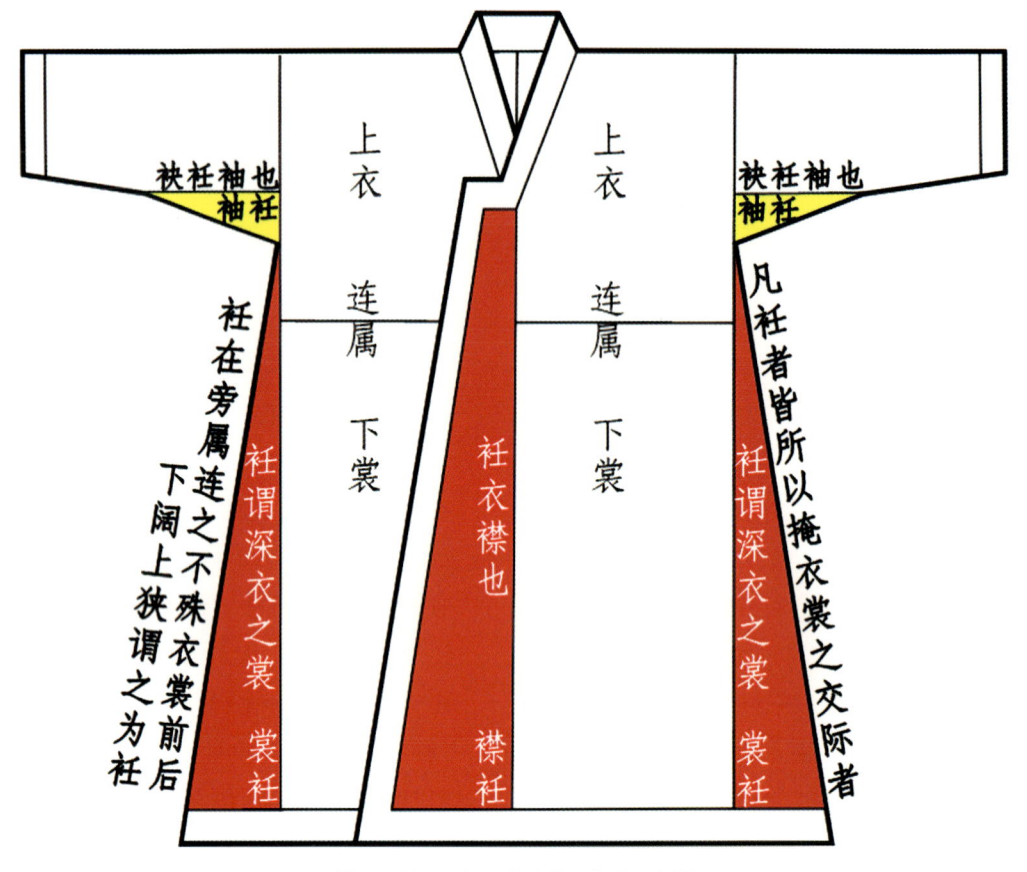

图 15　早期"衽"的方位、制式示意图

(周方绘制)

"衽"有一个形容词（非同义词），即"小要"。沈从文认为"小要"就是"古深衣制度中百注难得其解的衽"，李凤立、黄宁玲等人提出了质疑，席乐指出"小要"是束棺的麻绳。[1]《释名·释丧制》曰："棺束曰缄。缄，函也。古者棺不钉也。旁际曰小要，其要约小也。又谓之衽。衽，任也。任制祭会使不解也。"孔颖达《礼记正义》曰："衽，每束一者。衽，小要也。其形两头广中央小也。……汉时呼衽为小要也。"[2] "缄"是捆东西的绳索，束棺的绳索经捆扎后呈"两头广中央小"式，因为"其要约(束)小"，故得"小要"之名。棺榫称"小要"，同样因为有"两头广中央小"形。当"衽"与"裳衽"上下连属时，其形中细，整体同样呈"两头广中央小"

1　席乐：《再论棺衽与小腰》，《华夏考古》2020 年第 1 期。

2　（汉）郑玄注，（唐）孔颖达疏：《礼记正义》卷八，第 290 页。

式（图16"袷"与"裳衽"组合之形），因为形态似"小要"，所以"以小要取名焉"。湖北江陵马山一号楚墓出土了"袷"与"裳衽"上下连属的服装实物（图17），"袷"被裁制为不规则的接片，在上与袖腋相连，在旁与腰相连，在下与"裳衽"相接。长期以来我们将"袷"视同为"小要"，事实上，"袷"是从"袖衽"发展而来的袖腋处的不规则接片，"小要"是对"袖衽"与"裳衽"在腰部上下连属后呈"两头广中央小"形态的描述，"小要"包括"袖衽"和"裳衽"两个部分。"衽"的所指及内涵均大于"小要"，我们不能将"衽"简单化地理解为"小要"。

（三）裳衽：曲裾绕襟制式的本源

"裳衽"是裳侧缝处拼接的上狭下阔的布幅，连接上衣下裳，同时连属前后裳，对此，《礼记·深衣》郑玄注及孔颖达疏、《礼记·玉藻》孔颖达疏、江永《深衣考误》和戴震《深衣解》等均有述（见表3），不再赘言。下面将结合出土的人物服装形象来说明"裳衽"的制式及其演化发展。

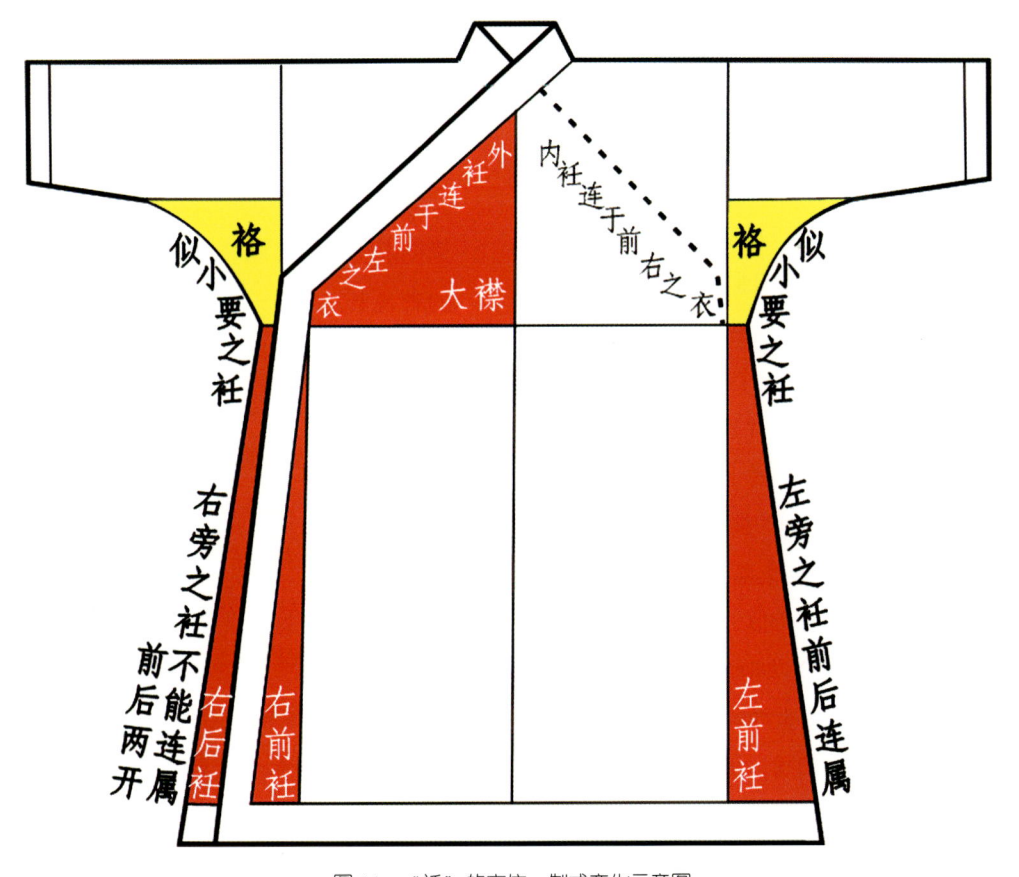

图16 "衽"的方位、制式变化示意图

（周方绘制）

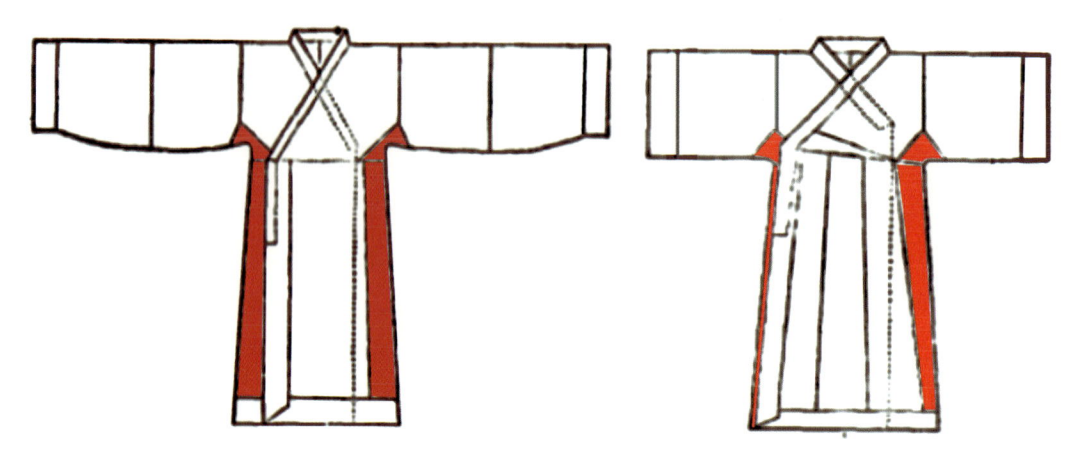

图 17　湖北江陵马山一号楚墓出土的绵袍和单衣
(图片采自《江陵马山一号楚墓》，第 21 页，图二三)

春秋战国时期袍服侧缝处常见一种梯形（有时近三角形）接片。如山西晋东南地区长治盆地周代墓葬群 7 号墓出土的漆木俑，考古简报述其装束为："身穿长袍，大襟左衽，腰束带，用带钩勾住，内衣为方格圆领衫。"[1] 我们从文物线描图可以看到木俑衣长至足肘（上不露肤，下不被土），腰部以下左右侧缝各有 2 个直角梯形，拼合成了一个等腰梯形接片（图 18-1），这梯形接片连属上衣下裳，同时也连属前后裳，制式上狭下广，方位在裳旁，与文献所述"裳衽"方位、制式皆相符。湖北九连墩墓出土擎灯铜人（图 18-2）服装与之相似，腰部以下上狭下广的梯形"裳衽"刻画清晰。山西长治分水岭 126 号墓出土战国铜牺上有一立人，服装制式大致相同，虽尺寸精微，侧缝梯形"裳衽"接片清晰可见（图 18-3）；明尼阿波利斯艺术博物馆藏战国铜人用错金工艺清晰刻画了"裳衽"，后背清晰表达了腰下及裳侧拼接的梯形衣片（图 18-4）；包山楚墓出土擎灯铜人左"裳衽"也与之相同（图 23-3），类似拼接据说还出现在湖北荆州夏家台楚墓出土的衣裳上，可惜该衣裳出土时保护状态不佳，至今未见修复完成的实物。总之，春秋战国时期上下连属的袍服侧缝普遍存在"裳衽"，其长短宽窄随着袍服制式的变化而变化，有时是梯形，有时近三角形，始终保持着上狭下广的斜裁形态特征。

"裳衽"左右成对，左身"裳衽"连属前后裳为一体，右身大襟前后两开，故右身"裳衽"有前后之分，曰"前衽"和"后衽"（图 16 "裳衽"部位）。《礼记·深衣》孔颖达疏："今深衣裳，一旁

---

[1] 陶正刚、李奉山：《山西长子县东周墓》，《考古学报》1984 年第 4 期。

则连之相着，一旁则有曲裾掩之。"[1] 任大椿《深衣释例》说"右旁之衽不能属连，前后两开"，言明裳衽左身相连，右身前后两开。右身"裳衽"前后两开导致"必露里衣，恐近于亵"，因此需要"别以一幅布裁为曲裾，而属于右后衽，反屈之向前，如鸟喙之句曲，以掩其里衣"。说明曲裾的根本作用是遮蔽里衣。

《战国策·江乙说于安陵君》："见君莫不敛衽而拜。"[2]《汉书·张良传》中也有"楚必敛衽而朝"。这里的"敛衽"均指朝见时行礼，用手执敛右裳前衽，以示恭敬。跪下时，右裳前衽敷布于地面，又称为"敷衽"[3]。黄宗羲《深衣考》又言："内衽连于前右之衣，外衽连于前左之衣。"[4] 这里的内、外衽所言应非"裳衽"，而是"襟衽"。当"襟衽"上下相掩时，连于右襟的衽在下，连于左襟的衽在上，上下层叠有了内外之分，故曰"内衽""外衽"（图16"大襟"部位），故左、右衽指的是"裳衽"，内、外衽指的是"襟衽"。

日本美秀博物馆藏有一件传出土于洛阳金村的周代银人（图19），他身穿上下连属、四起施缘的小袖袍服，"襟衽"相交、密闭掩体，左"裳衽"连属前后，右"裳衽"接续的布幅很长，因此需要包绕至身后，产生了一个"绕体"的结构，这个结构就是"续衽绕襟"，或曰"曲裾绕襟"。任大椿《深衣释例》说这个结构"属于右后衽"似可讨论，按服装的实际裁制结构应是续衽连属于右裳前衽，从身前包绕至身后，见于身后，而不是连属于右（裳）后衽。这种"续衽绕襟"的结构在湖北江陵马山一号楚墓彩绘着衣漆木女俑裳部也有具体呈现，很明确是从右裳前衽连属，向身后包绕的结构（图20）。同样的结构还出现在包山楚墓漆奁彩绘人物、湖北老河口安岗M1号墓出土漆木俑、湖北江陵九店M410墓出土着衣木俑、长沙市杨家湾M569墓出土木俑身上，足以说明当时制衣用"续衽绕襟"之普遍。

黄宗羲《深衣考》释"钩边"："盖续衽其横"[5]，"横"指身体之横，即"续衽"从身前向身后横向包绕。江永《礼记训义择言》："别有钩边属于衽，汉世谓之曲裾"[6]，《礼记·深衣》郑玄注："钩边，若今曲裾也。"[7] "钩"对"曲"，

---

1 （汉）郑玄注，（唐）孔颖达疏：《礼记正义》卷五八，第1824页。
2 （汉）刘向：《战国策》卷一四，上海古籍出版社，1985，第488页。
3 李凤立：《〈离骚〉"敷衽"考——结合出土材料的探讨》，《简帛》2021年第1期。
4 （明）黄宗羲：《深衣考》，载《黄宗羲全集》第一册，浙江古籍出版社，1985，第167页。
5 （明）黄宗羲：《深衣考》，第169页。
6 （清）江永：《礼记训义择言》，四库全书第128册，上海古籍出版社，1987，第349页。
7 （汉）郑玄注，（唐）孔颖达疏：《礼记正义》卷五八，第1664页。

"边"对"裾"(多指衣后下摆,与"见于后"相近),"钩边"或"曲裾"是对相同制式的不同表述。当"续衽"横向绕身包裹,很好地解决了里衣外露的问题,服装整体包裹度、密闭度进一步加强,任大椿《深衣释例》言:"右前衽即交乎其上,于覆体更为完密。"[1] 故所谓"曲裾"或"绕襟",本质上都是由加长的"衽"从身前向身后横向包绕完成的。

图18 上下连属袍服上"衽在旁"

18-1 山西长子县东周7号墓出土木俑,图片采自陶正刚《山西长子县东周墓》图10-1;18-2 湖北九连墩墓出土擎灯铜人,图片采自《湖北枣阳九连墩M1发掘简报》图24-1;18-3 战国铜立人山西长治分水岭126号墓出土,山西博物院藏;18-4 战国错金小铜人,源自代顿家族收藏,美国明尼阿波利斯艺术博物馆藏

图19 周代银人
(传洛阳金村出土,日本美秀博物馆藏)

图20 湖北江陵马山一号楚墓彩绘着衣漆木女俑
(采自《江陵马山一号楚墓》,第81页,图六六)

---

[1] (明)黄宗羲:《深衣考》,第167页。

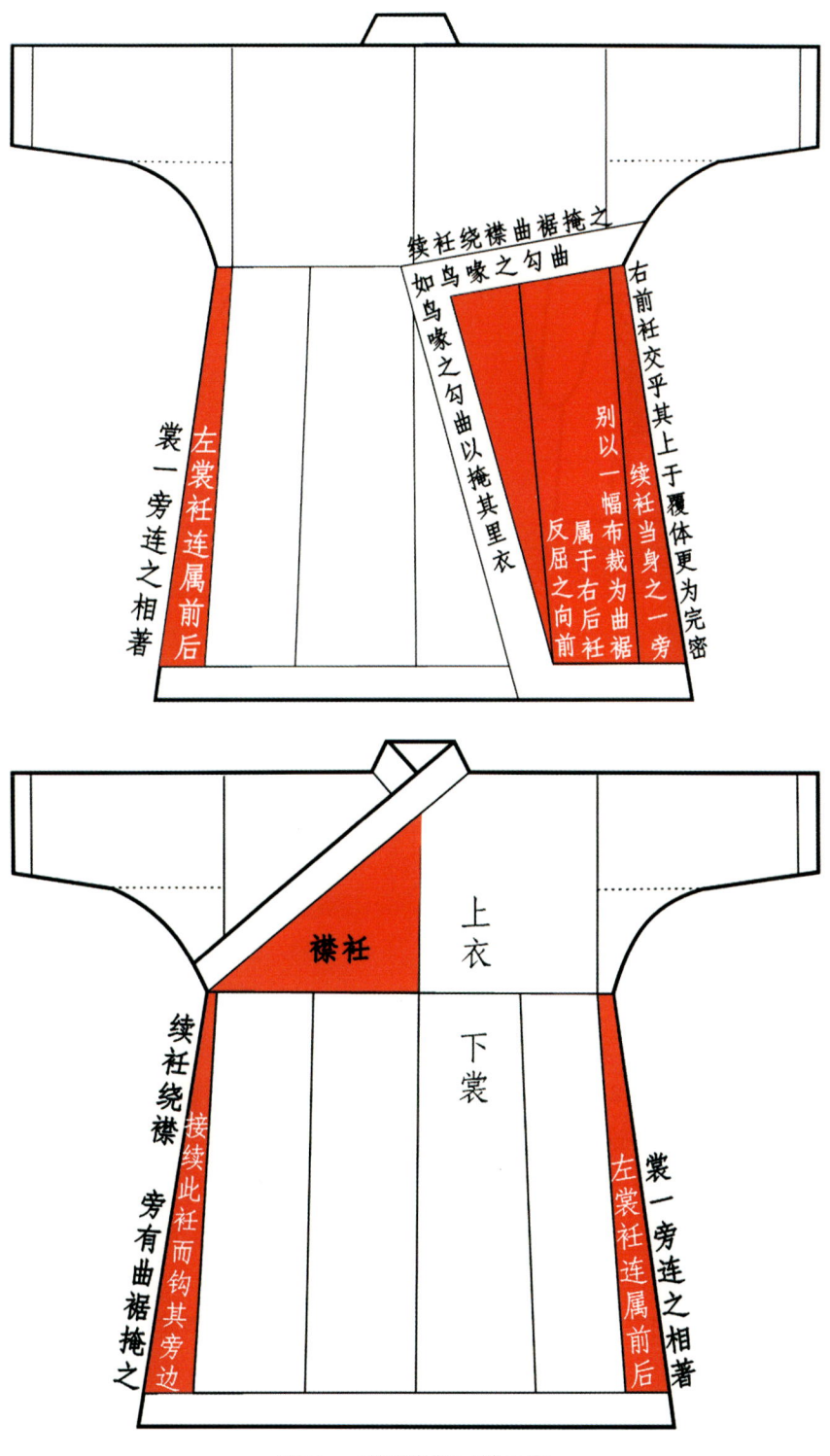

方位、制式与功能：关于古代"衽"的几个问题　077

图 21　"续衽绕襟"结构示意
(周方绘制)

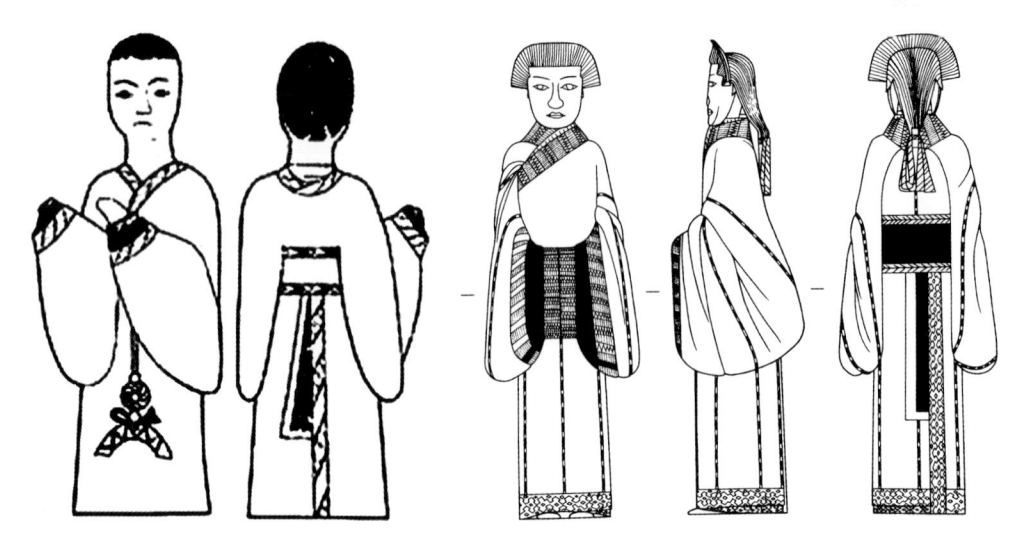

22-1　河南信阳长台关二号楚墓出土漆木俑　　　　22-2　沙洋塌冢楚墓漆木俑

图 22　"续衽绕襟"层叠式搭配

以洛阳金村出土银人的服装结构为底本，并综合同时期出土物的服装制式特征，可绘出"续衽绕襟"的基本结构示意图（图21）："襟衽"相交，密闭而深邃。下裳的分片方式参考了深衣之裳，分为十二幅，前后各六幅，左右各有二副为"裳衽"（图21上）。左裳衽连属前后，右裳"续衽"，横向"绕襟"，制为"曲裾"，"钩边"于身后。（图21下）

在"续衽绕襟"的基础之上，我们还可以看到古人充分发挥了设计思维，发展出多种不同式样的"续衽"，极大丰富了古代服装的风格与搭配趣味。例如，河南信阳长台关二号楚墓出土漆木俑和沙洋塌冢楚墓漆木俑为我们呈现了"层叠式续衽"（图22），由一长一短两件袍服叠穿而成，短袍服穿在长袍服之下，续衽略长于外层长袍服。从身后看起来，层叠的续衽一上一下、一短一长，又缘之以不同色彩花纹锦，展现了古人对服装细节、搭配层次的考究。这种"续衽绕襟"结构与洛阳金村出土银人一致，可见这种裁制方式的存续与发展路径。

曾侯乙墓出土托钟铜人身穿短上衣，其下缘呈左右不对称式（图23-1）；包山楚墓擎灯人俑外层袍服也有左右不对称的下缘呈现（图23-1、23-2），说明这种不对称式"续衽"用于衣也用于袍，虽然目前可见样本不多，但可以说明古人制衣细节变化是十分丰富的，并早已产生了不对称的服装审美。这种不对称式"续衽"除了审美之外，是否还有别的功用，还有待更多研究样本的出现再做观察。

23-1 侯乙墓托钟铜人
（湖北省博物馆藏）

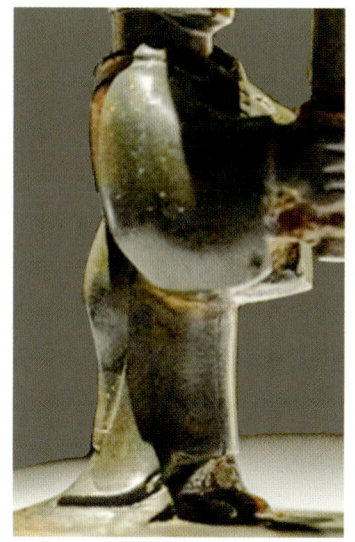

23-2 包山楚墓出土擎灯人俑
（湖北省博物馆藏）

23-3 包山楚墓出土擎灯人俑线描图
（图片采自《包山楚墓》上，第193页，图一二三）

图23 "续衽"制为左右不对称式

另一种是燕尾式"续衽"（或称圭形"续衽"），这种制式历史悠久，藏于美国纳尔逊艺术博物馆的战国铜人、山西青铜博物馆藏东周铜人、故宫博物院藏东周玉人、美国纳尔逊艺术博物馆藏战国人俑的服装下摆都被表现为一对下垂的三角形（图24-1至24-4），其制上广下狭，如燕尾，亦如圭。起初穿这种服装的人身份未必高贵，战国铜人手持刀或插腰刀，表明他们的身份是普通武士，另外湖北云梦西汉墓出土的木俑、西汉楚王墓中出土的兵马俑和武士俑、杨家湾兵马俑、马王堆汉墓出土仪仗图中侍从都穿下摆制为燕尾形的袍服，足以说明此类下摆燕尾制式服装在武士或侍从阶层中具有普遍性。《汉书》："充衣纱縠单衣，曲裾后垂交输。"如淳曰："交输，割正幅，使一头狭若燕尾，垂之两旁，见于后，是《礼·深衣》'续衽钩边'。"贾逵谓之"衣圭"[1]。"交输"即斜裁，取正幅布对角裁之，便得到了三角形的"衽"，将这种"衽"连缀于衣裾，构成了"后垂交输"的尖角，即燕尾的造型。如淳亦也言明"曲裾后垂交输"源自"续衽钩边"，这个尖角燕尾造型属于斜裁而成的"续衽"。西汉刘向《说苑》中有"班丽袿衽"，《小尔雅·广言》："丽，两也。""班丽"意为按秩序分部，两两成对；"袿衽"指"续衽"制为袿（圭）形，连缀于左右衣裾，此句可阐释为左右衣裾各有一对三角形（圭形）续衽。

无论是"燕尾"或"圭"都是对"续衽"斜裁制式特征的形容与表述。西汉以后，燕尾式"续衽"又发展出了不同的风貌，下垂的尖角有大有小，有长有短，绕襟程度普遍增加，有的将左右下垂的尖角继续夸张延长，形成了拖地的衣裾。我们从出土物中可以看到普通的官吏俑服装衣裾下垂燕尾形"续衽"，一如文献所述"垂之两旁，见于后"（图24-5、24-6），西汉楚王陵出土舞蹈俑的燕尾形"续衽"则被刻意夸张强调（图24-7），制成了拖地的衣角，将舞者身姿衬托得更加纤长婀娜。

24-1

24-2

1　（汉）班固撰，（唐）颜师古注：《汉书》卷四五《江充传》，中华书局，1964，第2176页。

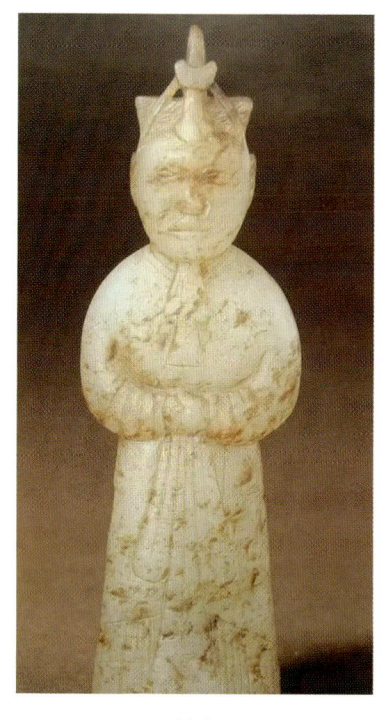

图24 "续衽"制为燕尾形

24-1 美国 Nelson-Atkinson 美术馆藏战国铜人；24-2 山西青铜博物馆藏东周铜人；24-3 故宫博物院藏东周玉人；24-4 美国纳尔逊艺术博物馆藏战国人俑；24-5 狮子山楚王陵羊鬼山陪葬坑官吏俑；24-6 北洞山楚王墓女官俑；24-7 北洞山楚王墓舞蹈俑（图片采自《大汉楚王：徐州西汉楚王陵墓文物辑萃》，第98、169、152页）

与洛阳金村出土银人所处时代相比，战国中晚期至西汉时"裳衽"形态发生了明显的改变，服装上出现了更多耐人寻味的细节，人物形象也发展出更加多元的风貌。可见在不同时代、不同风尚的影响下，"衽"的形态变化万千，影响了服装的下摆轮廓和整体风格，文人笔下所记述的"鸟喙""燕尾"或"圭"形衣裾，本质上都是"续衽"的绕身勾曲。服装史研究发展至今，我们应拨开文字迷雾，看到其背后的服装制式发展历程。

结　论

本文综合历代注家考辨要义、考古实物证据与先民制衣的一般发展历程，将"衽"置于"衣"的发展演化历程中再做考察，尝试厘清关于"衽"的方位、制式与功能的问题。综上所述，本文主要有以下五点收获：

（1）"衽"即"衣"上加"壬"，本义是与"衣"连属的、使"衣"增大的斜裁布幅。

（2）"衽"不仅用于丧服、深衣，也是一种常见的制衣结构，具有普遍性。

（3）"衽"分为"襟衽""袖衽"和"裳衽"。"襟衽"用于增加前襟交叠度，增强服装的掩体密闭功能；"袖衽"用于增加袖腋活动空间，战国晚期更名为"袼"，"袖衽"与"裳衽"在身旁上下连属，呈"两头广中间窄""其要约小"的造型，故汉时称之为"小要"；左"裳衽"连属前后衣裳，右"裳衽"前后两开，右裳"续衽"不断增长，发展出了"曲裾绕襟"的结构。

（4）右裳"续衽"的形态随着服装制式的变化而不断变化，是古人制衣技术发展、风尚变迁的重要表现，从出土物可见有层叠式"续衽"、不对称式"续衽"和燕尾式"续衽"，但无论式样如何变化，本质上都是"续衽"的绕身勾曲。

（5）"衽"是古人制衣从窄小走向宽博、从原始制衣迈向盛服制作的重要变革，是制衣技术的重要突破，在我国古代制衣史中具有重要的作用及价值，深刻反映了古人制衣"正幅"与"斜幅"的关系，其背后的裁制思想对后世影响深远。

二

器物研究

对毳器时代的认识
——兼论觯形尊出现的时代 *

■ 王泽文（中国社会科学院古代史研究所　"古文字与中华文明传承发展工程"协同攻关创新平台）

新近出现的毳尊和毳卣（器形见图 1，铭文见图 2），其铭文涉及西周早期重要史事，同时也关系到西周早期青铜器的类型学研究和分期断代研究。本文在已有研究的基础上，尝试作进一步的分析，同时对与之相关的觯形尊的类型学研究稍加讨论。

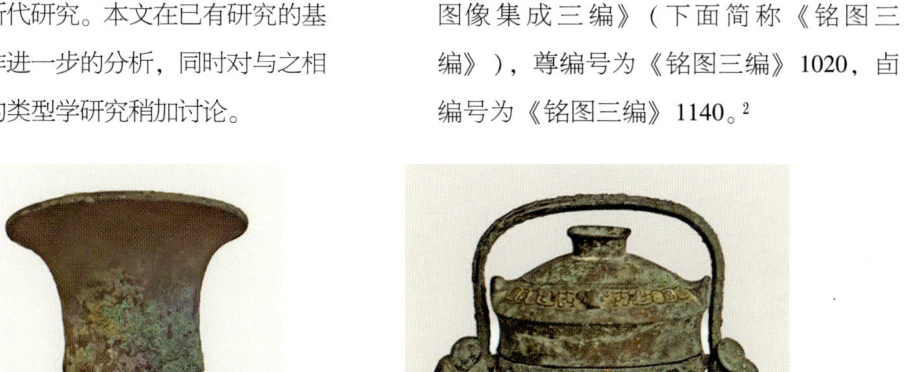

毳尊、毳卣见于曹锦炎《毳尊卣铭文考释》（下面简称《考释》），[1] 又著录于吴镇烽编著的《商周青铜器铭文暨图像集成三编》（下面简称《铭图三编》），尊编号为《铭图三编》1020，卣编号为《铭图三编》1140。[2]

1-1 毳尊器形　　　　　　　1-2 毳卣器形
（《铭图三编》）　　　　　　（《铭图三编》）

图 1

---

* 本文为古文字与中华文明传承发展工程项目"先秦历史文物探研与中国古代文明研究"（编号 G3948）成果。

[1] 曹锦炎：《毳尊卣铭文考释》，载《古文字研究》第 33 辑，中华书局，2020，第 273—278 页。

[2] 吴镇烽编著：《商周青铜器铭文暨图像集成三编》，上海古籍出版社，2020。按，器名据曹锦炎《毳尊卣铭文考释》、吴镇烽编著《金文通鉴》光盘版。

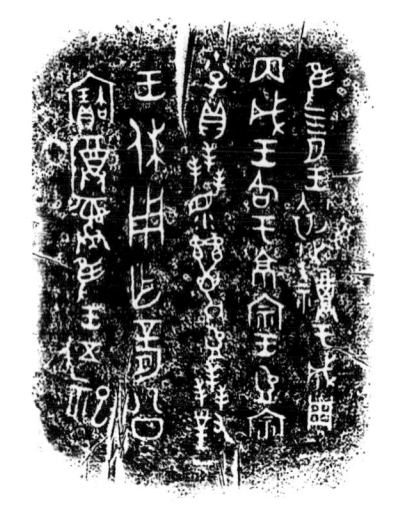

2-1 毳尊内底铭文　　　　2-2 毳卣盖铭　　　　2-3 毳卣器铭
（《毳尊卣铭文考释》）　（《毳尊卣铭文考释》）　（《铭图三编》）

图 2

据已公布的照片和有关介绍，尊铭在内底，卣是器盖对铭。三处铭文相同，仅卣盖铭"毳"作"毛"。为便于讨论，先结合各家考释，抄录铭文如次（行款依尊铭和卣器铭）：

隹（唯）三（四）月，王初徙
禋（祼）于成周。
丙戌，王各（格）于京宗。王
易（赐）宗
小子贝。毳眔麗，易（赐）
毳。对
王休。用乍（作）朕（薛）公
宝隮（尊）彝。隹（唯）王
五祀。

关于其时代，曹锦炎根据铭文的格式、纪时和所记史事，认为与何尊（《殷周金文集成》06014，以下简称《集成》）所记内容完全相合，两者都是成王五年。该文同时认为《西清续鉴甲编》卷一的周甲戌方鼎"虽为摹本且有讹误，内容却与本铭月、日、地点及赐贝相同，很有可能记载为同一天发生的事情"。并联系《尚书》的《周书》诸篇详加论证。[1] 吴镇烽《铭图三编》曾将毳器归于西周早期后段，但在《金文通鉴》光盘版里改变看法，将这组器物改置于西周早期前段成王世，并在备注中说："此尊及卣与何尊、甲戌方鼎（西甲1.36）、德方鼎为同时所[作]，时间、地点及事件相同，记载成王五年在成周举行祼祭，赏赐宗小子。四者系一个完

---

[1] 曹锦炎：《毳尊卣铭文考释》，载《古文字研究》第33辑。

整的史料链。"[1] 与曹锦炎意见一致。刘源和付强也赞同曹锦炎的观点。[2]

一　犅尊、犅卣铭文补释

曹锦炎等将犅尊、犅卣和何尊等材料联系起来进行分析，认为作于同时。笔者认为，在没有更多材料的前提下，这个观点可备一说，即犅尊、犅卣铭文内容是反映了成王五年的史事。

关于何尊的时代，最早对其进行研究的唐兰、马承源、张政烺等都定为成王世。[3] 李学勤曾提出属于康王世，后来改变看法，支持成王世的观点。[4] 近年董珊又重新论证何尊属于康王世的可能性，他提出："成周在西周最早称'新邑'，'成周'的名称较晚出，并且成周之'成'很可能与成王之谥法有关。设此不误，则凡是铭文中出现'成周'的器物，必作于成王殁后。最重要的一点是，据《书·洛诰》记载，成王七年十二月戊辰始就居新邑。所以，何尊年代属康王的看法仍值得重视。"[5]

彭裕商曾就周初金文和传世文献中的"新邑"和"成周"记载和前人的相关讨论做过梳理，就青铜器而言，他认为称"新邑"的铜器在年代上不早于称"成周"的铜器。[6]

笔者认为，在西周早期早段称"新邑"的青铜器，与称"成周"的青铜器，不太容易分出早晚。

前引唐兰的研究已经联系《逸周书》的《度邑》《作雒》篇和《尚书·召诰》《史记·周本纪》等文献材料指出，营建成周是"依照武王的遗命行事的"。何尊"铭文里引武王在克大邑商以后，诞告于天说'余其宅兹中国，自之乂民'……和文献资料完全符合"[7]。"周都洛邑，是

---

[1] 吴镇烽：《金文通鉴》，第 31020 号。

[2] 刘源：《新见义器、韦卣及犅器铭文反映的周承殷制现象》，载北京大学出土文献与古代文明研究所编《青铜器与金文》第 6 辑，上海古籍出版社，2021，第 52—54 页。刘源讨论此器时，还分析其字体特征。付强：《犅尊犅卣铭文补释》，载邹芙都主编《出土文献与先秦秦汉史研究论丛》，科学出版社，2022，第 88—92 页。

[3] 唐兰：《何尊铭文解释》，《文物》1976 年第 1 期；马承源：《何尊铭文初释》，《文物》1976 年第 1 期；张政烺：《何尊铭文解释补遗》，《文物》1976 年第 1 期。

[4] 参看李学勤《论成周的兴建》，1992 年 1 月 29 日手稿，收入（日本）五井直弘编《中国の古代都市》（日文），东京：汲古书院，1995，题为"成周建设论——《何尊》の铭文を中心として"；李学勤《青铜器与古代史》，台湾联经出版事业股份有限公司，2005，第 183—192 页；李学勤《何簋与何尊的关系》，收入氏著《三代文明研究》，商务印书馆，2011，第 80—83 页。

[5] 董珊：《宅兹中国——何尊新说》，台北《故宫文物月刊》第 366 期，2013。

[6] 彭裕商：《西周青铜器年代综合研究》，巴蜀书社，2003，第 60—89 页。

[7] 唐兰：《何尊铭文解释》，《文物》1976 年第 1 期，又收入《唐兰全集》第四卷，上海古籍出版社，2015，第 1794—1799 页，但排版印刷时将何尊释文最后一行误排为顶格且字体由楷体变为宋体，混入正文。

武王开始规划的。"[1] 关于"成周"的命名,据《史记·鲁周公世家》裴骃《集解》引何休注《公羊传》"成周者何,东周也"谓:"名为成周者,周道始成,王所都也。"[2] 郦道元《水经注·谷水注》也引此说。郭守敬已经指出,"今本《公羊传》无何休此注。《史记·鲁世家》集解引何休说,与郦书全同。《续汉志》注亦引何休曰:'周道始成,王之所都也。'则何休本有此注"[3]。今本《公羊传·宣公十六年》何休注:"名为成周者,本成王所定名,天下初号之云尔。"[4] 含义有所不同。这些传统说法值得重视。关于"成周"命名的时间,前引唐兰的文章,赞同西周一些王的王号是自称的观点,结合对何尊铭文的分析,认为"成周"之名是在洛邑建成、成王亲政后改的。[5] 朱凤瀚也持相近的看法:"洛邑大约是成王迁宅于此而成为王都后方才被称为'成周'的。"[6] 刘华夏结合何尊、德方鼎、宜侯夨簋等金文材料和《尚书》的《金縢》《洛诰》《君奭》《立政》《顾命》以及《逸周书·祭公》等文献材料,论证西周王号非生称。他还援引彭裕商的意见,指出《顾命》篇称"成王"为"新陟王",应是成王死后未有谥号前的称谓。[7]

根据上述讨论可以得出如下几点认识。(1)不论是已知的金文材料,还是记载周初史事的传世文献材料,都没有"成王"是生称的确证。《顾命》称康王为"今王",也是西周早期王号非生称的一个例证。(2)根据目前所能见到的史料和前人的说法,"成周"的命名,当在其建成之后就有了,据何尊铭文可知至迟在成王五年。成周虽然是在成王初年建成并作为东都使用,但规划营建乃是武王遗命。(3)《公羊传》何休注佚文"名为成周者,周道始成,王所都也",可理解为"名为成周者,周道始成,周王所都也"。表明与"成王"名号无涉,且命名不是在成王卒后,这与相关文献和何尊所记载没有扞格之处。(4)今本《公羊传》何休注,目前对其理解尚存分歧,但何休此说也认为"成周"是成王所命名的。因此,如果将"成周"的"成"与谥法联系起来,认为"成周"是在成王卒后才

---

1 唐兰:《西周青铜器铭文分代史徵》,收入《唐兰全集》,第七卷,第75—80页。

2 (汉)司马迁:《史记》卷三三,中华书局,1959,第1519页。

3 (北魏)郦道元注,杨守敬、熊会贞疏:《水经注疏》,江苏古籍出版社,1989,第1375页。第1462页以为从下读。

4 《十三经注疏》整理委员会:《春秋公羊传注疏》,北京大学出版社,2000,第420页。

5 唐兰:《何尊铭文解释》,《文物》1976年第1期;收入《唐兰全集》第四卷,第1796页。

6 朱凤瀚:《〈召诰〉〈洛诰〉、何尊与成周》,《历史研究》2006年第1期,此据氏著《甲骨与青铜的王朝》,上海古籍出版社,2022,第470—476页。

7 刘华夏:《金文字体与铜器断代》,《考古学报》2010年第1期。

得名，尚需提出明确的材料依据。

关于"京宗"，曹锦炎已经指出，又见于班簋（《集成》04341）；并同意"京宗"有时称为"京宫"的观点，后者见于作册夨令方尊、作册夨令方彝（《集成》06016、09901）。

多数学者认为班簋是西周中期穆王时期的器物。[1] 作册夨令方尊、作册夨方彝的时代，学界有不同意见，笔者同意其属于昭王世的观点。[2]

前述董珊的文章已经介绍，唐兰指出西甲1.36方鼎的"京宗"即何尊之"京室"[3]。

关于毳器"易"的字形"" （以毳尊铭文为例），曹锦炎文章已讨论了字的形体特征。类似字形又见于德簋（《集成》03733）、叔德簋（《集成》03942）、德鼎（《集成》02405）、何簋（《商周青铜器铭文暨图像集成》05136 至 05137，以下简称《铭图》）。郭沫若认为上述德簋、叔德簋、德鼎（认为形制与康王时的大盂鼎相近）和德方鼎（《集成》02661）四器均为周初所作。[4] 其中，德方鼎的"易（赐）"写作""。李学勤曾论证何簋与何尊的关系，认为两器同属一人，从铭文记载的史事看，何簋比何尊早三年。[5] 近年谢明文总结分析了前人的研究，对字形及演变作进一步的讨论，认为"易"字本应从竖置的盘形从几个水点形，表示用盘倾倒水之意。[6] 毳器"易"的写法，保留了西周早期早段的字形特征。[7]

关于"毳眔丽易（赐）毳对王休"的断句和理解，学者间有分歧。曹锦炎将"丽"看作人名；刘源释作动词；付强以为副词，训为"比并""一起"。李学勤在《论陶觥及所记史事》中引述杨树达读"丽"为"果"，训为"侍"的意见，当从。[8]

"眔"为副词，下接动词的用法，殷墟甲骨文中的例子，可参看《合》

---

1 参看张懋镕《试论西周青铜器演变的非均衡性问题》，载氏著《古文字与青铜器论集》第三辑，科学出版社，2010，第118页。
2 诸家不同观点参看张懋镕《试论西周青铜器演变的非均衡性问题》，载氏著《古文字与青铜器论集》第三辑，第115页；朱凤瀚：《中国青铜器综论》，上海古籍出版社，2009，第1271页。
3 参看董珊《宅兹中国——何尊新说》，《故宫文物月刊》总第366期，2013。
4 郭沫若：《由周初四德器的考释谈到殷代已在进行文字简化》，载《郭沫若全集·考古编》第六卷《金文丛考补录》，科学出版社，2016，第216—228页。
5 李学勤：《何簋与何尊的关系》，载氏著《三代文明研究》，第80—83页。
6 谢明文：《甲骨文旧释"益"之字新释——兼"易"字新探》，《中国国家博物馆馆刊》2019年第12期。
7 西周金文"易"的演变和分期，又可参看张懋镕主编，王帅著《中国古代青铜器整理与研究·西周金文字体卷》，科学出版社，2018，第53—55页。
8 李学勤：《论陶觥及所记史事》，载氏著《清华简及古代文明》，江西教育出版社，2017，第135—139页。

27147+《合》29500（何组）："癸亥卜，彭贞：大乙、且（祖）乙、且（祖）丁眔饗？……贞：大乙、且（祖）乙眔饗？"[1]《英国所藏甲骨集》02274（无名组）："庚子卜：多母弟眔祼，弜（勿）眔祼。吉。一"西周金文中的例子，可参看令鼎（原名大蒐鼎、藉田鼎、諆田鼎，《集成》02803）铭文："……王归自諆田，王驭祭中（仲）仆，令眔奋先马走，王曰：令眔奋……"；衍簋（《商周青铜器铭文暨图像集成续编》0455，以下简称《铭图续编》）："……衍稽首，敢对扬天子不（丕）显休，用乍（作）朕文考郑井（邢）季宝簋，子=孙=其万年永宝用，遣姞眔乍（作）。"

"毳眔麗易（赐）毳对王休"的断句，刘源、付强已举辞例分析。笔者暂时有以下两种考虑。

一种可能的断句是"毳眔麗，易（赐）。毳对王休"。赏赐的对象承前省略。可参考叶家山M2所出荆子鼎（《铭图》02385），铭文作"丁子（巳），王大祓。戊午，荆子蔑曆，敞（赏）白牡一。己未，王赏多邦白（伯），荆子麗，赏禾鬯卣、贝二朋……"尹光鼎（《集成》02709）铭文："……王鄉（饗）酉（酒），尹光邁，隹（唯）各（客），尚（赏）贝，用乍（作）父丁彝……"又陶觥（《铭图续编》0893）铭文："癸亥，小臣痛易（赐）白（百）工，王乍（作）册殷友、小夫麗，易（赐）圭一、璧一、章（璋）五，陶用乍（作）上且（祖）癸隋（尊）彝……"[2]

另一种可能的断句是"毳眔麗，易（赐）毳。对王休"。省略了"对王休"的主语毳。可参考小臣俞鼎（《铭图》02205）："隹（唯）二月辛酉，王姜易（赐）小臣俞贝二朋，扬王休，用乍（作）宝鼎。"

毳器的纪时方式，是起首纪月"隹（唯）三（四）月"，中间纪日"丙戌"，末尾纪年"隹（唯）王五祀"。曹文认为："年份列于铭文末尾的形式，只流行于商代晚期至西周早期。"笔者认为，这种纪时方式的使用至少下延到西周中期，如前文提及的恭王世的五祀卫鼎（《集成》02832），铭文末尾作"卫其万年永宝用。隹（唯）王五祀"。属于西周晚期厉王所作的胡簋（《集成》04317），铭文末尾作"隹（唯）王十又（有）二祀"，还保留了这种纪时方式的痕迹。

诸家在讨论时所联系的德方鼎的历日，吴镇烽在《金文通鉴》（《铭图》02266）备注说："铭文中'廿朋'为合文。'三月'也有可能是'三月'合文，与何尊同时。"《铭图三编》0268号著录了近年新出现的另一件形制纹饰铭文相同

---

[1] 张军涛：《何组甲骨新缀十九组》，先秦史研究室网站，https://www.xianqin.org/blog/archives/1460.html，2009年4月22日。

[2] 释文参考李学勤《论陶觥及所记史事》，载氏著《清华简及古代文明》，第135—139页。

的德方鼎，吴镇烽并未继续坚持释作"三"。看其中"三"和"月"的相对位置，不像合文。唐兰定德方鼎属成王世，谓"此器似与何尊同时，此所叙事为三月，较何尊略早"[1]。

关于何尊和"周甲戌方鼎"、德方鼎的关系，李学勤也曾经认为三件器物是同时的。[2] 后来改变看法，认为两件器物"纪月与《尚书》所述不合，恐不能同何尊排在一起"[3]。

二 㝬尊、㝬卣形制纹饰特征及制作时代分析

上述诸家对㝬尊、㝬卣的研究，主要注重铭文方面，而对于器形纹饰以及分期的讨论着墨不多，只有吴镇烽对其形制纹饰有细致的描述。笔者将从以下几个方面尝试对其进行分析。

（一）㝬尊形制纹饰特征及其时代

㝬尊的拍照角度不是平视，结合照片和吴镇烽的描述，可知其大致形制：喇叭形口，长颈，腹部向下倾垂，圈足沿外撇。颈部下方近腹部饰相对的垂冠顾首鸟喙折体夔纹带（尾部不清），相对的夔纹中间有凸出的兽首；圈足饰两道弦纹，弦纹中间似还有纹饰，但照片不清晰，且诸家也没有介绍。

在已经著录的有铭青铜器材料中，㝬尊的形制纹饰与传世的趞尊（《集成》05992，见图3）相近，趞尊的形制和纹饰特征为：喇叭口，长颈，腹部向下倾垂，矮圈足外侈。颈部饰垂冠顾首折体夔龙纹，中间有兽首；圈足饰云雷纹组成的简省兽面纹。据曹锦炎文章提供的信息，㝬尊形体略大于趞尊。林巳奈夫《殷周青铜器综览》（下文简称《综览》）将趞尊归于一型觯形尊IB，[4] 㝬尊也可归于此类。王世民等《西周青铜器分期断代研究》（下文简称《分期断代》）将趞尊归于Ⅱ型3式，无扉棱，器体筒形而垂腹；并结合铭文分析，认为趞尊的年代"属西周早期偏晚约当昭王前后"[5]。李学勤结合古本《竹书纪年》关于昭王南征伐楚史事，以及相关青铜器的系联，

1　《唐兰全集》第七卷《西周青铜器铭文分代史征》，第71—72页。

2　李学勤：《何尊新释》，《中原文物》1981年第1期；收入氏著《新出青铜器研究》，文物出版社，1990，第38—45页。

3　李学勤：《青铜器与古代史》，第183—192页。马承源也曾认为德方鼎可能属于成王后期，"最晚亦不会超过康王"，参氏著《德方鼎铭文管见》，《文物》1963年第11期，收入氏著《中国青铜器研究》，上海古籍出版社，2002，第264—267页。

4　[日]林巳奈夫著，[日]广濑薰雄等译，郭永秉润文：《殷周青铜器综览》第一卷《殷周时代青铜器的研究》，上海古籍出版社，2017，第79、240—241、302—303、343页。

5　王世民、陈公柔、张长寿：《西周青铜器分期断代研究》，文物出版社，1999，第118—120、264页。

支持将趞尊置于昭王世。[1] 彭裕商观点相同。[2] 张懋镕认为趞尊年代有可能进入穆王初年。[3] 毳尊和趞尊的形制，介于朱凤瀚《中国青铜器综论》（下文简称《综论》）划分的西周早期偏晚至西周中期偏早的无肩尊的 Bb 型和 Bc 型之间，即口径大于腹径和足径的敞口筒形体尊。[4]

判断毳尊形制的分期和时代，还可以结合沫伯返尊（《集成》05954，见图 4-1）和鹿邑太清宫长子口墓 M1：137 长子口圆尊（《铭图》11396，见图 4-2）、M1：127 长子口圆尊（《铭图》11583，见图 4-3），以及晋侯墓地 M114 所出的凤鸟纹觯形尊（见图 4-4、4-5）进一步讨论。

图 3　趞尊及内底铭文

1　李学勤：《西周中期青铜器的重要标尺——周原庄白、强家两处青铜器窖藏的综合研究》，《中国历史博物馆馆刊》1979 年第 1 期；收入氏著《新出青铜器研究》，第 83—93 页。

2　彭裕商：《西周青铜器年代综合研究》，第 260 页。

3　张懋镕：《再论西周青铜器演变的非均衡性问题》，载氏著《古文字与青铜器论集》第五辑，科学出版社，2016，第 261—262 页；张懋镕：《关于西周金文字形书体与断代研究的几点思考（代序）》，载张懋镕主编，王帅著《中国古代青铜器整理与研究·西周金文字体卷》。

4　朱凤瀚：《中国青铜器综论》，第 179—180、187 页，图三·三九。

4-1 沬伯逯尊 　　　　4-2 长子口 M1:137 长子口圆尊 　　　　4-3 长子口 M1:127 长子口圆尊

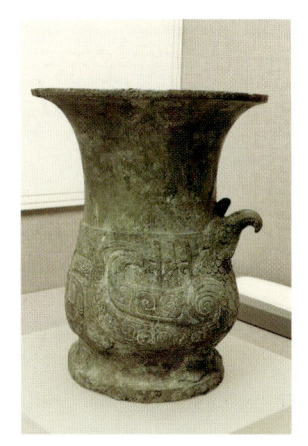

4-4 晋侯墓地 M114 所出凤鸟纹觯形尊 　　　　4-5 晋侯墓地 M114 所出凤鸟纹觯形尊

图 4

沬伯逯尊，学者多以为作器者与沬司徒逯簋（《集成》04059）同。李学勤结合清华简《系年》和《左传》等，考证沬司徒逯簋所记为周成王时史事。[1]

关于长子口墓的时代，学界有不同意见。概括而言，一种观点认为应在周初，最晚不过成王时期；[2] 另一种观点认为应在西周早期晚段。[3] 但对这两件尊的时

---

1 李学勤：《清华简〈系年〉及有关古史问题》，载氏著《初识清华简》，中西书局，2013，第89—98页。

2 参见河南省文物考古研究所、周口市文化局编《鹿邑太清宫长子口墓》，中州古籍出版社，2000，第199—209页；张长寿、殷玮璋主编，中国社会科学院考古研究所编著《中国考古学·两周卷》，中国社会科学出版社，2004，第112—113页；李学勤《关于鹿邑太清宫大墓墓主的推测》，载《当代名家学术思想文库·李学勤卷》，万卷出版公司，2010，第397—399页；朱凤瀚《中国青铜器综论》，第1365—1369页。王正原《再析"长子口"墓——兼谈青铜器的分组订制与几种称谓结构》，载中国社会科学院考古研究所夏商周考古研究室编《三代考古》九，科学出版社，2021，第448—478页，认为"或许即在康王世前段"，暂列于此。

3 参见李峰《"长子口"墓的新启示》，载《青铜器和金文书体研究》，上海古籍出版社，2018，第73—85页。

代，基本都认为在西周初，不晚于西周早期早段。李学勤结合文献记载，认为长子口墓墓主口是宋微子启的长子，早卒，据文献推算当在周初。[1]

上述沬伯逨尊和长子口墓所出圆尊，都属于《分期断代》的Ⅱ型Ⅰ式，时代在西周早期早段。[2]

5-1 滕侯方鼎

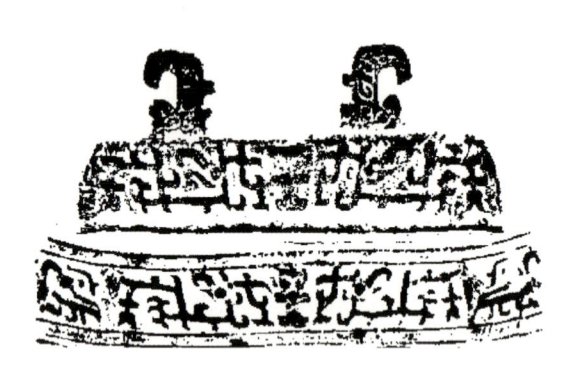

5-2 滕侯方鼎盖缘及口沿纹饰

5-3 76FYM20：7 作旅彝卣器形

5-4 76FYM20：7 作旅彝卣纹饰

图5

---

1 李学勤：《长子、中子和别子》《关于鹿邑太清宫大墓墓主的推测》，载《当代名家学术思想文库·李学勤卷》，第391—399页。

2 王世民等：《西周青铜器分期断代研究》，第114—116、264页。

山西曲沃北赵晋侯墓地 M114 所出凤鸟纹觯形尊，见于 2021 年在北京大学赛克勒博物馆举办的"吉金耀河东：山西青铜文明特展"，此前未见报道，不知是否有铭文。其器形与毳尊很接近，但圈足更低矮，而且已经有了西周中期开始流行的凤鸟纹。所以，相对而言，毳尊略早。晋侯墓地 M114 和 M113 被认为是晋侯燮父和其夫人之墓，时代不晚于西周早中期之际，具体而言，应该在昭王在位末年至穆王在位早年。[1] 关于晋侯燮父的在位时期，笔者也曾试作讨论，认为其主要在位时间可能是在康王至昭王世。[2]

M114 所出遗物的时代早晚不一，M114：217 叔虞方鼎较早，可能属于西周早期早段成王世，而记载可能与昭王晚年南征史事有关的敔簋和这件凤鸟觯形尊则较晚。[3]

上述几件器物，都是可以根据铭文，或根据墓葬时代并结合传世文献或出土文献能推断出各自的准确时代。与之相比较可知，毳尊的器形不会早到西周早期早段的成王时期。

关于毳尊的纹饰。毳尊颈部下方近腹部饰垂冠顾首鸟喙折体夔纹，其上的垂冠如鹿角般交错，或称为花冠，苏辉将这类夔纹置于康昭时期。[4] 毳卣盖缘和口沿下所饰纹饰同。与之相近的，前面已举出西周早期晚段的趞尊，这里再举两例。一件是 1982 年 3 月山东滕县（今滕州市）姜屯镇庄里西村西周墓所出滕侯方鼎的纹饰。[5] 滕侯方鼎（《集成》02154，见图 5-1、5-2）器盖及器身口沿下饰一周垂冠顾首折体夔纹，学者或称之为 S 形变形鸟纹；[6] 器腹饰饕餮纹，足饰蝉纹及卷云纹。滕侯方鼎属于《分期断代》I6 式，时代在西周早期后段。[7]《综论》也认为"约属西周早期偏晚"[8]。另一件即前述 1976 年陕西扶风云塘 20 号西周墓所出作旅彝卣（76FYM20：7，《铭图》12877，见图 5-3、5-4），器形与毳卣相近，盖缘及口沿下饰一周垂冠顾首折体夔纹，该墓

1　参见北京大学考古文博院、山西省考古研究所：《天马——曲村遗址北赵晋侯墓地地第六次发掘》，《文物》2001 年第 8 期；朱凤瀚：《中国青铜器综论》，第 1446 页。

2　王泽文：《晸公簋释读》，载《甲骨文与殷商史》新一辑，2008。

3　关于敔簋的研究参见孙庆伟《从新出 敔簋看昭王南征与晋侯燮父》，《文物》2007 年第 1 期；李学勤《论敔簋铭及周昭王南征》，载氏著《通向文明之路》，商务印书馆，2010，第 107—111 页。

4　苏辉：《中原地区商西周青铜器夔纹研究》，博士学位论文，清华大学，2010，第 37 页，"商西周青铜器夔纹谱系图"。又，相关材料还可参见王娅《商周青铜器顾首夔龙纹初步研究》，硕士学位论文，陕西师范大学，2020。

5　滕县博物馆：《山东滕县发现滕侯铜器墓》，《考古》1984 年第 4 期。

6　段勇：《商周青铜器幻想动物纹研究》，上海古籍出版社，2012，第 118、138 页，图二十六：3。

7　王世民等：《西周青铜器分期断代研究》，第 18、258 页。

8　朱凤瀚：《中国青铜器综论》，第 1381—1382 页。

的时代也是西周早期晚段。[1] 近年山西翼城大河口西周墓地的西周早期晚段至西周中期前段的墓葬中，所出的器物也饰有类似的垂冠顾首鸟喙折体夔纹，如 M1：273-1 "霸侯旨作姑妹宝尊彝"尊、M1：276-1 "霸侯旨作姑妹宝尊彝"提梁卣，[2] M1017：81-1 "伯作彝"尊、M1017：5 "洛仲作宝彝"提梁卣等。[3]

（二）毳卣形制纹饰特征及其时代

结合照片和吴镇烽的描述，毳卣大致形制是：横截面呈椭圆形，垂腹；盖缘方折，圆形捉手，盖面两侧有翘起的犄角；提梁两端有所谓的貘首；矮圈足，足沿外撇。盖缘和器颈均饰垂冠顾首弯喙夔纹带，中间间以凸出的兽首；不清楚圈足是否有纹饰。

就形制而言，与之最接近的是作册睘卣（《集成》05407，见图7-1）。作册睘卣属于《综览》卣的七型IB式。[4]《分期断代》将作册睘卣分入Ⅱ型3式扁圆体垂腹罐形卣，有圆形捉手、盖缘有犄角，结合铭文综合分析，认为应为西周早期晚段昭王世前后。[5] 这样形制的卣属于《综论》所划分的卣的Eb式，即腹最大径在下腹部（下腹近底处鼓张）、圈足状盖钮的扁罐形卣，盖面两侧有犄角，属于西周早期偏晚，即康王晚期至昭王世。[6] 作册睘卣铭文起首作"隹（唯）十又九年，王才（在）斥"，学者一般以为是昭王十九年。[7]

前面讨论毳尊形制时，曾提到扶风云塘 M13：18 召尊。该墓同出一件卣，形制也是《综论》的Eb式。

毳卣的纹饰与毳尊相同，这里就不重复讨论了。

与毳卣形制纹饰相同或相近的，还有凌源（喀左）窖藏出土的史戍卣（《集成》05288），两件卣的形制纹饰基本相同（兽首有别）。《综论》将史戍卣放在西周早期偏晚，约昭王时器。[8] 此外，1971年陕西宝鸡市渭滨区茹家庄墓葬出

---

1 参见曹玮主编《周原出土青铜器》，巴蜀书社，2005，第1474—1476页；朱凤瀚《中国青铜器综论》，第1277页，图一一·三一：5。

2 山西省考古研究院等：《山西翼城大河口西周墓地一号墓发掘》，《考古学报》2020年第2期，图版叁拾贰：2、叁拾陆：2。

3 山西省考古研究所等：《山西翼城大河口西周墓地1017号墓发掘》，《考古学报》2018年第1期，图版贰拾陆：2、贰拾玖：1。

4 ［日］林巳奈夫著，［日］广濑薰雄等译，郭永秉润文：《殷周青铜器综览》，第233、286页。

5 王世民等：《西周青铜器分期断代研究》，第125—126页。

6 朱凤瀚：《中国青铜器综论》，第201—203、1269—1270页。

7 参看夏商周断代工程专家组编著《夏商周断代工程报告》，科学出版社，2022，第69—70页。

8 朱凤瀚：《中国青铜器综论》，第1428页。

土公卣（《集成》05021），[1] 以及前述扶风云塘 M20：7 作旅彝卣（《集成》05029），等等，时代都是在西周早期晚段，即康王晚期到昭王时期。

（三）据相近形制的尊、卣组合考察 橐尊、橐卣的制作时代

前面已经分别讨论橐尊和橐卣的形制时代特征。还可以通过对比其他西周早期可以根据铭文内容大致判别其所属王世，而且型式相同或相近的同铭尊、卣组合的器形和纹饰特征，进一步分析考察橐器的制作时代。[2]

学术界一般将武王、成王及康王前期大致划分在西周早期早段，而将康王后期和昭王时期划在西周早期晚段。[3]

西周早期早段的有铭尊卣组合，这里暂时选取牺斝尊（《集成》05977）、冈斝卣（《集成》05383），保尊（《集成》06003）、保卣（《集成》05415）、沫伯逨尊（《集成》05954）、沫伯逨卣之一（《集成》05364，或以为壶），器形均见图6，以上参考陈梦家[4]、李学勤[5]、王世民等[6]、朱凤瀚[7]、刘启益[8]、彭裕商[9]、张懋镕[10]等学者的研究。

大致属于西周早期晚段的有铭尊卣组合，这里选取趞尊、趞卣（《集成》05402），召尊（《集成》06004）、召卣（《集成》05416），作册睘尊（《集成》05989）、作册睘卣（《集成》05407），器形均见图7，以上参考李学勤[11]、王世民

---

1 参见朱凤瀚《中国青铜器综论》，第1279页，图一一·三三：3。

2 这样选择是基于如下考虑：西周早期墓葬中多出土形制纹饰看起来应该属于同一组合的尊卣，但不能确定其必然是成组。以陕西宝鸡石鼓山西周墓M3为例，墓中所出M3：13冉父乙卣（《铭图续编》0851）和M3：30重父乙卣（《铭图续编》0852），两件卣大小相次且形制纹饰相同，但据铭文可知作器者族氏不同，便不能认为是成组的。

3 参见王世民等《西周青铜器分期断代研究》，第251—252页。

4 陈梦家：《西周铜器断代》，中华书局，2004，第29页。

5 李学勤：《丱其三卣与有关问题》，载《殷都学刊》增刊《全国商史学术研讨会论文集》，1985，第453—464页。李学勤：《牺伯卣考释》，载氏著《中国古代文明研究》，华东师范大学出版社，2004，第107—109页。

6 王世民等：《西周青铜器分期断代研究》，第113—116、264—265页。

7 朱凤瀚：《中国青铜器综论》，第1260、1263页，图一一·二五；第1340、1349页，图一一·七八。该书划分的西周一期即武王至康王时期未纳入冈斝卣。

8 刘启益：《西周纪年》，广东教育出版社，2002，第69页。

9 彭裕商：《西周青铜器年代综合研究》，第216—217、220—225页。

10 张懋镕：《关于西周金文字形书体与断代研究的几点思考（代序）》，载张懋镕主编，王帅著《中国古代青铜器整理与研究·西周金文字体卷》，第XII—XIII页，表0-1。

11 李学勤：《静方鼎与周昭王历日》，《光明日报》1997年12月23日，此据氏著《夏商周年代学札记》，辽宁大学出版社，1999，第22—30页。

等[1]、朱凤瀚[2]、彭裕商[3]、张懋镕[4]等学者的研究。刘启益将作册睘器、召器和趞器归于康王世。[5]

6-1 牺却尊（上）、冈却卣（下）　　6-2 保尊（上）、保卣（下）　　6-3 沫伯遬尊（上）、沫伯遬卣（下）

图 6　西周早期早段有铭尊卣组合举例

（采自《铭图》）

1　王世民等：《西周青铜器分期断代研究》，第 116—119、264—265 页。

2　朱凤瀚：《中国青铜器综论》，第 1271、1283 页。

3　彭裕商：《西周青铜器年代综合研究》，第 260—261、263—264 页。

4　张懋镕：《古文字与青铜器论集》第三辑，第 117 页；张懋镕认为召尊铭文有周初风格，但器形已晚，同意定在昭王世的观点，参看《再论西周青铜器演变的非均衡性问题》，载《古文字与青铜器论集》第五辑，第 282 页；张懋镕《关于西周金文字形书体与断代研究的几点思考（代序）》，载张懋镕主编，王帅著《中国古代青铜器整理与研究·西周金文字体卷》，第 xii—xiii 页，表 0-1。张先生认为睘尊睘卣属于穆王世。

5　刘启益：《西周纪年》，第 120—123、125—126 页。

7-1 趞尊（上）、趞卣（下）　　7-2 召尊（上）、召卣（下）　　7-3 作册睘尊（上）、作册睘卣（下）

图 7　西周早期晚段有铭尊卣组合举例

（采自《铭图》）

  由图 6 和图 7 对照可知，大致属于西周早期到中期早段的没有扉棱的筒形尊和椭圆形卣，前后有比较明显的变化。尊从三段逐渐演变为两段，腹部更显圆鼓，而且圈足变低矮；卣的垂腹越发明显，圈足也从高变为低矮。如张小丽指出的："西周时期共出的尊卣有着相似的演变趋势，均是由瘦高向粗矮发展，有的形制则完全相同。"[1] 趞尊属于觯形尊，前面已经讨论过。此外，同铭尊卣的组合，与西周早期早段的卣相匹配的都是较为明显的三段式尊，没有觯形尊。由此也可以看出毳尊、毳卣这样形制的组合所处的时代。前面讨论提及的翼城大河口西周早期晚段到西周中期早段的几件筒形尊和椭圆形卣的形制，也是同样的特征。

  由上述对毳尊、毳卣形制和纹饰的

---

[1]　张小丽：《出土商周青铜尊研究》，硕士学位论文，西北大学，2004，第 37 页。

综合讨论看，两件器物的制作时代上限在康王世，下限应该在昭王世。再结合作册睘卣（昭王十九年）和召卣的形制纹饰变化，如只有简单的弦纹配以颈部中间的兽首，那么，霝尊、霝卣作器时代应该不会晚到昭王晚年。此外，前些年出现的京师畯尊（《铭图》11784），铭文有"王涉汉伐楚"内容，李学勤考释认为也涉及周昭王伐楚、南巡史事。[1] 京师畯尊形制与作册睘尊相近，腹部上下各饰一道长尾鸟纹带。这种长尾鸟纹属于陈公柔、张长寿所分的长尾鸟纹的Ⅲ3式，[2] 也有助于对于昭王晚年流行纹饰的认识。

还有一点，觉公簋（《铭图》04954）的出现，[3] 证明成王或者康王其中至少有一个王的在位年不能少于28年。觉公簋的形制纹饰和铭文字形书体，总体是偏早的，放在成王世比放在康王世更合适。但如果结合各方面史事和人物关系来分析，也可以考虑放在康王世，同时不违背考古学的器形排队。[4] 这也是在讨论霝尊、霝卣制作年代时需要考虑的。

三　霝尊、霝卣铭文字形及书体风格

近年来，在青铜器分期断代研究中，学者较以往更加注重从铭文的字形和书体变化的角度进行类型学的综合考察分析。笔者所见这方面的最新成果是王帅的《中国古代青铜器整理与研究·西周金文字体卷》。

在分析霝尊、霝卣的字形时，笔者将霝器、何尊、何簋（《铭图》05136至05137）、德方鼎（《集成》02661），以及唐兰认为是同人所作的德鼎（《集成》02405）、德簋（《集成》03733）、叔德簋（《集成》03942）[5] 等铭文的相关字形做了一个对照，并结合王帅等最新的西周金文字形的型式分析和分期研究成果加以考察。

分析的初步印象是，首先，虽然学者做了深入的分析研究，但总体上看，

1　李学勤：《由新见青铜器看西周早期的鄂、曾、楚》，《文物》2010年第1期。

2　陈公柔、张长寿：《殷周青铜容器上鸟纹的断代研究》，载《西周青铜器分期断代研究》，第202—203、206页。

3　朱凤瀚：《䚄公簋与唐伯侯于晋》，《考古》2007年第3期。

4　相关讨论参见王泽文整理《䚄公簋研讨会纪要》，《"夏商周断代工程"简报》第164期，2007年5月28日，第1—4页；王泽文《䚄公簋释读》，载《甲骨文与殷商史》新一辑，第227—238页；朱凤瀚《简论与西周年代学有关的几件铜器》，载朱凤瀚主编《新出金文与西周历史》，上海古籍出版社，2011，第33—38页；夏商周断代工程专家组编著《夏商周断代工程报告》，第78—79页。

5　《唐兰全集》第七卷《西周青铜器铭文分代史征》，第72—75页。叔德簋又著录于吴镇烽《铭图》04821号，但器形照片误用德簋的。

"王""宝""尊""彝"等常用诸字，在西周早期金文中，似乎不能截然分出早晚两个时段的形态变化。[1] 其次，有些特殊的字的字形，例如"隹""易"，霥尊、霥卣保留了早期的形态痕迹。[2] 这种现象，可以理解为铭文内容虽然是追记，但当有所本。

关于西周早期铭文字形和书体，学者已有较为深入的认识。李学勤曾指出："康王之后，昭王时的青铜器仍继持周初以来的基本形貌，连铭文的作风也是如此……青铜器面貌的明显改变，恐怕是在穆王中间的时候才确定地体现出来。"[3] 张懋镕有同样的看法，并认为："要将昭王时器与成康时器区分开来，客观上存在一定难度。"[4] "西周早期金文的字形书体的变化幅度不是那么大，作为类型学研究的例证不是那么典型……"[5] 他也认为，西周青铜器铭文字形和书体的演变，转折点在西周中期穆王前后。[6] 朱凤瀚《综论》也曾分析小臣謎簋（白懋父簋，《集成》04238）和過伯簋（《集成》03907）的铭文，认为西周早期第二阶段如昭王时期有的青铜器铭文"似仍具第一阶段遗风"[7]。此外，陈英杰等也有相近的看法。[8]

附带提及，曹锦炎认为孟爵（《集成》09104）所记与霥尊、霥卣是同一年的事。笔者认为孟爵铭文字体明显偏早。

有些字形的差异，在考虑纵向的时代早晚的同时，也应结合出土地域、铭文内容所反映的史事等，考虑其中横向即大致同时期不同地域文化的差异等因素。随着各地考古新发现的西周有铭青铜器越来越多，这方面研究的条件较过往已有很大的改观。就霥尊和霥卣而言，由于铭文中的"薛公"暂时无法确定其具体的身份信息，所以还不能结合分域来进行分析。

---

[1] 参看张懋镕主编，王帅著《中国古代青铜器整理与研究·西周金文字体卷》，第20—34页；张天宇《"曾侯"铭文铜器分组与叶家山墓地的大墓排序》，载北京大学震旦古代文明研究中心编《古代文明研究通讯》总第91期，2021，第50—65页。

[2] 参看张懋镕主编，王帅著《中国古代青铜器整理与研究·西周金文字体卷》，第50—55页。

[3] 李学勤：《青铜器入门》，商务印书馆，2013，第41—42页。

[4] 张懋镕：《试论西周青铜器演变的非均衡性问题》，载氏著《古文字与青铜器论集》第三辑，第109页。

[5] 张懋镕：《关于西周金文字形书体与断代研究的几点思考（代序）》，收入张懋镕主编，王帅著《中国古代青铜器整理与研究·西周金文字体卷》，第ix页。

[6] 张懋镕：《再论西周青铜器演变的非均衡性问题》，载氏著《古文字与青铜器论集》第五辑，第288页。

[7] 朱凤瀚：《中国青铜器综论》，第627—630页。

[8] 参看陈英杰《西周金文形态特征研究三论》，载氏著《金文与青铜器研究论集》，上海古籍出版社，2020，第159—173页。

四　小结：对毚器时代及觯形尊出现的时代的认识

（一）毚器制作在西周早期晚段，而其铭文记载了西周早期早段成王五年的史事

通过上述对毚尊、毚卣的铭文内容及形制纹饰、字形书体的综合考察，笔者认为，这一组合的铭文内容记载的是西周早期早段的史事，而器物的制作则是在西周早期晚段；器物的制作时间比铭文内容记载的历史要晚很多年。

据铭文内容，毚尊、毚卣记载了成王五年的史事。但从形制纹饰的研究看，毚尊、毚卣属于西周早期晚段，器物的形制纹饰较西周早期早段的器物已经有明显的变化，与昭王世的器物是最接近的。

前面已经提及，觉公簋的发现，表明成王或康王至少有一位在位年数不能少于28年。如果将觉公簋置于成王世，假设成王只有28年，而康王世因为有小盂鼎（《集成》02839）的"廿又五祀"，则康王至少有25年。将康王在位分为前后两段各约12年计算，即便毚器可以早到康王后期，其制作距离成王五年也已经超过三十年。如果将觉公簋置于康王世，据《史记·周本纪》和《竹书纪年》等记载："成、康之际，天下安宁，刑错四十余年不用。"[1] 正如夏商周断代工程的研究所分析的："据此，成王、康王两世年数之和当超过40年，考虑到'天下安宁'恐不包括成王初平定三监之乱的时期，这一年数还应估计得多一些。"[2] 今暂且取《夏商周年表》成王在位22年说，康王在位至少有28年，将康王在位分为前后两段各14年计算，也假设毚器可以早到康王后期，其制作时代距离成王五年也超过30年。

因此，毚器虽然记载了成王五年的史事，但不论从时间跨度，还是从类型学的分析看，不能被看作是西周早期早段武王至成王世的标准器。

（二）觯形尊应单独作为一个型来进行类型学的研究

通过前面的讨论，可以看到，目前对觯形尊的类型学研究，还有一些欠缺。

由于西周早中期的觯形尊数量不少，可以考虑像梅原末治和林巳奈夫所做的工作那样，在对西周时期的尊进行类型学研究时，将觯形尊独立出来，再结合标准器

---

[1] （汉）司马迁：《史记》卷四，第134页；方诗铭、王修龄：《古本竹书纪年辑证（修订本）》，上海古籍出版社，2005，第44—45页。

[2] 夏商周断代工程专家组编著：《夏商周断代工程报告》，第71—72页。

的分析，研究其演变。[1] 在过往，由于对觯形尊的类型学研究不够充分，所以在类型学研究和相应的分期断代的认识上，会出现一些偏差，这里稍举几例供讨论。

张昌平在讨论义尊的时候说："表示器类含义的尊实际上包括动物形尊、折肩尊和觚形尊三种。"[2] 对尊的型式概括不全面。

张小丽《出土商周青铜尊研究》将觯形尊独立出来并做了较为系统的梳理，认为觯形尊是在西周早期后段昭王时期出现。[3] 但因为主要以出土材料为研究对象，在材料方面稍显欠缺，所以对觯形尊演变的阶段性的揭示不够充分和准确。例如，她认为："西周早中期之际，关中地区首先出现了垂腹矮圈足的觯形尊，扶风云塘出土的西周早期偏晚的匎尊已表现出由粗体觚形尊向觯形尊的过渡。"[4] 如果考虑到趞尊，以及本文讨论的毳尊，就可以知道，张小丽的推论与现有材料的时代有出入。

《综论》曾举陕西扶风云塘 M20：2 祖丁尊（《集成》05602，见图 8-1）和扶风云塘 M10：5 史丧尊（《集成》05960，见图 8-3）为例，认为是体现了从之前典型的粗体觚型三段式向后来的垂腹型两段式的过渡。[5]

如果将觯形尊划分为一个型来讨论的话，在毳尊没有出现之前，已经趋近觯形尊而又不全同的匎尊（1976 年扶风云塘 M13：18，《集成》05931，见图 8-2），可能更适合作为觯形尊演变的过渡形态。这一点，已有多位学者指出。前引张小丽的研究之外，李峰过去的研究已指出匎尊与史丧尊在形制上很接近，他将匎尊划归直体尊 AⅢ 式，将史丧尊划归垂腹尊 BⅠ 式，同属于他划分的西周第三期，约当昭王前后。[6] 吴镇烽《铭图》对匎尊形制的描述指出："此尊的造型呈现出由大口筒状三段式向低体垂腹形尊的过渡的特征。"[7] 匎尊，《综论》和吴镇烽归于西周

---

1 "觯形尊"可能最早由梅原末治提出，参见［日］林巳奈夫著，［日］广濑薰雄等译，郭永秉润文《殷周青铜器综览》第一卷《殷周时代青铜器的研究》，第 20 页。亦即李峰所划分的垂腹尊的 BI 式，参见《黄河流域西周墓葬出土青铜礼器的分期与年代》，载氏著《青铜器和金文书体研究》，第 247、258 页，附图六。

2 张昌平：《谈新见义尊、义方彝的年代及装饰风格》，《江汉考古》2019 年第 4 期。

3 张小丽：《出土商周青铜尊研究》，第 19—25 页。另，任雪莉在分析有銎尊的时候，也将觯形尊单独分出一型，参见张懋镕主编，任雪莉著《中国古代青铜器整理与研究·青铜簋卷》，科学出版社，2016，第 254—257 页。

4 张小丽：《出土商周青铜尊研究》，第 29 页。

5 朱凤瀚：《中国青铜器综论》，第 1268—1269 页，图一一·三一：7，图一一·二九：4。

6 李峰：《黄河流域西周墓葬出土青铜礼器的分期与年代》，《考古学报》1988 年第 4 期，这里据《青铜器和金文书体研究》，第 218、228、247、258 页，附图六：68、69。附图六将作者划分为 AⅢ 式的 68 即扶风云塘 M13：18 匎尊的型式误标作 AⅡ。

7 吴镇烽：《商周青铜器铭文暨图像集成》，上海古籍出版社，2012，卷 21，第 177 页。

早期后段;[1]《周原出土青铜器》以为西周中期。[2] 史丧尊的时代,《综论》归于西周第二期,相当于康王晚至昭王阶段;[3] 也有学者认为属于西周中期前段。[4]

8-1 祖丁尊
(采自《周原》)

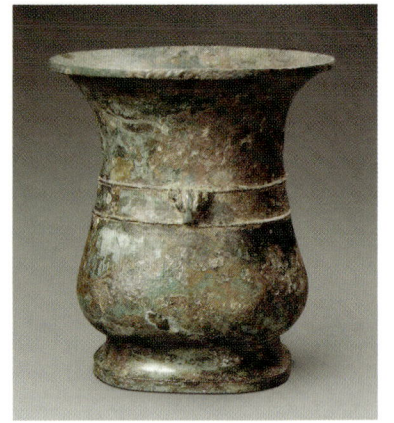

8-2 智尊
(采自《陕金》)

8-3 史丧尊
(采自《周原》)

8-4 丰尊
(采自《周原》)

8-5 大河口 M1017∶21 作宝尊彝凤鸟尊
(采自山西省考古研究所等《山西翼城大河口西周墓地 1017 号墓发掘》,图版贰拾柒)

图 8

---

1 朱凤瀚:《中国青铜器综论》,第 1266—1271 页,图一一·三〇∶7。吴镇烽:《商周青铜器铭文暨图像集成》,卷 21,第 177 页。

2 曹玮主编:《周原出土青铜器》,第 1434—1436 页。

3 朱凤瀚:《中国青铜器综论》,第 1269—1270 页。

4 参见曹玮主编《周原出土青铜器》,第 1413—1415 页;《商周青铜器铭文暨图像集成》,卷 21,第 212 页;张天恩主编《陕西金文集成》,三秦出版社,2016,第 5 册,第 14—15 页。

刘启益描述趞尊"体较粗壮，体三段消失成二段……形制与启尊（昭王）相同，惟体较启尊稍细，圈足稍高，微有区别"。因为刘启益认为趞尊属于康王世，则比启尊早一个王世，因此进一步认为"三段式尊从殷墟文化第四期出现，历经西周成王、康王，至昭王以后不再见了，趞尊处于三段尊与二段尊的分野，在器形演变上是很重要的"[1]。

根据对毳尊和趞尊的研究，笔者认为，典型的觯形尊的出现，至迟在西周早期后段就已经出现了，就王世而言，不会晚于昭王。关于觯形尊的演变，张懋镕指出陕西扶风庄白一号窖藏所出腹部倾垂特征明显的丰尊为觯形尊的晚期形态。[2] 丰尊（《集成》05996，见图8-4）腹部饰垂冠大鸟纹，[3] 李学勤结合相关器物铭文，已推定丰为作册析之子，时代在穆王世。[4] 同出的丰卣（《集成》05403）腹部也饰凤鸟纹，与毳卣相比，器形也已变低矮。[5] 近年在山西翼城大河口西周墓地M1017发掘的一件觯形尊（M1017：21，《铭图三编》0990，见图8-5），有铭"作宝尊彝"，发掘者定该墓的时代属于西周中期偏早。[6] 这件觯形尊的腹部饰两组凤鸟纹，每一组的两只相对的凤鸟的喙部在扉棱处合一，并凸出器表，凤鸟的爪伸延至圈足，这种特异的立体设计感与笔者前面提到的北赵晋侯墓地M114所出凤鸟纹觯形尊（图4-4、4-5）的鸟纹有异曲同工之妙，很明显受到后者的影响。但大河口M1017这件觯形尊的器形整体更低矮，垂腹更明显，最大径在下腹部，可知时代更晚。

本文的讨论，还是初步的，有不妥之处，还望指正。

附记

本文的构思，曾于2022年2月中旬向张懋镕先生请教。张先生认为："毳卣的形制与成王时的卣差距很大，要比成王晚很多。"笔者完全赞同这一观点，因此努力草成一篇习作，对这一观点稍加论证，并向张先生讨教。在修改过程中又向孙亚冰、苏辉、刘丽、田率、翟胜利等诸位先生请教。在此一并致谢。

又，在进一步修改过程中，看到李宏飞先生在《试论殷遗系铜器群》（《考古

---

1 刘启益：《西周纪年》，第122—123页。

2 张懋镕：《试论西周青铜器演变的非均衡性问题》，载氏著《古文字与青铜器论集》第三辑，第109页。

3 曹玮主编：《周原出土青铜器》，第608—613页。

4 李学勤：《西周中期青铜器的重要标尺——周原庄白、强家两处青铜器窖藏的综合研究》，《中国历史博物馆馆刊》1979年第1期；收入氏著《新出青铜器研究》，第84—87、89—90页。"析"，旧释"折"或"旂"，这里从李学勤意见改释作"析"，参见李学勤《静方鼎与周昭王历日》，载氏著《夏商周年代学札记》，第30页。

5 曹玮主编：《周原出土青铜器》，第614—621页。

6 山西省考古研究所等：《山西翼城大河口西周墓地1017号墓发掘》，第121—125、137—139页。

学报》2022 年第 2 期）中将笔者认为的觯形尊中的一部分称为"仿陶圈足尊"，指出琉璃河 IM53：19 铜尊与同时期的琉璃河 IM66：4 陶圈足尊形制近似，认为"仿陶圈足尊属于陶圈足尊的铜器化，形制特征与同时期的陶圈足尊近似"。但其将此类型的尊上溯至殷墟文化三期晚段，并举郭家庄 M160：118 亚址尊（《铭图》11212）为例（第 155—156 页），恐怕不妥。郭家庄 M160：118 亚址尊的形制属于岳洪彬先生划分的 C 式觚形尊（岳洪彬：《殷墟青铜容器分期研究》，载《考古学集刊》第 15 集，文物出版社，2004，第 62—64、91 页）；严志斌先生划分的 Ba I 式尊，即无扉棱的觚形尊（严志斌：《商代青铜器铭文分期断代研究》，第 39 页。按，该页所配亚址尊器形图与图下对应文字说明不符，但第 508 页配图无误），与觯形尊还是有明显差异的。

试论商代青铜器十字形镂孔的源流及内涵

■ 罗英豪（中国社会科学院大学历史学院）

引 言

商代青铜器上常见一类十字形镂孔状纹饰，在器物的圈足部分环绕一周，多搭配弦纹。十字形镂孔多见于青铜觚、簋、豆、尊等圆形器的圈足上，方形圈足器上也饰有这类纹饰。青铜器上的十字形镂孔出现的年代从二里岗时期一直延续到殷墟，到了殷墟三期以后逐渐消失。且十字形镂孔不仅仅出现在安阳殷墟、郑州商城、黄陂盘龙城等核心区，江西新干、陕西城固等地区也发现了带有十字形镂孔的青铜器，分布范围较广，可见十字形镂孔在商代是广泛传播的一种文化现象。

关于十字形镂孔的具体作用与意义，鲜有学者进行研究。刘煜从青铜器的铸造技术上对其做了探讨，她认为在使用复合范制作青铜器时，为使范与芯之间保持不变的厚度且方便定位需要采用泥芯撑技术。[1] 十字形镂孔即是泥芯撑技术的体现，因为泥芯上的凸起使得铸造出来的圈足上形成了孔洞。这一解释十分合理，但是仅从青铜器铸造技术的角度无法考察十字形镂孔作为纹饰的内涵。不少学者观察到，商代青铜器圈足上的镂孔有十字形、方形、圆形等多种形状，而想让泥芯撑起作用，不一定非要将其做成较难制造的十字形。而且到了晚商时期，即便铜垫片的技术已经成熟，青铜器上还是可见十字形镂孔。所以，十字形镂孔不会简单地只有实用的用途，而是另有装饰性的目的。[2]

想要研究十字形镂孔这一纹饰的内涵，需要将十字形镂孔拆解为器物上的镂孔与十字形纹饰两个因素，分开探索各自的源与流。

---

1 刘煜：《圈足上的镂孔：试论商代青铜器的泥芯撑技术》，《南方文物》2014 年第 3 期。
2 艾兰：《"亚"形与殷人的宇宙观》，《中国文化》1991 年第 1 期。

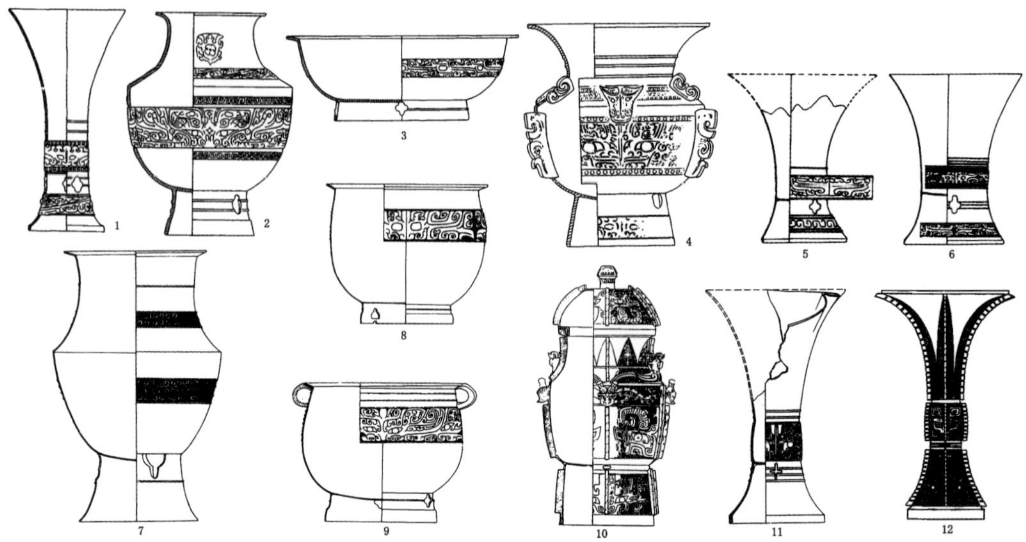

图 1　商代镂孔形饰青铜器

1. 二里岗上层一期铜觚 C8M3：5；2. 二里岗上层一期小敞口龟纹罍 C8M2：1；3. 二里岗上层一期夔纹青铜盘 C8M2：3；4. 二里岗上层一期铜尊 C7：豫 0890；5. 盘龙城五期铜觚 PLZM1：21；6. 盘龙城五期铜觚 PLWM3：2；7. 盘龙城七期铜尊 PYWH6：15；8. 盘龙城四期铜簋 PLZM2：2；9. 盘龙城七期铜簋 PYWM11：13；10. 司㚸母方壶；11. 铜觚 R1030；12. 铜觚 M54：120（1、2、3. 白家庄；4. 人民公园；5、8. 李家嘴；6. 楼子湾；7、9. 杨家湾；10. 妇好墓；11. 侯家庄 M1001；12. 花园庄东地）

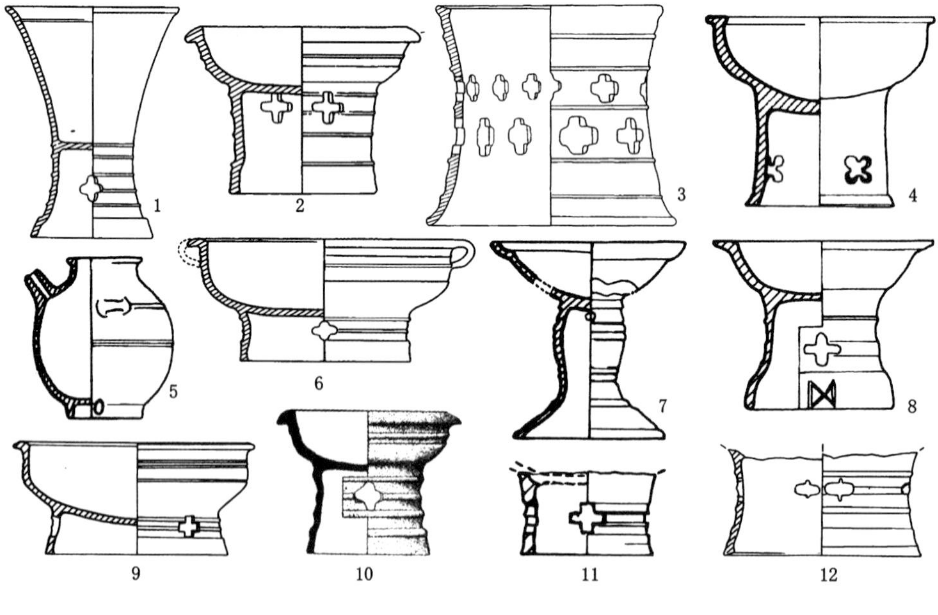

图 2　二里岗时期镂孔陶器

1. 二里岗下层二期陶觚 C1M41：6；2. 二里岗下层一期陶豆 C11H154：9；3. 二里岗上层一期陶器座 C11T112②：99；4. 二里岗下层二期陶豆 IVT0905M10：1；5. 盘龙城四期陶带流壶 PLZM2：60；6. 二里岗下层二期双耳簋 C11H135：41；7. 盘龙城三期陶豆 PWZT67⑦22；8. 二里岗上层一期陶豆 IVT0605M2：1；9. 二里岗文化陶簋 1989YSIVT23⑤：1；10. 二里岗文化陶豆 H17：113；11. 二里岗下层陶豆 H470：7；12. 二里岗文化陶豆座 00VT135④A：536（1、10. 郑州二里岗；2、3、6. 铭功路西；4、8. 新郑望京楼；5. 李家嘴；7. 王家嘴；9. 偃师商城；11. 垣曲商城；12. 郑州小双桥）

一 器物上的镂孔

商代青铜器上的镂孔多为十字形或圆形,且带镂孔的青铜器在二里岗时期相比较晚的殷墟时期要更多见(图1)。[1] 在二里岗时期的陶器上也可见有十字形镂孔(图2),[2] 但殷墟时期在中原地区不见陶器上有镂孔,周边如新干大洋洲、城固宝山、藁城台西等零星可见十字形镂孔陶器(图3)。[3]

现知早商已有十字形镂孔的陶器,再往前追溯,从族群的角度,应关注先商文化。目前一般认为先商文化指的是豫北、冀南地区的下七垣文化及由此上溯的文化。[4] 而下七垣文化(也可称为先商文化漳河类型)和辉卫文化(也可称为先商文化辉卫类型[5])中皆不见十字形镂孔器,先商文化的陶器只见有圆形和"工"字形镂孔(图4)。[6] 可见,十字形镂孔这类陶器并非是商人一族的远古传统,应是从其他地区吸收而来的。

而在二里头文化中发现不少镂孔陶器(图5),[7] 其中二里头遗址出土一片二里头三期刻纹陶片,上部有一首双身的蛇纹与勾连状的类似云纹,下部为十字形镂孔加两道弦纹。这种十字形镂孔加弦纹的组合形式正是商代青铜器圈足上常见的纹饰组合,可以说二里头文化三期的这件陶器是目前能够追溯到的十字形镂孔最早的源头。在二里头文化影响的周边地区零星发

---

[1] 河南省文物考古研究所:《郑州商城:1953~1985年考古发掘报告》,文物出版社,2001,第814、818、820、823页。湖北省文物考古研究所:《盘龙城:1963~1994年考古发掘报告》,文物出版社,2001,第175、190、286、290、379页。中国社会科学院考古研究所:《殷墟妇好墓》,文物出版社,1980,第65页。梁思永、高去寻:《侯家庄》第二本《1001号大墓》,"中研院"历史语言研究所,1962,第311页。中国社会科学院考古研究所:《安阳殷墟花园庄东地商代墓葬》,科学出版社,2007,第105页。

[2] 河南省文化局文物工作队:《郑州二里岗》,科学出版社,1959,图六。河南省文物考古研究所:《郑州商城:1953~1985年考古发掘报告》,第167、639、645、782页。中国社会科学院考古研究所:《偃师商城》,科学出版社,2013,第572页。湖北省文物考古研究所:《盘龙城:1963~1994年考古发掘报告》,第106、160页。郑州市文物考古研究院:《郑州望京楼:2010~2012年田野考古发掘报告》,科学出版社,2016,第474、564页。中国国家博物馆田野考古研究中心、山西省考古研究所、垣曲县博物馆:《垣曲商城(二):1988~2003年度考古发掘报告》,科学出版社,2014,第340页。河南省文物考古研究所:《郑州小双桥:1990~2000年考古发掘报告》,科学出版社,2012,第408页。

[3] 江西省博物馆、江西省文物考古研究所、新干县博物馆:《新干商代大墓》,文物出版社,1997,第179页。西北大学文博学院:《城固宝山:1998年发掘报告》,文物出版社,2002,第35、39、48页。河北省文物研究所:《藁城台西商代遗址》,文物出版社,1985,第48、114页。

[4] 中国社会科学院考古研究所:《中国考古学·夏商卷》,中国社会科学出版社,2003,第201页。王震中:《商族起源与先商社会变迁》,中国社会科学出版社,2010,第100—147页。

[5] 张立东:《论辉卫文化》,《考古学集刊》第10集,地质出版社,1996,第206—256页。

[6] 河南省文物局:《鹤壁刘庄:下七垣文化墓地发掘报告》,科学出版社,2012,第51、104、122、145页。北京大学考古系商周组:《河南淇县宋窑遗址发掘报告》,《考古学集刊》第10集,地质出版社,1996,第89—160页。

[7] 中国社会科学院考古研究所:《偃师二里头:1959年~1978年考古发掘报告》,中国大百科全书出版社,1999,第131、199页。中国社会科学院考古研究所:《中国社会科学院考古研究所考古博物馆洛阳分馆》,文化艺术出版社,1998,第41页。

现了二里头文化时期完整的十字形镂孔陶器（图6），[1] 这进一步说明了早商的十字形镂孔极有可能是受到了二里头文化的影响。

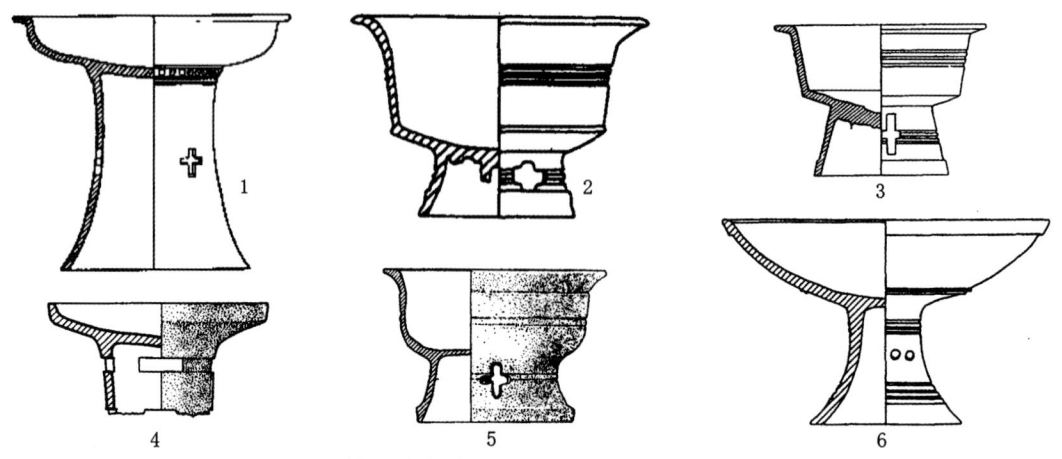

图 3　晚商时期中原周边地区的镂孔陶器
1. 陶豆 XDM：546；2. 陶簋 SH8：57；3. 陶簋 SH9：28；4. 陶豆 T8：5；5. 陶簋 M16：1；6. 陶豆 SH7：3（1. 新干大洋洲；2、3、6. 城固宝山；4、5. 藁城台西）

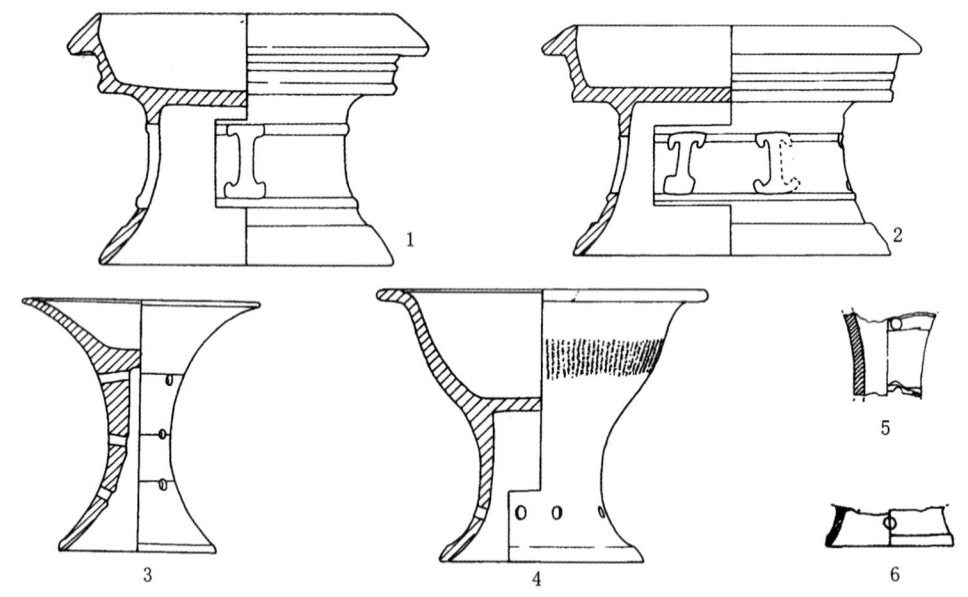

图 4　先商文化镂孔陶器
1. 陶圈足盘 M99：2；2. 陶圈足盘 M118：4；3. 陶豆 M37：2；4. 陶簋 M85：4；5. 陶豆 T23⑤：151；6. 陶簋 T22③：146（1、2、3、4. 鹤壁刘庄；5、6. 淇县宋窑）

---

[1] 河南省文物研究所、长江流域规划办公室考古队河南分队：《淅川下王岗》，文物出版社，1989，第 283 页。洛阳市文物工作队：《洛阳皂角树：1992~1993 年洛阳皂角树二里头文化聚落遗址发掘报告》，科学出版社，2002，第 66、80 页。中国国家博物馆田野考古研究中心、山西省考古研究所、垣曲县博物馆：《垣曲商城（二）：1988~2003 年度考古发掘报告》，第 214 页。洛阳市文物工作队：《河南洛阳吉利东杨村遗址》，《考古》1983 年第 2 期。中国社会科学院考古研究所、中国历史博物馆、山西省考古研究所：《夏县东下冯》，文物出版社，1988，第 83 页。

图 5 二里头遗址二里头文化镂孔陶器

1. 二里头文化二期陶豆 IVM6：8；2. 二里头文化三期陶片 VT212⑤：1 拓本；3. 陶透底器残片复原

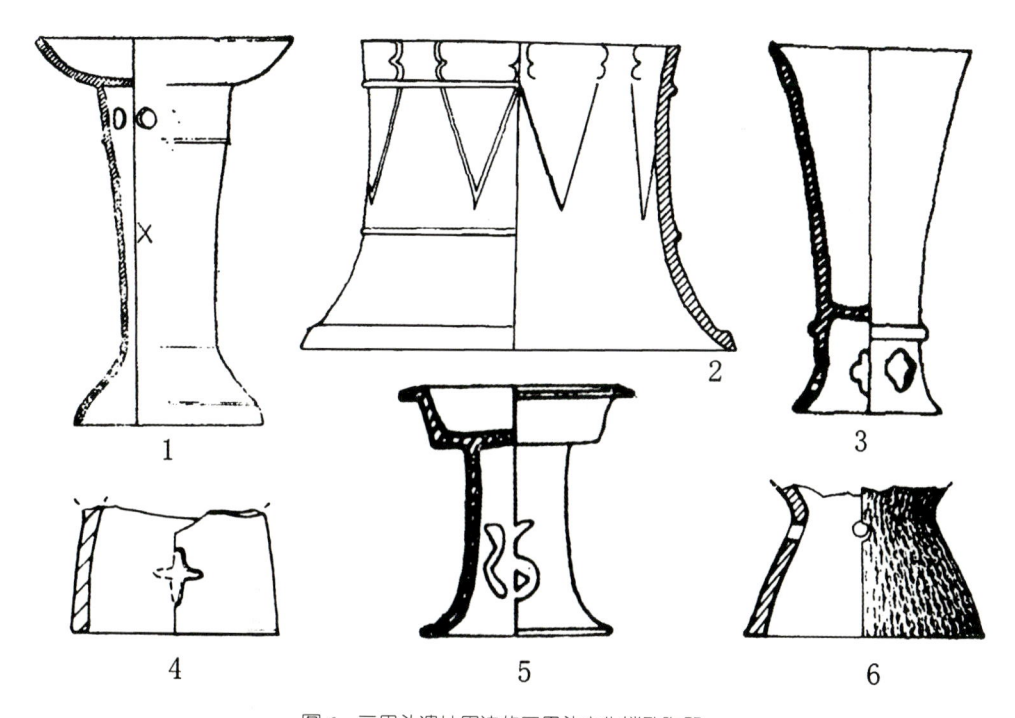

图 6 二里头遗址周边的二里头文化镂孔陶器

1. 淅川下王冈陶豆 T14②B：39；2. 洛阳皂角树陶镂孔器座 92H22：3；3. 洛阳皂角树陶觚 H1：1；4. 垣曲商城陶豆座 T2967④F：2；5. 洛阳吉利东阳村陶豆 T1M2：56；6. 夏县东下冯陶器座 H535：13

图 7　中原地区史前时期镂孔陶器

1. 龙山文化陶豆；2. 王湾二期陶豆 H474：1；3. 王湾三期陶器座 H172：13；4. 王湾三期陶圈足盘 H79：16；5. 陶釜灶 H416：26；6. 龙山文化圈足罐 J401：130；7. 龙山文化陶豆 H301：3；8. 龙山文化三期陶圈足盘 WT128H319：4；9. 龙山文化陶镂孔器座 T12G2：11；10. 龙山文化圈足盘圈足 2000T2H113：34；11. 龙山文化陶高足杯 M1：2；12. 龙山文化陶豆 IVT1H3：1；13. 龙山文化圈足盘 89IIH6：15；14. 龙山文化刻纹镂孔陶片 H132：3；15. 龙山文化陶圈足盘 G6：4；16. 庙底沟二期文化 IH266：4；17. 仰韶文化陶器座 IVH90：21；18. 仰韶文化陶器座 H108：1；19. 仰韶文化三期陶豆 F20：5；20. 仰韶文化三期陶杯 F20：22；21. 仰韶文化三期陶罐 F20：25；22. 龙山文化晚期陶豆 T61③：18；23. 仰韶文化第四期陶豆 T42④：12（1. 邯郸涧沟；2—4. 洛阳王湾；5—7. 襄汾陶寺；8. 王城岗；9、10. 新密新砦；11. 偃师滑城；12. 禹州瓦店；13. 豫东杞县段岗；14、15. 豫东杞县鹿台岗；16、17. 垣曲东关；18. 垣曲上亳；19—23. 郑州大河村）

以二里头遗址为中心，再看看二里头文化之前的龙山时代及更早的各地镂孔陶器的分布。中原地区，新砦遗址、陶寺遗址、郑州大河村遗址和洛阳王湾等遗址均可见圆形、长方形镂孔，以圆形为主（图7）。[1] 北方及东北地区几乎不见镂孔陶器，西北地区零星可见圆形、三角形、长方形的镂孔陶器，主要在青海乐都柳湾、甘肃永靖秦魏家等遗址（图8）。[2] 东方地区史前时期镂孔陶器较多，且一件器物上常有多个镂孔，甚至镂孔布满器身。镂孔有圆形、三角形、菱形等，多种形状组合在一起布满器物的圈足，主要见于山东大汶口、山东王因、泗水尹家城等遗址（图9）。[3] 南方地区镂孔陶器较多，越向沿海靠近则陶器上的镂孔越繁密，镂孔有圆形、三角形、方形，还见有独特的"蠕虫形"，主要见于长江中游的石家河文化及更南方的石峡文化（图10[4]、图

---

[1] 河北省文化局文物工作队：《河北邯郸涧沟村古遗址发掘简报》，《考古》1961年第4期。北京大学考古文博学院：《洛阳王湾——考古发掘报告》，北京大学出版社，2002，第64、86、89页。中国社会科学院考古研究所、山西省临汾市文物局：《襄汾陶寺：1978~1985年考古发掘报告》，文物出版社，2015，第196、230、269页。河南省文物研究所、中国历史博物馆考古部：《登封王城岗与阳城》，文物出版社，1992，第77页。北京大学震旦古代文明研究中心、郑州市文物考古研究院：《新密新砦：1999~2000年田野考古发掘报告》，文物出版社，2008，第75、351页。中国科学院考古研究所洛阳发掘队：《河南偃师"滑城"考古调查简报》，《考古》1964年第1期。河南省文物考古研究所：《禹州瓦店》，世界图书出版公司北京公司，2003，第92页。郑州大学文博学院、开封市文物工作队：《豫东杞县发掘报告》，科学出版社，2000，第67、69、179页。中国历史博物馆考古部、山西省考古研究所、垣曲县博物馆：《垣曲古城东关》，科学出版社，2001，第74、213页。山西省考古研究所：《垣曲上亳》，科学出版社，2010，第220页。郑州市文物考古研究所：《郑州大河村》，科学出版社，2001，第203、218、219、352、520页。

[2] 中国科学院考古研究所甘肃工作队：《甘肃永靖大何庄遗址发掘报告》，《考古学报》1974年第2期。中国科学院考古研究所甘肃工作队：《甘肃永靖秦魏家齐家文化墓地》，《考古学报》1975年第2期。北京大学考古实习队、固原博物馆：《隆德页河子新石器时代遗址发掘报告》，《考古学研究》（三），科学出版社，1997。青海省文物管理处考古队、中国社会科学院考古研究所：《青海柳湾》，文物出版社，1984，第128、226页。陕西省文物考古研究院、渭南市文物旅游局、华县文物旅游局：《华县泉护村：1997年考古发掘报告》，文物出版社，2014，第283页。

[3] 山东省文物管理处、济南市博物馆：《大汶口：新石器时代墓葬发掘报告》，文物出版社，1974，第62、64、65、67、81页。山东省文物考古研究所：《大汶口续集：大汶口遗址第二、三次发掘报告》，科学出版社，1997，第161、175、177、180页。中美联合考古队：《两城镇：1998~2001年发掘报告》，文物出版社，2016，第806、937页。中国社会科学院考古研究所：《山东王因：新石器时代遗址发掘报告》，科学出版社，2000，第265、267、268页。山东大学历史系考古专业教研室：《泗水尹家城》，文物出版社，1990，第115、119、133、143页。

[4] 河南省文物研究所、长江流域规划办公室考古队河南分队：《淅川下王冈》，第152、160、225页。湖北省文物考古研究所、北京大学考古学系、湖北省荆州博物馆：《邓家湾：天门石家河考古报告之二》，文物出版社，2003，第57、60、129页。湖北省文物考古研究所：《房县七里河》，文物出版社，2008，第91、169、221页。荆州博物馆：《荆州荆南寺》，文物出版社，2009，第14、27页。湖北省荆州博物馆、北京大学考古学系、湖北省文物考古研究所：《谭家岭：天门石家河考古报告之三》，文物出版社，2011，第23、58、152、159页。湖北省荆州博物馆、湖北省文物考古研究所、北京大学考古学系：《肖家屋脊：天门石家河考古报告之一》，文物出版社，1999，第37、48、189、207、253、254、259页。

11 [1])。东南地区同样拥有复杂的镂孔陶器，镂孔呈现圆形、三角形、长方形，任意组合并搭配有弦纹、戳印纹、刻划纹等，较内陆的遗址有凌家滩、北阴阳营、薛家岗等遗址（图 12），[2] 较为沿海的有跨湖桥、马桥、良渚等遗址（图 13 [3]、14 [4]）。

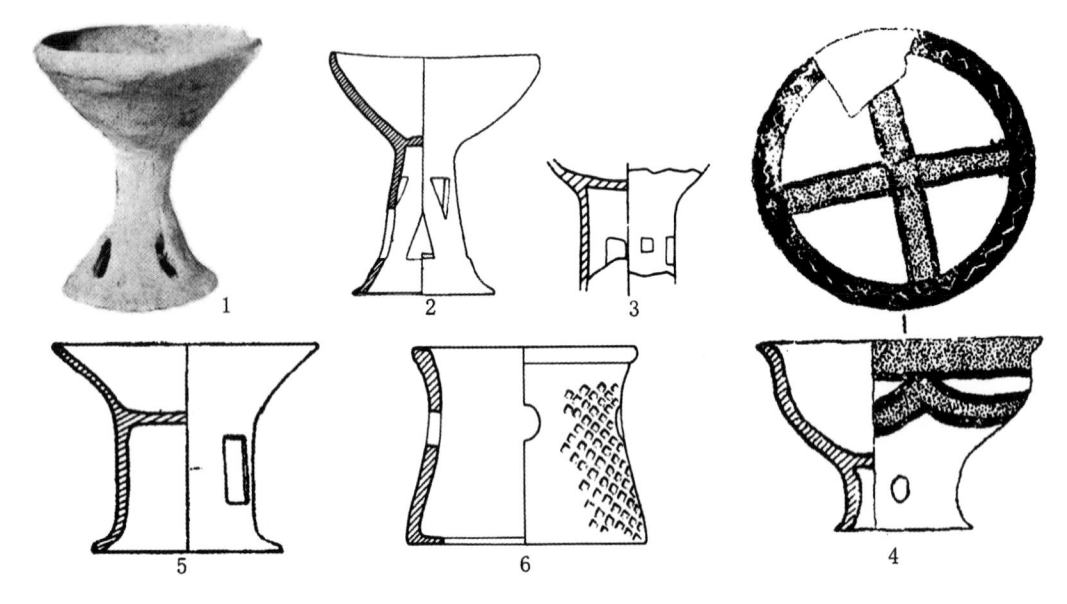

图 8　西北地区史前时期镂孔陶器

1. 甘肃永靖大何庄齐家文化陶豆 M87：1；2. 甘肃永靖秦魏家齐家文化陶豆 M46：3；3. 隆德页河子齐家文化陶豆柄 T103④：16；4. 青海乐都柳湾马家窑文化马厂类型陶豆 619：22；5. 青海乐都柳湾齐家文化陶豆 1366：5；6. 华县泉护村庙底沟二期陶器座 H87：50

1　湖南省文物考古研究所：《安乡汤家岗：新石器时代遗址发掘报告》，科学出版社，2013，第 68、92、167、266 页。广东省文物考古研究所、广东省博物馆、广东省韶关市曲江区博物馆：《石峡遗址：1973~1978 年考古发掘报告》，文物出版社，2014，第 25、143、150、154、169、183、185、199、216 页。

2　安徽省文物考古研究所：《凌家滩：田野考古发掘报告之一》，文物出版社，2006，第 106、137、152、183 页。南京博物院：《北阴阳营》，文物出版社，1993，第 49、51、53 页。南京博物院：《花厅：新石器时代墓地发掘报告》，文物出版社，2003，第 31、38、112、113、114、142、144 页。苏州市考古研究所：《昆山绰墩遗址》，文物出版社，2011，第 119、137、139 页。安徽省文物考古研究所：《潜山薛家岗》，文物出版社，2004，第 72、84、89、109、127、155、169、182、265 页。

3　浙江省文物考古研究所、萧山博物馆：《跨湖桥》，文物出版社，2004，第 124、128、130、136 页。浙江省文物考古研究所：《河姆渡：新石器时代遗址考古发掘报告》，文物出版社，2003，第 306、309、343 页。上海市文物保管委员会：《崧泽——新石器时代遗址发掘报告》，文物出版社，1987，第 30、48、51、53、54、56、85 页。浙江省文物考古研究所：《反山》，文物出版社，2005，第 214 页。上海市文物管理委员会：《福泉山：新石器时代遗址发掘报告》，文物出版社，2000，第 34、36、100、102 页。浙江省文物考古研究所：《良渚遗址群》，文物出版社，2005，第 415、428 页。浙江省文物考古研究所：《文家山》，文物出版社，2011，第 64 页。浙江省文物考古研究所、桐乡市文物管理委员会：《新地里》，文物出版社，2006，第 394、398、399 页。

4　浙江省文物考古研究所、遂昌县文物管理委员会：《好川墓地》，文物出版社，2001，第 53、55、57、58、60、62、66、68 页。上海市文物管理委员会：《马桥：1993~1997 年发掘报告》，上海书画出版社，2002，第 44、51、175、178、183、185、187、189 页。

图9 东方地区史前时期镂孔陶器

1. 大汶口文化大镂孔豆13：24；2. 大汶口文化大镂孔豆53：5；3. 大汶口文化大镂孔豆54：15；4. 大汶口文化圈足杯 M2020：27；5. 大汶口文化高柄杯 10：45；6. 大汶口文化高柄杯 25：1；7. 大汶口文化高柄碟 M2015：10；8. 大汶口文化罐式盘豆 80：1；9. 大汶口文化高足杯 M2007：25；10. 大汶口文化双层盘豆 25：34；11. 大汶口文化陶豆 M2008：1；12. 大汶口文化陶豆 M2019：100；13. 大汶口文化陶器座 M2018：30；14. 大汶口文化陶细柄豆 100：6；15. 大汶口文化筒形豆 126：64；16. 龙山文化陶豆 T024M66：3；17. 龙山文化陶簋 T005G6③：475；18. 大汶口文化陶豆 M222：5；19. 大汶口文化陶豆 M176：2；20. 大汶口文化陶小豆 M189：6；21. 龙山文化圈足盆 H70：1；22. 龙山文化陶豆 M117：4；23. 龙山文化陶壶 H472：7；24. 龙山文化镂孔器 H799：31（1—15. 山东大汶口；16、17. 两城镇；18—20. 山东王因；21—24. 泗水尹家城）

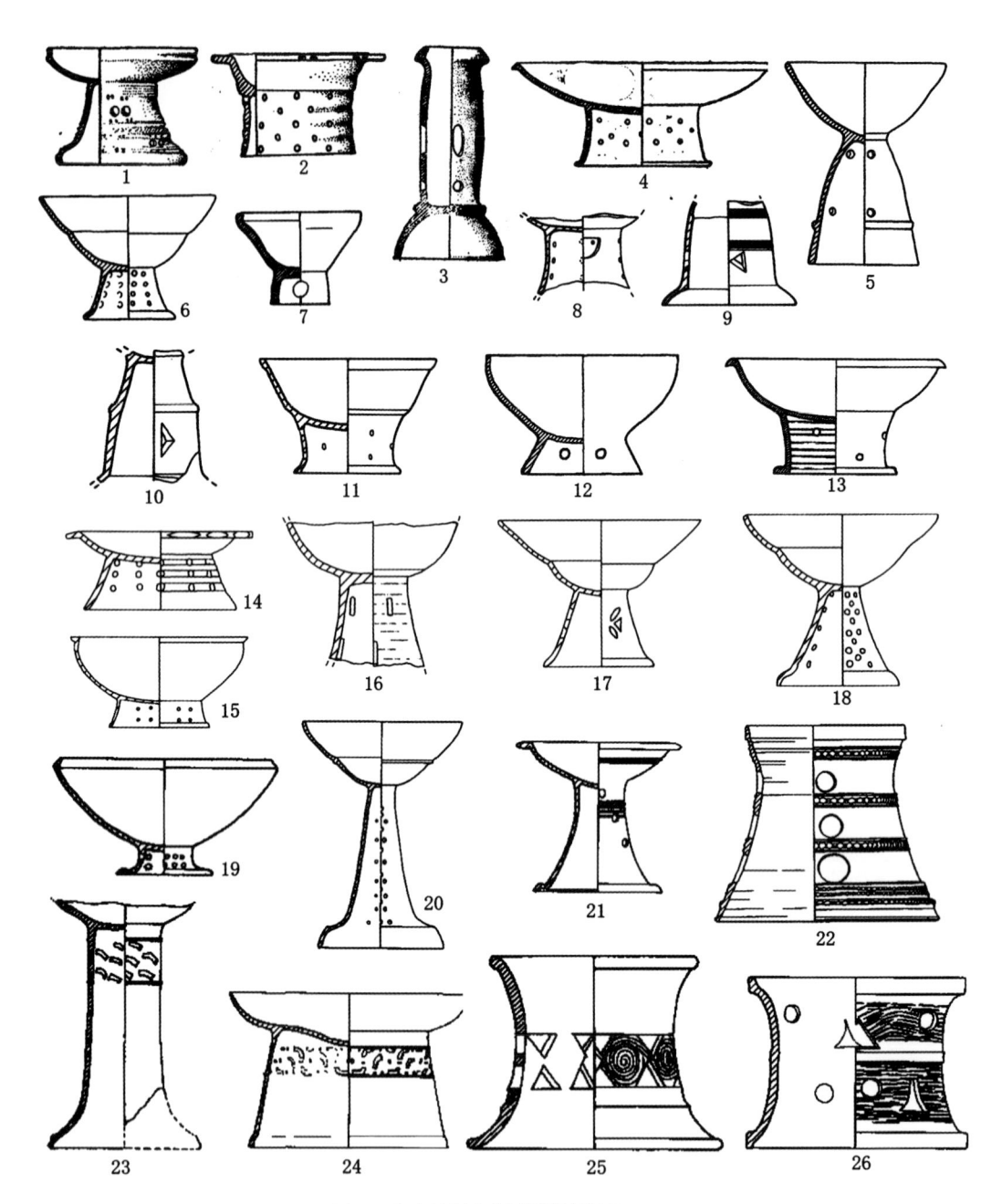

图 10　南方地区史前时期镂孔陶器（一）

1. 仰韶文化陶豆 M109：3；2. 仰韶文化陶豆 M279：1；3. 仰韶文化陶豆座 M581：8；4. 屈家岭文化陶豆 H5：1；5. 屈家岭文化 M7：4；6. 屈家岭文化陶豆 H11：70；7. 屈家岭文化陶碗 AT408⑤：3；8. 石家河文化喇叭形豆圈足 IT51⑦F22：43；9. 石家河文化覆钟形豆圈足 IT51⑥a：67；10. 石家河文化裙式豆圈足 IT3C④：6；11. 三房湾文化陶豆 IT2D③：2；12. 大溪文化陶豆 T18⑤C：247；13. 石家河文化陶豆 T17⑤B：52；14. 油子岭文化陶豆 IIIM13：5；15. 屈家岭文化陶碗 IVH17：5；16. 大溪文化陶豆 IIIT1106⑤C：124；17. 屈家岭文化陶豆 IIIF1：3；18. 屈家岭文化陶豆 IVH18：32；19. 屈家岭文化陶碗 H531：36；20. 屈家岭文化陶豆 H85：3；21. 石家河文化早期陶豆 H56：4；22. 石家河文化早期陶器座 H123：4；23. 石家河文化晚期陶豆 H538：5；24. 石家河文化晚期陶盘 AT204②：33；25. 石家河文化晚期陶器座 H82：10；26. 石家河文化早期陶器座 H329：3（1—4. 淅川下王冈；5—7. 邓家湾；8—11. 房县七里河；12—13. 荆州荆南寺；14—18. 谭家岭；19—26. 肖家屋脊）

图 11　南方地区史前时期镂孔陶器（二）

1. 安乡汤家岗一期白陶盘 T1807⑪：12；2. 安乡汤家岗一期白陶豆 T2004⑥：11；3. 安乡汤家岗二期陶碗 T1808⑩：31；4. 安乡汤家岗二期陶豆柄 TG1②：8；5. 石峡一期圈足盘 T1A④：1；6. 石峡文化早期圈足盘 M17：22；7. 石峡文化早期圈足盘 M57：28；8. 石峡文化中期圈足盘 M4：7；9. 石峡文化中期圈足盘 M29：6；10. 石峡文化早期陶三足盘 M69：9；11. 石峡文化中期圈足盘 M30：28；12. 石峡文化中期圈足盘 M59：22；13. 石峡文化晚期圈足盘 M91：1

118 器物研究

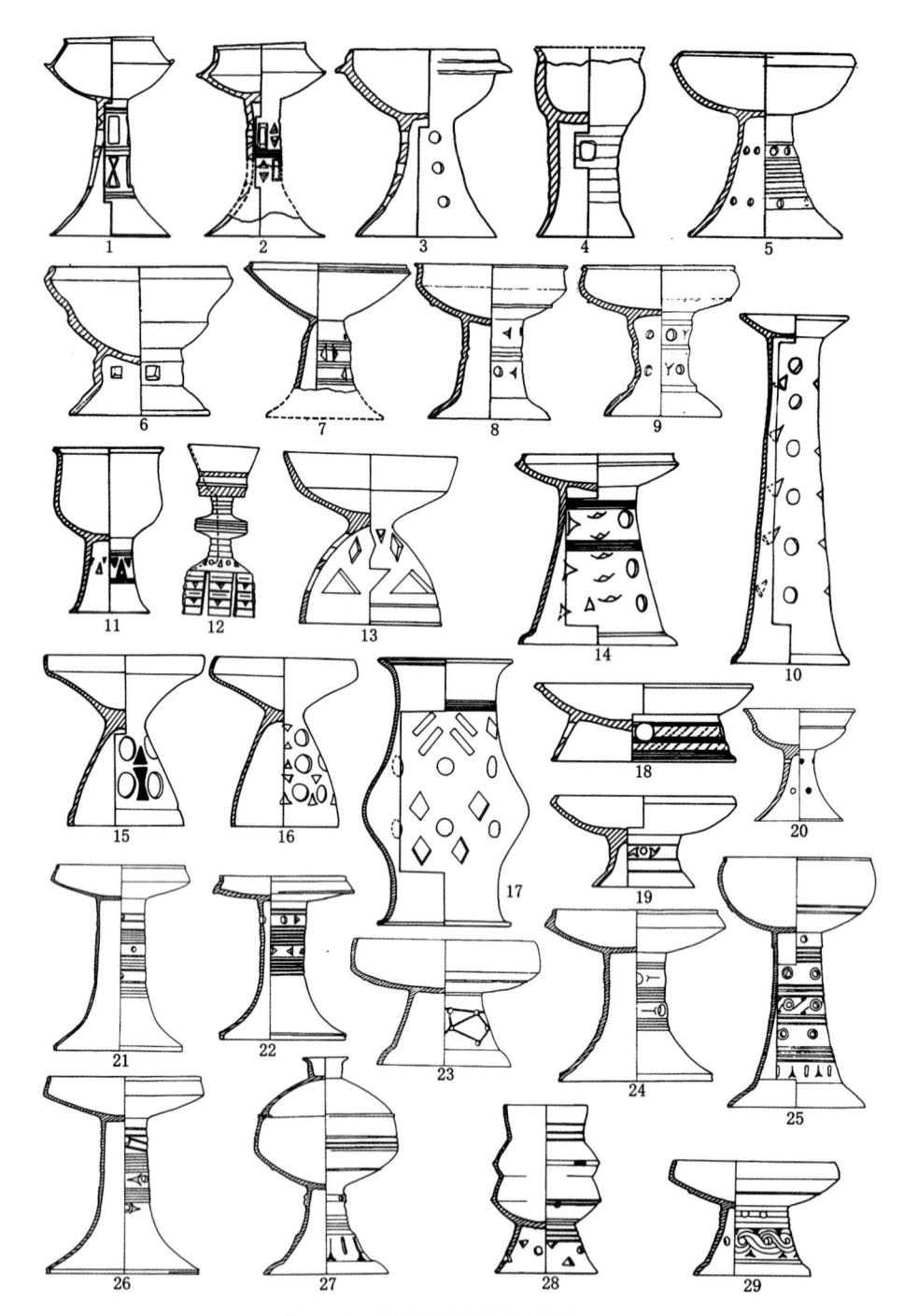

图 12　东南地区史前时期镂孔陶器（一）

1. 陶豆 87M9：46；2. 陶豆 87M14：36；3. 陶豆 87M15：29；4. 陶豆 98M11：3；5. 北阴阳营文化陶豆 M67：4；6. 北阴阳营文化陶豆 M174：2；7. 北阴阳营文化陶豆 M259：5；8. 北阴阳营文化陶豆 M285：3；9. 北阴阳营文化陶豆 M286：1；10. 大汶口文化陶豆 M50：36；11. 大汶口文化陶杯 M55：7；12. 大汶口文化陶杯 M121：12；13. 大汶口文化陶豆 M19：16；14. 大汶口文化陶豆 M50：48；15. 大汶口文化陶豆 M110：25；16. 大汶口文化陶豆 M118：8；17. 大汶口文化陶器座 M50：68；18. 良渚文化圈足盘 T2604⑤：3；19. 良渚文化陶豆 H18：1；20. 马家浜文化陶豆 H121：2；21. 薛家岗文化陶豆 M15：5；22. 薛家岗文化陶豆 M32：5；23. 薛家岗文化陶豆 M3：3；24. 薛家岗文化陶豆 M12：1；25. 薛家岗文化陶豆 M41：2；26. 薛家岗文化陶豆 M70：3；27. 薛家岗文化陶壶 M133：1；28. 薛家岗文化陶壶 M61：3；29. 薛家岗文化陶豆 M54：10（1—4. 凌家滩；5—9. 北阴阳营；10—17. 花厅墓地；18—20. 昆山绰墩；21—29. 潜山薛家岗）

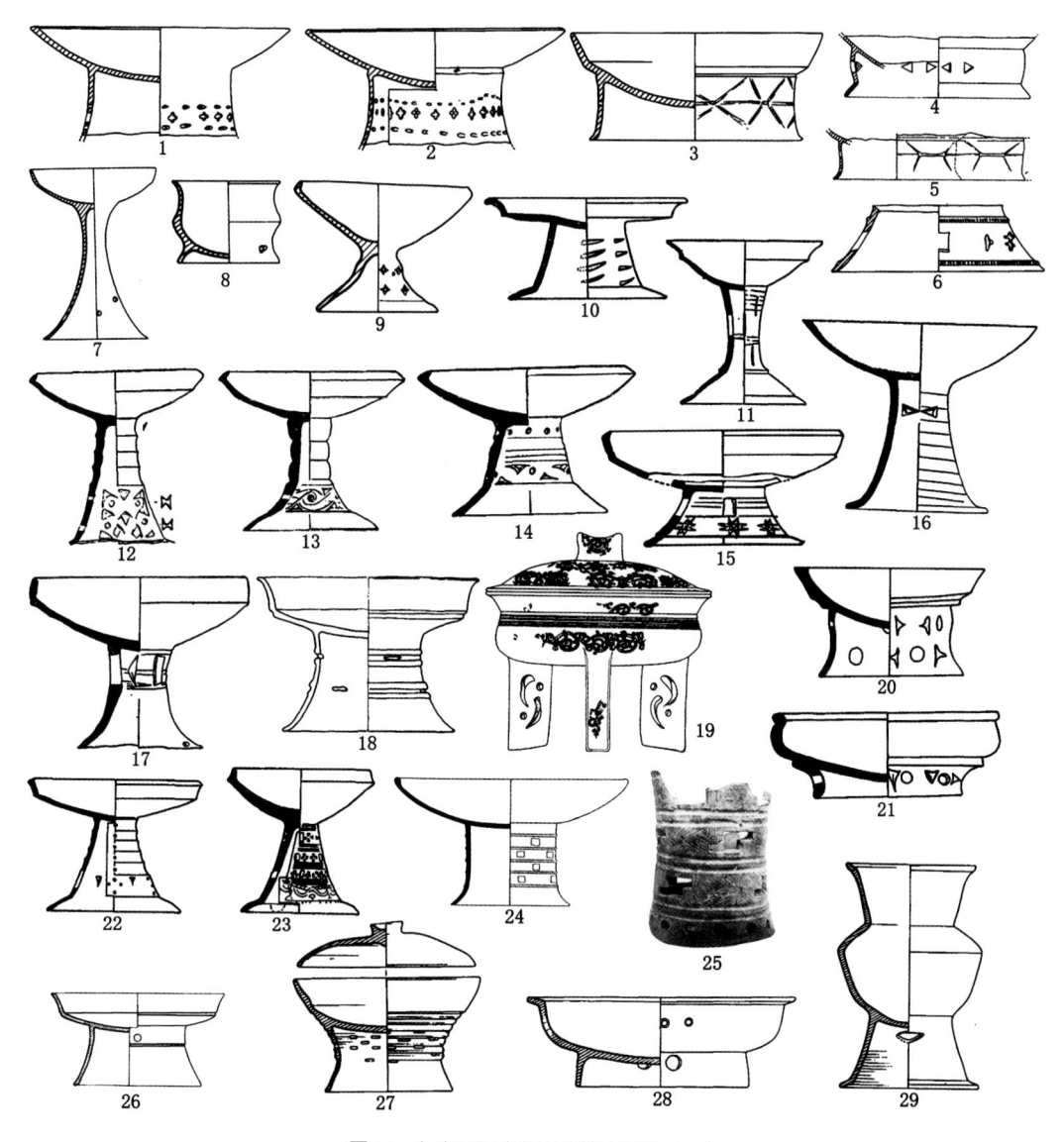

图 13 东南地区史前时期镂孔陶器（二）

1. 圈足盘 T0411⑥A：35；2. 圈足盘 T0411⑥A：30；3. 圈足盘 T0411⑧A：46；4. 陶圈足 T0411⑧A：74；5. 陶圈足 T0411 湖Ⅳ：13；6. 陶圈足 T0510⑥A：7；7. 河姆渡文化三期陶豆 T243（2B）：12；8. 河姆渡文化三期陶圈足盘 T234（2B）：4；9. 河姆渡文化四期陶豆 M2：3；10. 崧泽文化陶豆 M9：4；11. 崧泽文化陶豆 M21：13；12. 崧泽文化陶豆 M49：3；13. 崧泽文化陶豆 M88：9；14. 崧泽文化陶豆 M92：1；15. 崧泽文化陶豆 T2：7；16. 崧泽文化陶豆采 11；17. 崧泽文化陶豆 T1：19；18. 良渚文化陶豆 M18：28；19. 良渚文化陶鼎 M65：90；20. 良渚文化陶豆 M139：30；21. 崧泽文化陶簋 M20：3；22. 崧泽文化陶豆 M11：5；23. 崧泽文化陶豆 M12：5；24. 黑陶豆；25. 镂孔刻纹圈足；26. 良渚文化陶豆 M16：23；27. 良渚文化陶圈足盘 M87：6；28. 良渚文化陶圈足盘 M140：9；29. 良渚文化陶尊 M15：8（1—6. 跨湖桥；7—9. 河姆渡；10—17. 崧泽遗址；18. 反山；19—23 福泉山；24—25. 良渚杭县；26. 文家山；27—29. 新地里）

图 14 东南地区史前时期镂孔陶器（三）

1. 良渚文化晚期 M10：20；2. 良渚文化晚期 M32：5；3. 良渚文化晚期陶豆 M9：6；4. 良渚文化晚期陶豆 M12：8；5. 良渚文化晚期陶豆 M40：2；6. 良渚文化晚期陶豆 M46：8；7. 良渚文化晚期陶豆 M47：11；8. 良渚文化陶豆 IIM204：2；9. 良渚文化晚期圈足盘 M7：24；10. 良渚文化陶豆盘 IH20：2；11. 马桥文化陶豆 IIH107：9；12. 马桥文化陶豆 IIH107：10；13. 马桥文化陶豆 IIT721③F：11；14. 马桥文化陶豆 IIT1031③B2：4；15. 马桥文化陶簋 IITD101：6；16. 马桥文化陶簋 IIT918③E：14；17. 马桥文化陶豆 IIT725③B：7（1—7、9. 好川墓地；8、10—17. 马桥遗址）

史前时期各地的镂孔陶器虽然形态各异，但都有共性。镂孔陶器的器型多为豆、盘、簋、杯、器座等，镂孔的形状大多以圆形为主，兼有三角形、长方形、菱形、"J"形、"L"形，还有较为特殊的"蠕虫"形、"卜"字形等。镂孔常见搭配弦纹，搭配的弦纹从一条至上十条不等。在东南沿海地区的镂孔陶器中，不同形状的镂孔有规律的组合，甚至可以满饰器物的圈足，镂孔之外的部分另形成一周纹饰。除此以外，还有镂孔搭配刻划或彩绘形成新的纹饰，如安乡汤家岗的白陶盘长方形镂孔上下有似獠牙的刻划，仿佛野兽张大的嘴（图11-1）。而十字形镂孔，在史前时期仅见于郑州大河村仰韶文化三期一件陶豆（图7-19），以及跨湖桥遗址的陶圈足盘两件，圈足上有一圈十字形孔（图13-1、13-2）。

无论是晚商时期、二里岗时期，还是二里头文化、龙山文化或更早，陶器上镂孔的位置均没有太大的变化，都是在陶器的圈足上。镂孔的形状虽然在不同的地域略有差异且形成不同的组合，但基本上都属于相似的几何形状，且在二里头遗址的南方地区、东方地区及东南地区都发现有镂孔与弦纹的搭配，特别是东部及东南沿海地区，此搭配在镂孔陶器中格外流行。所以，通过镂孔陶器上镂孔形状、镂孔位置、镂孔的纹饰组合等要素，我们可以推测商代的镂孔形纹饰与史前时期的出现在陶器上的镂孔纹饰是一脉相承的。

从镂孔陶器的分布看，主要呈现东南多西北少的格局，东部及东南部的镂孔陶器数量最为显著，器物上的镂孔多而繁密，且出现镂孔陶器的年代相对较早。有学者分析认为，东部及东南沿海地区盛行镂孔陶器，其原因是为了满足不断迁徙生活的需要。沿海地区原始先民的采集渔猎的经济生活势必会导致迁徙的频繁，像石器、陶纺轮那样在陶器上穿孔以便于穿绳而过，在迁徙的过程中更加方便。而镂孔多作对称则是因为这样可以使得陶器受力均匀，从而降低它们在移动过程中损坏的几率。[1] 这种解释可备一说，陶器镂孔具体的实用用途尚需讨论。但中原镂孔器物的形成极有可能是受到东方或东南沿海地区文化的影响。黄铭崇认为河南龙山文化和二里头文化所继承的是山东龙山—石家河文化系统，[2] 张弛将这一影响的时间上限推到大汶口文化时期，他认为大汶口文化时期东方的文化就已经开始向中原地区发展，龙山文化只是继承了大汶口文化扩张的结果。他将这个始于大汶口文化晚期，由江淮、江汉流域社会主导的物质的跨区域的"文化趋同进程"称为"龙山化"[3]，也可以说是"大汶口化"[4]。在"龙山化"或者"大汶口化"的浪潮中，东方的物质文化逐渐向西方传播，因此，中原地区较晚所见陶器上的镂孔应该是源于东方的文化传统。

---

[1] 王有为：《福建昙石山文化陶器镂孔现象及功能探微——以昙石山遗址第八次发掘出土陶器为例》，《文物鉴定与鉴赏》2012年第7期。

[2] 黄铭崇：《迈向重器时代——铸铜技术的输入与中国青铜技术的形成》，《"中研院"历史语言研究所集刊》第八十五本第四分，2014。

[3] 李旻：《天下之九州：龙山社会与龙山世界》，载《考古学研究（十五）：庆祝严文明先生九十寿辰论文集》，文物出版社，2022，第330—350页。

[4] 张弛：《龙山化、龙山时期与龙山时代——重读〈龙山文化和龙山时代〉》，《南方文物》2021年第1期。

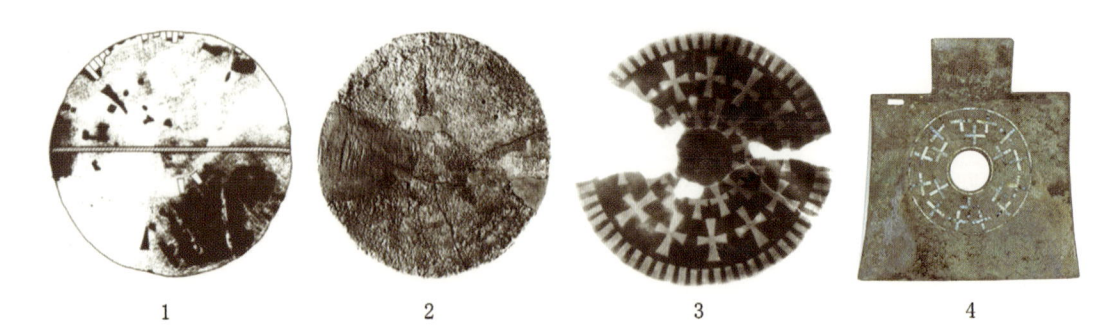

图 15 二里头三期青铜圆形器 VKM4:2 和上海博物馆藏青铜钺
1. 圆形器线图；2. 圆形器照片；3. 圆形器 X 光照片；4. 青铜钺照片

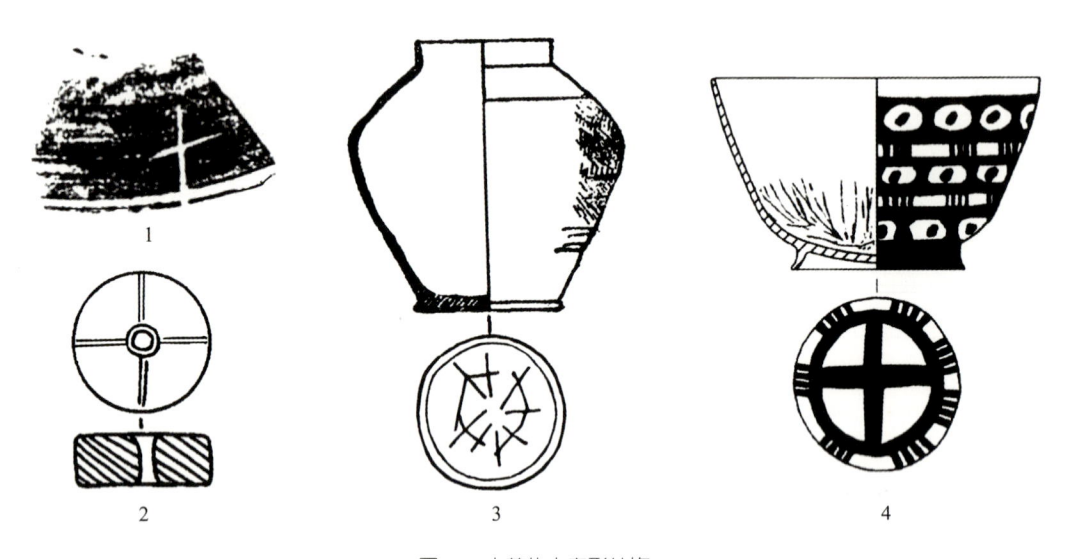

图 16 史前的十字形纹饰
1. 新砦遗址十字形刻划陶残片；2. 豫东杞县陶纺轮 H75：94；3. 淅川下王冈陶壶（T8③：5）底部的刻划；4. 谭家岭彩陶碗Ⅲ T1106⑤C：100

二 十字形纹饰的源与流

通过对十字形镂孔与弦纹的纹饰组合分析，商代的十字形镂孔最早能够追溯到二里头文化三期。在二里头文化三期中，除了一件十字形镂孔的残片外，还出土了一件青铜圆形器，其周边镶嵌 61 块长方形绿松石片，排列均匀，中间镶嵌两周十字形绿松石片，外圈大，内圈小，每周 13 个。另外，上海博物馆所藏一件疑似二里头文化的青铜钺，其中间饰有绿松石同心圆饰，内圆镂空，两圆之间有两周绿松石十字形饰，内周 6 个，外周 12 个，排列整齐（图15）。[1] 关于这件二里头三期青铜圆形器的性质及作用，有铜镜一说，有学者认为是彰显身份的特殊礼器，[2] 冯时认为铜圆形器绿松石的数量及分布方式印证了《尚书·尧典》中的历法体系。[3] 而想要弄清楚这件器物的性质与用途，需要首先确定十字形在当时所具有的内涵。

图17　东南地区的十字形纹饰

1. 陶器盖 IH19：1；2. 陶纺轮 T235（4A）：102；3. 陶鼎 M107：16；4. 玉圆牌 M23：81；5. 玉琮 M17：13；6. 玉圆牌 M2：17；7. 玉镯形器 M1：30；8. 玉牌饰 M7：55；9. 玉长管 M10：21；10. 玉璜 M11：84（1. 马桥遗址；2. 河姆渡遗址；3、5. 石峡遗址；4. 反山；6—10. 瑶山）

---

[1] 中国社会科学院考古研究所：《偃师二里头：1959年~1978年考古发掘报告》，第255页，图版123、图版124。上海博物馆：《镶嵌十字纹方钺》，上海博物馆网站，https：//www.shanghaimuseum.net/mu/frontend/pg/article/id/CI00000694。

[2] 贺俊：《试论二里头文化的铜圆形器》，《文物春秋》2018年第5期。

[3] 冯时：《〈尧典〉历法体系的考古学研究》，《文物世界》1999年第4期。

在二里头文化更早的时代，周边地区亦可见不同形式的十字纹饰，如新砦遗址陶片上的十字形刻划，淅川下王岗陶壶底部环绕一周的十字形刻划。更多的是在陶纺轮上发现的十字形纹饰以及在彩陶上的十字形彩绘饰（图16）。[1] 但无论是刻划还是彩绘，中原地区都相对发现较少，十字形主要流行的地区位于东南及西北地区。

在东南地区，跨湖桥遗址距今7900—7300年出土了十字形镂孔圈足盘，但在其后的诸文化中均未见此类镂孔盘。因为这一文化形态的昙花一现，我们很难将跨湖桥的十字形镂孔作为商代十字形镂孔的源头。不过，在东南地区其余的文化现象中，我们依旧可以找到零星的十字纹，如马桥文化的十字纹陶器盖、河姆渡遗址的十字纹陶纺轮等（图17）。[2] 除此以外，玉器上也出现十字形纹样，如反山墓葬中的一件玉圆牌，中间有十字形的穿孔（图17-4），瑶山墓葬出土的玉牌饰下半部分也有一个十字形的穿孔（图17-8），发掘者认为此十字形为整个兽面图案的嘴。在东南地区的史前文化玉器纹饰中，常见类似的兽面形象，饰于玉琮、玉镯、玉环等器物上，在兽面的正中往往有一块菱形或类似十字形的纹饰。石峡遗址报告中，将石峡文化玉琮中的菱形纹饰当作鼻，而瑶山的一件玉圆牌明显可见菱形纹饰位于眼鼻之间（图17-6），该玉圆牌的各组兽面之间均有一类似十字的菱形纹饰。瑶山另有一件玉璜中部有十字形穿孔（图17-10），发掘者认为该纹饰为两两相向的龙纹，那么中间的十字就成了龙纹之外的纹饰。由此可见，这种十字形或菱形的纹饰或许是独立于兽面，或者说是附加于兽面的一种纹饰，菱形与十字纹可能有相同的含义。在商代的青铜器上，兽面纹当中往往也存在一块菱形的纹饰，一般称之为方菱额花，王仁湘认为方菱额花是一种神性的标识。[3] 但是在二里头文化、二里岗文化与殷墟文化中，方菱额花与十字形镂孔是并存的，时常同出于一器之中，可见十字形镂孔并非完全与这类菱形纹饰具有相同的意义，所以不能将十字形纹饰的源头定为东南地区。

如果将视线放到西北地区，会发现此处的彩陶纹饰盛行十字纹，多见于甘肃、青海一带，从马家窑文化一直发展到齐家

---

[1] 北京大学震旦古代文明研究中心、郑州市文物考古研究院：《新密新砦：1999~2000年田野考古发掘报告》，第239页。郑州大学文博学院、开封市文物工作队：《豫东杞县发掘报告》，第70页。河南省文物研究所、长江流域规划办公室考古队河南分队：《淅川下王冈》，第257页。湖北省荆州博物馆、北京大学考古学系、湖北省文物考古研究所：《谭家岭：天门石家河考古报告之三》，第49页。

[2] 上海市文物管理委员会：《马桥：1993~1997年发掘报告》，第232页。浙江省文物考古研究所：《河姆渡：新石器时代遗址考古发掘报告》，第65页。广东省文物考古研究所、广东省博物馆、广东省韶关市曲江区博物馆：《石峡遗址：1973~1978年考古发掘报告》，第276、316页。浙江省文物考古研究所：《反山》，第310页。浙江省文物考古研究所：《瑶山》，文物出版社，2003，第28、44、96、139、156页。

[3] 王仁湘：《方菱额花：史前与早期文明的神性标识》，《南方文物》2021年第2期。

文化（图18）。[1] 十字形纹饰作为彩陶纹饰的一种母题，发展出了多种表现形式，如在十字内外加以辅助性的纹饰，或者将十字纹改造为八角星纹或卐字纹。青海柳湾彩陶罐下半部还可见十字形绘饰（图18-13、18-14），但也仅仅停留在彩绘的层面，十字绘饰鲜有均分的形式，且陶器几乎未见有镂孔。

图18 西北地区的十字形纹饰
1. 陶纺轮527：1；2. 陶纺轮661：3；3. 陶纺轮905：5；4—11. 彩陶纹样；12. 彩陶30：12；13. 彩陶928：14；14. 彩陶936：14；15. 彩陶M8：1；16. 马厂类型彩陶（1—14. 青海乐都柳湾；15. 兰州红谷下海石；16. 采集）

---

[1] 青海省文物管理处考古队、中国社会科学院考古研究所：《青海柳湾》，第29、31、96、140、142、144、146、148、161页。甘肃省文物考古研究所：《兰州红谷下海石：新石器时代遗址发掘报告》，科学出版社，2008，第73页。甘肃省博物馆：《甘肃彩陶》，科学出版社，2008，第95页。

图 19　齿轮形青铜器
1. 山西襄汾陶寺遗址；2—4. 山西神木石峁遗址；5. 新疆哈密天山北路墓地

除此以外，对于二里头遗址出土的镶嵌绿松石铜圆形器的齿轮形造型，西北及邻近地区的遗址出土有类似的器物。比如陶寺遗址的一件齿轮形铜器，出土时叠在玉璧之上，一起套在墓主人的手臂上。石峁遗址也发现一组装饰，齿轮形铜环、玉环、玉璇玑叠放在一起，极有可能也是佩戴在手臂上的装饰。更西北的新疆天山北路墓地也发现了齿轮形铜器，但形制有所不同，内部为放射状的辐条（图19）。[1] 这些齿轮形器物似乎是受到了西方技术与文化的影响而形成的。胡博（Louisa G. Fitzgerald-Huber）指出，二里头铜圆形器上的十字纹，每一臂由中心向外逐渐变宽，这种特征是普遍见于南土库曼斯坦和巴克特里亚地区文化中的十字母题。[2] 可以说，二里头遗址的这件铜器与中亚青铜时代文化有着很强的联系。

巴克特里亚—马吉亚纳考古综合体（Bactria-Margiana Archaeological Complex or Culture，以下简称 BMAC），西方学者又称其青铜时代辉煌期为奥克苏斯文明（Oxus Civilization）。其文化核心区位于土库曼斯坦、乌兹别克斯坦南部和阿富汗部分地区，而其直接影响范围可西至里海东岸，东至帕米尔，北到乌兹别克斯坦北部，南及印度。BMAC 延续时间大概从公元前 4 千纪至公元前 2 千纪，发展辉煌期青铜时代晚期大概为公元前 2250—前 1700 年。[3] 但土库曼斯坦还有丰富的新石器时代文化与铜石并用时代文化。BMAC 起源于安纳乌—纳马兹加文化（Anau-

---

[1] 高江涛、何努：《陶寺遗址出土铜器初探》，《南方文物》2014年第1期。神木市石峁文化研究会：《石峁玉器》，文物出版社，2018，第144、147页。李伯谦主编：《中国出土青铜器全集 20 甘肃·宁夏·新疆·辽宁·吉林·黑龙江》，龙门书局，2018，第155页。

[2] Fitzgerald-Huber, Louisa G., "Qijia and Erlitou: The question of contacts with distant cultures", *Early China 20*, 1995, pp. 17-67.

[3] Lyonnet, B. and Dubova, N. A., "Introduction", in Lyonnet, B. and Dubova, N. A., *The World of the Oxus Civilization*, New York: Routledge, 2021, pp. 1-6.

Namazga Culture），[1] 同样受到埃及和美索不达米亚文化的影响。比如在伊尔金利特佩（Ilgynly Depe）和卡拉特佩（Kara Depe）墓葬中发现铜化妆棒，同样形制的物品在埃及前王朝时期也被用来化妆。[2]

在纳马兹加文化三期（Namazga Ⅲ，Namazga 以下简称为 NMG）的阿尔丁特佩（Altyn Depe）遗址发现锯齿形圆柱密封印章，[3] 与美索不达米亚杰姆戴特—纳斯尔时期的印章相似。[4]

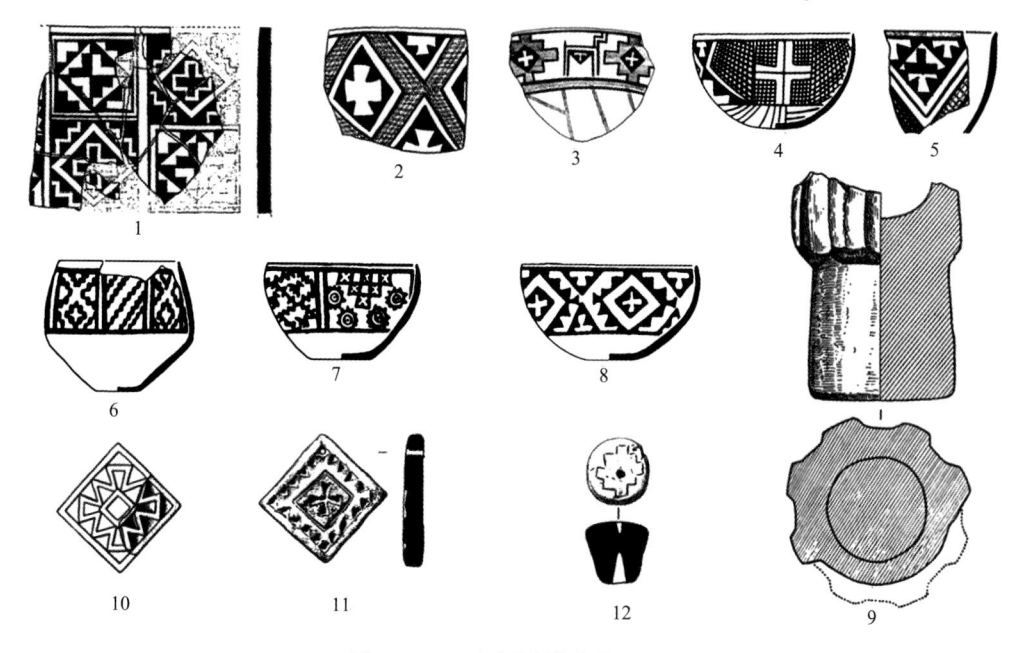

图 20　BMAC 十字形纹饰陶器、石器

1. 陶容器残片；2—8. 彩绘陶器；9. 石容器；10. 石印章；11—12. 红陶器（1. Southern Turkmenistan 中铜石并用时代 NMG Ⅱ，BC3650-3200；2—5、9、Geoksjur 1 and Geoksjur 5 or Chong Depe 中铜石并用时代晚期至晚铜石并用时代早中期，NMG Ⅱ至 NMG Ⅲ，BC3200-3000；6—8. NMG Ⅲ，BC3200-2800；11—12. Kara Depe 晚铜石并用时代 NMG Ⅲ 早中期，BC3200-2900）

1　Антонова，Е. В.，"К Интерпретации Вещественных Источников：Синхрония И Диахрония"，*Вестник Древней Истории* 4（2011），pp. 8-29. cite in Antonova E. V.，"Some thoughts on the imaginary representations in the Bactria-Margiana Archaeological Culture"，in Lyonnet，B. and Dubova，N. A.，*The World of the Oxus Civilization*，New York：Routledge，2021，pp. 178-194.

2　Solovjova，N. F.，et al.，"Metal Artifacts from Ilgynly-Depe，Turkmenistan"，*Archaeological Studies* 16，1994，pp. 31-35. cite in Kircho，Ljubov'B.，"The rise of the early urban civilization in southwestern Central Asia：from the Middle Chalcolithic to the Middle Bronze Age in southern Turkmenistan"，in Lyonnet，B. and Dubova，N. A.，*The World of the Oxus Civilization*，New York：Routledge，2021，pp. 110-142.

3　Kircho，Ljubov'B.，Korobkova，G. F.，and Masson，V. M，"The Technical and Technological Potential of the Eneolithic Population of Altyn-Depe as the Basis of the Rise of an Early Urban Civilization"，*The Institute for the History of Material Culture*，Russian Academy of Sciences，Proceedings 28（2008）. cite in Kircho，Ljubov'B. "The rise of the early urban civilization in southwestern Central Asia：from the Middle Chalcolithic to the Middle Bronze Age in southern Turkmenistan"，in Lyonnet，B. and Dubova，N. A.，*The World of the Oxus Civilization*，New York：Routledge，2021，pp. 110-142.

4　Amiet，Pierre，and Tosi，M.，"The archaic glyptic at Shahr-I Sokhta（period I）"，*Prehistoric Sistan* 1（1983），pp. 199-210. cite in Kircho，Ljubov'B.，"The rise of the early urban civilization in southwestern Central Asia：from the Middle Chalcolithic to the Middle Bronze Age in southern Turkmenistan"，in Lyonnet，B. and Dubova，N. A.，*The World of the Oxus Civilization*，New York：Routledge，2021，pp. 110-142.

图 21 Altyn Depe 出土陶器与铜器

1、2、11、12、14. 红陶容器；3—7、13、16. 彩绘陶器；8. 铜镜；9、10、15. 铜印章（1—7.14—9 levels，中铜石并用时代晚段和晚铜石并用时代，NMGⅡ早中期，BC3200-2900；8—13.8—6 levels，早期青铜时代早段，BC2800-2500；14—16.5—4 levels，早期青铜时代晚段，NMGⅣ晚期，BC2500-2350）

BMAC 地区的十字形在铜石并用时代（前 3650—前 3200）就已经流行起来。在中铜石并用时代，以十字形纹饰或者是阶梯状的几何形纹饰为主的装饰风格已经形成，因为大量出土于"乔克斯尔（Geoksjur）地区，这一类陶器也被称为乔克斯尔风格"陶器。[1] 十字纹作为中心纹饰，阶梯状的外层纹饰，满饰上半器身一周，十字纹与十字中突起一层阶梯形的纹饰最为常见。在铜石并用时代，十字纹较为简单，而到了青铜时代，十字纹更加复杂，体现在外层的阶梯增多，更呈现一种齿轮的形状（图20、图21）。[2] 其中有一种红陶制成的方形容器，上有密集的镂孔或浮雕，纹饰呈十字形、阶梯形等各种组合，这种方形盒目前被认为是用来放置人形小雕像的容器，[3] 其纹饰可能具有宗教意义。

这一宗教意义似乎可以从BMAC的建筑文化中探寻。Gonur Depe South 斜方形外墙的中央有一座阶梯状十字形的"堡垒（fort）"，被称作"堡垒"是因为在阶梯状十字形的十二个拐角处有圆形塔，与作为主要防御作用的外墙形制相同，推测中心的建筑可能具有某种宗教作用。而Dashly3 圆形寺庙的外墙呈齿轮状，这些齿轮部位似乎是存贮建筑，而圆形寺庙的中心则是较为复杂的十字形结构柱墙，内十字而外齿轮（图22）。[4] 有学者认为，圆形和方形建筑的结合设计不是偶然，这些建筑反映了当时人们有关宇宙的思想与某种宗教的斗争观念，建造这类建筑恰恰是在土地上创造了一个"神圣的天体住所"[5]。

BMAC 铜印章或称作护身符，是该文化的标志性器物，其中大量出现十字形与齿轮圆形结合的纹饰，中心十字，四周有向外辐射的辐条，外圈呈圆形或齿轮形，大概有 1/4 的印章以十字纹为主要纹饰。[6] 从出土环境来看，BMAC 铜印章大

---

1 Kircho, Ljubov' B., "The rise of the early urban civilization in southwestern Central Asia: from the Middle Chalcolithic to the Middle Bronze Age in southern Turkmenistan", in Lyonnet, B. and Dubova, N. A., *The World of the Oxus Civilization*, New York: Routledge, 2021, pp. 110-142.

2 Kircho, Ljubov' B., "The rise of the early urban civilization in southwestern Central Asia: from the Middle Chalcolithic to the Middle Bronze Age in southern Turkmenistan", in Lyonnet, B. and Dubova, N. A., *The World of the Oxus Civilization*. Fig. 4.2, Fig. 4.4, Fig. 4.5, Fig. 4.6, Fig. 4.7, Fig. 4.8, Fig. 4.9, Fig. 4.10.

3 Kircho, Ljubov'B., Korobkova, G. F., and Masson, V. M., "The Technical and Technological Potential of the Eneolithic Population of Altyn-Depe as the Basis of the Rise of an Early Urban Civilization", *The Institute for the History of Material Culture*, *Russian Academy of Sciences*, *Proceedings* 28 (2008). cite in Kircho, Ljubov' B. "The rise of the early urban civilization in southwestern Central Asia: from the Middle Chalcolithic to the Middle Bronze Age in southern Turkmenistan", in Lyonnet, B. and Dubova, N. A., *The World of the Oxus Civilization*, pp. 110-142.

4 Muradov, R. G., "The architecture of the Bactria-Margiana Archaeological Culture", in Lyonnet B. and Dubova N. A., *The World of the Oxus Civilization*, New York: Routledge, 2021, pp. 145-177.

5 Kartzev, V. N., *The Architecture of Afghanistan*, Moscow: Стиройиздат, 1986. cite in Muradov, R. G. "The architecture of the Bactria-Margiana Archaeological Culture", in Lyonnet B. and Dubova N. A., *The World of the Oxus Civilization*, New York: Routledge, 2021, pp. 145-177.

6 Массон, В. М., "Массовый Материал Погребений На Алтын-Депе Как Историческим Источник", in Kircho, L. B., Alekshin, V. A., *Хронология Эпохи Позднего Энеолита Средней Бронзы Средней Азии*, *Погребения Алтын-Деп*, *Сер*. "ТРУДЫ ИИМК РАН" Том XVI. Институт истории материальной культуры РАН. (Санкт-Петербург: Общество с ограниченной ответственностью "Нестор-История", 2005), p.7. cite in Antonova E. V., "Some thoughts on the imaginary representations in the Bactria-Margiana Archaeological Culture", in Lyonnet, B. and Dubova, N. A., *The World of the Oxus Civilization*, New York: Routledge, 2021, pp. 178-194.

多出于女性墓中，[1] 人形雕像也大多数为女性，这可能与当时的某种女神崇拜有关。而铜印章在墓中的位置，男性的在脖子处，女性的在腰上，所以有学者认为铜印章是一种护身符。[2]

BMAC 印章的纹饰多样（图 23、图 24），[3] 不仅有以十字形为母题的抽象纹饰，还有大量的人物、动物形象，人物经常与动物组合，如蛇、鸟、爬兽等，甚至还有人两手操蛇的图案。蛇相互纠缠的纹饰非常普遍，最为典型的就是蛇形的十字，蛇头向一侧，形似"卐"字。

几何状的十字形图案可能是一种装饰，但它们有时与山羊一样的动物一起发现，后来十字纹被树状纹取代，在古代近东艺术中动物也经常被描绘在一棵树旁。另外，铜印章上的人物形象通常两臂展开，双腿合拢，其轮廓形似十字，部分人物小雕像的姿态也是如此。有学者将十字形浮雕陶器与之联系，认为十字形象征着整个世界，十字形陶器作为食物储存的容器，显然也象征着世界的概念。[4] 铜印章上还表现有蛇、羊等动物，人类形态的生物，植物，水，或是代表春天的图案。考虑到蛇有蜕皮的能力，也有缠绕结合的能力，而且它们是属于地下世界的，于是有学者认为铜印章及其纹饰应该与"生命"和"重生"联系在一起。[5]

---

1 Sarianidi, V. I., *Necropolis of Gonur*, Athens: Kapon editions, 2007, p. 99. cite in Winkelmann, S. "BMAC glyptics: typology, context, function, and background", in Lyonnet, B. and Dubova, N. A., *The World of the Oxus Civilization*, New York: Routledge, 2021, pp. 215-292.

2 Winkelmann, S., "BMAC glyptics: typology, context, function, and background", in Lyonnet, B. and Dubova, N. A., *The World of the Oxus Civilization*, New York: Routledge, 2021, pp. 215-292.

3 Sarianidi, V. I., *Myths of Ancient Bactria and Margiana on Its Seals and Amulets*, Moscow: Pentagraphic Ltd., 1998, pp. 51, 53, 55, 57, 63, 75, 77, 81, 95, 97, 99, 101, 107, 109, 111, 113, 117, 119, 123, 127, 129, 137, 139, 141, 143, 149, 155, 287, 289, 325.

4 Антонова, Е. В., "Орнаменты на сосудах и знаки на статуетках ануаской кулъ туры (к проблеме значенийа)", in Gafurov, B. and Litvinskij, B., *Средняя Азия И Ее Соседи В Древности И Средневековъ Е*, Moscow: Наука, 1981, pp. 5-21. cite in Antonova E. V. "Some thoughts on the imaginary representations in the Bactria-Margiana Archaeological Culture", in Lyonnet, B. and Dubova, N. A., *The World of the Oxus Civilization*, New York: Routledge, 2021, pp. 178-194.

5 Антонова, Е. В., "'Змея' и 'Орел' в глиптике 'цивилизации окса'", *Вестник Древней Истории* 2 (233) (2000), pp. 46-52. cite in Antonova E. V. "Some thoughts on the imaginary representations in the Bactria-Margiana Archaeological Culture", in Lyonnet, B. and Dubova, N. A., *The World of the Oxus Civilization*, New York: Routledge, 2021, pp. 178-194. Francfort, H. -P., "Dungeons and Dragons: Reflections on the System of the Iconography in Prehistoric Bactria and Margiana", in Possehl, G., *South Asian Archaeology Studies*, New Delhi: Oxford and IBH Publishing Co., 1992, pp. 179-208. cite in Antonova E. V., "Some thoughts on the imaginary representations in the Bactria-Margiana Archaeological Culture", in Lyonnet, B. and Dubova, N. A., *The World of the Oxus Civilization*, New York: Routledge, 2021, pp. 178-194.

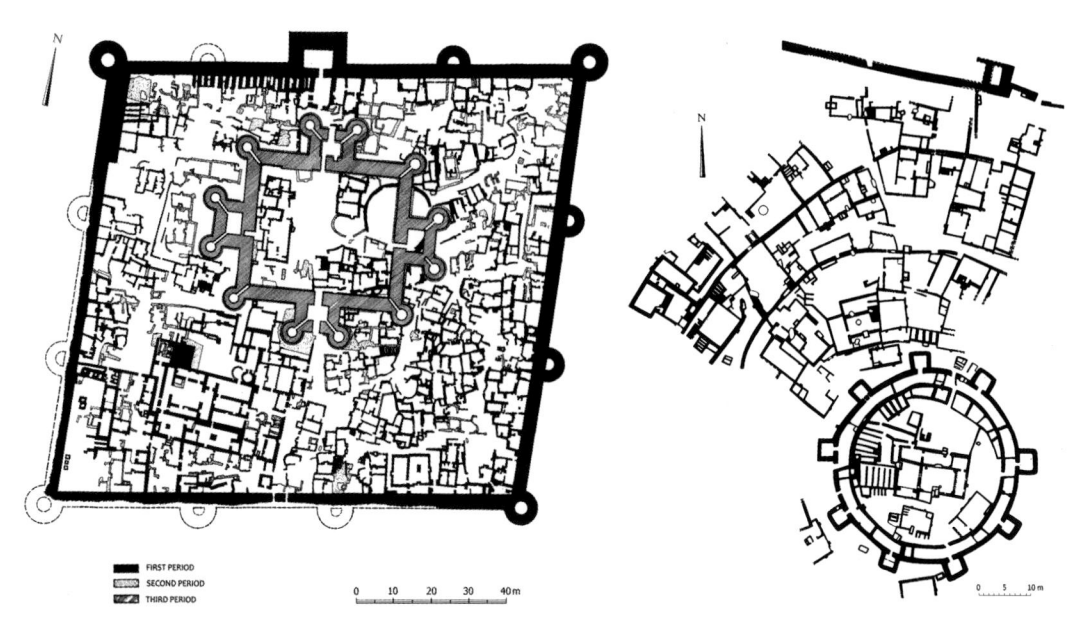

图 22　Gonur Depe South 十字形建筑（左）和 Dashly3 圆形寺庙（右）

图 23　BMAC 铜印章（一）

132 器物研究

图 24 BMAC 铜印章（二）

到了 BMAC 晚期，文化面貌较之前有了不小的改变，通过出土文物可以看出，与中亚北部大草原文化传统有关的元素正在崛起。[1] 北方安德罗诺沃（Andronovo）文化的人口已经向中亚流动，BMAC 文化区可见有安德罗诺沃文化风格的金耳环、铜吊坠、青铜刀，以及安德罗诺沃式的轮制陶器。[2] 另外，通过古 DNA 的研究发现了 BMAC 遗址的异常人骨个体，草原牧民祖先在公元前 2000 年左右已经出现在了 BMAC 文化区，而这与南部草原出现的时间相同，这说明 BMAC 与北方草原文化不仅存在物质文化的交流，还有种群的融合。[3]

相反，BMAC 对北方草原地区的影响同样深远，事实上，这种文化上的复杂流动从公元前三千纪中期就已经开始。[4] 如靠近萨拉兹姆（Sarazm）的扎查·哈利法（Zardcha Khalifa）墓地，年代约为公元前两千纪初，墓中发现三件 BMAC 风格陶器，一件 BMAC 式的槽型青铜器，还有费多罗沃（Fedorovo）式金耳环、青铜别针、塞伊玛—图尔宾诺（Seima-Turbino）式铜刀、马头权杖和两套辛塔什塔（Sintashta）马钉。[5] 另外，北方草原发现的辛塔什塔和伯塔波夫卡（Potapovka）文化遗址中，有近 5% 的陶器具有阶梯状十字形的设计，这可能是南方的物质与文化向北方传播的最早证据之一，十字形也成为彼得罗夫卡（Petrovka）和安德罗诺沃文化陶器的标准设计元素。[6]

不仅如此，BMAC 的文化影响向东可

1　Luneau, Élise, "Transfers and interactions between North and South in Central Asia during the Bronze Age", in Allinger E., et al., *Interaction in the Himalayas and Central Asia*, Vienna: Austrian Academy of Sciences Press, 2017, pp. 13-27.

2　Luneau, E., "The end of the Oxus Civilization", in Lyonnet, B. and Dubova, N. A., *The World of the Oxus Civilization*, New York: Routledge, 2021, pp. 496-524.

3　Narasimhan, V. M., et al., "The formation of human populations in South and Central Asia", *Science* 365.6457 (2019), pp. eaat7487.

4　Frachetti, M. D., "Variability and Dynamic Landscapes of Mobile Pastoralism in Ethnography and Prehistory", in Barnard, W. and Wendrich, H., *The Archaeology of Mobility. Old World and New World Nomadism*, Los Angeles, CA: Cotsen Institute of Archaeology, 2008, pp. 366-396. cite in Bonora G. L., "The Oxus Civilization and the northern steppes", in Lyonnet, B. and Dubova, N. A., *The World of the Oxus Civilization*, New York: Routledge, 2021, pp. 734-775.

5　Bobomulloev, Saĭdmurād, "Ein bronzezeitliches Grab aus Zardča Chalifa bei Pendžikent (Zeravšan-Tal)", *Archäologische Mitteilungen aus Iran* 29 (1997), pp. 121-134. cite in Bonora G. L., "The Oxus Civilization and the northern steppes", in Lyonnet, B. and Dubova, N. A., *The World of the Oxus Civilization*, New York: Routledge, 2021, pp. 734-775.

6　Виноградов, Н. Б., "Южные Мотивы В Керамических Комплексах Эпохи Бронзы В Южном Зауралье", in Кирчо Л. Б., Массон В. М., and Рысин М. Б., *Конвергенция И Дивергенция В Развитии Культур Эпохи Энеолита-Бронзы Средней И Восточной Европы*, Санкт-Петербург: Федеральное государственное бюджетное учреждение науки Институт истории материальной культуры Российской академии наук, 1995, pp. 71-74. cite in Bonora G. L., "The Oxus Civilization and the northern steppes", in Lyonnet, B. and Dubova, N. A., *The World of the Oxus Civilization*, New York: Routledge, 2021, pp. 734-775.

触及帕米尔地区边缘。在塔吉克斯坦南部发现有青铜时代晚期的多处遗址，学者们将这一相对独立的文化区域称为"古典瓦赫什文化"（Classical Vakhsh Culture）。在更东北边的哈萨克斯坦、中国新疆、南西伯利亚都发现有与中亚相似的铜镜、铜刀等文化遗物，铜镜与"古典瓦赫什文化"相似。该地区的墓葬被认为属于来自中国新疆东北部的库尔干人（Kurgans），[1] 碳十四测年结果可以到公元前三千纪后半叶。因此，我们可以看出，"古典瓦赫什文化"可能是在 BMAC 与新疆之间担任技术和产品转移的中间角色，这些转移的技术和产品包括青铜冶金、小麦种植等，[2] 于是有学者将处于欧亚大草原的这条传播路线称为"亚洲内部山区走廊"（Inner Asian mountain corridor）。[3]

近年来，学界对于西北地区，特别是新疆的青铜时代考古有着很高的关注度。一系列新发现也证明，新疆地区与西伯利亚甚至是中亚地区关系紧密，[4] 如韩康信对古墓沟人骨的研究，他认为古墓沟人可能是来自西伯利亚南部的游牧移民，与阿凡那羡沃和安德罗诺沃文化有关。[5] 新的碳十四数据也证明，新疆西部的阿敦乔鲁遗址也与安德罗诺沃文化密切相关。[6] 也许正如李旻所说："沿山间河谷东进的牧民与猎户在伊犁河谷、博尔塔拉河谷、喀什、塔什库尔干沿线留下具有安德罗诺沃文化特征的青铜器物、墓葬、聚落遗迹，时代从龙山时代绵延到公元前二千纪中期。"[7] 而在新疆以东，甘肃、青海一带也发现诸多带有草原风格的青铜器，齐家文化是其中的代表。齐家文化的铜刀、铜

1　Ковалев, А. А., "Саэньсаи-Новая Культура Бронзового Века Восточноевропейского Происхождения На Тянь-Шане", in Древнейшие Европейцы В Сердце Азии: Чемурчекский Культурный Феномен Том Часть Ⅱ., Санкт-Петербург: МИСР, 2015, pp. 293-306. cite in Teufer, M., "The 'classical Vakhsh culture': a Bronze Age culture of the 3rd and early 2nd millennium BC in southern Tajikistan", in Lyonnet, B. and Dubova, N. A., *The World of the Oxus Civilization*, New York: Routledge, 2021, pp. 698-733.

2　Teufer, M., "The 'classical Vakhsh culture': a Bronze Age culture of the 3rd and early 2nd millennium BC in southern Tajikistan", in Lyonnet, B. and Dubova, N. A., *The World of the Oxus Civilization*, New York: Routledge, 2021, pp. 698-733.

3　Spengler, R., et al., "Early agriculture and crop transmission among Bronze Age mobile pastoralists of Central Eurasia", *Proceedings of the Royal Society B: Biological Sciences* 281. 1783 (April 2014), 20133382. Linduff, K. M., "Technoscapes and the Materialization of Ideas in Metal on the Inner Asian Frontier", in Linduff, K. M., et al., *Ancient China and Its Eurasian Neighbors: Artifacts, Identity and Death in the Frontier, 3000-700 BCE*, Cambridge: Cambridge University Press, 2018, pp. 35-71.

4　Mei, Jianjun, and Shell, C., "The existence of Andronovo cultural influence in Xinjiang during the 2nd millennium BC", *Antiquity* 73. 281 (1999), pp. 570-578.

5　韩康信：《新疆孔雀河古墓沟墓地人骨研究》，《考古学报》1986 年第 3 期。

6　Jia, P. W., et al., "Adunqiaolu: new evidence for the Andronovo in Xinjiang, China", *Antiquity* 91. 357 (2017), pp. 621-639.

7　李旻：《天下之九州：龙山社会与龙山世界》，载《考古学研究（十五）：庆祝严文明先生九十寿辰论文集》，第 330—350 页。

镜，特别如甘肃南部杏林出土红铜浇铸带銎斧，是北方塞伊玛-图尔宾诺文化现象中的标识性器物。[1] 另外，在齐家文化的金属器中也发现了砷铜，[2] 再加上四坝文化与天山北地区发现了类似草原文化的器物，所以学者们纷纷推测，西伯利亚与齐家文化之间的联系大致是经过甘肃河西走廊与新疆东部。[3] 四坝与天山北墓地可能在公元前两千纪早期就充当了齐家和塞伊玛-图尔宾诺之间的中介纽带。[4] 胡博认为，这个传播轨迹可能是从罗斯托夫克沿鄂毕河上游向东，进入蒙古，沿蒙古河、阿尔泰山向南，最后沿额济纳河到达甘肃河西走廊，通过客省庄二期文化作为媒介，到齐家，再到中原。[5] 刘学堂等认为，公元前三千纪末一批吐火罗人从中亚草原到新疆阿尔泰山地，越过天山山脉进入罗布泊、哈密盆地，一部分向西到吐鲁番盆地，而另一部分向东进入河西，并由河西进入中原内地。[6] 黄铭崇的观点与胡博类似，他认为这一传播路线从齐家文化经客省庄文化进入丹江，到达下王冈，再通过南阳盆地进入二里头。[7]

以上的证据与推测帮我们勾勒了一条从中亚到中原的文化传播路线，一条青铜文化的传播路线。十字纹在 BMAC 地区的青铜印章上广泛存在，其伴随青铜技术一同传入中原的可能性极大。可是，我们并没有在河西地区、齐家文化等发现相同的十字形纹青铜器。虽然某些铜镜的纹饰略有相似，彩陶上也有诸多十字形纹饰，但它们不是证明十字形纹饰源流的直接证据。就目前所拥有的材料及各国学者的研究讨论来看，我们可以推测出一个最合理最可能的结论，即十字形纹饰的源头是处于土库曼斯坦的 BMAC 文化，这一文化通过北上影响安德罗诺沃文化，再向东进

1　Fitzgerald-Huber, Louisa G., "Qijia and Erlitou: The question of contacts with distant cultures", *Early China* 20 (1995), pp. 17–67.

2　Qian, Wei, et al., "Copper-arsenic alloys in ancient China", in Kim et al., *BUMA-V: Message from the History of Metals to the Future Metal Age*, Seoul: The Korean Institute of Metals and Materials, 2002, pp. 235–42. cite in Mei, Jianjun, "Qijia and seima-turbino: The question of early contacts between northwest China and the Eurasian steppe", *Bulletin-Museum of Far Eastern Antiquities* 75 (2005), pp. 31–54.

3　梅建军、高滨秀：《塞伊玛-图比诺现象和中国西北地区的早期青铜文化——兼评帕尔青格教授"塞伊玛-图比诺现象和西伯利亚动物纹饰的起源"一文》，科技部社会发展科技司，国家文物局博物馆与社会文物司：《中华文明探源工程文集·技术与经济卷（I）》，科学出版社，2009，第317—330页。

4　Mei, Jianjun, "Qijia and seima-turbino: The question of early contacts between northwest China and the Eurasian steppe", *Bulletin-Museum of Far Eastern Antiquities* 75 (2005), pp. 31–54.

5　Fitzgerald-Huber, Louisa G., "Qijia and Erlitou: The question of contacts with distant cultures", *Early China* 20 (1995), pp. 17–67.

6　刘学堂、李文瑛：《中国早期青铜文化的起源及其相关问题新探》，《藏学学刊》第3辑，四川大学出版社，2007。

7　黄铭崇：《迈向重器时代——铸铜技术的输入与中国青铜技术的形成》，《"中研院"历史语言研究所集刊》第八十五本第四分，2014。

入新疆东部地区，通过河西走廊，影响到齐家文化，最后进入中原。而这条传播线的直接证据与各种细节还需要更多考古材料的支撑。

三　十字形镂孔的内涵探究

既然商代十字形镂孔纹饰与早期西方的青铜时代文化有关联，那么这里先将西方的十字形及意义略做整理。西方常见的十字形，上文已提及等臂十字，即在BMAC文化中大量出现的十字形，BMAC的十字形被理解为象征世界或者象征生命与重生。无独有偶，在古埃及可见一种特殊的十字形纹饰——环柄十字，学界通常认为环柄十字是古埃及的一个象形文字，读作ankh，意为"生命""不朽"。这类十字常见于古埃及的墓葬之中，也出现在绘画里荷鲁斯的手中，还有能见到荷鲁斯的牧师身着十字形纹饰的法衣（图25-5），[1] 在古埃及文化中环柄十字被认为是"生命钥匙"。而在基督教文化中，十字往往与耶稣受难结合在一起，常见的是长柄十字，这种十字下端要更长一点。但是十字与基督教紧密相连是在公元4世纪君士坦丁的倡议之后的事情，[2] 有学者认为

在君士坦丁之前十字就与基督教有了联系。《旧约·以西结书》中说："耶和华对他说，你去走遍耶路撒冷全城，那些因城中所行可憎之事叹息哀哭的人，画记号在额上。我耳中听见他对其余的人说，要跟随他走遍全城，以行击杀。你们的眼不要顾惜，也不要可怜他们。要将年老的，年少的，处女，婴孩，和妇女，从圣所起全都杀尽，只是凡有记号的人不要挨近他。"（第9章：4-6）额头上用以标记的记号普遍认为是T形十字。同样的，在《旧约·出埃及记》中有："那夜我要巡行埃及地，把埃及地一切头生的，无论是人是牲畜，都击杀了，又要败坏埃及一切的神。我是耶和华。这血要在你们所住的房屋上做记号，我一见这血，就越过你们去。我击杀埃及地头生的时候，灾殃必不临到你们身上灭你们。"（第12章：12-13）这里涂抹在房屋上的血记号，也有学者认为是T形十字。[3] 另外，十字形在基督教中有时也是上帝的代表，像护身符一样驱恶的象征。而在两河流域的苏美尔时期，产生了至尊无上的三神：阿努、埃阿、恩利尔，其中阿努象征天，是众神之首，亚述人用一个等臂十字象征天神阿努（图25-6）。

---

[1] Blake, W. W., *The Cross: Ancient and Modern*, New York: Anson D. F. Randolph and Company, 1888, p. 13.

[2] Longenecker, B. W., *The Cross before Constantine: The Early Life of a Christian Symbol*, Minneapolis: Fortress Press, 2015, p. 3.

[3] 芮传明、余太山：《中西纹饰比较》，上海古籍出版社，1995，第101页。

图 25　西方的不同十字

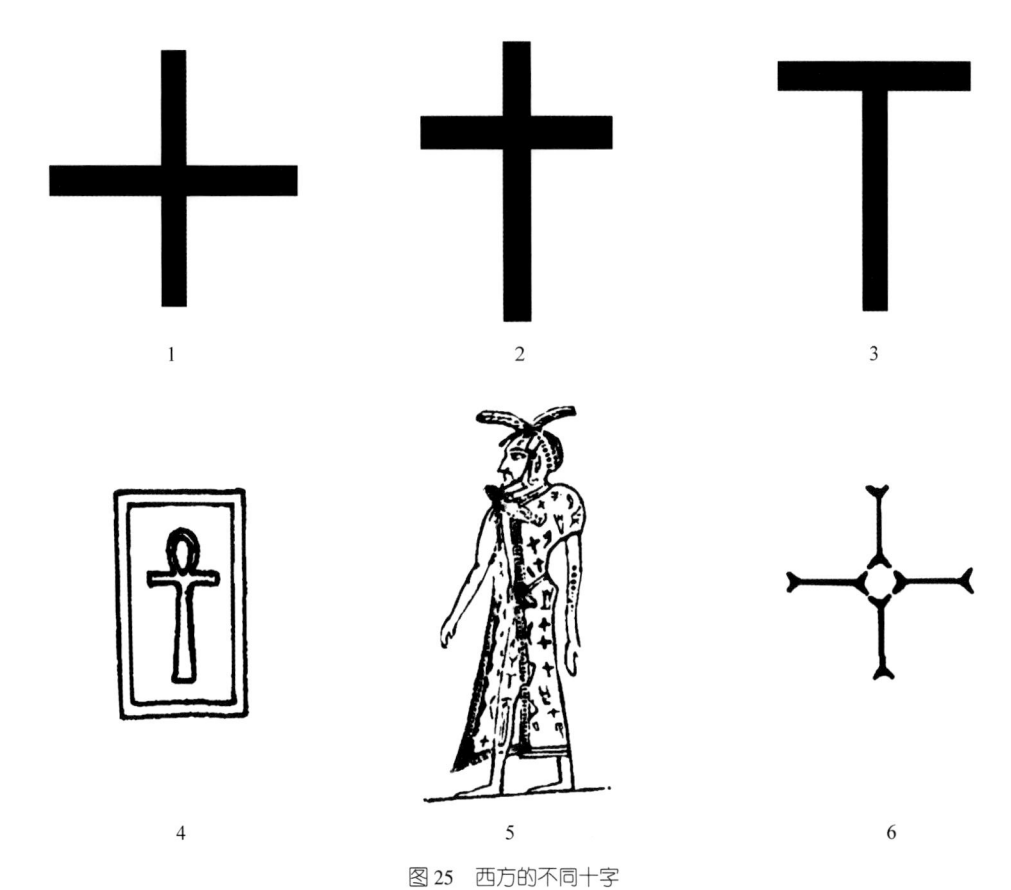

1. 等臂十字；2. 长柄十字；3. T 形十字；4. 环柄十字；5. 荷鲁斯的牧师；6. 亚述十形纹饰

所以，粗略地归纳西方的各种十字形纹饰的意义，无外乎两种，一是象征生命、重生，可以引申为趋避灾祸，保全生命；第二种就是代表了某至高无上的神。

再来重新审视商代的十字形镂孔。商代青铜器中有十字形镂孔者占比并不大，主要存在于圈足器物，三足或者四足这类架高的器物均不见此类装饰。十字形镂孔常与弦纹搭配，一道至四道不等。十字形镂孔的器物在二里岗时期最多见，同时陶器上也多见。到了殷墟时期，十字形镂孔的陶器几乎不见，而十字形镂孔铜器的数量较之前减少，镂孔变小，十字形变得更细，有的器物上甚至没有穿透，只留下十字形的凹陷。

除了青铜器上的十字形，商代晚期的大型墓葬中也常见十字形（图 26）。[1] 侯

---

[1] 梁思永、高去寻：《侯家庄 第二本 1001 号大墓》，第 2、24 页。梁思永、高去寻：《侯家庄 第三本 1002 号大墓》，"中研院" 历史语言研究所，1965，第 18 页。梁思永、高去寻：《侯家庄 第五本 1004 号大墓》，"中研院" 历史语言研究所，1970，第 19 页。梁思永、高去寻：《侯家庄 第八本 1550 号大墓》，"中研院" 历史语言研究所，1976，第 11 页。

家庄 M1001、M1002、M1004、M1550 等四条墓道的大墓，形制均为阶梯状十字。有学者认为，商代产生这种四条墓道、两条墓道、一条墓道的墓葬等级差异，是因为越大的墓葬需要越多的人向外运送土，以至于更大规格的墓葬需要更多的墓道来加快运土的效率。但是，在这些四墓道大墓的中心，我们发现了十字形的木室遗迹，在墓葬的中心位置再次出现十字形或阶梯形十字的形制，这说明在商人的观念里十字形与墓葬的关系非同一般。当然，这种十字形与墓葬的关系也只能在身份最尊贵的商王的墓葬中所体现。

在商代晚期的文字中可见与十字纹相似的文字，最显著的文字是"亞"，金文作"䒑"或"䒑"，呈宽壁十字状，与青铜器商的镂孔十字形状相同。"亞"字常见于族氏铭文，有两种表现的结构，上下结构和内外结构，[1] 即在族徽铭文的上面或下面，有时也包围住族徽，甚至有时围住青铜器上整段的铭文。当下，诸学者对于族氏铭文中"亞"字的含义有多种说法，有宗庙说，认为卜辞中将宗庙称为"亞"，且商王大墓也呈"亞"形，"亞"形宗庙与族氏之间有着内在的关系；[2] 官爵说，认为"亞"形是一种称号的图形化，"亞"是官名，且应是武官；[3] 特殊身份说，认为是一般低级服役者的标记。[4] 也有学者认为"亞"是代表执掌送葬之礼仪的特殊人群，他们被合称为"多亞"[5]；异姓方国标志说；[6] 小宗分支说，认为"亞某"之"亞"是指示"某"为氏名，为其所属宗氏的分支，亦即相对独立的次级族氏；[7] 还有装饰界画说等。

除了"亞"字，还有"甲"字，作"十"和"田"，"田"一般认为是"上甲"。丁山认为，十字是钻燧生火的象形，而上甲是"天有十日"的首日，即日神领袖。他引《礼记·郊特牲》中"郊之祭也，引长日之至也，大报天而主日也"，认为古人想象中有伟大的天神不断钻燧生火于太空以赐福人类，这位"主日"大神即是上甲。上甲当与耶和华的儿子耶稣同一渊源，所以中西方都用十

---

1 何景成：《商周青铜器族氏铭文研究》，齐鲁书社，2009，第 47 页。
2 朱凤瀚：《商周青铜器铭文中的复合氏名》，《南开学报》（哲学社会科学版）1983 年第 3 期。
3 陈梦家：《殷墟卜辞综述》，中华书局，1988，第 511 页。
4 王献堂：《山东古国考·黄县𩰬器》，齐鲁书社，1983，第 81—86 页。转引自何景成《商周青铜器族氏铭文研究》，齐鲁书社，2009，第 51 页。
5 白川静：《金文的世界：殷周社会史》，温天河、蔡哲茂译，台湾联经出版事业公司，1989，第 20 页。
6 李伯谦：《举族族系考》，《考古与文物》1987 年第 1 期。
7 朱凤瀚：《商周金文中"亞"字形内涵的再探讨》，《甲骨文与殷商史》第 6 辑，上海古籍出版社，2016。

字来象征天神。[1] 还有"癸"（𤴓）、"巫"（巫）等字，《说文解字》说："癸，冬时水土平，可揆度也。象水从四方流入地中之形"[2]，似有四方之义。艾兰列举了三段卜辞：

（1）辛亥卜帝北巫。（《合集》34140）

（2）禘东巫。（《粹》1311）

（3）子宁风北巫。（《南明》851）

她认为，此处的"巫"应与"方"是同一个字。商代甲骨文中见有"东土""南土""西土""北土"，还有记有"四方风"及其名字，艾兰认为东南西北中五方即形成"亞"形的大地轮廓，"亞"不仅是方位的整合，同时也是古人心目中宇宙中心的象征。[3] 陈梦家认为"巫"释为"示"，表示用牺牲的血来祭祀四方风，是一种祓除不详的祭祀仪式。[4] 另外值得注意的是，张光直在讨论"亞"形时，提到了在墨西哥奥尔梅克（Olmec）文化卡尔卡金哥（Chalcatzingo）遗址的两件石刻，上饰一个兽形的神像大张着嘴，其嘴部呈"亞"形，他认为这一"亞"形嘴是奥尔梅克人的一张宇宙图，张开的大口是天地的分界，也是出入生死世界的门口。[5]

结合上文有关中西方对于十字形的解释，笔者认为，在探讨十字形纹饰的内涵时，应首先注意两个问题。第一，中国古代早期与草原文化或中亚文化的接触是偶然的、间接的与小规模的，但也是持续的。晚商时期，中原地区与西北地区文化的接触是毋庸置疑的，比如殷墟妇好墓出土的铜镜等一系列草原文化的铜器极有可能是妇好的战利品。可器物的传播不一定代表着文化的传播，十字形纹饰在商代是否与其在西方具有的意义相同，还需要放在商代的环境中来探讨。第二，典型十字形镂孔的装饰，即十字形镂孔加弦纹的组合，早在二里头三期就已出现，比成熟殷代文字的发现更早。十字形与殷代文字中类似十字的文字之间是否有关联现无法得知，因为如果有关联，那么按照现在发现的早晚关系，应该是十字形纹饰影响了文字的内涵。但是，上述有关"亞"字的说法官爵说、特殊身份说、小宗分支说，放到青铜器和陶器的整体纹饰中考察，显

---

1 丁山：《中国古代宗教与神话考》，上海书店出版社，2011，第510—512页。

2 许慎：《说文解字》，中华书局，1963，第309页。

3 艾兰：《"亚"形与殷人的宇宙观》，《中国文化》1991年第1期。

4 陈梦家：《商代的神话与巫术》，《燕京学报》1936年第20期。

5 张光直：《说殷代的"亞"形》，载氏著《中国青铜时代》，生活·读书·新知三联书店，2013，第315—327页。

然都是存疑的。而对于宗庙说，目前并未发现有十字形的商代建筑。事实上，从龙山文化时期到二里岗文化时期，被当作是原始文字的刻画符号已经在充分发展，而从陶器的整体装饰上来看，刻画符号与装饰纹饰是独自发展的。所以说，十字形镂孔与殷代文字应该分开来研究。

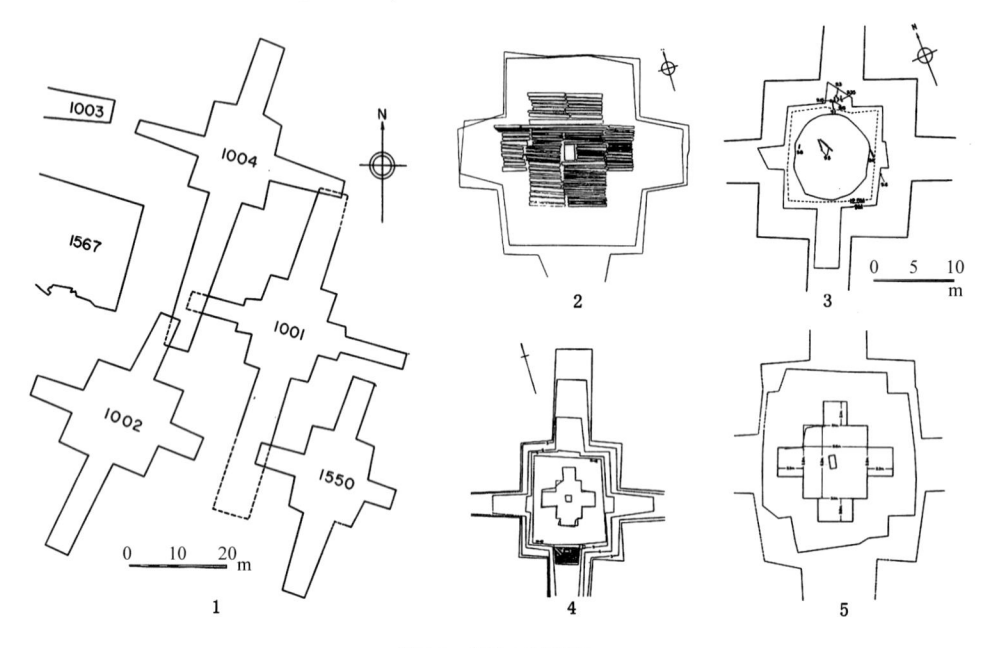

图 26　商代大墓形制
1. 侯家庄大墓形制；2. M1001 木室地板遗迹平面图；3. M1002 墓内祭祀遗迹朽木图；4. M1004 墓坑中木室平面复原图；5. M1550 墓内木室之轮廓复原图

图 27　墨西哥奥尔梅克文化卡尔卡金哥遗址石刻

那么探讨十字形镂孔的内涵,应该回到青铜器上。十字形镂孔在青铜器上的数量,通常是三个或四个,这取决于器物的纹饰几等分。铸造器物时圈足部分三分范则有三个十字形镂孔,四分范则有四个,所以四方之说不成立。但是如果按照四方的分布,确实可以勾勒出一个"亞"形,但其是否与大地相关有待商榷。又《楚辞·招魂》中有:"魂兮归来!去君之恒干,何为四方些?"讲述巫阳从"四方"找回魂魄,所以后代认为"四方"是神灵之乡,是人死后去的地方。而商代大墓以十字作为其形制,可见十字形与死亡确有关系。

那么在商人看来,人死后去往何处呢?岳洪彬研究了殷墟王陵区大墓腰坑的最深深度与同时期商代水井的地下潜水线,发现商代大墓中的腰坑都挖到了地下水,这是有意而为之的。他认为这正是商代"黄泉"观念的体现,大型墓葬中最深的地方要触及"黄泉",又进一步认为底部腰坑就是死者灵魂通往"黄泉"的入口,而腰坑中的殉狗就是通往黄泉路上的引领者。[1] 在部分青铜器上,我们可以看到十字形镂孔的下方还有一圈纹饰,商代晚期多为与主纹饰带相同的兽面纹(图1-12)。在商代早期则更加多样,它们有的是S形如波浪状的曲线(图1-5);有的是对称的兽面,两侧拖有身和尾(图1-6),部分学者认为这是相对立的夔龙;还有倾斜状的目纹(图1-1),推测其可能为两条纠缠相交的夔龙之简化。夔龙通常被看作是与水有关的"潜渊"之物,它的出现似乎展现了在十字形的墓葬之下,黄泉中的景象。而无论十字形下方是何种纹饰,上下纹饰带因十字形镂孔而得以联通,这种联通展现着商人的天地观念,即人死后,通过十字形的墓葬到达黄泉,从而得到某种意义上的重生。

从十字形镂孔的形制、商代大墓的形制、四方的观念、黄泉的观念等要素,笔者推测,商代青铜器从上到下其实是从天上到地下的刻画,天上的云雷纹之中的神兽,龙与虎等神纹,而弦纹则可以看作是大地的平面,在大地上"凿出"镂孔十字形,这个镂孔十字象征去往黄泉的通道,从这个通道下去则是有水波与夔龙等景象。这同样可以解释,十字形镂孔为何只在圈足器底部出现,因为圈足器底连接着大地,而架高的有足器则完完全全是"天上"的器物,所以不会出现连接黄泉的通道。由此,可以在青铜器上勾勒出商人较为完整的世界观,即存在天上的世界与地下的世界。商代十字形镂孔与中亚源头地区的十字都包含了重生的含义,只是商代十字更多地融入了商人自己的精神世界,已经与西方所代表的事物完全不同了。

另外,从青铜器与陶器的流变也可看出,十字形先是从陶器转移到更加贵重的

---

[1] 岳洪彬:《再论商代的"黄泉观念"——从殷墟王陵和水井深度的比较得来的启示》,《中原文物》2018年第5期。

青铜器上,后又被更加复杂的纹饰所替代而逐渐消失,这证明十字形同样具有权力的象征。二里头文化中的铜圆形器与上海博物馆藏十字形纹铜钺,同样是当时地位与身份的象征。只不过,在早中商时期与上下贯通的青铜器、陶器相结合之后,十字形镂孔在王族的墓葬中演变出了通往黄泉道路的内涵。而到了晚商,表示高等级的青铜器更多体现在满饰的花纹与数量上了,加上同样有重生含义的蝉纹的出现,以及铜垫片技术的成熟,十字形镂孔在青铜器上也就渐渐被淘汰了。

结　语

通过对商代青铜器十字形镂孔的分析,爬梳中原与周边地区各时期考古材料,我们得出,十字形镂孔的形成受到东方与西方两方面的影响。在器物上制作镂孔显然源自东方,来自山东、浙江等地的史前文化镂孔器在龙山时代"龙山化"的浪潮中不断西进,传入中原。而十字形纹饰则来源于中亚土库曼斯坦的BMAC文化。从约公元前3600年开始,十字纹向周围传播,BMAC地区所谓"奥斯苏斯文明"的晚期与北方草原安德罗诺沃文化相互影响,后通过大草原与南西伯利亚地区进入中国新疆与河西走廊,影响至甘肃、青海一带的齐家文化,最后南下传入中原。正如童恩正所提出的"半月形地带"[1]与杰西卡·罗森的"中国弧"概念,中国西北部文化发展与欧亚大陆同步,而中原地区则有自己的面貌,中间的地带正是东西方交流的纽带和桥梁。[2] 罗森同样认为,自公元前3000年以来,古代中国中原地区一直以自己的方式与外界发生联系,它的社会与物质系统很早就呈现了"中国特色",传入中国的新技术,都会被"本土化"[3]。二里头虽然不处于东西交锋的前沿阵地,却是在东西交流的大背景下成为"中国特色青铜时代文化"的集大成者,十字形镂孔即是东西交流的代表性产物之一。

十字纹在西方表示的生命与天神的观念,在进入中原地区之后产生了改变。结合青铜器纹饰的位置组合以及商代大墓的形制等因素,我们推测青铜器上的十字形镂孔代表着进入黄泉与地下世界的通道,体现着商人的世界观里人死后去往另一个世界生活的图景,这在某种意义上亦是一种重生。而从另一个角度看,从二里头时代的铜圆形器、铜钺,到早商陶器与铜器,再到晚商十字形纹饰被更繁杂的纹饰

---

[1] 童恩正:《试论我国从东北至西南的边地半月形文化传播地带》,载氏著《文物与考古论集》,文物出版社,1987。

[2] Jessica Rawson, "Miniature bronzes from Western Zhou tombs at Baoji in Shaanxi province",载《金玉交辉——商周考古与艺术文化论集》,"中研院"历史语言研究所,2013。

[3] 许宏:《东亚青铜潮:前甲骨文时代的千年变局》,生活·读书·新知三联书店,2021,第143页。

所替代而消失的这个过程，说明了十字形本身也象征着权力，这同样是十字形在中国"本土化"的产物。

当然，上述结论的得出确有推测的成分在内，对于"龙山化"的传播路线问题、青铜技术的传播路线问题、商代大墓的形制问题、商代黄泉观念的问题，等等，还需要日后更多的考古新材料与更深入的研究。

古蜀地区出土的持物人像研究*

■ 任　欣（中国艺术研究院研究生院）　　练春海（中国艺术研究院美术研究所）

青铜高台立人像是三星堆遗址出土的最引人注目的文物之一，以巍峨的体势、华丽的冠服、高超的制作工艺而独树一帜。它在意外中重新面世后，已经过去了近二十年光景，却依然是一个没有完全解开的谜，尤其是青铜大立人像奇特的手势所象征的含义，成为数十年来古蜀文明研究的一个难点。

除青铜大立人像之外，三星堆遗址与金沙遗址中还出土了大量的持物人像或装饰持物人图像的器物，这些人像或持物人图案塑造逼真，是一组不可多得的反映古蜀国重要社会成员形象与祭祀礼仪的珍贵文物。笔者通过分析，拟把古蜀地区出土的持物人像及持物人图案作为一个整体来讨论，从而发现其中的一些可能被忽略的文化意涵。

一　古蜀地区出土的持物人形象遗存

三星堆遗址、金沙遗址出土了多件双手持物的人物形象，根据人像手持器物的不同，可进一步细分为三种类型：

第一种类型为敬奉玉璋，目前可确定为此类型的器物仅一件：三星堆遗址出土的小型跪坐人像（图1），考古发掘编号为K2③：325。三星堆小型跪坐人像头部残损，上身裸露，下身着短裙，腰间系带，结纽于腹前。人像两臂向前平伸，双手相握，敬奉一枚玉璋，手内空间与玉璋柄部相契合，为一长方竖孔。[1]

第二种类型为手持象牙，目前可确定为此类的器物纹饰仅一件：金沙遗址出土的平行四边形玉器（图2），考古发掘编

---

*　本文系中国艺术研究院基本科研业务费项目"我国考古新发现的美术考古研究"（立项号：2021-1-3）阶段性成果。

1　四川省文物考古研究所编：《三星堆祭祀坑》，文物出版社，2012，第232、235页。

号为 2001CQJL10：16。器物呈平行四边形，两端斜直。器身表面分别刻有两组图案，每组图案由一个向右跽坐的人像、两道折曲纹、三道直线纹组成。折曲纹分布于直线纹上下。人像高冠高鼻，方耳方颐，椭圆形眼，身着长袍，双膝着地，双手持握一物，此物前端较细，向下弯曲，中后端较粗，较为平直，几乎与人像等大，张擎、段渝、周志清等认为这与三星堆、金沙遗址祭祀区出土的象牙的平面形态是完全一致的，这个体量庞大、呈弯曲状的器物，应该是一根完整的大象牙。[1] 笔者部分赞同这一观点，原因在于，人像所扛之物尾端开叉呈"V"字形，与三星堆、金沙遗址出土的玉璋的凹弧形射部相似（图3），极有可能是对玉璋射部造型的模仿。故笔者推测人像肩部所扛之物是结合了玉璋造型的象牙。

图 1 四川三星堆遗址出土小型跽坐人像

图 2 四川金沙遗址出土扛象牙人玉器线图

---

[1] 成都文物考古研究所：《金沙——再现辉煌的古蜀王都》，四川人民出版社，2005，第 65 页；张擎：《金沙遗址出土两件文物介绍》，《南方文物》2007 年第 2 期；段渝：《古蜀象牙祭祀考》，载《史前研究》（2006），陕西师范大学出版社，2007；周志清：《成都平原先秦时期出土象牙研究》，《中华文化论坛》2018 年第 7 期。

第三种类型为手持神鸟,人像两臂平伸于身前,双手上下、左右错位呈持物状,作敬奉神鸟之姿。

从目前考古发掘出土的遗物来看,人像与神鸟组合关系最为明确的当属三星堆遗址三号坑内新出土的一件青铜小立人像(图4)。该件立人身躯细长而挺拔,脚着云头鞋,立于方座之上。方颐,粗眉大眼,直鼻,阔口,耳垂上有一穿孔。立人原应佩戴头冠,现残损。身穿长袍,服饰上装饰羽翅纹等纹样。青铜小立人的手部姿态极具特色:手臂粗壮,两手呈抱握状,右手屈臂置于胸侧,左手上举齐颈。双手被不合比例地放大,颇为夸张,视觉上具有强烈的冲击力。在青铜小立人的两手之间,握有一只青铜神鸟,鸟身简化,大致呈"S"形,其上装饰连珠纹,神鸟头部形态完整,圆眼,鸟嘴呈勾喙状,喙部上端生出一窄刀羽翅,头顶有鸟冠。

图3　四川三星堆遗址出土玉璋　　　　图4　四川三星堆遗址出土青铜小立人像

图 5-2　四川三星堆遗址出土青铜兽首冠人像

图 5-1　四川三星堆遗址出土青铜大立人像

图 5-3　四川金沙遗址出土青铜立人像

值得注意的是，三星堆三号坑新出土的这件青铜小立人像也为我们解释青铜大立人等人像手中所持为何物提供了新的思路。

三星堆二号坑出土的青铜大立人像、青铜兽首冠人像以及金沙遗址"梅苑"祭祀区出土的青铜立人像存在诸多相似之处，尤其是其特殊的手部姿势——皆为两臂平伸于胸前，双手上下、左右错位呈持物状姿势。根据发掘报告的描述以及公布的器物照片，将它们的特点大致介绍如下：

三星堆遗址二号坑出土的青铜大立人像（图5-1），发掘报告编号为K2②：149、150。[1] 人像跣足立于一高台之上，整器通高2.6米，人像高1.7米。青铜大立人身着紧袖内服、半臂式外套和裙式下裳，衣物上以兽面纹、龙纹等纹样装饰。人像头戴高冠，脸形方阔，宽眉大眼，鼻翼较宽，阔口紧闭。大耳外张，耳廓有卷云纹装饰，耳垂处各有一穿孔。手腕及脚踝处各戴有三个手镯、足环。右臂上举，左臂平抬，两手硕大，略有错位，握空拳呈圆环状。

三星堆遗址二号坑出土的兽首冠人像（图5-2），发掘报告编号为K2③：264。人像残断，现仅存上半身。人像头戴兽首状冠，冠顶两侧兽耳耸立，中间有一象鼻状的装饰物两臂平伸。面部方阔，长眉大眼，直鼻阔口，耳垂处穿孔但并未贯通。人像身穿对襟衣，腰间系带两周，在腹部打结，节中插觿。衣服上为镂空纹样，前后均为云雷纹，两袖为变形的夔龙纹。两手在前方呈执物状，右手在上，左手在下。[2]

金沙遗址"梅苑"祭祀区出土青铜立人像（图5-3），发掘报告编号为2001CQJC：17。立人身着短袍，头戴一道环形帽圈，13道弧形芒状饰沿着帽环周缘呈反时针旋转，脑后三股发辫，当垂至后背中部时，有一宽带将三股合为一束。椭圆形眼，颧骨高凸，直鼻方颐，两侧的耳垂有穿孔。腰间系带，正面腰带上斜插一物。左臂屈肘于胸前，右臂上举至颈下。双手腕上各有一箍形突起，[3] 与三星堆二号坑出土的青铜大立人像手腕上的手镯相似，推测为立人的手环。

这三件有着相同手势的青铜人像，手中是否持有器物？如有，又为何物？学界围绕青铜大立人像，对此类问题展开了讨论，并在长期的论证中逐渐形成了五种说法：

一为玉璋说。持此论的学者认为，本文所述类型一中手持玉璋的小型跪坐人像（图1）为揭示大立人手握之物提供了线

---

[1] 四川省文物考古研究所编：《三星堆祭祀坑》，第162页。

[2] 四川省文物考古研究所编：《三星堆祭祀坑》，第164、169页。

[3] 朱章义等：《成都金沙遗址Ⅰ区"梅苑"地点发掘一期简报》，《文物》2004年第4期。

索——大立人所持之物为玉璋。[1] 值得注意的是，小型跽坐人像的姿势、服饰等皆与大立人像有明显的不同，说明二者身份有别。象征不同身份的两类人像，手中所持之器也应有所差异以示区别。

二为象牙说。三星堆遗址出土了大量的象牙，说明象牙在古蜀的祭祀活动中扮演着重要角色（图6）。立人两手环握而形成的孔的直径不等（表现为上大下小）、双手位置不在同一条水平线上等特征，都清楚地表明其所执物体应具有一定的粗细变化和曲度。因此，有学者推测握于立人双手的物体可能是一支牙尖朝下的象牙。[2] 但是，发掘者曾试图将遗址中出土的象牙置入立人像两手之间，却因曲度不合而难以实现。

图6 三星堆二号坑交错的象牙

---

[1] 赵殿增：《三星堆祭祀坑文物研究》，载李绍明等主编《三星堆与巴蜀文化》，巴蜀书社，1993，第81—91页。
[2] ［澳］诺埃尔·巴纳德：《对广汉埋葬坑青铜器及其它器物之意义的初步认识》，《南方民族考古》1992年第5辑。

三为玉琮说。"苍璧礼天,黄琮礼地。"玉琮作为早期巫师贯通天地、沟通人神的重要工具,同样发现于三星堆遗址(图7-1、7-2)。故而,部分学者认为在祭祀活动中,大型青铜立人像双手各握一只玉琮,并以此来彰显身份、强化权力(上传天命、下达民意)。[1] 不过,立人双手因持握一物而形成圆环状(图7-3)与玉琮外方内圆的造型并不能完全地契合。

图7-1 四川三星堆遗址出土玉琮

图7-2 四川三星堆遗址出土玉琮

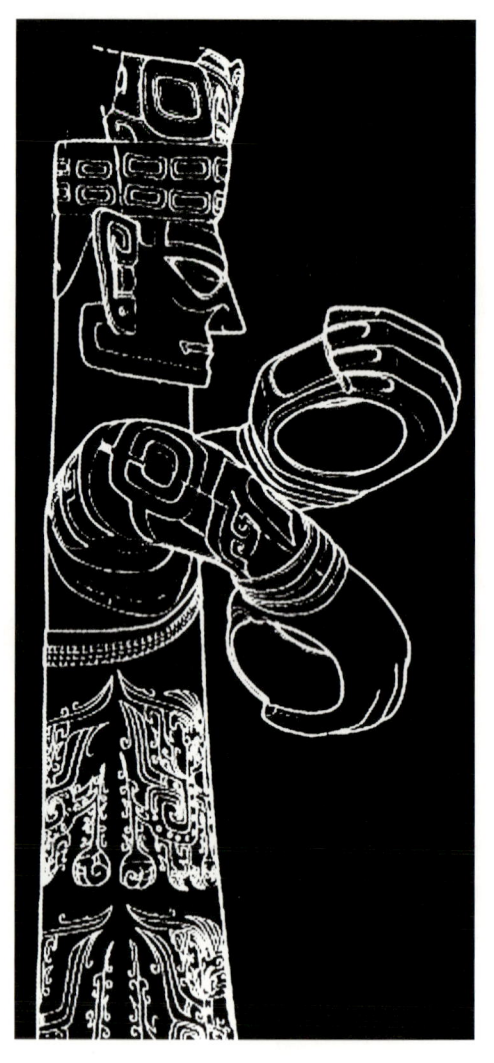

图7-3 立人双手造型

---

[1] 沈仲常:《三星堆二号祭祀坑青铜立人像初记》,《文物》1987年第10期。

四为龙蛇说。三星堆遗址出土有一尊神坛（K2③：296，图8、19），在神坛的中层共铸有四个小型立人，每个立人双手皆持有一物，所执之物损毁尚未复原。李江涛根据其残存的形态（细长且盘曲），以及遗址中发现的大量龙、蛇形器物（或器物残件），推测小立人双手所握之物为龙或蛇，并指出，龙、蛇在三星堆的祭祀活动中作为一种法器或祭品，被巫师握于手中进行使用。[1]

图8 四川三星堆遗址出土神坛局部线图

---

[1] 李江涛：《持蛇而祭——三星堆青铜立人像手持之物考》，《湖北美术学院学报》2015年第1期。

五为手势说。前四种观点均认为大立人像手中原持有一件或数件器物，出于某种原因在出土时与人像脱离。但手势说与之相反，认为青铜大立人手中并未握有实物，大立人手部夸张的造型只是用来表示一种特殊的手势，这是一种以手施法的方式。[1]

由于缺乏直接的实物证据以及相关的文献记载，以青铜大立人像为代表的铜人像双手所持为何物仍然存在争议。三星堆三号器物坑出土的手持神鸟的青铜小立人像为揭示立人双手所持为何物提供了一个有力的佐证——青铜小立人的手部姿态、穿戴特征以及整体气质等方面都与上述三件青铜人像高度相似。因此，笔者推测三星堆、金沙遗址出土的三件两臂平伸位于身前、双手上下左右错位呈执物状的青铜立人像，手中敬奉之物极有可能是青铜神鸟。

二 巫觋集团：持物人像的身份

在对持物人像的身份展开讨论之前，我们需要先对它们的出土地，即三星堆遗址器物坑以及金沙遗址"梅苑"地点的性质进行分析。

过去的三十多年间，包括三星堆遗址发掘者在内的大多数学者，皆主张将三星堆一号、二号坑命名为"祭祀坑"[2]。随着2019年三星堆遗址三号至八号坑重启发掘，不仅出土了二号坑器物的碎片，还发现了建筑遗存——红烧土，"器物埋藏坑"的说法继而也获得了普遍的认同。[3] 这两种说法之间既有交叉，又有区别。共同之处在于研究者都认为三星堆遗址八个坑内出土的凝聚着大量人力与物力的青铜器、玉器等，是一种超乎自然境界的象征与符号。这些器物的设计和使用与古蜀人的原始宗教信仰有关，它们是祭祀活动中重要的礼仪用具。金沙遗址"梅苑"地点的性质也存在争议，目前多认为金沙遗址是继三星堆古城之后，古蜀国的又一个政治、经济、文化中心。[4] 也有少数人持不同的看法，认为金沙遗址是祭典和礼器

---

[1] 陈显丹：《广汉三星堆青铜器研究》，《四川文物》1990年第6期。

[2] 四川省文物管理委员会等：《广汉三星堆遗址一号祭祀坑发掘简报》，《文物》1987年第10期；四川省文物管理委员会：《广汉三星堆二号祭祀坑发掘简报》，《文物》1989年第5期；陈显丹：《三星堆一、二号坑几个问题的研究》，《四川文物》1989年专辑；胡昌钰、蔡革：《鱼凫考——也谈三星堆遗址》，《四川文物》1992年专辑；王燕芳：《四川西部三种文化类型及其相关问题》，载四川省文物考古研究所编《四川考古论文集》，文物出版社，1996，第104—117页。

[3] 唐际根：《"祭祀坑"还是"灭国坑"：三星堆考古背后的观点博弈》，《美成在久》2021年第3期；孙华：《三星堆埋藏坑概说》，《文史知识》2021年第8期；冉宏林：《三星堆考古发现的若干思考》，河南郑州图书馆讲座，2021年10月16日。

[4] 朱章义、张擎、王方：《成都金沙遗址的发现、发掘与意义》，《四川文物》2002年第2期。

制作的加工场。[1] 可以肯定的是，金沙"梅苑"出土的器物同样多服务于古蜀国的祭祀仪式。

"灵衣兮被服，玉佩兮陆离"。手持神鸟的青铜人像穿戴华美、气质威严，极有可能是古蜀国高等级巫师的代表，这一观点已被多数研究者认同，[2] 此不赘述。类型一、二人像的身份尚存争议，依据出土地之性质以及人物形象的特征，学界对此提出三种可能性：其一，古蜀参与祭祀活动的一般社会成员，即广大民众的化身；[3] 其二，"可能是代表不同世代或不同身份的接受祭祀的祖先形象"[4]；其三，古蜀巫师的象征。[5] 笔者更倾向于"巫师说"，并拟从人像身体姿态的角度展开更为深入的探讨，对该观点加以补充。

身体是仪式的核心，在原始宗教仪式中，身体所产生的一系列表情、仪态、姿势以及动作行为等，都具有丰富的象征意义。类型一、二的人像皆表现为跪坐姿势。何为跪坐？中国上古无桌椅，席地而跪是人们最常见的行为习惯之一，所谓跪就是两膝着席，上体耸直，膝盖以上全身成一条直线，跪而两股贴于小腿及足跟称为长跪，也即跽，习称跪坐，突出的是上身挺直（双手扶膝）、正襟而坐，又因跪坐的特点是臀部坐在小腿及脚跟上、臀部以上全身直立，故也被视为端正之坐，即"正坐"[6]。

从考古发现来看，早期的跪坐人像具有鲜明的巫祝文化属性。此类人像最早可追溯至红山文化那斯台遗址出土的石人像（图9-1），[7] 石人双臂弯曲，放置胸前，双手作合掌状，双腿弯曲，小腿着地，臀部紧贴脚后，头部顶有三个叠摞的圆环，面部呈菱形，鼻子为凸出的大三角形，双眼为长梭形，嘴为一长凹槽。李新伟指出，这样严重变形的面部状态，颇似蚕蛹的上部，而双臂和双手的姿态也近似蛹上折合的翅膀，应是表现一位处于如昆虫式转化状态的神巫；[8] 商周时期，跪坐形象的艺术品时常出现，且多与巫觋沟通人神的行为相关。例如，商王武丁配偶妇好墓

---

1 李明斌：《从三星堆到金沙村——成都平原青铜文化研究札记》，《四川文物》2002年第2期；陈显丹：《成都金沙遗址出土文物相关问的讨论》，《中华文化论坛》2003年第4期。

2 沈仲常：《三星堆二号祭祀坑青铜立人像初记》，《文物》1987年第10期。

3 赵殿增：《三星堆文化与巴蜀文明》，江苏教育出版社，2005，第270页。

4 成都文物考古研究所：《走进古蜀都邑金沙村：考古工作都手记》，四川文艺出版社，2004，第45页。

5 四川省文物考古研究所编：《三星堆祭祀坑》，第443页。

6 陈锽：《商周跪坐式雕像"人兽转形"艺术母题探微——兼论古代墨西哥奥尔梅克文明中的相关艺术》，《新美术》2017年第9期。

7 巴林右旗博物馆：《内蒙古巴林右旗那斯台遗址调查》，《考古》1987年第6期。

8 李新伟：《中国史前昆虫"蜕变"和"羽化"信仰新探》，《江汉考古》2021年第2期。

中出土的 M5：371、M5：372 玉人，[1] 体态均为跽坐，双手扶膝，身体略前倾，神情专注肃然，着衣，双臂或两腿处均有长蛇（龙）盘绕（图 9-2、9-3），极有可能是《山海经》一书中所载的"神人操蛇"主题的形象表现。[2] 虎噬人母题[3]的人像也常有跽坐姿态，如大英博物馆藏商代杆头饰，该饰件上部为一跽坐铜人，裸身，双手持鸟（鸡），神情严肃，眼睛圆睁，背后有一虎攫噬其首（图 9-4）。又如 1957 年洛阳小屯村战国墓中出土的两件"伏兽玉人"，人物裸身，头上梳有发髻，脸面为蛋形，鼻梁微隆，口唇立体，双耳卷曲，挺胸，两腿屈曲呈跽坐姿态，双手执虎耳，骑于虎上（图 9-5、9-6）。[4] 如将三星堆一号坑出土的青铜跽坐人像（图 9-7）和青铜虎形器（图 9-8）进行上、下组合，[5] 也可构成一件类似于洛阳"伏兽玉人"的"人驭虎"合体形象（图 9-9）。学界对虎噬人母题的研究已非常充分，[6] 观点虽有差异，但普遍认为该形象与巫术有关。

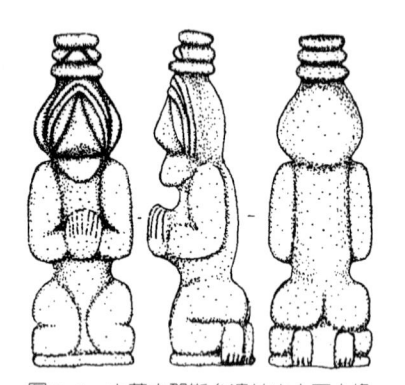

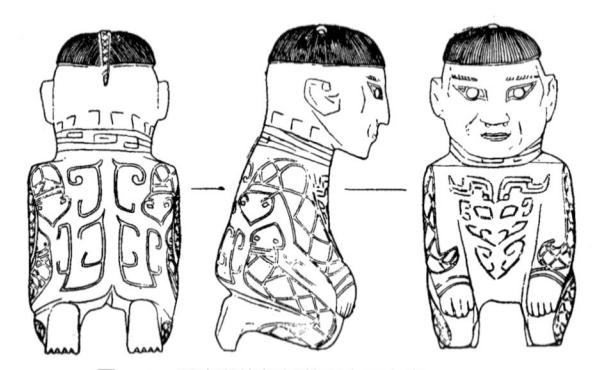

图 9-1　内蒙古那斯台遗址出土石人像

图 9-2　河南殷墟妇好墓出土玉人像 M5：372

1　中国社会科学院考古研究所：《殷墟妇好墓》，文物出版社，1980，第 151 页。

2　韩鼎：《早期"人蛇"主题研究》，《考古》2017 年第 3 期。

3　虎噬人母题，又称"虎食人"或"人虎相抱"母题，也有学者将之称为"人兽母题""巫蹻"，甚至"辟邪"。通常指商周时期出土或传世器物中，有人、人首或与人相关的造型和虎或虎身的某一部分造型组合在一起的图像、浮雕或圆雕。参见练春海《"虎噬人"母题研究》，载《形象史学研究》2015 年下半年，人民出版社，2016，第 30 页。

4　考古研究所洛阳发掘队：《洛阳西郊一号战国墓发掘记》，《考古》1959 年第 12 期。

5　张明华最早对两件器物进行过这样的拼合。参见张明华《良渚兽面为虎纹的又一重要例证》，《中国文物报》1998 年 9 月 9 日。

6　王震中曾对相关研究加以总结，参见王震中《试论商代"虎食人卣"类铜器题材的含义》，载中国文物学会主编《商承祚教授百年诞辰纪念文集》，文物出版社，2003。

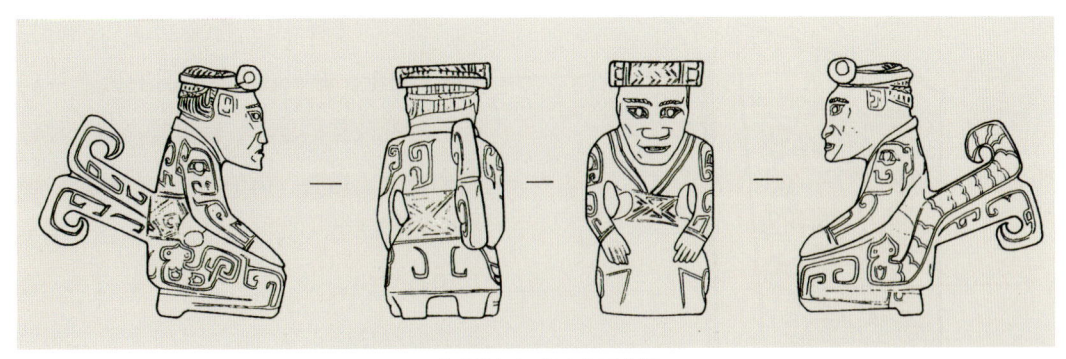

图 9-3 河南殷墟妇好墓出土玉人像 M5：371

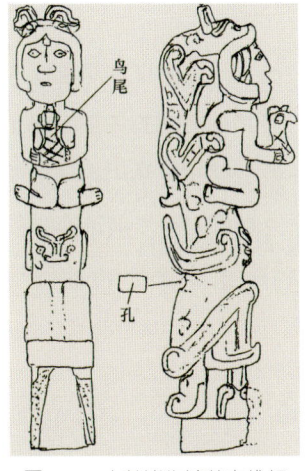

图 9-4 大英博物馆藏商代杆头饰

图 9-5 洛阳小屯村战国墓出土伏兽玉人

图 9-6 洛阳小屯村战国墓出土伏兽玉人

图 9-7 青铜踞坐人像尊

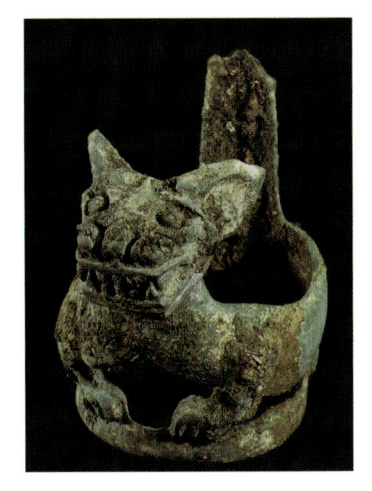

图 9-8 青铜虎形器

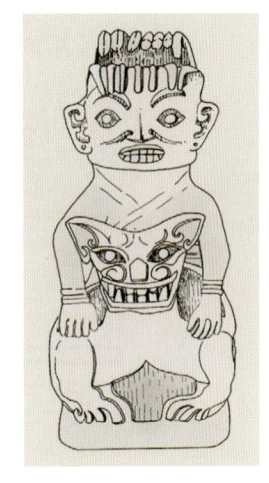

图 9-9 踞坐人与虎形器复原图

此外，《释名·释姿容》也指出："跽，忌也，见所敬忌不敢自安也。"[1] 作为一种礼仪性的动作，跽姿隐含着一种强烈的虔诚、尊敬、惧怕与不安的状态，李济、杨伯峻等人通过考证与跽坐姿势相关的甲骨文的含义，同样认为跽坐为一种表示恭敬与秩序的姿态，[2] 这种姿势反映出的状态与巫师礼敬神灵的心理活动密切相关。

综合上述讨论，不难发现在祭祀仪式中巫觋和跽坐有着某种必然的关联，跽坐很可能是巫师在做法祭祀时常用的一种专属姿势。可见，三星堆与金沙遗址出土的持玉璋、象牙的跽坐人像应为巫师的形象。

三 祭祀工具：所持器物的性质

(一) 崇敬山川

三星堆遗址与金沙遗址出土的玉璋极为丰富，几乎在每一处具有祭祀性质的遗址中均有发现，反映了玉璋被古蜀先民作为一种重要的礼器，频繁地应用于祭祀仪式之中。

根据考古发掘出土的资料来看，象牙同样是古蜀国一类重要的祭祀用品。成都

图10　四川三星堆遗址出土"祭祀图"玉璋线图

---

[1] （汉）刘熙：《释名》卷三，中华书局，1985，第37页。

[2] 张光直、李光谟编：《李济考古学论文选集》，文物出版社，1990，第943—961页；杨伯峻：《论语译注》，中华书局，1980，第107页。

平原早期先民使用象牙的传统远出现在三星堆器物坑时代之前。1997年，考古人员在三星堆仁胜村墓地[1]所在区域取土时挖出一根象牙，四川省文物考古研究所的研究人员认为此象牙应为墓葬内的随葬物。在随后对仁胜村墓葬区进行抢救性发掘的过程中，发掘者在M10、M21、M29等多个墓葬内都发现了数段象牙或腐烂的象牙痕迹。[2]与成都平原已发掘的同期墓葬相比，仁胜村土坑墓表现出较为特殊的埋藏现象——"人骨或零乱不全，或严重腐朽，仅存模糊的朽痕，甚至残存的人骨陷入墓底夯面中，人骨与墓坑同时被夯砸的迹象十分明显"。发掘人员指出这种对人骨的特殊处理方式，可能和某种宗教礼仪活动有一定关系。象牙从此成为成都平原地区一类具有礼仪性质的物品（未来也不排除还有更早的象牙或象牙制品发现）。[3]

商周时期，古蜀先民开始大量使用象牙及象牙制品。成都平原发掘出土的象牙及象牙制品集中分布于三星堆器物坑、金沙遗址祭祀区等与祭祀活动相关的遗存之中。例如，三星堆遗址二号坑器物层的上部堆置了大量的象牙；[4]三星堆遗址三号、四号、七号坑最上端的堆积物同样主要由象牙组成；[5]金沙一号祭祀遗迹埋藏大量器物，其中下层为青铜器及玉石器，上层则堆积大量完整的象牙；[6]金沙六十五号祭祀遗迹以大量未加工的象牙交错叠放为主，象牙缝中杂有少量的玉、石、铜器。[7]象牙及象牙制品在古蜀地区祭祀遗存中的大量发现，以及金沙遗址出土的平行四边形玉璋上记录的四组巫师肩扛象牙的画面，都体现出象牙在古蜀国的祭祀仪式中占有极其重要的地位。

玉璋与象牙作为礼仪用品在古蜀国的祭祀遗存中大量出现，那么，巫师双手敬奉玉璋或肩扛象牙时的主要祭祀对象是什么？

三星堆二号坑出土了一枚玉璋，其上雕刻大量图案，被称之为"祭祀图"玉璋（K2③：201-4）。[8]该玉璋呈扁薄长条形片状，两面纹饰相同，图案分前、后两幅对称。每幅图案以带状云雷纹分隔为上下两段，均以人居上，其下为山，人山

---

[1] 发掘者推测三星堆遗址仁胜村墓葬的年代上限应相当于三星堆遗址一期后段，下限在三星堆遗址二期前段，大致相当于二里头文化二期至四期的年代范围，明显早于三星堆器物坑的年代。参见四川省文物考古研究所三星堆遗址工作站《四川广汉市三星堆遗址仁胜村土坑墓》，《考古》2004年第10期。

[2] 四川省文物考古研究所三星堆遗址工作站：《四川广汉市三星堆遗址仁胜村土坑墓》，《考古》2004年第10期。

[3] 于孟洲、李潇檬：《也谈三星堆遗址的"祭祀遗存"》，《四川文物》2022年第6期。

[4] 四川省文物考古研究所：《三星堆祭祀坑》，第158页。

[5] 冉宏林：《三星堆遗址祭祀区考古发掘阶段性工作进展及主要成果》，中国社会科学网，2022年7月1日。

[6] 成都文物考古研究所：《金沙——21世纪中国考古新发现》，五洲传播出版社，2005，第15页。

[7] 周志清：《成都平原先秦时期出土象牙研究》，《中华文化论坛》2018年第7期。

[8] 四川省文物考古研究所编：《三星堆祭祀坑》，第358页。

之间用平行线分隔，两山为一组。下段山上有云气纹和"☉"形符号，两山之间悬有一弯钩状物，应为象牙，外侧各立一叉形刃璋。山上有三人，戴穹窿形帽，两环相套耳饰，着无袖衫与短裙，双手揖于腹前。上段两山外侧有两手握拳按捺于山腰，两山之间为船形符号。前幅上段山上站立三人，后幅上段因处在较窄的邸部只容二人，戴平顶冠，铃形耳饰，着无袖衫、短裙，双手揖于腹前（图10）。[1]

显而易见，玉璋上以人、山为主体的纹饰是有关山川祭祀场景的记录，那么，神山两侧插埋的玉璋、两山之间悬置的象牙，则作为巫师在祭祀山川时使用的一类重要礼器。巫觋为何选择将玉璋与象牙作为神山祭祀之物呢？笔者认为，这应与二者在古蜀人信仰中的意义相关。

图 11-1　四川三星堆月亮湾出土玉璋　　图 11-2　四川金沙遗址出土玉璋　　图 12-1　四川三星堆遗址出土玉璋　　图 12-2　四川金沙遗址出土玉璋

1　四川省文物考古研究所编：《三星堆祭祀坑》，第 258 页。

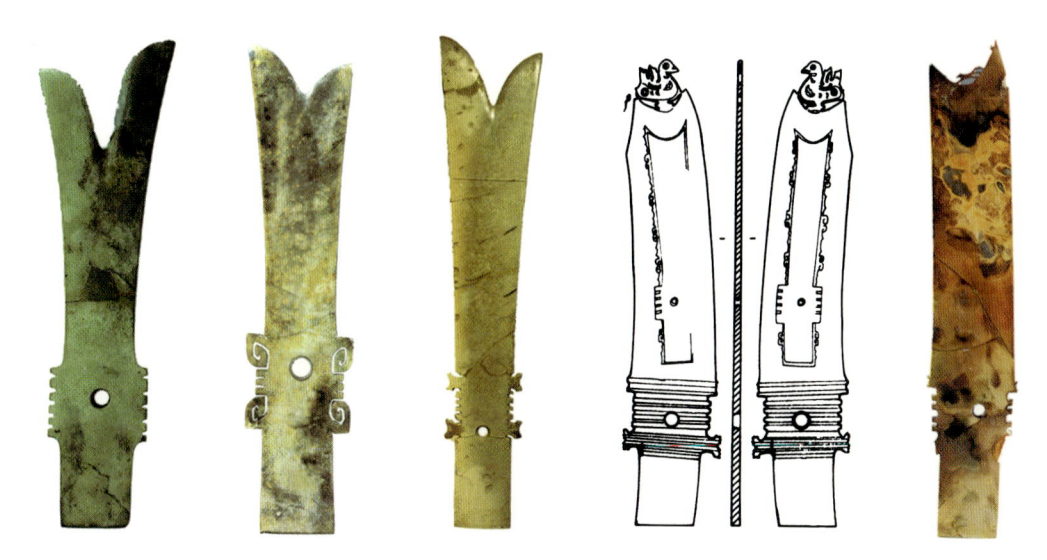

图 13-1 四川三星堆遗址出土玉璋　图 13-2 四川三星堆遗址出土玉璋　图 13-3 四川三星堆遗址出土玉璋　图 13-4 四川三星堆遗址出土戈形玉璋　图 13-5 四川金沙遗址出土玉璋

　　首先是玉璋。"玉璋，最初起源于山东龙山文化，发达于中原二里头文化。此后，玉璋也不断地向周边地区扩展并逐渐盛行。"[1] 三星堆遗址与金沙遗址出土的玉璋数量庞大、种类繁多，朱乃诚依据出土玉璋的形制特征，将其划分为三种类型；[2] 其中，第一、二种类型的玉璋形制都与二里头遗址出土玉璋的形制特征非常接近，如早年在月亮湾发现的玉璋（图11-1）[3]、金沙2001CQJC：955玉璋（图11-2）[4]，以及三星堆K1：01玉璋（图12-1）[5] 与金沙2001CQJC：136玉璋[6]（图12-2）等，此类玉璋或是直接由二里头文化分布区域内流转而来，或是古蜀先民依据二里头文化玉璋的样式制作而成的仿制品；第三种类型则是具有三星堆文化特色的玉璋，如三星堆K1：275玉璋（图13-1）、K2③：202-2玉璋（图13-2）、K2③：167玉璋（图13-3）、K1：

1　曹玮、秦小丽：《三星堆文化与中原夏商文化的关系》，载宋镇豪、肖先进主编《纪念三星堆遗址发现70周年暨殷商文明国际学术研讨会论文集》，社会科学文献出版社，2000，第137页。
2　朱乃诚：《三星堆祭祀坑出土"祭祀图"牙璋考》，《四川文物》2017年第6期。
3　陈德安：《试论三星堆玉璋的种类、渊源及其宗教意义》，载香港中文大学中国考古艺术研究中心《南中国及邻近地区古文化研究》，香港中文大学出版社，1994，图版13-1。
4　成都文物考古研究所：《金沙玉器》，科学出版社，2006，第64页。
5　四川省文物考古研究所编：《三星堆祭祀坑》，第530页。
6　成都文物考古研究所：《金沙玉器》，第65页。

235-5 戈形玉璋（图13-4）[1]以及金沙2001CQJC：141玉璋[2]（图13-5）等。"三星堆文化玉璋形制的这些特色表明，在三星堆文化中，玉璋的兴盛是在二里头文化玉璋的传播与影响下发展起来的。"[3]《周礼》记载了早期中原地区的礼乐制度，其中有两则关于玉璋功用的描述，首先见于《周礼·春官·典瑞》："璋邸射，以祀山川。"[4]另一则载于《周礼·冬官·考工记下》："璋邸射素功，以祀山川，以致稍饩。"[5]由此可知，中原一带的玉璋同样具有祭祀山川的功能。古蜀与夏商用璋祭祀的制度与含义应是相通的，这表明，器物的流通往往伴随着观念与制度的互动——三星堆遗址出土的玉璋不仅在形制、规格上借鉴夏商王朝的相关器物，在器物性质、具体使用的规范，乃至意识观念等方面也可在夏商文明中找寻到源头，反映了夏商文明的强势辐射。

再者是象牙。象牙与玉器对用的现象在早期文明中十分常见，这在古代文献中常有记载，《离骚》有云："杂瑶象以为车。"其中，瑶即为瑶玉，象，则是象牙；《诗经·鄘风·君子偕老》记载："玉之瑱也，象之揥也。"福柯在《词与物》中谈到，早期的巫术时代，人们认识世界的方式与当今十分不同，原始先民的认知结构距离我们已相去甚远，他们重视物的相似性秩序，而非物与物之间的同一与差异。[6]也就是说，早期先民建构认知、指挥行为的方式在很大程度上是依赖相似性的原则进行的。这为我们思考象牙与玉璋结合的原因提供了一个新的角度——象牙的色泽、质感皆与玉石相近，视觉呈现的相似或许造成了象牙与玉璋在使用上的同等对待。类似的处理方式在古蜀文明中并不罕见，如三星堆遗址出土的双面鸟头纽（86GS111T1213⑧C），其眼睛就体现了与太阳的结合：鸟的眼眶为圆形，以阴线表现，眼珠内陷，眼睛四周均以短线纹装饰，当为太阳的形象化呈现（图14）。二者搭配的关键之处就在于鸟的眼睛与太阳之间存在诸多共同之处，如形态皆为圆形、皆能产生视觉的明暗变化等。由此，笔者推测，或许出于象牙与玉璋在某些方面的相似，所以在山川祭祀的场合中，古蜀先民选择将此二者配合使用，作为祭祀山川之礼器。

1　四川省文物考古研究所：《三星堆祭祀坑》，第69、363、366、81页。

2　成都文物考古研究所：《金沙玉器》，第68页。

3　朱乃诚：《三星堆祭祀坑出土"祭祀图"牙璋考》，《四川文物》2017年第6期。

4　（汉）郑玄注，（唐）贾公彦疏：《周礼正义》，载（清）阮元校刻《十三经注疏》，中华书局，1980，第777、778页。

5　（汉）郑玄注，（唐）贾公彦疏：《周礼正义》，载（清）阮元校刻《十三经注疏》，第923页。

6　参见徐良《作为隐喻的身体——论原始思维中相似性体系的一个支点》，硕士学位论文，厦门大学，2008，第5页。

图 14　四川三星堆遗址出土双面鸟头纽

在早期的文化遗址中发现有不少象牙遗存。例如浙江河姆渡遗址出土的象牙残片，残片的中心钻有小圆窝，以此为圆心，外刻同心圆纹五周，圆外上部刻"火焰"纹，两侧各刻对称的回头望顾的鹰嘴形鸟各一个（图15-1）；[1] 又如河南安阳妇好墓出土的三件象牙杯，通体雕刻，花纹繁缛，因料造型，极具巧思（图15-2）。[2] 不论是长江流域的河姆渡文明，还是黄河流域的殷商文明，象牙皆被视为一种珍贵的材料进行人为加工，从

[1] 浙江省文物考古研究所：《河姆渡：新石器时代遗址考古发掘报告》，文物出版社，2003，第284页。
[2] 中国社会科学院考古研究所：《殷墟妇好墓》，文物出版社，1980，第215—218页。

而成为供国家或族群的上层阶级使用的礼器、生活用具或随葬品等。而在三星堆遗址与金沙遗址,除了少量的象牙珠串等装饰品之外,大多数被应用于祭祀仪式的象牙往往未经雕琢、保持着最原始的形态(图6)。这是为何?

这种情况最容易联想到的解释就是囿于原料的短缺或技术的限制,然而事实并非如此。相较于其他地区,古蜀先民获取象牙更具优势。关于古蜀地区象牙的来源,有外来说与本土说两种说法。持外来说的学者推测古蜀的象牙有可能源自南亚地区。[1] 数量如此之多、体积与重量如此之大的象牙如果是源自域外,那么运输将是一个极大的难题。认为象牙自本土采集则有相当多的证据支持:第一,古蜀时期长江流域的温度和湿度与今淮南地区相当,有大象的生存并不稀奇。[2] 第二,文献中有不少记载,都明确指出古蜀之地多象群。如《山海经·中山经》:"又东北三百里,曰岷山。江水出焉,东北流注于海,其中多良龟,多鼍。其上多金玉,其下多白珉。其木多梅棠,其兽多犀、象,多夔牛,其鸟多翰、鷩。"[3]《国语·楚语上》:"巴浦之犀、氂、兕、象,其可尽乎。"[4] 第三,三星堆一号、二号坑中出土的部分器物还融合了大象的形象,例如前文提及的兽首冠人像,其头冠顶部向上卷曲的造型,以及立人像底座的四个支撑物,就与象鼻上扬卷起的形态极为相似(图16-1、16-2)。此类器物的样式设计显然离不开对于大象形象的细致观察。因此,早期的蜀地很可能生活着大量的象群,从而为古蜀先民了解大象的形态、生活习性,采集象牙提供了便利的条件。此外,三星堆与金沙遗址出土的大量制作精美的青铜器、金器、玉器等,都说明古蜀国的工艺技术是极为发达的,象牙器的制作对其而言显然并非难事。将未经雕琢的完整象牙用于祭祀场所,是原料充足、技术完备的情况下古蜀先民的自主选择。

图15-1 河姆渡遗址出土蝶(鸟)形器

---

[1] 段渝:《古代巴蜀与南亚和近东的经济文化交流》,《社会科学研究》1993年第3期;颜信:《南方丝绸之路与古蜀对外关系探究》,硕士学位论文,四川师范大学,2011;汤洪:《古代巴蜀与南亚的文化互动与融合》,中华书局,2020。

[2] 江玉祥:《广汉三星堆遗址出土的象牙》,载李绍明、林向、赵殿增主编《三星堆与巴蜀文化》,巴蜀书社,1993,第198—204页;黄剑华:《金沙遗址出土象牙的由来》,《成都理工大学学报》(社会科学版)2004年第3期;付顺等:《成都金沙遗址区古环境初步研究》,《江汉考古》2006年第1期。

[3] 袁珂校注:《山海经校注》卷五《中山经》,上海古籍出版社,1980,第156页。

[4] 徐元诰:《国语集解》,中华书局,2002,第505页。

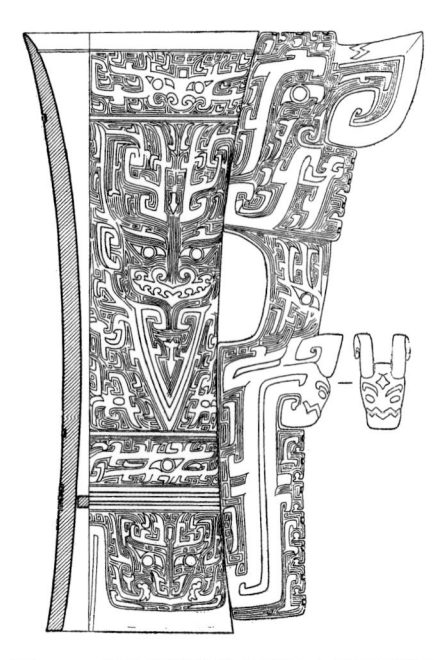

图 15-2　河南安阳殷墟妇好墓出土象牙杯线图

笔者认为，古蜀盛行獠牙崇拜或为关键原因。象牙大量出现于三星堆文明时期以及金沙文明的第一、二阶段，[1] 金沙第三阶段，象牙数量骤减。[2] 这一转变或许与气候变化有关，对金沙遗址祭祀区进行的古环境研究则进一步表明，距今 4200 年以前整体处于温暖、湿润的古气候与古环境演变中，在第 16—10 层出现了一段时间的持续干旱，后期湿润度增加后，在第 9 层又突然出现一段时间的快速干旱，[3] 或反映出十二桥文化时期成都平原曾有一段干湿波动的古气候与古环境变化，很可能正是这一变化造成十二桥遗址群多个地点出现了洪积冲刷的二次堆积。而这种气候与环境的突变也很有可能影响到野生动物的生存，尤其是亚洲象的生存空间，造成大象继续由北向南迁移古人获取象牙难度增加，因此，金沙遗址祭祀区的祭祀活动在进入到第三阶段，其使用的象牙数量锐减。[4] 而在象牙数量减少的同时，野猪犬齿、[5] 虎牙的数量剧增，成为祭祀活动中象牙的替代品。进入古蜀祭祀体系的亚洲象、野猪与老虎，其共性在于皆为野生动物的雄性个体，[6] 而牙齿则是它们彰显力量、攻防厮杀时最重要的"武器"。可知，对于象牙的获取与使用，是古蜀先民獠牙崇拜驱使下的结果——出于对野生动物尤其是雄性动物的力量的渴求，古蜀人选择将以象牙为代表的獠牙保持原貌，用于祭祀活动，甚至还将其作为展示神性的元素，塑造于神面之上（图 17）。[7]

---

[1] 1986 年发掘的三星堆一号、二号器物坑中共出土了 80 余根完整的象牙以及 120 颗象牙珠等。自 2001 年以来，古蜀国的另一处遗址——金沙遗址也发现了近千根完整的象牙。

[2] 成都文物考古研究所编著：《金沙——21 世纪中国考古新发现》，第 12—16 页。

[3] 付顺：《古蜀区域环境演变与古蜀文化关系研究》，博士学位论文，成都理工大学，2006，第 64—68 页。

[4] 何锟宇、郑漫丽：《金沙遗址祭祀区动物遗存所见祭祀活动》，《中华文化论坛》2022 年第 1 期。

[5] 家猪的獠牙很短，而且生出来时须剪掉，不然仔猪吃奶时会咬伤母猪乳头。

[6] 雌雄獠牙长短不同，一般雄性獠牙长出体外，更显张扬神威。

[7] 三星堆八号坑出土了一件佩戴面具的鸟足曲身顶尊神像，该神像佩戴的面具极为特殊，显露着龇出的獠牙，獠牙上下各一对，既尖且长，狰狞之态跃然眼前，成为体现神性的重要元素。

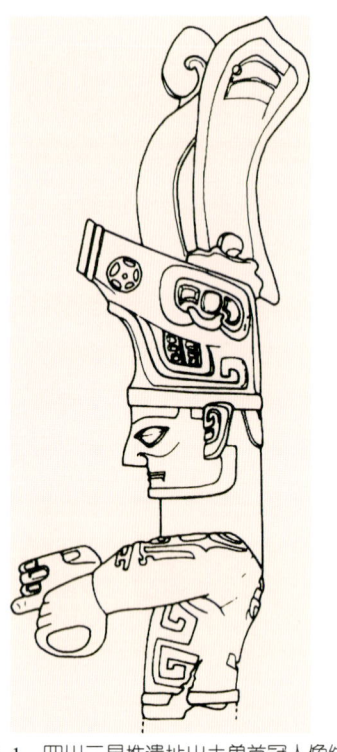

图 16-1　四川三星堆遗址出土兽首冠人像线图

图 16-2　四川三星堆遗址出土大立人像底座

图 17　四川三星堆遗址出土鸟足曲身顶尊神像及细部

（二）沟通天神

巫觋为何选择操持鸟这种动物呢？我们可以根据与鸟相关的遗物进行大致的推测。

首先，神鸟与祖神的世界相关，这体现在两个方面。第一，鸟与祖神的"居所"相关。三星堆遗址出土了三尊青铜纵目面具，这三尊面具，眼珠纵凸，双耳伸展，鼻梁高挺，额中饰有夔龙形额饰，这种设计明显带有超人的神性色彩，是祭祀仪式中被礼拜的对象（图18-1）。"蜀侯蚕丛，其目纵，始称王。"根据常璩对于蜀王蚕丛的描绘，大多数学者认为，这三尊纵目面具代表了古蜀始祖蚕丛的形象。[1] 面具的制作细节暗示了它在宗教仪式中的摆放位置以及使用方式。这三尊纵目面具的背面均为瓦形，且表面较为粗糙，未经仔细打磨；在其方额及下颌的两侧，均对称分布方孔一组，表明此类青铜面具使用时应悬挂在柱形物上。此外，面具铸造的细节部位有些毛糙，两侧用于悬挂的方孔边缘亦不平整，甚至方孔四周还残留凿刻的痕迹（图18-2）。造成这种情形的原因可能是：（1）制作者的技术不够娴熟。这一假设不大合理，因为三星堆遗址出土的青铜人头像，其耳垂处的耳洞就处理得圆润光滑（图18-3）；甚至尺幅如手掌大小的青铜跪坐人像，其五官与身体部位也塑造得极为细致（图18-4）；（2）制作者有意为之。这一原因实际上与面具在宗教仪式中所处的位置有关——这些面具悬挂于高处，与祭祀者（及其他可能见到它们的人）之间的距离较远，面具的细微瑕疵可以忽略不计。三尊青铜面具硕大的体型不仅是为了表现其地位的崇高，还与"身处高位"有关，这揭示了在古蜀人的思维认知中，面具所代表的祖神的"居所"——位于难以触及的高空之中，与"天"的概念相关。[2] 从三星堆遗址出土的器物来看，神鸟往往与"天"的世界表现出密切的关联，其中，最为典型的当属青铜神坛（图8、19）。青铜神坛自上而下竖向垂直展开的时空序列依次是天界、人界、地界，即所谓"三界"[3]，在神坛的顶部，也就是天界的方斗形建筑的四维，分别装饰了一只立鸟，双翅上扬，其势欲飞。第二，鸟与祭祀礼器相关。青铜尊、罍是古蜀文明中极为典型的祭祀礼器，饕餮纹作为青铜尊、罍器身上最重要的纹饰，在其身部出现了许多装饰性的羽化图案（图20-1、20-2）；且部分尊、罍的肩部（如K2②：79、

---

[1] 赵殿增：《三星堆文化与古蜀文明》，江苏教育出版社，2005，第305—314页；李社教：《祖先崇拜与三星堆文化造型艺术的张扬之美》，《武汉理工大学学报》（社会科学版）2009年第1期；吴豪夫：《三星堆文化青铜器研究》，硕士学位论文，江西师范大学，2015。

[2] 三星堆遗址出土的青铜神坛以上、中、下三层之设置，与天、人、地三界相对应，表现出时空认知及宗教意识。可知，在三星堆文明时期，古蜀先民已经形成了天、人、地三界的宇宙观念。

[3] 樊一、吴维羲：《三星堆神坛考》，《四川文物》2003年第2期。

K2②：88），也多饰有片状立鸟（图20-3、20-4）。一号、二号坑出土的尊、罍内部多盛放玉器、海贝等，[1] 由此推测青铜尊、罍并非酒器，而是玉、贝等珍品的贮存器。尊罍所储之物玉、贝等同样发现于大型青铜面具的鼻腔内。[2] 结合三星堆遗址出土的铜喇叭座顶尊人像（图21-1）以及新出土的神坛中心的背罍人像等（图21-2），我们推测，巫觋以顶尊或背罍的形式，将礼器内放置的珍贵物品献祭以大型青铜面具为代表的祖神。[3] 可以设想，当立鸟或鸟纹出现在礼器上，它就象征性地参与了祭祀仪式，巫师顶、背这些装饰有神鸟的礼器进行祭祀活动时，与神巫操持神鸟也具有某些观念上的相似性。

其次，神鸟能够穿梭天地。神鸟飞翔的能力被古蜀先民关注并强调，或许是常常看见鸟扇动翅膀，以灵动的姿影翻飞于空中，以高空的视角和宽广的视野俯瞰大地，早期先民便想当然地认为鸟具有往来于天地的超自然能力。这样的意识投射在古蜀艺术中，便出现了对鸟飞翔能力的来源——羽翅元素的特殊强调。如铜龙的身体两侧往往表现出一对鸟的翅膀（图22-1），铜蛇的头顶或背脊上也常以抽象化的刀形羽翅装饰（图22-2）；三星堆器物坑中还有许多强调鸟之羽翅、尾翅的简化鸟形器物，以及羽形残件，此类饰件或有穿孔，或残断，原应为铜器上的装饰（图22-3、22-4）。羽翅元素在古蜀艺术中被不断地重组，创造出不符合现实的新生物，而选择它们作为重组的材料，正是基于对鸟飞翔能力，即自由往来于天地两界的认识。

"天"是祖神的"居所"，礼器是祭祀祖神的物质载体，神鸟广泛地出现在这些与祖神的世界相关的器物上，证明神鸟与祖神的世界关系密切。而古蜀先民基于对鸟类飞翔于空中的观察与认识，可能认为鸟有跨越天地界限的能力。神鸟一方面与祖神的世界相关，另一方面能够上下于天。"如果我们要想在两者（神圣领域与凡俗领域）之间建立这种微妙的运作关系……必须求助于某种或多或少有些复杂的仪式。"[4] 结合巫觋的身份和鸟在祭祀仪式中的意义，巫师手持神鸟的形象可理解为：巫觋操持鸟这类能够穿越天地界限的动物，在祭祀仪式中沟通祖神。[5]

1 　四川省文物考古研究所：《三星堆祭祀坑》，第33页。
2 　新华社：《三星堆青铜大面具鼻腔发现大量海贝》，新华网，2021年9月10日。
3 　乔丹：《三星堆祭祀坑出土青铜尊、罍的使用方法》，《四川文物》2019年第5期；韩鼎：《关于三星堆新出"鸟足曲身顶尊神像"的几点看法》，中国社会科学网，2022年7月1日。
4 　[法] 爱弥尔·涂尔干：《宗教生活的基本形式》，渠东、汲喆译，上海人民出版社，2006，第43—47页。
5 　张光直指出，被视为大地之柱的神山与神树、巫术活动的仪式与法器、帮助巫师进入迷魂状态的饮食舞乐以及具备人类所欠缺的能力的动物等，皆可以作为中国古代巫师通天的工具或手段。古蜀文明中，神鸟同样作为巫师的助手，帮助巫觋完成祭祀活动。参见张光直《青铜挥麈》，上海文艺出版社，2000，第316—318页。

图 18-1　四川三星堆遗址出土青铜纵目面具

图 18-2　青铜纵目面具局部

图 18-3　四川三星堆遗址出土人头像局部

图 18-4　四川三星堆遗址出土小跪坐人像

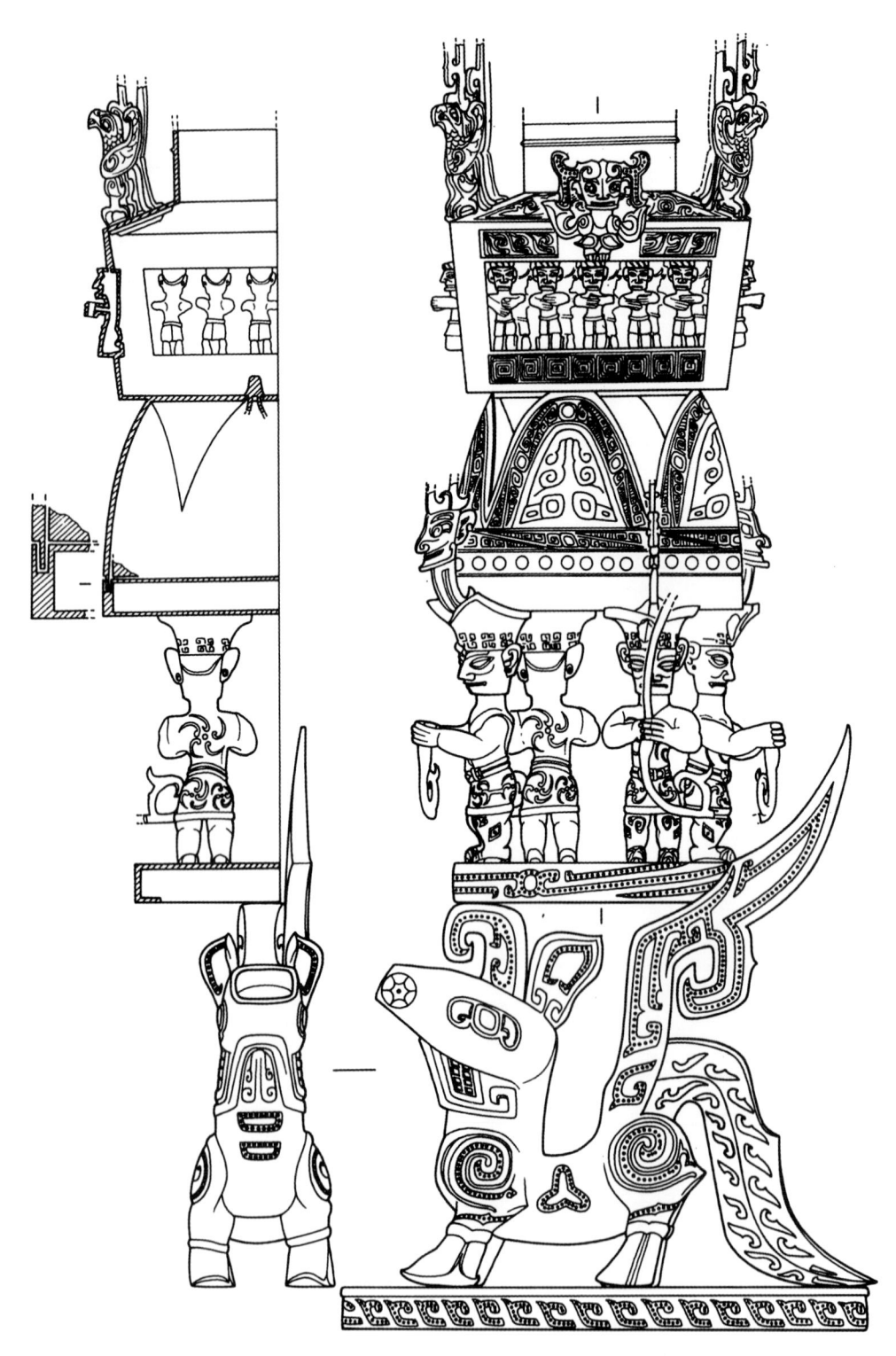

图 19　四川三星堆遗址出土青铜神坛线图

图 20-1　四川三星堆遗址出土铜尊腹部拓片

图 20-2　四川三星堆遗址出土铜罍腹部拓片 　　图 20-3　四川三星堆遗址出土铜尊 　　图 20-4　四川三星堆遗址出土铜罍

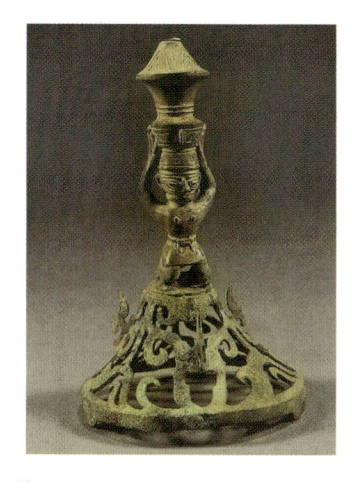

图 21-1　四川三星堆遗址出土铜喇叭座顶尊人像 　　图 21-2　四川三星堆遗址出土神坛局部

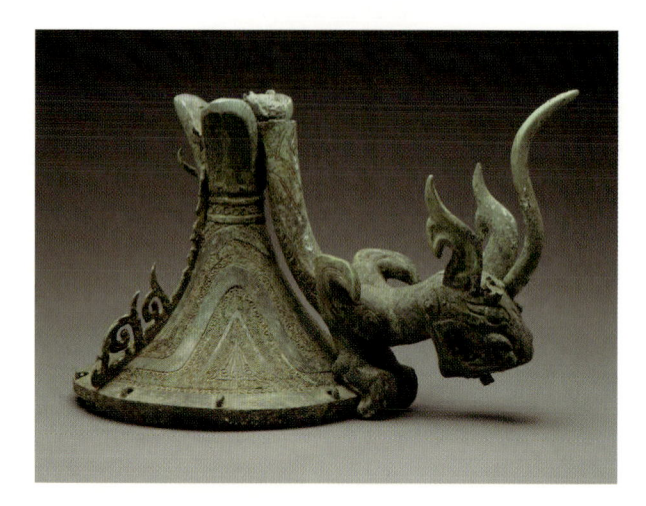

图 22-1　四川三星堆遗址出土青铜器盖

图 22-2　四川三星堆遗址出土铜蛇（残件）

图 22-3　四川三星堆遗址出土铜鸟形饰

图 22-4　四川三星堆遗址出土铜羽形饰

四　等级与秩序：古蜀国的祭祀特点

巫觋之中有分工，《国语·楚语下》有云：

> 古者民神不杂。民之精爽不携贰者，而又能齐肃衷正，其智能上下比义，其圣能光远宣朗，其明能光照之，其聪能听彻之，如是则神明降之。在男曰觋，在女曰巫。是使制神之处位次主，而为之牲器时服，而后使先圣之后之有光烈，而能知山川之号、高祖之主、宗庙之事、昭穆之世、齐敬之勤、礼节之宜、威仪之则、容貌之崇、忠信之质、禋絜之服，而敬恭明神者，以为之祝。使名姓之后，能知四时之生、牺牲之物、玉帛之类、采服之仪、彝器之量、次主之度、屏摄之位、坛场之所、上下之神祇、氏姓之所出，而心率旧典者为之宗。于是乎，有天地神民类物之官，是谓五官，各司其序，不相乱也。[1]

大致而言，主持仪式者称为"祝"，管理仪式者称为"宗"。

古蜀文明是否也形成了这样一套"祝""宗"结合的巫祭集团，尚不能证实。不过，通过以上对于持物人身份以及祭祀工具用途的讨论，我们发现，在古蜀国的祭祀仪式中，巫师集团确实存在明确的等级与职能之分，这种等级与职能的分工，实则与等级化的神祇体系相对应。"天子然后祭天地，诸侯然后祭山川；高卑上下，各有分限。"[2] 部分呈跪式体姿的巫师装束简单，明显为地位相对较低的一类巫师，持玉璋、象牙以祭祀山川（群神）；而以青铜大立人像为代表的巫师，衣冠华美、体量较大，应为高等级巫师，是天神的沟通主体：手持神鸟，通天绝地，从而"下宣神旨，上达民情"。可见，古蜀国不同等级与职位的巫师分别负责与不同级别的神祇之间进行对话是以等级化的方式被约束的。

"国之大事，在祀与戎"。在以宗教治国的社会中，祭祀作古蜀国一项重要的仪式，它的意义不仅仅在于反映了人类社会试图与超验力量之间展开沟通的一种努力，也不仅仅在于传达了族群的原始信仰与追求，还隐含着一种更为重要的现实意义——通过规定祭祀活动中所涉及的巫师职能、祭祀神祇、所用祭器等方面的等级差别，来明确统治阶级的权力及其内部的等级秩序，并通过反复进行的祭祀仪式，不断地合法化、强化这种权力与秩序。古蜀国的祭祀活动实则是一场统治者权力赋

---

[1] 徐元诰：《国语集解》，中华书局，2002，第512—514页。

[2] （宋）蔡沈：《新刊四书五经·书经集传》，中国书店，1994，第203页。

值的政治表演。

结 语

本文在梳理、归纳三星堆遗址、金沙遗址出土的持物人像类型的基础上，对各类人像所象征的身份、手持之物的功用及其反映出的古蜀地区的祭祀特点进行了讨论，结论分述如下。

其一为手持玉璋型。人像跽坐，双手相握于胸前，敬奉玉璋，反映了巫师以玉璋为礼器，祭祀山川的形态。古蜀地区出土的玉璋在形式与使用方式上都与夏商文明呈现出较强的相似性，这实则与商人意识形态的扩张相关——古蜀先民在祭祀场合中大量使用玉璋，不只是模仿中原地区的审美风尚，同时也选择性地接纳了器物背后所体现的信仰系统。

其二为手持象牙型。人像跽坐，双手持象牙，并将其扛于肩部。在古蜀国，象牙与玉璋相配，共同服务于山川祭祀，这与古蜀先民重视物与物相似性秩序的认知结构相关：象牙的色泽、质感皆与玉石相近，视觉呈现的相似或许造成了象牙与玉璋在使用上的同等对待。而象牙未经加工、以原始形态进行使用的行为，应基于古蜀先民的獠牙崇拜，即对野生动物尤其是雄性动物的力量的渴求。

其三为手持神鸟型。人像衣冠华美，两臂平伸于身前，双手上下、左右错位呈持物状姿势，双手之间可能握有一只抽象形态的神鸟。人像手持神鸟反映了巫觋操鸟作法的形态，表达了巫觋借助神鸟的力量（尤其是穿越天地界限的力量）沟通人神、祖先的意义。

"巫觋之中有分工"，古蜀国巫觋集团存在明确的等级与职能之分：部分呈跽式体姿的巫师作为古蜀国地位较低的巫师祭祀山川（群神）；以青铜大立人像为代表的高等级巫师则手持神鸟，获得穿梭天地的能力，成为天地（祖神）的沟通主体。古蜀遗址出土的此类人像不仅传达了古蜀先民复杂的观念与信仰体系，还包含着更为关键的现实价值——通过明确祭祀仪式中所涉及的巫师（祭祀人员）、神祇（祭祀对象）、祭器（祭祀工具）的等级规定，从而合法化、强化统治阶层的权力及内部等级体系。

从桎梏到枷锁
——汉唐间拘束刑具的变迁

■ 刘可维（南京师范大学文物与博物馆学系）

在现代汉语中，"桎梏"与"枷锁"常指代"拘束"或"禁锢"之意。这种用法源自桎梏与枷锁曾长期作为拘束犯人的刑具。其中桎、梏分别用于拘束人体的足部与腕部。《周礼》已记载有关制度，汉魏晋南朝之际桎梏类刑具又进一步获得更为广泛的应用。与此相对，枷、锁用于拘束人体的颈部，二者最早于北魏前期编定的《狱官令》中被确立为国家的法定刑具，此后的北齐、北周，以及隋唐均大体继承了北魏有关枷、锁的制度。除文献记载外，汉代画像石、唐代敦煌文书、石窟壁画等资料展现了汉唐间桎梏类与枷锁类刑具的使用情况，为探讨各类刑具形制的变迁提供了图像上的依据。

作为法制史研究中的重要组成部分，历代学者非常关注汉唐间的刑具、刑罚制度。[1] 不过，此前的研究普遍未能关注十六国北朝之际枷锁的骤然登场与广泛应用，特别是在此背景下形成的枷锁类刑具迅速代替桎梏类刑具的现象。从桎梏向枷锁的转变，不仅是刑具类型上的简单变换，其蕴含着中国古代刑狱制度经历的深刻变革。基于相关研究所具有的重要意义，本文将结合图像史料，梳理汉唐间不同时期法定刑具的种类，考察枷锁的特殊

---

1 沈家本著《刑具考》较为全面地收录了有关历代刑具的基础史料，阐明了桎、梏、枷、锁的基本功能，参见沈家本《历代刑法考》，中华书局，1985，第1193—1198、1204—1212页。宋杰将两汉拘束刑具分为缚系、械系、钳钛系三类，桎、梏即属于其中的械系刑具，用于拘束监禁的犯人，参见宋杰《汉代监狱制度研究》，中华书局，2013，第331—341页。冨谷至结合考古实物，探讨了汉代劳役刑所用拘束刑具钳、钛的形制，参见［日］冨谷至《古代中国の刑罰——髑髏が語るもの》，中央公論社，1995，第20—29页；同氏《秦漢刑罰制度の研究》，同朋舍，1998，第95—119页。仁井田陞、陈登武、黄征等学者利用敦煌本《十王图》，梳理了有关唐代枷、锁等刑具的制度，参见［日］仁井田陞《補訂中國法制史研究刑法》，東京大學出版會，1980，第597—614页；陈登武《论唐代地狱审判的法制意义——以〈佛说十王经〉为中心》，《法制史研究》总第3期，2002；黄征《敦煌变文俗语词补释》，载《第三届中国俗文化国际学术研讨会暨项楚教授七十华诞学术讨论会论文集》，四川大学俗文化研究所，2009。笔者曾考察了北魏至宋代枷、锁等刑具制度的变迁，参见拙稿《北魏・唐における枷について——獄官令の檢討から見た》，《九州大學東洋史論集》第43号，2015；拙稿《敦煌本〈十王图〉所见刑具刑罚考——以唐宋〈狱官令〉为基础史料》，《文史》2016年第3辑。

功能与法制化过程，揭示推动汉唐间刑狱制度剧变的历史根源。

一　汉魏晋南朝的拘束刑具

我国最早有关拘束制度的记载，见于《周礼·秋官·掌囚》："掌囚掌守盗贼。凡囚者，上罪梏拲而桎，中罪桎梏，下罪梏，王之同族拲，有爵者桎，以待弊罪。"[1]《周礼》作为一部理想化的儒家政治典籍，其内容未必完全反映的是现实制度，但据此推定在相关记载成文之际，应已形成根据罪行、身份，限定犯人拘束刑具的观念。有关《周礼》所载的桎、梏、拲，前引文郑玄注："郑司农云：'拲者，两手共一木也。桎梏者，两手各一木也'。玄谓在手曰梏，在足曰桎。中罪不拲，手足各一木耳。"这里的郑玄注与《说文解字》《玉篇》等文献的记述基本相符，可以确定桎用于拘束足部，而拲、梏为腕部的刑具。前揭郑玄注引郑司农的解释，将拲与梏的区别归结于同时或分别拘束双手。[2] 不过，先秦史料中并无有关拲、梏功能的记载。此外，古文字学者一般将甲骨文所见 🔣、🔣 等视为拲、梏的初文，认为 🔣、🔣 等字与拲、梏对应。[3] 殷墟曾出土多件双手被刑具夹持的奴隶俑，其刑具上下由绳索紧束，并分别系于奴隶的颈部与腰部（图1），展现了腕部刑具的原始形态，可与上述字形相应。总之，从史料与字源来看，尚不能明确先秦之际拲、梏在形制上的具体差异。尽管如此，根据郑司农的解释，至少可以肯定在汉人的认识中"两手共一木"为拲，"两手各一木"为梏。

汉代的刑狱制度在一定程度上效法了上述《周礼》的记载。两汉史料保存有适用于死刑犯人的刑具"三木"。司马迁《报任少卿书》载："魏其，大将也，衣赭关三木。"[4] 这里的魏其指魏其侯窦婴，因遭诽谤被判处弃市。关于"三木"，颜师古注："三木，在颈及手足。"不过，该说出自唐人的解读，缺乏前代史料依据，且两汉的法定刑具中并无木制的颈部刑具。与此相对，应劭注"三木"为："在手曰梏，两手同械曰拲，在足曰桎。"[5] 可见，汉代所谓的"三木"正对

1　(汉) 郑玄注，(唐) 贾公彦疏：《周礼注疏》卷三六《秋官·掌囚》，载李学勤主编《十三经注疏》，北京大学出版社，1999，第959页。根据文意，对原标点略有调整。以下引文亦同。

2　由于桎为足部刑具，因此郑司农所言"桎梏者，两手各一木也"中的"桎"当为衍字。又参见 (唐) 陆德明《经典释文》卷九《周礼音义下》"拲"条引韦昭《汉书音义》："两手共一木曰拲，两手各一木曰梏。"(中华书局，1983，第133页)

3　李圃主编：《古文字诂林》，上海教育出版社，1999，第5册，第992—993页；第9册，第720—721页。

4　《汉书》卷六二《司马迁传》，中华书局，1962，第2733—2734页。

5　(梁) 萧统编，(唐) 李善注：《文选》卷四一《书上·报任少卿书》李善注，中华书局，1977，第579页。

应于《周礼》记载的桎、梏、拲，而给被判处死刑的魏其佩戴"三木"，亦符合"上罪梏拲而桎"的《周礼》制度。

由于三种刑具中桎、梏的应用更为广泛，自先秦时代开始"桎梏"一词已逐渐成为拘束刑具的代名词。《礼记·月令》"仲春之月"条载："命有司，省囹圄，去桎梏，毋肆掠，止狱讼。"[1] 这里"桎梏"与"囹圄"并列，无疑泛指各类刑具。实际上，进入汉代后，"桎梏"一词最为普遍的用法正是作为拘束刑具的代称。《后汉书·党锢列传》载：

桓帝使中常侍王甫以次辨诘，（范）滂等皆三木囊头，暴于阶下。……甫愍然为之改容。乃得并解桎梏。[2]

范滂等人在接受审讯之际，被戴上"三木""囊头"[3]，而后文在解除刑具时，三木、囊头被替换为桎梏。显然上述事例中的桎梏并非桎与梏的连称，而是泛指佩戴的各种拘束刑具。

图1 殷墟出土奴隶俑
（李永迪编：《殷墟出土器物选粹》，台北"中研院"历史语言研究所，2009，第297页）

---

1 （汉）郑玄注，（唐）孔颖达疏：《礼记正义》卷一五《月令》，载李学勤主编《十三经注疏》，北京大学出版社，1999，第472页。
2 《后汉书》卷六七《党锢列传》，中华书局，1965，第2205—2206页。
3 该条李贤注"囊头"："更以物蒙覆其头也。"（《后汉书》卷六七《党锢列传》，第2206页）

与此相对,汉代以降作为具体刑具的桎、梏又被称为械、杻。《小尔雅》:"杻谓之梏,械谓之桎。"[1] 其中"杻"又写作"杽"[2]。又《广雅·释宫》:"杽谓之梏,械谓之桎。"[3]《经典释文》:"桎,音质,今之械也。梏,古毒反,今之杻也。"[4] 居延新简EPF22:486:"□罪当万死·谨自杻械闭☐"[5],展现了现实中械、杻称呼的运用。除指代具体的足部刑具外,由于"械"字还常作为器械的总名,因此其也可以与"桎梏"一词互释,泛指各类拘束刑具。《说文解字》:"械,桎梏也。"[6] 又《礼记·月令》郑玄注:"桎梏,今械也。"[7] 根据以上论述,自汉代开始械、杻的称呼逐渐代替了桎、梏,其中械字还可作为拘束刑具的总称。但就功能而言,械、杻与桎、梏实际并无本质区别,因此可将其统称为桎梏类刑具。

图2 武氏祠石刻中的械
(傅惜华:《汉代画像全集》二编,学苑出版社,2014,图147)

图3 阳陵出土钳、釱
(陈波主编:《蔚为壮观的汉家陵阙:汉景帝阳陵博物院》,西安出版社,2018,第186页)

---

[1] (唐)陆德明:《经典释文》卷二《周易音义》"桎梏"条引《小尔雅》佚文,第20页。

[2] 《说文解字》"杽"条段玉裁注:"杽,杻古今字。《广韵》曰:'杽,杻古文'。"参见(汉)许慎撰,(清)段玉裁注《说文解字注》六篇上《木部》,上海古籍出版社,1981,第270页。

[3] (清)王念孙:《广雅疏证》卷七上《释宫》,江苏古籍出版社,1984,第216页。

[4] (唐)陆德明:《经典释文》卷一一《礼记音义》,第175页。

[5] 张德芳:《居延新简集释(七)》,甘肃文化出版社,2016,第93页。

[6] (汉)许慎:《说文解字》卷六上,中华书局,1963,第125页。

[7] (汉)郑玄注,(唐)孔颖达疏:《礼记正义》卷一五《月令》,第472页。

图 4　江村大墓出土刑徒俑
（陕西省考古研究院"考古陕西"公众号：《霸上无高丘 鹿原有遗珍——霸陵遗址考古工作主要收获》，2022 年 1 月 26 日）

桎梏类刑具均为木制，实物难以保存至今。不过，山东嘉祥武氏祠刻画有汉代械的形象，可一窥其形制。武氏祠左室第一石第二层绘有以"范赎"为主人公的画像（图 2）。[1] 根据画像上"义主范赎，陈留外黄……赎诣寺门，求代考躯……"，以及"范赎兄考"等记述，其描绘的是范赎请求代替兄长范考受刑的孝悌故事。画像中部一人坐地，右足佩戴刑具，上方题有"范赎兄考"，据此坐者为范考。范考面前一人正俯身为其解开刑具，当为范赎。从刑具的功能来看，范考右足上佩戴的应是械即桎。[2]《山海经·海内西经》："帝乃桎之疏属之山，桎其右足。"[3] 天帝采用"桎其右足"的方式拘束贰负之臣危。《经典释文》引东汉张揖云："参著曰梏，偏著曰桎。"[4] 这里的"参著"指双手均佩戴刑具，"参著曰梏"与前述梏"两手各一木"的记述相应。而"偏著"指单足佩戴刑具，即说明了上述桎的拘束方法。由此可见，械或桎用于拘束犯人的单足，且一般为右足。

汉代使用桎梏类刑具的目的是限制犯人的身体自由，主要用于监禁的场合。与此相对，为便于劳作，汉代服劳役刑的犯人则须佩戴铁制的钳、釱。钳原本用于髡刑犯人，即所谓的"髡钳"，指在剃掉犯人毛发的同时，以铁制的钳拘束其颈部。汉文帝十三年（前 167）刑法改革之际，将原本用于刑徒的髡钳引入劳役刑后形成

---

[1] 傅惜华：《汉代画像全集》第二编，学苑出版社，2014，图 147。此外，《金石索》收录有改绘的该石画像，参照（清）冯云鹏、冯云鹓辑《金石索》，《续修四库全书》第 894 册，上海古籍出版社，2002，第 422 页。

[2] 清末学者瞿中溶曾指出"范赎之兄屈左膝，右足胫间桎一木"（氏著《汉武梁祠画像考》，刘承幹校，北京图书馆出版社，2004，第 351 页）。

[3] 袁珂校注：《山海经校注》，上海古籍出版社，1980，第 285 页。

[4] （唐）陆德明：《经典释文》卷九《周礼音义下》"梏"条，第 133 页。

了髡钳城旦舂的刑名。[1] 由此钳正式成为汉代的法定刑具。秦陵刑徒墓在尸骨颈部位置曾出土呈 U 形结构的钳。[2] 发现于汉景帝阳陵的钳整体呈圆形，其末端具有伸出的铁棒（图 3）。[3] 《太平御览》收录《晋律》佚文载"钳重二斤，翘长一尺五寸"[4]。其中所谓的"翘"即指钳上伸出的铁棒。与钳相对，釱为足部刑具，最早起源于先秦时期。睡虎地秦简《秦律十八种·司空律》134 简载有"构椟欙杕"等刑具，《睡虎地秦墓竹简》将这里的"杕"解释为"套在囚徒足胫的铁钳"[5]。不过，从该字形旁推测，当时的杕仍应为一种木制刑具。[6] 汉代的釱以铁制成，并在废除肉刑的法制改革之际，成为代替刖或斩趾刑的刑具，用于拘束犯人的左脚。[7] 从考古出土实物来看，汉景帝阳陵附近的刑徒墓中，曾出土拘束刑徒单足的釱（图 3）。[8] 近年在西安江村大墓外藏坑中还出土了佩戴着钳与釱的刑徒俑，可与实物资料相应（图 4）。

以上简要梳理了汉代主要的法定刑具械、杻、钳、釱。虽然有关汉代以降魏晋南朝刑罚制度的记载相对有限，但可以肯定其大体承袭了汉代的刑具体系。《太平御览·刑法部》"拲"条引《晋令》："死罪二械加拲手。"[9] 这是一条西晋《狱官令》的佚文。[10] 其中"拲手"即《周礼》所载的"拲"，而"二械"应指两件桎梏类的刑具。由此来看，西晋沿袭了《周礼》"上罪梏拲而桎"、汉代"三木"以来的拘束制度，死刑犯人须佩戴三件桎梏类刑具。又《晋书·刑法志》载："（曹操）于是乃定甲子科，犯釱左右趾者易以木械，是时乏铁，故易以木焉。"[11] 据此，东汉末年曹操曾下令将原本劳役刑中使用的铁釱改为木制。冨谷至根据前揭《太平御览》所引《晋律》"钳重二斤"的规定，指出晋代的钳远轻于汉景帝阳陵出土汉代铁钳的重量（1150—1600 克），

---

[1] ［日］冨谷至：《秦漢刑罰制度の研究》，第 143—145 页。

[2] 秦俑坑考古队：《临潼郑庄秦石料加工场遗址调查简报》，《考古与文物》1981 年第 1 期。

[3] 秦中行：《汉阳陵附近钳徒墓的发现》，《文物》1972 年第 7 期。

[4] （宋）李昉等：《太平御览》卷六四四《刑法部》"钳"条，中华书局，1960，第 2885 页。

[5] 睡虎地秦墓竹简整理小组编：《睡虎地秦墓竹简》，文物出版社，1990，第 51—52 页。

[6] ［日］石冈浩：《睡虎地秦簡秦律十八種司空律訳注》，《早稻田大学本庄高等学院研究纪要》第 24 号，2004。

[7] 《史记》卷三〇《平准书》"釱左趾"条《集解》："韦昭曰：'釱，以铁为之，著左趾以代刖也'"《索隐》："按《三苍》云：'釱，踏脚钳也。'"（中华书局，2014，第 1724 页）

[8] 秦中行：《汉阳陵附近钳徒墓的发现》，《文物》1972 年第 7 期。

[9] （宋）李昉等：《太平御览》卷六四四《刑法部》，第 2884 页。

[10] 张鹏一编著，徐清廉校补：《晋令辑存》，三秦出版社，1989，第 168 页。

[11] 《晋书》卷三〇《刑法志》，中华书局，1974，第 922 页。

推定两晋延续了曹操确立的制度,将铁制的钳亦改为木制刑具。[1] 此外,《隋书·刑法志》保存有南朝梁、陈之际的刑具制度:

  (梁)囚有械、杻、斗械及钳,并立轻重大小之差,而为定制。
  (陈)囚并着械,徒并着锁,不计阶品。死罪将决,乘露车,着三械,加拳手。至市,脱手械及拳手焉。[2]

南朝梁、陈刑狱所用的械、杻、钳均源于汉代。而陈朝刑狱使用的"锁"指拘束犯人颈部的锁链。关于锁,陈朝刑制规定"其髡鞭五岁刑,降死一等,锁二重。其五岁刑已下,并锁一重"[3]。可见,当时锁是适用于"髡鞭"刑的刑具。所谓髡鞭即陈朝之际的徒刑,犯人在髡发、鞭刑的基础上,再服一定年限的劳役。髡鞭源于晋律的髡钳,其制度还可进一步追溯至汉代的髡钳城旦春。[4] 实际上,陈朝以锁代替了汉晋以来劳役刑所用的钳。

综上所述,桎、梏为先秦时期广泛应用的刑具,桎梏一词也因此成为拘束刑具的代称。至汉代以降,其名称分别被械、杻取代。此后魏晋南朝的刑狱制度基本沿袭了汉代以来械、杻等桎梏类的刑具。另外,在汉代髡钳城旦春、钦趾等劳役刑中,犯人须佩戴铁制的刑具钳、钦。魏晋在继承汉代钳、钦的基础上,将其材质改为木制。至南朝最末期的陈朝,又以锁代替了汉代以来的钳。

二　北朝隋唐的拘束制度

十六国后期,北魏政权异军突起,在不断向外扩张的同时,逐步完善自身的国家体制,而法制建设正是其中重要的一环。自道武帝朝,北魏已开始颁布科令,废除酷法。至十六国时代末期,太武帝于神䴥四年(431)命崔浩编订律令,[5] 整顿刑狱,并首次规定将不见于汉魏晋南朝制度的枷作为法定刑具。《唐六典》卷六"刑部郎中员外郎"条注文记载:

  至太武帝,始命崔浩定刑名……始置枷拘罪人。[6]

1　[日]冨谷至:《秦漢刑罰制度の研究》,第113页。
2　《隋书》卷二五《刑法志》,中华书局,2020,第775、779页。
3　《隋书》卷二五《刑法志》,第779页。
4　刘俊文:《唐律疏议笺解》卷一《名例》"徒刑五"条,中华书局,1996,第30—31页。
5　《魏书》卷四上《世祖纪》载:"(神䴥四年)冬十月戊寅,诏司徒崔浩改定律令"(中华书局,2018,第93页)。
6　(唐)李林甫等:《唐六典》卷六《尚书刑部》,中华书局,1992,第182页。

刑具枷用于拘束犯人的颈部。在北魏太昌元年（532）《樊奴子造像碑》"五道大神"下部可见到戴枷亡灵的形象（图5），其描绘的枷由一长一短两块木板拼合而成，与后代唐宋图像史料中的枷基本相仿（图11—图14）。自太武帝"始置枷拘罪人"后，枷已成为北魏最为重要的刑具，甚至在现实司法中还反复出现滥用刑具枷的现象。对此，《魏书·刑法志》载：

图5 《樊奴子造像碑》中的枷

（上图：隋晓会、陈根远：《渭华翠色——陕西渭南名碑拓本图鉴》，陕西电子音像出版社，2020，第186页）

（下图：张总：《〈阎罗王授记经〉缀补研考》，《敦煌吐鲁番研究》第五卷，2001，第115页）

（太和五年，481）时法官及州郡县不能以情折狱。乃为重枷，……帝闻而伤之，乃制非大逆有明证而不款辟者，不得大枷。[1]

又，同书同传载北魏宣武帝朝：

永平元年（508）秋七月，诏尚书检枷杖大小违制之由，科其罪失。尚书令高肇，尚书仆射、清河王怿，尚书邢峦，尚书李平，尚书、江阳王继等奏曰："……谨案《狱官令》：'……诸犯年刑已上枷锁，流徒已上，增以杻械，迭用不俱。'……诸台、寺、州、郡大枷，请悉焚之。枷本掌囚，非拷讯所用。从今断狱，皆依令尽听讯之理，量人强弱，加之拷掠，不听非法拷人，兼以拷石。"自是枷杖之制，颇有定准。未几，狱官肆虐，稍复重大。[2]

根据以上两则史料，从平城时代一直延续至迁都洛阳后，北魏不断出现超越规制的"重枷""大枷"，甚至原本作为拘束刑具的枷还被用在审讯拷问的场合。由于滥用问题的严重，宣武帝特令尚书省官员讨论对策，最终要求各级刑狱机构废除违制大枷，强调遵循《狱官令》使用刑具。尽管从"未几，狱官肆虐，稍复重大"的结果来看，尚书省的规定未能彻底解决相关问题，但从中可见北魏之际刑具枷的应用已极为普遍。

前揭《魏书·刑法志》"永平元年"条所载尚书省官员的奏文中引用有一条非常珍贵的北魏《狱官令》佚文。《狱官令》是涉及国家刑狱制度的法令篇目，其篇名最早可追溯至西晋的泰始令。佚文中"诸犯年刑已上枷锁，流徒已上，增以杻械，迭用不俱"规定对于徒刑以上（包括五刑中的死、流、徒刑）的犯人使用枷或锁拘束，流刑以上（包括五刑中的死、流刑）的犯人还要增加杻或械。令文中"迭用不具"指不得给犯人同时佩戴枷与锁，而是选择其中之一使用，并且流刑以上增加的杻、械同样如此。[3] 从该条令文不难看出，枷与锁的适用范围更为广泛，已开始代替汉代以来的械、杻成为当时最主要的拘束刑具（参照表1）。

本条《狱官令》还深远地影响了此后北朝、隋唐的刑狱制度。《隋书·刑法志》载：

（北齐）罪刑年者锁，无锁以枷。流罪已上加杻械，死罪者桁之。

（北周）凡死罪枷而拲，流罪枷而梏，徒罪枷，鞭罪桎，杖罪散以待

---

[1] 《魏书》卷一一一《刑法志》，第 3133 页。

[2] 《魏书》卷一一一《刑法志》，第 3134—3135 页。

[3] ［日］內田智雄：《譯著中國歷代刑法志》，創文社，1964，第 211、214 页。

断。皇族及有爵者，死罪已下锁之，徒已下散之。[1]

北齐刑律所见"刑年者"指当时最轻的徒刑，即一年期徒刑。根据该记载，北齐对于徒刑以上的犯人采用锁或枷拘束，流罪以上再增加杻或械，[2] 而死罪犯人则须佩戴桁。桁是一种大型的足部刑具，即大械。[3] 从所用刑具种类来看，桁应代替的是流刑所用的杻或械。由此可见，北齐在相当程度上继承了北魏的拘束制度。与之相对，北周刑狱最为显著的特征是基于复古的政治理念，复原了《周礼》所载的桎、梏、拲，并且根据"王之同族拲，有爵者桎，以待弊罪"，将犯人分为一般犯人与皇族、有爵者两大群体。不过，即便如此，北周也未能割断自北魏以来形成的制度传统，其构建的拘束制度依然是以枷、锁作为最基础的刑具类型，桎、梏、拲仅发挥着辅助的功能。此外，北周刑狱规定"（一般犯人）杖罪散以待断""（皇族、有爵者）徒已下散之"所见"散"指"散禁"，即监禁时不佩戴任何刑具。总结以上北朝时期的拘束制度，可如表1所示。

表1		北朝时期的拘束制度			
时代 \ 五刑		死	流	徒	徒刑之下
北魏		枷/锁+杻/械		枷/锁	
北齐		枷/锁+桁	枷/锁+杻/械	枷/锁	
北周	平民	枷+拲	枷+梏	枷	鞭罪桎，杖罪散
	皇族有爵者	锁	锁	散禁	散禁

---

[1] 《隋书》卷二五《刑法志》，第782、784页。

[2] 参照北魏、北周制度，北齐的"流罪已上加杻械"同样应指从杻与械中选择其一使用。

[3] （梁）顾野王：《玉篇》卷一二"桁"条载："大械也"（《大广益会玉篇》，中华书局，1987，第62页）。（唐）玄应：《一切经音义》卷一"桁械"条载："《通俗文》云：拘罪人曰桁械。谓穿木加足曰械，大械曰桁"（徐时仪校注：《一切经音义三种校本合刊》（修订版），上海古籍出版社，2012，第19页）。

在南北朝法制的基础上，隋唐帝国构建起以律令为中心的法律体系。并且，隋唐的令典同样设置有《狱官令》的篇目，[1] 成为今日探讨这一时期刑狱制度的基本史料。唐《狱官令》"诸禁囚"条规定：

> 诸禁囚，死罪枷杻，妇人及流罪以下去杻，其杖罪散禁。[2]

此条唐令规定了唐代死、流、徒、杖、笞五刑犯人在监禁之际佩戴刑具的制度。其中男性死刑犯应同时佩戴枷与杻；女性死刑犯，以及"流罪以下"（包括流、徒刑）的男女犯人仅佩戴枷；杖罪及以下犯人不佩戴任何刑具，即散禁（参照表2）。从内容来看，本条唐令依然在很大程度上继承了北魏《狱官令》"诸犯年刑已上枷锁，流徙已上，增以杻械，迭用不俱"的制度。不过，相比北魏《狱官令》，唐代取消了刑具械，并且大大缩小了杻的适用范围。

表2　　唐《狱官令》规定的拘束制度

身份	五刑	死	流	徒	杖、笞
一般男性犯人		枷、杻	枷	枷	散禁
一般女性犯人		枷	枷	枷	散禁
议、请、减	流以上，若除、免、官当	锁			
	非官当公罪	锁	责保参对		
	非官当私罪	锁		责保参对	
九品以上及无官应赎者	徒以上，若除、免、官当	枷			
	非官当公罪	枷		散禁	

---

[1] 有关西晋至唐代令典篇目的设置及其传承，参见［日］池田温《唐·日丧葬令の一考察——条文排列の相異を中心として》，《法制史研究》第45号，1995。

[2] 天一阁博物馆、中国社会科学院历史研究所天圣令整理课题组校证：《天一阁藏明钞本天圣令校证》，中华书局，2006，第628页。

此外，唐《狱官令》还收录有对于特权阶层的拘束制度，即"诸应议请减者"条：

> 诸应议请减者，犯流以上，若除、免、官当，并锁禁。公坐流、私罪徒（并谓非官当者），责保参对。其九品以上及无官应赎者，犯徒以上，若除、免、官当者，枷禁。公罪徒，并散禁。不脱巾带，办定，皆听在外参对。[1]

"诸应议请减者"条将具有特权身份的犯人分为"议、请、减"[2]，以及"九品以上及无官应赎者"[3] 两类，并规定了各自在"除、免、官当"与"公坐流""私罪徒"等情况下的监禁方式，[4] 具体包括锁禁、枷禁、散禁，以及责保参对，即取保候审。[5] 据此可知，唐代在监禁特权阶层之际，使用锁、枷两类刑具。其中锁适用于具有"议、请、减"资格的犯人，其身份等级较高；而"九品以上及无官应赎者"采用与平民一样的枷拘束。整理唐《狱官令》的相关规定，如表 2 所示。

总结以上论述，唐代的法定拘束具主要包括枷、锁、杻三类。其中枷、锁的适用范围较广，涵盖了平民与特权阶层的犯人。与之相对，杻已不再是一种独立佩戴的刑具，而是配合枷使用，仅限于拘束触犯死刑的平民男性。可见，唐代的拘束制度是以枷、锁为中心展开的。自北魏时起，枷、锁已成为国家的法定刑具，并逐渐代替通行于汉魏晋南朝的各类拘束刑具。尽管北朝后期，北周曾基于复古的政治理念，一度在形式上复原了《周礼》所载的桎、梏、拲，不过其依然未能动摇枷、锁在拘束制度中的主体地位。在此基础上，唐代不仅继承了北朝以来的制度传统，进一步细化枷、锁的适用对象。并且，由唐《狱官令》确立的以枷、锁为中心的拘束制度在此后还影响了两宋，乃

1　天一阁博物馆、中国社会科学院历史研究所天圣令整理课题组校证：《天一阁藏明钞本天圣令校证》，第 630 页。

2　"议、请、减"主要包括皇室成员、具有特殊才能或贡献的人、七品以上官员，以及部分官员的家属等。参见《唐律疏议·名例律》"八议者（议章）"条、"皇太子妃（请章）"条、"七品以上之官（减章）"条。

3　具体身份主要包括八、九品官员，以及具有"减"资格官员的祖父母、父母、妻及子孙等。参见《唐律疏议·名例律》"应议请减（赎章）"条。

4　令文中的"除""免"指"除名"与"免官""免所居官"，是唐代对于具有官爵者在五刑外针对其官爵的惩罚措施。而"官当"则是官员以官抵罪的一种特权。此外，"公坐流""私罪徒""公罪徒"指官员触犯公、私罪的诸刑罚。参见《唐律疏议·名例律》"除名"条、"免官"条、"免所居官"条，以及"官当"条。

5　本条唐令涉及的制度较为复杂，限于本文的主旨在此不做展开论述。有关该令文的解读，详见拙稿《〈天圣令·狱官令〉不行唐令第 9 条法制内涵解读》，《中国社会科学报》2020 年 8 月 3 日；拙稿《唐宋拘束制度研究——以唐宋〈狱官令〉为中心》，载《建康问学》编委会编《建康问学》，凤凰出版社，2022，第 574—584 页。

至中国近世的诸王朝。[1]

三　枷、锁的法制化进程

基于前节的探讨，汉唐间拘束制度的变革源自北魏颁行的《狱官令》。根据太武帝神䴥四年"始命崔浩定刑名……始置枷拘罪人"的记载，相关制度的起源还可追溯至十六国末期的北魏。需要注意的是通行于北朝的枷、锁并非汉晋时期常备的法定刑具，特别是刑具枷甚至不见于汉魏晋南朝的法制史料。那么，枷、锁形成于何时，又是在怎样的背景下发展为北朝最重要的拘束刑具的等问题，成为认识汉唐间乃至中国古代拘束制度发展的关键所在。基于这一问题意识，本节将探讨北魏拘束制度成立的历史根源。

图6　嘉峪关魏晋五号墓打谷彩绘砖
（胡之主编：《甘肃嘉峪关魏晋五号墓彩绘砖》，重庆出版社，2002，第12页）

---

[1] 北宋《天圣令》"诸禁囚"条基本继承了前述唐令的内容，参见前揭《天一阁藏明钞本天圣令校证》，第628页。此外，《元典章》卷四〇《刑部二》"巡检司狱具不便"条所录中统五年（1264）圣旨条画记载："应犯死罪，枷杻收禁，妇人去杻。杖罪以下并锁收"（陈高华、张帆、刘晓、党宝海点校，中华书局、天津古籍出版社，2011，第1357页）。《大明律》附《狱具之图》载："枷，以干木为之。死罪重二十五斤，徒流重二十斤，杖罪重一十五斤，长短轻重刻志其上"；"杻，以干木为之。男子犯死罪者用杻，犯流罪以下及妇人犯死罪者不用"；"铁索，以铁为之，犯轻罪人用"；"镣，以铁为之，犯徒罪者带镣工作"（怀效锋点校，法律出版社，1999，第447页）。《大清律例》卷二《诸图·狱具图》载："枷以干木为之，重二十五斤。斤数刻志枷上，再律例内有特用重枷者不在此限"；"手杻亦以干木为之，死罪重囚用，轻罪及妇人不用"；"索以铁为之，轻重罪俱用"；"脚镣亦以铁为之，徒以上罪囚用"（刘海年、杨一凡主编：《中国珍稀法律典籍集成》丙编第一册《大清律例》，科学出版社，1994，第58页）。以上所列宋元明清的刑具制度均发源于前述唐《狱官令》的规定，其中枷、锁（索）一直被作为最主要的拘束刑具。

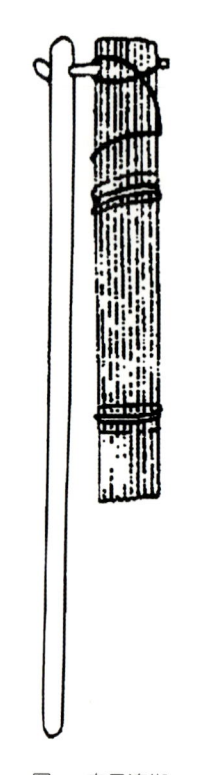

图7　农具连枷

[（明）徐光启：《农政全书》，上海古籍出版社，2011，第466页]

的目的。由于农具枷是由一长一短两根木柄相连而成，因此也被称为"连枷"[1]。嘉峪关魏晋壁画墓彩绘砖上，保存有使用枷脱谷的画面（图6）。农具枷的起源可追溯至商代，在一期甲骨中"谷"字写作𣏛，其中左侧的𣏛为谷物的象形，而右侧的𢆶即后代的殳旁，又写作𢆶，象征用类似于枷的农具脱谷的形象。[2] 至春秋战国时代，枷已成为一种非常普遍的农具。《国语·齐语》记载：

> 令夫农，群萃而州处，察其四时，权节其用，耒、耜、枷、芟……[3]

可见，先秦时期枷已成为与耒、耜等并用的基础农具了。进入汉代后，枷的应用更为普遍，《方言》卷五"佥"条载：

> 佥（郭璞注：今连架所以打谷者。周祖谟校笺：架，戴本作枷，当据正），宋魏之间，谓之欇殳，或谓之度。自关而西谓之棓，或谓之柫。齐楚江淮之间谓之柍，或谓之桲。[4]

（一）刑具枷的登场

枷最初并非刑具，而是一种脱谷用的农具。农具枷的基本形态是在一根长木柄的前端绑缚一根短柄。使用时，挥动长柄，利用短柄一端打击谷物，以达到脱谷

1　参见后揭《说文解字》卷六上"枷"条、"柫"条。

2　徐云峰：《试论商王朝的谷物征收》，《中国农史》1984年第4期。对于徐氏的见解，冯好、徐明波提出甲骨文中殳旁的形象与农具枷有别，其更可能是脱谷用的木槌。参见冯好、徐明波《甲骨文所见商代击打式脱粒农具及相关问题——兼释攴、殳》，《农业考古》1999年第3期。对此，徐云峰指出冯、徐两氏所举字形存在一定问题，并通过列举诸字形进一步论证了自身的观点。参见徐云峰《连枷在甲骨文中的造型及谷字——兼答冯好和徐明波先生》，《农业考古》2000年第3期。笔者认为𢆶或𢆶未必指代成熟的农具枷，但至少可以肯定商代存在着与枷工作原理相通的脱谷农具。

3　《国语》卷六《齐语》，上海古籍出版社，1978，第228页。

4　周祖谟校笺：《方言校笺》卷五，中华书局，1993，第36页。

从汉代各地对于枷的称呼不难看出，枷的使用已遍及汉帝国境内的广大地区。并且，农具枷的使用一直延续至中国近世的诸王朝，甚至在今日中国农村仍能见到此类农具。相比于汉晋之际农具枷的形态，后代的枷为提高脱谷效率，还出现在打击谷物的一端，并排绑缚多根短木棒的样式（图7）。[1]

与农具枷相对，有关刑具枷的出现，相关记载并不明确。不过，可以肯定的是汉魏时期的字书与训诂著作中"枷"字仅有农具一个意思。《说文解字》卷六上："枷，柫也。"又同卷记载："柫，击禾连枷也。"[2]《释名》卷七"枷"条载："枷，加也。加杖于柄头以挝穗，而出其谷也。"[3] 此外，成书于曹魏之际的《广雅·释宫》收录有杻、桎、械、梏等刑具，并未记载枷。而同书《释器》载："柫谓之枷。"[4] 可见，当时枷仅有农具一个含义。王念孙《广雅疏证》中引《方言》《说文解字》等文献，阐述农具枷的功能，并考证由于农具枷使用在击草、脱谷的场合，因此也衍生出"打击"的含义。如《后汉书·马融传》载："捎罔两，拂游光，枷天狗，鍱坟羊。"[5] 这里所谓罔两、游光、天狗、坟羊均指各类神鬼，其中"枷天狗"的"枷"即指打击的意思。通过对汉魏以前枷字字义的梳理，不难发现此时作为器具的枷仅指农具，并由此衍生出打击的含义。

有关刑具枷的登场，宫崎市定结合曹操将铁制刑具改为木制，以及北魏时枷已成为法定刑具的历史背景，认为刑具枷形成于汉末曹操时期。[6] 不过，宫崎氏是基于逻辑推理，其观点缺乏明确的史料证据。在现有史料范围内，最早将枷作为拘束具的记载，出现在西晋八王之乱正酣的太安年间（302—303）。《晋书·石勒载记上》载：

> 会建威将军阎粹说并州刺史、东瀛公（司马）腾执诸胡于山东卖充军实，腾使将军郭阳、张隆房群胡将诣冀州，两胡一枷。（石）勒时年二十余，亦在其中，数为隆所殴辱。[7]

---

1 （元）王祯撰，缪启愉、缪桂龙译注：《东鲁王氏农书译注》"连枷"条载："今呼为连枷。南方农家皆用之。北方获禾少者，亦易取办也。"（上海古籍出版社，2008，第464页）（明）徐光启：《农政全书》卷二二"连枷"条："其制：用木条四茎，以生革编之。长可三尺，阔可四寸。又有以独梃为之者。皆于长木柄头，造为擐轴，举而转之，以朴禾也。"（上海古籍出版社，2011，第466页）

2 （汉）许慎：《说文解字》卷六上，第122页。

3 （汉）刘熙撰，（清）毕沅疏证，王先谦补：《释名疏证补》，中华书局，2008，第222页。

4 （清）王念孙：《广雅疏证》卷八上《释器》，第260页。

5 《后汉书》卷六〇上《马融传》，第1964页。

6 [日]宫崎市定：《シナの鉄について》，《宫崎市定全集九·五代宋初》，岩波书店，1992，第416页。

7 《晋书》卷一〇四《石勒载记上》，第2708页。

图 8　敦煌本《十王图》（S3961）中的刑具连枷

（中国社会科学院历史研究所等编：《英藏敦煌文献》第五卷，四川人民出版社，1992，彩页部分）

图 9　利文斯通所绘贩运黑人奴隶的场面

(Horace Waller, *The Last Journals of David Livingstone, in Central Africa, from 1865 to his death*, Vol. 1, London: Greenwood Press, 1970, p. 56)

并州刺史司马腾为筹措军资，派遣将军郭阳、张隆抓捕胡人作为奴隶运送至冀州贩卖。途中为防止诸胡逃亡，采取"两胡一枷"的方式押送，即以一枷同时拘束两名胡人奴隶。如前所述，后代的刑具枷用于拘束犯人的颈部，因此"两胡一枷"应指使用枷拘束两名胡人的颈部。实际上，在枷成为法定刑具后，这种拘束方式依然存在。唐代敦煌本《十王图》展现了用一枷拘束二人颈部的画面（图8）。后代将这种可以同时拘束多人的刑具枷亦称为"连枷"。《夷坚志》载："续见八人者，共着一连枷，长丈五六尺，而钻八窍以受首。"[1] 尽管这里描绘的是地狱审判的场景，其中八人共着一连枷不免有夸张的色彩，但从中也可一窥连枷同时拘束多人的功能。

值得玩味的是《晋书·石勒载记上》所载"两胡一枷"描绘的并非刑罚场面，而是贩卖胡人奴隶时的押送方式。类似的方法还见于后世欧洲殖民者掠夺黑人奴隶的场合。19世纪英国著名探险家戴维·利文斯通（David Livingstone）曾先后多次对非洲展开深入考察，其所作记录成为今日研究当时非洲部落生活，以及欧洲殖民活动的重要文献资料。利文斯通曾详细描绘欧洲殖民者在贩运黑人奴隶时，将两名黑奴的颈部固定在同一根木棍的两端，连行过程中两名黑奴一前一后同时前行。

---

[1]　（宋）洪迈：《夷坚志》戊卷第五《刘元八郎》，中华书局，1981，第1087页。

如果人数众多的话，还可将多组这样拘束的黑奴用绳索、铁链首尾连接到一起。欧洲殖民者曾以此类方式运送了数以十万计的黑人奴隶（图9）。[1] 与专用的法制刑具相比，这种由木棍加工而成的拘束具结构简单，便于在短时间内大量制造。并且，同时拘束两名奴隶的颈部能在确保正常前行的前提下最大限度地限制其人身自由。可以说前述《晋书》中"两胡一枷"的记载与欧洲殖民者押送黑奴的方式如出一辙。由此可见"两胡一枷"是一种超越时代、地域的高效的押解方式。

关于"两胡一枷"，沈家本在《刑具考》"枷"条有如下论述：

> 按：此文是晋时尚有枷名。而《隋志》梁、陈刑律皆不言枷，岂当时世间有此名称，而官府尚未改欤。两胡一枷，即后来二人连枷之始。[2]

图10 《齐士员献陵造像碑》中的枷

（张总：《初唐阎罗图像及刻经——以〈齐士员献陵造像碑〉拓本为中心》，《唐研究》第六卷，2000，第17页）

---

1 Horace Waller, *The Last Journals of David Livingstone, in Central Africa, from 1865 to his death*, Vol. 1, Chapter Three, London: Greenwood Press, 1970.

2 沈家本：《历代刑法考》，第1204页。

图 11　敦煌本《十王图》（久保惣本）中的枷

（日本和泉市久保惣记念美术馆编辑：《增訂和泉市久保惣記念美術館藏品選集》，和泉市久保惣記念美術館，1990，第 29 页）

沈家本注意到虽然西晋时已出现用作拘束具的枷，但直至南朝的刑律中依然未见有关枷的记载，并据此推测这是由于国家制度落后于现实的缘故。沈氏之所以产生如上疑问，究其根源在于将西晋"两胡一枷"的枷看作一种正式的法定刑具。必须注意的是至神䴥四年北魏"始置枷拘罪人"以前，并无以枷拘束刑狱犯人的事例。特别是魏晋以前的字书、训诂著作中，枷均只有农具一个含义。[1] 因此，笔者认为"两胡一枷"所用的枷依然是农具，而非刑具。

在八王之乱动荡的背景下，为迅速筹集军资，司马腾并无充足的时间与财力大规模制造专用的拘束具押运胡人奴隶。另

---

[1] 现存成书于梁大同九年（543）的原本《玉篇》中枷字部分佚失。经唐人孙强修订，北宋大中祥符六年（1013）陈彭年等人大幅增补的《大广益会玉篇》"枷"条载："枷锁，又连枷打谷具"（第 63 页）。而同样由陈彭年主持编修的成书于大中祥符元年（1008）的《广韵》中有关枷的解释，与前揭《大广益会玉篇》完全相同。因此，相关内容应非出自原本《玉篇》，而是后人加入的。

外，农具枷由两根木棒构成，具备同时加持两人颈部的功能。并且，农具枷自汉代以来就作为常备农具广泛流行于全国。基于农具枷在现实中的大量存在，笔者认为司马腾为大量贩卖胡人奴隶最初是将农具枷临时用作连行的拘束具。有关这一点，还可从农具枷与刑具枷在结构上的高度相似中获得印证。农具枷的基本形态是由一长一短两根木棒连接组成（图7）。与此相应，北魏以降图像史料所见的刑具枷由一长一短两块木板拼合而成（图5、图11—图14），甚至在唐贞观十三年（639）《齐士员献陵造像碑》碑趺上描绘的枷仍如农具枷那样呈木棒状，其中亦可见到由长短不一的两根木棒连接而成的类型（图10）。可见，刑具化后的枷依然强烈地保留着农具枷的形态特征。

有关唐代刑具枷的造型与尺寸，唐《狱官令》中有着明确的规定，即"诸枷"条：

> 诸枷长五尺以上、六尺以下，颊长二尺五寸以上、六寸以下，共阔一尺四寸以上、六寸以下，径三寸以上、四寸以下。[1]

图12 绵阳北山院石刻中的枷
（笔者摄）

---

[1] 天一阁博物馆、中国社会科学院历史研究所天圣令整理课题组校证：《天一阁藏明钞本天圣令校证》，第635页。

图13 南宋《十王图轴》中的枷

（上海博物馆编：《翰墨荟萃——细读美国藏中国五代宋元书画珍品》，北京大学出版社，2012，第333页）

根据此条令文，唐代法定的刑具枷由一长一短两块木板组成，令文中的"枷长"指长板的长度，"颊长"指短板的长度，"共阔"指两块木板拼合后的宽度。为拘束犯人的颈部，在长板与短板之间留有圆形的孔。令文所述的"径"即指圆孔的直径。基于唐令的影响，宋代的枷同样继承了上述形制。[1] 与此相应，敦煌本《十王图》（图11）、绵阳北山院唐代石刻

---

[1] 北宋《天圣令·狱官令》"诸枷"条规定："诸枷，大辟重二十五斤，徒、流二十斤，杖罪一十五斤，各长五尺以上、六尺以下。颊长二尺五寸以上、六寸以下。共阔一尺四寸以上、六寸以下；径三寸以上、四寸以下。仍以干木为之，其长阔、轻重，刻志其上。"（天一阁博物馆、中国社会科学院历史研究所天圣令整理课题组校证：《天一阁藏明钞本天圣令校证》，第635页）相比唐令，宋令增加了对于枷重量，以及在枷上标志枷的长短、轻重等信息的规定。然而，就形态而言，宋代的枷则完全继承了唐代枷的样式。

(图 12)、宋代《十王图轴》(图 13)，以及大足石刻（图 14）所展现的地狱审判场景中均可见到由长度不同的两块木板拼合而成的枷，真实再现了唐宋时代枷的形象。也就是说，随着刑狱制度的不断完善，刑具枷最终固定为木板的样式。尽管如此，其依然保持着如同农具枷那样，由一长一短两块木板组合而成的结构。[1]

图 14　大足石刻中的枷
（笔者摄）

那么，西晋末司马腾将农具枷临时用作刑具后，枷又是在怎样的背景下于北魏太武帝朝被确立为正式的法定刑具的呢？为解决这一问题，有必要分析枷所具有的特殊功能，以及其在十六国时期的应用。"两胡一枷"所采用的枷与汉代以来桎梏类刑具间最为显著的区别在于其具有连行的功能，即同时拘束两名或两名以上的人员进行强制性移动。除西晋末期的事例外，后代同样可以见到枷的这种功能。《法苑珠林·赏罚篇》记载：

> 梁江陵陷时，有关内人梁元晖俘获一士大夫，姓刘，……先此人先遭侯景乱，丧失家口，唯余小男，年始数岁，躬自担抱，又着连枷，值雪涂不能前进。[2]

西魏灭梁后，曾大规模迁徙江陵城内的人口至关中。以上史料记载了这一过程中，采用连枷拘束迁徙人口，甚至士大夫阶层亦不例外。如前所述，这里的连枷亦指如"两胡一枷"那样，同时拘束两人以上的枷。又《资治通鉴》唐天宝十载（751）四月条载：

> 制大募两京及河南、北兵以击南诏；人闻云南多瘴疠，未战士卒死者什八九，莫肯应募。杨国忠遣御史分

---

[1] 唐代图像史料中还可见到由两块等长木板组合而成的颈部拘束具（图 8），这种枷被称为"盘枷"，是唐代徒、流刑犯人服劳役之际佩戴的刑具，属于一种特殊类型的枷。参见前揭拙稿《敦煌本〈十王图〉所见刑具刑罚考——以唐宋〈狱官令〉为基础史料》。

[2] （唐）释道世撰，周叔迦、苏晋仁校注：《法苑珠林校注》卷九一《赏罚篇》，中华书局，2003，第 2652—2653 页。

道捕人，连枷送诣军所。[1]

天宝年间（742—756），在与吐蕃、南诏的战争中，唐王朝损失惨重。为尽快补充兵员，杨国忠于诸地强制征兵。为防止兵员流失，在征兵之际，大规模采用连枷押送兵员。

通过以上西晋"两胡一枷"，以及北朝、唐代使用拘束具枷的事例不难看出，枷具有同时拘束多人颈部的功能，适用于大规模强制性人口迁徙。众所周知，十六国时期，中国北方陷入极度混乱的状态。诸政权为扩充自身实力，非常重视对于人口的控制与掠夺，往往将新占领区域内的人口强制迁徙至本国都城周边，甚至还为掠夺人口而直接发动战争。此外，在平定内部叛乱后，也时常伴随着对叛变势力的惩罚性发配。[2] 在此背景下，强制性人口迁移几乎贯穿于十六国时代始终。据三崎良章统计，仅十六国史料中保存的徙民数量就远超一千五百万人次。[3] 为防止迁移过程中的人员逃亡，无疑需要实施连行的押送方式。

正如欧洲殖民者贩运黑奴事例所展现的那样，西晋末年出现的"两胡一枷"是一种有效的人员押送方式。根据前揭《晋书·石勒载记上》的记载，十六国前期曾一度统一北方的石勒就曾被用"两胡一枷"的方式押运至冀州贩卖为奴隶。可见，十六国时期的统治者对于"两胡一枷"并不陌生。据此不难推定原本作为农具的枷在十六国强制性人口迁移的背景下，被广泛用作连行的拘束具。另外，基于现实中的大量应用，十六国后期枷很可能已开始转变为一种专用的刑具，正因如此十六国末期的北魏最终将原本不见于两汉魏晋刑狱的枷确立为一种国家的法定刑具。

（二）锁的登场

作为刑具的锁指用于拘束犯人颈部的铁制锁链，其又被称作"琅当""锒铛"或"锒铛"。汉代时，锁虽然并非国家常备的法定刑具，但亦有所应用，其中最为典型的事例同样是作为大规模强制性人口迁移场合的拘束具。《汉书·王莽传》载：

> 民犯铸钱，伍人相坐，没入为官奴婢。其男子槛车，儿女子步，以铁锁琅当其颈，传诣钟官，以十

---

[1] （宋）司马光：《资治通鉴》卷二一六，中华书局，1956，第6907页。

[2] 史念海全面分析了十六国诸政权强制性人口迁徙的实态，参见氏著《十六国时期各割据霸主的迁徙人口》上篇、下篇，《中国历史地理论丛》1992年第3、4期。另参见［日］三崎良章《五胡十六国——中国史上的民族大移动》第五章《三、徙民》，東方書店，2012；汉译本参照《五胡十六国——中国史上的民族大迁徙》同章节，拙译，商务印书馆，2019。

[3] ［日］三崎良章：《五胡十六国》，第196页；汉译本，第253页。

万数。[1]

王莽掌权后，由于民间私铸货币现象猖獗，其曾下令将私铸者，以及连坐之人没为官奴婢。在将这些犯人从各地押送至长安钟室的过程中，以槛车押运成年男子，而年幼者、女性等步行，并以铁锁拘束其颈部。为禁断私铸货币的行为，王莽以这种方式押送了多达数以十万计的人口。虽然该条史料并未详细记载当时采用了连行的方式，但很难想象在押送如此大规模的人员时，是以每人一件铁锁单独拘束的。因此，当时很可能如"两胡一枷"那样，使用锁同时拘束若干名犯人的颈部，并强迫其行进。[2] 并且，以锁作为押运人员的拘束具在此后的时代亦屡见不鲜。《三国志·魏书·三少帝纪》载：

> （咸熙元年，264）辛未，诏曰："吴贼政刑暴虐，赋敛无极。孙休遣使邓句，敕交阯太守锁送其民，发以为兵。"[3]

孙吴为扩充兵力对抗曹魏，令交阯太守强行征发当地民众充军，并以锁拘束，押送至军所。通过对比不难看出，上述锁的功能、使用场景与早期的枷大致相仿。不过，在西晋末至北魏初期这一极度动乱的历史阶段中，大规模的冶铸生产遭到破坏，铁势必成为一种重要的战略物资。因此，当时锁的应用未必如木制的枷那般广泛。有关这一点，可以从北魏初期锁的用例中一窥究竟。《宋书·索虏传》载：

> 是日虏攻之，矢尽力屈，遂没。虏法，获生将，付其三郎大帅，连锁锁颈。后（王）罗汉夜断三郎头，抱锁亡走，得入盱眙城。[4]

元嘉二十七年（450），刘宋伐魏之际，宋将王罗汉战败被擒。以上史料记载了北魏的"虏法"，即俘获敌方将领后以锁拘束其颈部。并且，在押送这些将领赴北魏境内时同样使用锁。《宋书·沈文秀传》载：

> （泰始）五年（469）正月二十四日，遂为虏所陷。……（慕容白）曜命还其衣，为设酒食，锁送桑干。[5]

---

[1] 《汉书》卷九九下《王莽传》，第4167页。

[2] 锁的这种用法可参照后代事例，如《陈书》卷八《侯安都传》："（侯）安都与周文育、徐敬成并为（王）琳所囚。琳总以一长锁系之……"（中华书局，1972，第145页）。

[3] 《三国志》卷四《魏书·三少帝纪》，中华书局，1982，第151页。

[4] 《宋书》卷九五《索虏传》，中华书局，2019，第2579页。

[5] 《宋书》卷八八《沈文秀传》，第2444页。

这里记载北魏慕容白曜在擒获宋将沈文秀后，将其以锁拘束押送至桑干。通过上述史料不难看出，直至北魏初期，锁同样用在强制性人口迁徙的场合，不过其拘束对象往往具有一定身份。基于现实中的应用，北魏在编定本朝《狱官令》之际，最终将锁与枷一同确立为国家的法定刑具。前揭北魏《狱官令》规定锁是与枷并行的主要拘束刑具，但令文并未说明锁与枷在功能上的区别。从实际用例来看，北魏时期锁最为显著的特征在于其施用对象均为诸王与各级官员。[1] 如前节所述，在此后北周与唐代的刑狱制度中锁依然保留着拘束特定身份罪犯的这种特性。[2]

虽然西晋末至北魏初期，锁与枷在相同的时代背景下获得广泛应用，不过锁在汉代时就已出现，因此其同样见于南朝的刑狱制度。前揭《隋书·刑法志》所列南朝陈的法定刑具明确收录有锁，并且被作为服髡鞭刑的指定刑具。

结　语

本文全面梳理了汉唐间拘束刑具的变迁。汉代刑狱主要使用械、杻、钳、釱等刑具，其中械、杻即先秦以来桎、梏的改称，用于监禁之际拘束犯人的足部与腕部。与此相对，铁制的钳、釱适用于劳役刑场合下，拘束犯人的颈部与足部。此后，魏晋南朝虽然对上述刑具的材质、种类等进行了若干调整，不过大体承袭了汉代以来的刑具体系。而另一方面，自十六国末期的北魏开始，一种不见于汉魏晋南朝的拘束具枷被确立为国家的法定刑具。与此同时，汉代以来建立的刑具体系也随之发生剧变，形成了以枷、锁为中心的拘束制度。并且，相关制度深远地影响了此后的北朝隋唐乃至宋元明清诸王朝。

通过本文的论述可知，十六国是中国古代拘束制度发生根本性转变的关键时期。自西晋末年开始，中国北方陷入极度混乱的局面，诸政权、势力为扩充实力，不断进行着奴隶贩卖、强制征兵、人口掠夺，以及俘虏押送等活动。与桎梏类刑具相比，枷、锁用于拘束人体的颈部，可以单独拘束一名或同时拘束多名人员，非常适合作为押解时的拘束具。其中，枷原本并非刑具，而是一种极为常见的脱谷农具。西晋末司马腾为贩运胡人奴隶，曾临时将其用作连行的拘束具。而锁自汉代开始就已用在人员押送的场合。在西晋末至十六国的特殊历史背景下，枷、锁被广泛

---

[1] 《魏书》保存有较多相关事例，如《魏书》卷二二《京兆王愉传》："虽（京兆王愉）锁絷之中，饮食自若，略无愧惧之色"（第665页），卷五八《杨昱传》："……就郡锁（杨）昱赴邺"（第1413页）等。

[2] 北齐之际锁的施用对象，同样均为具有官爵者，如《北齐书》卷一二《南阳王绰传》："后主闻之，诏锁（南阳王）绰赴行在所"（中华书局，1972，第160页），卷二三《崔㥄传》："于是锁（崔）㥄赴晋阳而讯之，㥄不伏"（第334页）等。

用于强制性的人口迁移之中。至十六国后期，从诸政权中脱颖而出的北魏在建设自身的法制体系之际，将现实中大量使用的枷、锁作为正式的刑具，并以《狱官令》的形式法定化。此后的北朝隋唐不仅继承了以枷、锁为中心的拘束刑具体系，还进一步细化了枷、锁的适用范围与对象。由此奠定了中国中古时代以降拘束制度的基本构造。

三

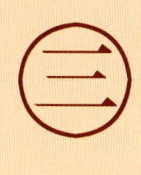

图像研究

层累的"晏子"
——以晏子故事汉画像为中心

■ 徐瑛子（山东大学文学院）

"晏子"的形象有层累、[1] 演变的过程，从齐国大臣晏婴这一真实存在的历史人物，逐渐变得更加丰富复杂。汉画像艺术是在两汉时期厚葬之风影响下产生的特殊艺术形式，晏子相关故事是汉画像艺术中的常见主题。[2] 汉画像中的晏子故事，以表现与《晏子春秋》记载相关的"二桃杀三士"故事这一主题的最多，"二桃杀三士"图像出现较早，已发现的相关画像石、壁画较多，学界现有对晏子故事文本流传及图像表现的研究也多集中于这一题材。[3] 此外，20世纪山东嘉祥出土一块汉画像石，图像主题为"孔子见老子"[4]，画面中有孔子、老子及二人随从弟子等共三十余人，其中有一身材矮小、榜题为"齐相晏子"的人物出现在孔子身后的孔门弟子队列中，近年来邢义田[5]、缪哲[6]等学者均关注了这类特殊的

1　顾颉刚"层累说"以舜为例论述了"时代愈后传说中的中心人物愈放大"，"如舜在孔子时只是一个无为而治的圣君，到《尧典》就成了一个'家齐而后国治'的圣人，到孟子时就成了一个孝子的模范了"。见顾颉刚《与钱玄同先生论古史书》，载顾颉刚编著《古史辨》，上海古籍出版社，1982，第59—60页。

2　本文所讨论"晏子"相关汉代图像艺术的主要对象为汉画像石、墓室壁画。按照物质载体的不同，汉代图像艺术有画像石、画像砖、壁画、帛画等不同形式。其中，画像石、画像砖是雕刻与绘画的结合。参见信立祥《汉代画像石综合研究》，文物出版社，2000，第25页。

3　近年相关研究成果如冯保荣、刘静《山东汉代画像石中"二桃杀三士"图考》，《聊城大学学报》（社会科学版）2019年第6期。王海玉《汉代画像石上的齐国故事与汉代齐学的繁荣》，《中国国家博物馆馆刊》2020年第8期。罗丰《一个智慧的阴谋——北魏漆棺画中的"二桃杀三士"故事》，《美术研究》2020年第5期。

4　"孔子见老子"这类图像的名称较多，另有"两圣图""孔老图""孔子问礼""孔子问学""孔子适周问礼图"等名称。

5　邢义田：《画外之意：汉代孔子见老子画像研究》，生活·读书·新知三联书店，2020。

6　缪哲：《孔子师老子》，载巫鸿、郑岩主编《古代墓葬美术研究》（第一辑），文物出版社，2011，第65—120页。相关论述亦见于缪哲《从灵光殿到武梁祠：两汉之交帝国艺术的遗影》，生活·读书·新知三联书店，2021。

"晏子"故事汉画像石。[1] 本文在借鉴学界现有成果的基础上，梳理晏子故事及形象的各类文献，整理、辨析与之相关的汉画像，尝试对这一问题进行综合考察。

一 晏子故事汉画像概况与主要类型

经查阅整理有关考古报告、汉画像图册及论著等，在目前已经发现的汉画像实物及拓片中，依照所表现的故事主题，与晏子故事及晏子形象相关的图像大致可分为三种主要类型：第一种类型是最受学界关注的"二桃杀三士"，第二种类型是"孔老图"中躬身立于孔子身后的晏子，第三种类型是"晏子见齐王"。

（一）"二桃杀三士"汉画像概况

"二桃杀三士"这一故事最早的图像表现学界一般定为西汉时期的洛阳烧沟汉墓壁画，北魏时期的漆棺画是目前所能确定的最晚表现。[2] 现有关于这一题材的研究多数着重于山东地区（尤其着重于济宁市嘉祥县）的汉画像石，对其他地区相关画像石、壁画的整理研究较为零散。

各地有关此题材的汉画像石及壁画主要情况整理如表1至表3。

表1		山东"二桃杀三士"汉画像主要情况[3]
类型	出土/征集地	画面主要内容
画像石	山东嘉祥武氏祠	画面六人，三武士装束相同，手执剑，图中有一高足豆、二桃。三武士后有一矮小者。有三榜，均有榜无题
画像石	山东嘉祥宋山村	画面四人，左一人物执笏、为齐王使者，三武士挽袖、持刀，着齐膝短衣、大口裤，图中有高足豆、二桃
画像石	山东嘉祥南店子村	画面共十三人，其中有三武士、一身材矮小者，地面有高足豆，其余人物为侍者等，作谈论状

---

[1] 王培永《孔子汉画像集》收录此画像石，列为民间收藏，见王培永编《孔子汉画像集》，西泠印社出版社，2014，第71页。另有部分学者对此"孔老图"汉画像石中的"晏子"形象进行介绍、解读，如解华英、傅吉峰《浅谈嘉祥县出土孔子、老子、晏子同在的汉画像石》，载顾森、邵泽水主编《大汉雄风——中国汉画学会第十一届年会论文集》，高等教育出版社，2008，第56—62页。王海玉《汉画像石中的晏子》，《中国文物报》2020年9月8日第7版。

[2] 罗丰：《一个智慧的阴谋——北魏漆棺画中的"二桃杀三士"故事》，《美术研究》2020年第5期。

[3] 汉画像图片、文字资料参见中国画像石全集编辑委员会编，蒋英炬主编《中国画像石全集1·山东汉画像石》，山东美术出版社，2000。中国画像石全集编辑委员会编，赖非主编《中国画像石全集2·山东汉画像石》，山东美术出版社，2000。中国画像石全集编辑委员会编，焦德森主编《中国画像石全集3·山东汉画像石》，山东美术出版社，2000。

续表

类型	出土/征集地	画面主要内容
画像石	山东莒县东莞村	画面只有三武士,没有其他人物,三人正争夺高足豆中的桃
画像石	山东邹县郭里镇	左一为使者,三武士均手持武器争桃,右方一执矛人物刺向武士,画面最右一人物极矮小,身高尚不及武士、使者等人腰部

表2　河南"二桃杀三士"汉画像主要情况[1]

类型	出土/征集地	画面主要内容
画像石	河南南阳英庄	画面共六人,画面右侧一武士伸手取桃,另二武士横剑自刎,画面左侧三人中有一矮小者
画像石	河南南阳英庄	画面共七人,画面右侧三武士争桃,画面左侧四人中有一矮小者
画像石	河南南阳	画面中只有三武士,三人手持武器争桃
画像石	河南南阳方城	画面七人,画面中间为三武士争桃,左侧二人为使者,最右侧一矮小者
画像石	河南安阳曹操墓	画面七人,榜题"齐王晏子""陈阊强""管仲","齐王晏子"榜题处为一矮小人物
壁画	河南洛阳烧沟汉墓	画面中三武士正争桃,另有使者及矮小者等人物

表3　陕西、江苏、内蒙古"二桃杀三士"汉画像主要情况[2]

类型	出土/征集地	画面主要内容
画像石	陕西绥德四十里铺	画面有十二人,场面较平和,三武士等人多为侧坐

---

[1] 南阳汉画像图片、文字资料参见南阳汉画像馆编《南阳汉代画像石图像资料集锦》,中州古籍出版社,2012。安阳汉画像图片、文字资料参见邢义田《今尘集——秦汉时代的简牍、画像与文化流播》,中西书局,2019。洛阳汉画像图片、文字资料参见河南省文化局文物工作队《洛阳西汉壁画墓发掘报告》,《考古学报》1994年第2期。另外,鲁迅藏有相关汉画像拓片,以及各地民间收藏有相关画像石。

[2] 绥德汉画像图片、文字资料参见中国画像石全集编辑委员会编,汤池主编《中国画像石全集5·陕西、山西汉画像石》,山东美术出版社,2000,第116页。邳州汉画像图片、文字资料参见王培永《孔子汉画像集》,第56页。和林格尔汉墓壁画图片、文字资料参照陈永志、黑田彰、傅宁主编《和林格尔汉墓壁画孝子传图摹写图辑录》,文物出版社,2015。

续表

类型	出土/征集地	画面主要内容
画像石	江苏邳州占城	画面八人均有榜无题，三武士之间有高足豆、无桃，画面中无明显身形矮小者
壁画	内蒙古和林格尔护乌桓校尉墓	画面四人，为晏子与三武士，均有榜题，无高足豆、桃等

通过各地已发现画像石、壁画的整理、对比，可以发现图像中有关晏子形象的两个问题：

第一，起源于《晏子春秋》的记载、在民间广为流传的"二桃杀三士"故事中，包含有齐王、使者、晏子、三武士几类主要人物，以及桃子这一推动故事情节发展的重要"道具"等要素。[1] 而在汉画像石、壁画的图像表现中，并不是所有的图像都同时包含晏子这一关键人物和桃子这个重要"道具"，但大多数图像都包含三位武士，甚至有时画面中人物只有三位武士。

第二，表现这类题材的汉画像石、壁画中的晏子形象，有的身形与画面中其他人差别不大，有的则较为矮小，部分图中的甚至矮小得十分夸张，且这类矮小人物在画面里的动作神态不似《左传》等较早史学文本记载中晏子的忠臣、智者、贤相形象，而更偏于奸诈、冷血的负面角色。

（二）"孔子见老子"画像石中的晏子

关于"孔子见老子"画像石中出现的"晏子"榜题与形象，目前学界对此问题的探讨主要为三件山东地区的汉画像石。[2]

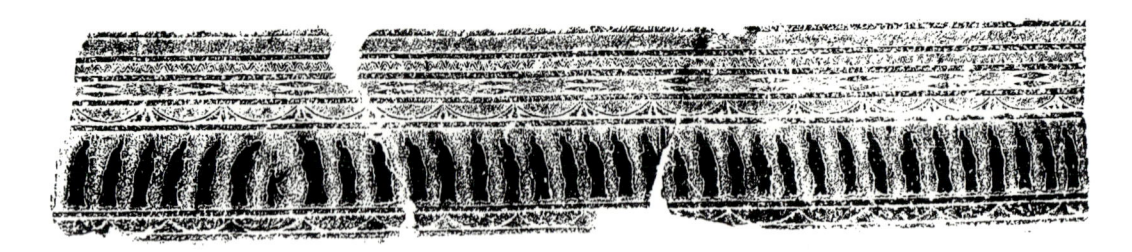

图1 山东嘉祥矿山村"孔子见老子"画像石
(采自王培永编《孔子汉画像集》，第71页)

---

1 吴则虞：《晏子春秋集释》，中华书局，1962，第164—170页。

2 另有研究者记山东石刻艺术馆藏有相关画像石。

图 2　山东嘉祥矿山村"孔子见老子"画像石局部
（采自王培永编《孔子汉画像集》，第 71 页）

（1）20 世纪出土于山东嘉祥，有"齐相晏子""大巷当"及"子路"榜题的"孔子见老子"画像石（图 1、图 2），根据榜题可确定图中相关人物的身份。[1]

（2）山东博物馆藏有一件"孔子见老子"画像石，此石画面漫漶、部分榜题模糊，蒋英炬先生指出："此石是清末、民国时期原山东省立图书馆金石保存所蒐集的，60 年代中期移至山东省博物馆保存，其图像未见有著录。"[2] 邢义田引用蒋英炬、裘锡圭二位先生的论述，认为其中一处"囗子"的榜题应为"案子"，"案""晏"通假，图像中榜题为"案子"的矮小人物或许即为"晏子"[3]。（图 3）

（3）山东嘉祥宋山出土的一件汉画像石，此石各层主题从上至下分别为东王公、六博游戏、孔子见老子，孔子身后第二人物无榜题，五短身材、戴斜顶高冠、佩长剑、手捧简册，根据相关画像石中的人物形象，缪哲将这一人物比定为晏子。[4]

以上三件画像石均为孔子、老子、童子三人俱在的一类"孔子见老子"图像，是"孔子见老子"与"孔子师项橐"两个不同故事的杂糅，这类汉画像的故事文本流变与图像传播受到汉代经学发展、官

---

[1] 关于这件画像石出土的时间、地点，有学者记载为"1998 年，山东嘉祥县瞳里镇矿山村东北的矿山角下"，见解华英、傅吉峰《浅谈嘉祥县出土孔子、老子、晏子同在的汉画像石》，载顾森、邵泽永主编《大汉雄风——中国汉画学会第十一届年会论文集》，第 56—62 页。王培永记为"1988 年，嘉祥县瞳里镇矿山村"，并列为民间收藏，见王培永编《孔子汉画像集》，第 71 页。

[2] 蒋英炬：《晏子与孔子见老子同在的画像石》，《中国文物报》1998 年 10 月 14 日第 3 版。

[3] "孔子身后子路等诸弟子中有一身形较矮、有'案子'二字榜题的人物，蒋英炬与裘锡圭一致认为'案'即'晏'字通假，案子即晏子……传世文献中从不曾提到孔子七十二弟子中有晏子。"见邢义田《画外之意：汉代孔子见老子画像研究》，第 39—41、288—297 页。

[4] 参见缪哲《孔子师老子》，载巫鸿、郑岩主编《古代墓葬美术研究》（第一辑）。

方意识形态、民间改造等多方面的影响。[1] 作为孔门弟子的晏子出现这类"孔子见老子"图像中，这种图像创作并非简单、随意增加一个人物加入某个故事中，格套的变化、组合与工匠的设计或许相关，但应该存在层次更高的创作者、改造者，其故事文本与图像呈现值得深入探究。[2]

图3　山东博物馆藏"孔子见老子"画像石局部线描图
（采自邢义田《画外之意：汉代孔子见老子画像研究》[3]）

图4　河南唐河出土"晏子见齐王"画像石
（采自信立祥主编《中国美术全集·画像石画像砖》，黄山书社，2009，第41页）

1　亦有学者认为两个故事间不存在文本的直接关联，仅是由于主题类似和主角相同而进行的图像创作。如王煜、庞政：《得象忘意与得意忘象：汉代故事画像中的"错误"》，《美术研究》2021年第4期。

2　姜生认为汉墓文化体系背后的缔造者，绝非一般画匠，而是胸怀儒家理想、追求人生意义而身居民间的一批有思想有信仰的儒生。姜生：《汉帝国的遗产：汉鬼考》，科学出版社，2016，第10页。

3　邢义田称"此画像石未经著录，包华石书中认为原出于嘉祥"。参见氏著《画外之意：汉代孔子见老子画像研究》，第288—300页。

"孔子见老子"图中的晏子，身形较画面中其他人物矮小，但身高、体型、衣着、动作、神态显然与孔、老二人之间的童子不同，可以确定是成年人，这一矮小人物的高冠、长剑造型夸张，即使在人物形象众多的"孔子见老子"图中，也具有明显的辨识度。对比"孔子见老子"图中的齐相晏子形象（图2）与前文嘉祥、南阳等地区"二桃杀三士"画像石中的晏子形象，二者身形、衣饰均类似，但与"二桃杀三士"中挑拨三武士争斗的形象相比，"孔子见老子"图中躬身立于问学队列中的晏子神态恭敬，蕴含重礼、好学、尊师等寓意，形象更为正面。[1]

（三）"晏子见齐王"汉画像石概况

"晏子见齐王"这类图像另有"晏子谏齐王""晏子谏齐景公"等命名，与流传更广的"二桃杀三士"图像相比，"晏子见齐王"图像情节较为简单，表现晏子跪拜于"齐王"身前劝谏的场面。

河南南阳出土的"晏子见齐王"画像石中，图中正中一人物戴冠、着长袍、仰目侧立，一般认为此人物为齐景公。晏子跪在齐景公身前进言，图中另有戴冠的侍者。[2]（图4）值得注意的是，"晏子见齐王"图像中的晏子并不是"二桃杀三士"图中多见的非常矮小，甚至近于侏儒的形象，这一跪拜的人物身形与画面中其他人物差别不大。

二　晏子故事的文本流传与图像表现

在汉画像有关晏子故事的几种类型中，晏子这一人物在图像中常是较为矮小的形象，以流传最广的"二桃杀三士"图像为例，其故事情节来自《晏子春秋·内篇谏下》第二十四章，而图像中晏子的矮小形象则与其他篇目的记载相关。《晏子春秋·内篇谏下》第二十四章记载的这一故事没有与晏子面容、身形相关的描述，文中只有公孙接对晏子"智人也"的评价。[3]《晏子春秋》中，有两处记载与晏子身形、外貌的描述直接相关，一是见于《内篇杂下》的"晏子使楚"故事，故事开篇"楚人以

---

[1] 相比于山东地区相关汉画像，河南地区"二桃杀三士"汉画像中人物造型更为夸张，南阳等地相关画像石中，身形矮小的人物转身离去，并回首观望三武士争斗，这类图像里晏子形象的意义指向不仅负面，甚至可以说是卑劣。

[2] 笔者对此汉画像的命名及画面相关内容论述主要参考周到、李京华《唐河针织厂汉画像石墓的发掘》，《文物》1973年第6期。文中记载"晏子见齐景公的故事有两幅，基本相同（编号33、49）……此图与洛阳西汉壁画墓晏子见齐景公壁画有相似之处，郭沫若同志考证甚详"。

[3] 吴则虞：《晏子春秋集释》，第164—170页。

晏子短"[1]；二是《内篇杂上》第二十五章，在晏子车夫之妻叙述的对比中，较为明确地描述了晏子与其他人的身形差异——车夫八尺、晏子不满六尺，[2] 此事亦见于《史记·管晏列传》，为司马迁所采晏婴的"轶事"之一。[3]

然而，与汉画像中晏子形象密切相关的"晏子使楚"及"二桃杀三士"故事，均不见于《左传》等较早的文献记载。《韩非子》《韩诗外传》《说苑》《新序》等书中有与《晏子春秋》中"晏子使楚"故事类似的记载，但均没有"二桃杀三士"的记载。不仅如此，银雀山汉简、定县汉简、阜阳汉简、居延新简、上博楚竹书等有关《晏子》的出土文献中，均没有"晏子使楚""二桃杀三士"这两个与汉画像中晏子故事、形象密切相关的记载。[4]

在晏子故事的文图关系研究中（此处"图"特指汉画像），似乎存在着一个盲区——晏子故事的图像流传广泛，但与之密切相关的两个故事文本有文献记载缺失的情况。基于这种考虑，在研究汉画像中的晏子故事、晏子形象时，考察今本《晏子春秋》的成书、《晏子春秋》书中的不同材料来源、晏子故事的流传与再创作等问题格外重要。

《晏子春秋》材料来源多样、成书过程复杂，郑良树比对了今本《晏子春秋》与《左传》的重文，认为在《晏子》原始材料流传后，后人采录晏子言行等材料时进行了改写，出现了衍生的新篇章，例如部分晏子故事被讹化、改造为管仲的故事。[5] 又如《晏子春秋》所记"荧惑守虚"之事可能是对宋景公"荧惑守心"故事的摹写、改变或者再创作。[6]

《晏子春秋》中记载与汉画像中晏子形象密切相关的"二桃杀三士""晏子使楚"两个故事，或许都不是实际可信的事件，而是有关晏子的传闻、轶事，以及附会他人故事进行再创作的晏子故事，这类晏子故事可能保存于刘向校书参照的各类"晏子书"中，可能是尚未进入"晏子书"文本记录的口头故事。《左传》成书年代早、重视行人辞令，但并未收入晏子与楚人极为精彩的论辩；楚国君臣之间设计羞辱齐国及晏子的对话被明白记录在很有可能是齐人所作的《晏子春秋》中；矮小滑稽、多智善辩的齐国使臣形象或是

---

1 吴则虞：《晏子春秋集释》，第 389—397 页。
2 吴则虞：《晏子春秋集释》，第 359—360 页。
3 《史记》卷六二《管晏列传》，中华书局，2014，第 2598 页。
4 刘娇：《从相关出土材料看晏子书的流传》，《中国典籍与文化》2008 年第 4 期。
5 郑良树：《论〈晏子春秋〉的编写及成书过程（上）》，《管子学刊》2000 年第 1 期。郑良树：《论〈晏子春秋〉的编写及成书过程（下）》，《管子学刊》2000 年第 2 期。
6 张齐明：《"荧惑守虚"发微——兼论〈晏子春秋〉文本来源与成书》，《北京社会科学》2020 年第 5 期。

附会淳于髡故事。[1]《晏子春秋》中不合理之处甚多，书中记载不能直接等同于真实历史事件。

在《晏子春秋·内篇谏下》第二十四章中，晏子设计除掉三武士，这一奸诈形象与《左传》等文献中的忠贞形象并不相符，有研究者认为"二桃杀三士"故事早期以口头传播的方式流传，不断增补完善后的文本成为今本《晏子春秋》中的内容。[2] 在采录晏子言行事迹时，司马迁以"论其轶事"的原则进行选择，《史记·管晏列传》中记载的"晏子长不满六尺"为司马迁采录的晏子"轶事"之一，而未必是信史，"吾读……《晏子春秋》，详哉其言之也。既见其著书，欲观其行事，故次其传。至其书，世多有之，是以不论，论其轶事"[3]。

"二桃杀三士""晏子使楚"未必是真实事件，在流传过程中进行了艺术化处理，但故事中塑造的晏子诙谐、善辩，这种才能样貌反差巨大的形象符合民间趣味。儒家的道德和审美理念中，人的才德品性重于外貌美丑，"形貌虽恶而心术善，无害为君子"[4]。晏子无疑符合儒家"形状，末也"[5] 这一评价标准，《孔丛子》中，子高对齐王问时便引晏子为例阐述才德重于相貌的观点，"夫见敬在德……称其才也……晏子长不过三尺，面状丑恶，齐国上下莫不宗焉；赵文子……诸侯敬服，皆以有德故也"[6]。晏子故事人物形象鲜明，故事情节曲折，同时也符合"恶以诫世，善以示后"[7] 的教化传统，因此在汉代以图像的形式广泛传播。

墓葬中不同画像之间的有机联系不可忽视，结合前文中对全国各地主要"二桃杀三士"题材汉画像石、墓室壁画的统计，在故事的图像呈现中，晏子这一人物在不同图像中时有时无，似乎不是图像中毫无争议的真正主角，三武士的形象则多数时候是此类图像中的必备要素。因此，从墓葬美术功能的角度来看，部分"二桃杀三士"题材的汉画像中，晏子可

---

1 《说苑疏证·说苑轶文考》记，"齐遣淳于髡到楚，髡为人短小，楚王甚薄之"，两人均短小多辩，可能当时有此传说相为附会，见（汉）刘向撰，赵善诒疏证《说苑疏证》，华东师范大学出版社，1985，第622页。王绪霞：《晏子未使楚考——兼论〈晏子春秋〉的俳优小说性质》，《新乡学院学报》（社会科学版）2012年第4期。

2 陈洪、邹宏伟：《中国早期故事的图像传播——以〈晏子春秋〉"二桃杀三士"故事为例》，《徐州师范大学学报》（哲学社会科学版）2010年第5期。

3 《史记》卷六二《管晏列传》，第2599页。

4 （清）王先谦撰，沈啸寰点校：《荀子集解》，中华书局，1988，第73页。

5 《史记》卷四七《孔子世家》，第2328页。

6 王均林、周海生译注：《孔丛子》，中华书局，2009，第180—182页。

7 （汉）王延寿：《鲁灵光殿赋》，载赵逵夫主编《历代赋评注·汉代卷》，巴蜀书社，2010，第809页。

能是次要角色,勇武的"三士"形象更为重要。[1]

在晏子故事的生成、流传过程中,有其他人物的故事附会为晏子故事的情况,有本为晏子相关的故事被改写为其他人故事的情况,各类记载中有关晏子的衍生篇章构成了新的故事群,这种情况存在于今本《晏子春秋》成书过程中,且在今本《晏子春秋》已经成书、广泛流传后,书中有关"晏子"的记载成为后代人再创作的素材。

《韩诗外传》中记载齐景公遣晏子使楚故事,突出了晏子"善辩"的特点,"晏子,天下之辩士也。与之议国家之务,则不如也。与之论往古之术,则不如也"[2]。在特定历史环境影响下,不同力量介入、各类群体参与,使晏子这一人物形象重心转移,逐渐由《左传》历史书写、儒家评价体系中的"忠臣""贤人",变成以矮小、善辩为辨识特点的滑稽人物,这种形象在汉画像艺术中呈现,图像表现也进一步推动了晏子故事的流传,晏子故事在后代各类作品中继续流传、改写,甚至成了更为怪异的虚构艺术形象。

如唐代俗赋《晏子赋》借鉴了《晏子春秋》记载中的基本故事模式与情节,将晏子使楚的故事改写为晏子出使梁国,梁国人描述晏子为"使者晏子,极甚丑陋。面目青黑,且唇不覆齿,发不覆耳,腰不覆胯,既貌观占,不成人也"[3]。《晏子赋》中,晏子的外貌与先秦两汉文献记载中差异极大,并且作者在晏子对梁王关于"短小""黑色""先祖""天地""阴阳""君子""小人"等一系列问题的回应中着重展现了晏子的辩才。又如《东周列国志》中记载晏子"身不满五尺"[4],《古今小说》中记载的晏子形象尤为怪异,"身长三尺八寸,眉浓目秀,齿白唇红"[5]。在《东周列国志》《古今小说》的改写中,"二桃杀三士"与"晏子使楚"两个故事糅合,齐楚交战、三武士横行于齐国的背景,为晏子除三士的行为赋予了合理性,改变了《晏子春秋》中晏子颇为负面的形象。这类改写后的"晏子"故事只是借用了《晏子春秋》中的记载作为故事背景,改变原有人物形象与故事情节,成为新的故事。

---

[1] "二桃杀三士"汉画像中的"武士"与"桃"有辟邪、镇墓的作用,"二桃杀三士"汉画像与墓葬中其他图像之间有某些相通的寓意。关于这一问题,笔者另有专文详述。

[2] (汉)韩婴撰,许维遹校释:《韩诗外传集释》,中华书局,2020,第343—344页。

[3] 黄征、张涌泉校注:《敦煌变文校注》,中华书局,1997,第370—375页。

[4] (明)冯梦龙著,凌霄注:《东周列国志》,崇文书局,2015,第398—400页。

[5] (明)冯梦龙编著,恒鹤等标校:《古今小说》,上海古籍出版社,1992,第248—252页。

三 孔、晏关系的文献梳理与图像表现

《史记·仲尼弟子列传》记"孔子之所严事：于周则老子；于卫，则蘧伯玉；于齐，晏平仲；于楚，老莱子；于郑、子产；于鲁，孟公绰"[1]。老子、晏子均为孔子"严事"的对象，但在山东地区多见的"孔子师老子"画像石中，图像中拄杖的老子为孔子求教的对象，晏子却出现在孔子身后躬身侍立的弟子行列中。首先应当明确，这类对常见"孔子见老子"图格套进行改动的汉画像石不是工匠或时人误刻误记所致，应有其特定原因与特殊寓意，"礼仪美术（ritual art）反映的是集体的文化意识而非个人的艺术想象"[2]。孔子未必真的师从老子，也许"是有计划的宣传"[3]，而在汉代孔子师从老子这一说法得到了官方认可。[4] 缪哲、邢义田等学者认为此石本与经学、汉代学术发展相关，[5] 无疑为此类图像的解读提供了合理的思路。但现有研究对汉代刘向等辑录、校勘前代文献的理解不明晰，对诸子著作中晏子事迹的理解存在偏差，误将其中学派攻讦的"托名"内容作为实事，因此此类汉画像问题中关涉的孔子和晏子的师徒关系、诸子著作中"晏子"的寓言化、晏子的学派归属等尚值得讨论。

（一）孔、晏师徒关系考辨

钱穆考证孔子适齐及晏子事迹，认为晏子享年八十岁，长孔子三十余岁，孔子适齐时晏子已年过七十，子贡师从孔子时晏子已卒。[6] 王更生认为晏子生于齐顷公十年（前589年），卒于齐景公四十八年（前500年），享年九十。[7] 结合《左传》《史记》等有关齐国、鲁国重大事件及历史人物的记载，晏婴与孔子主要所在地点为邻国，二人所处时代接近，因此存在孔、晏二人有接触、交往的可能；晏婴为齐相，年长孔子三十余岁，后世或因种种原因提升孔子地位，但在当时实际历史环境中，晏婴地位应高于其时尚不得志的孔子，二者各有学术渊源、政治主张，故而《史记》"严事晏平仲"的记载是比较可

---

[1] 《史记》卷六七《仲尼弟子列传》，第658页。

[2] ［美］巫鸿著，郑岩、王睿编，郑岩等译：《礼仪中的美术——巫鸿中国古代美术史文编》，生活·读书·新知三联书店，2005，巫鸿"序"，第2页。

[3] 顾颉刚：《秦汉的方士与儒生》，上海古籍出版社，1988，第34页。

[4] 白虎观会议汉章帝定"孔子师老聃"，"虽有自然之性，必立师傅焉……孔子师老聃"。见（清）陈立著，吴则虞注解《白虎通疏证》，中华书局，1994，第255页。

[5] 参见缪哲《孔子师老子》，载巫鸿、郑岩主编《古代墓葬美术研究》（第一辑）。

[6] 钱穆：《先秦诸子系年》，商务印书馆，2017，第10—13页。

[7] 王更生注译：《晏子春秋今注今译》，台湾商务印书馆，1987，第395页。

信的。但在汉代另一重要历史文献《汉书》中，晏子则被列入"儒家者流"且"宗师仲尼"[1]，成为孔门弟子之一，这一变化于传世文献有迹可循，同样表现在汉代画像石中。

晏婴（晏子、晏平仲）言行事迹多见于先秦两汉典籍中，常以尊者、贤者、忠臣的形象出现，各类文献中记载的有些可能是真实的晏子言行事迹或相关"轶事"，另有不少记载则是以"寓言"的手法，借重晏子，将其作为自身学派的代言人叙事说理、攻讦其他学派。"诸子中之记事，十之七八为寓言，即或实有其事，人名地名年代等，亦多不可据；彼其意，固当作寓言矣。"[2]《墨子》《孔丛子》《韩非子》《列子》《子华子》等文献中的晏子事迹，既有相似叙述，又有抵牾之处，文献中所记载的晏子与历史上真实存在的齐相晏婴，尤其是孔子及其后学眼中的晏子有渊源，这类故事"半真半假"，故事中晏子及相关的人物身份是真实的，故事中的部分情节可能是真实的，但寓言不能等同于历史。如《列子·杨朱》记载，"晏平仲问养生于管仲……既死，岂在我哉？焚之亦可，沈之亦可，瘗之亦可，露之亦可，衣薪而弃诸沟壑亦可，衮衣绣裳而纳诸石椁亦可，唯所遇焉"[3]。

《左传》《晏子春秋》《孔丛子》等文献中均记载晏子守父丧，而在《列子》记载中管晏二人谈丧葬之事，晏子竟认为可以不需衣物、随意弃之，这一故事完全是托名于管、晏二人体现道家的思想内蕴。

考察先秦两汉时期历史记载及时人认知中的孔、晏关系，《晏子春秋》是不容忽视的记载。《晏子春秋》中出现晏子、孔子言行及孔晏二人评价的篇章分别为：《内篇谏上》第二十章、《内篇谏下》第五章、《内篇问上》第三十章、《内篇问下》第二十九章、《内篇杂上》第十六章、《内篇杂上》第二十一章、《内篇杂上》第三十章、《外篇重而异者》第二十七章，以及学界常引的《外篇不合经术者》中集中记载的几篇。结合晏子、孔子、子贡、曾子等主要人物的大致生卒年及当时的重要事件，前述篇目中不少故事与史实相悖，且其中涉及的评价几乎都是孔子对弟子及其他人称赞晏子、认同晏子之言行，少有晏子对孔子的认可、称赞。其中，《外篇不合经术者》第六章中"孔子，圣相也"[4]似乎是晏子对孔子的赞赏之语，然而刘向编校《晏子》时将此篇定为"不合经术"[5]，并且故事中孔子相鲁、去鲁、适齐、困于陈蔡等记载与史实

---

1 《汉书》卷三〇《艺文志》，中华书局，1962，第1724—1728页。

2 吕思勉：《先秦学术概论》，云南人民出版社，2005，第22页。

3 杨伯峻撰：《列子集释》，中华书局，1979，第27页。

4 吴则虞：《晏子春秋集释》，第503—504页。

5 吴则虞：《晏子春秋集释》，《刘向叙录》，第49—53页。

不合，因此"圣相"的称赞之语多半为后人托名晏子。

关于"孔子适齐"故事，不同学派的叙述中人物关系、故事情节相似，体现的学术旨趣则各不相同。

《墨子·非儒下》：

> 孔某之齐见景公，景公说，欲封之以尼溪，以告晏子。晏子曰："不可！夫儒，……孔某盛容修饰以蛊世……"公曰："善。"于是厚其礼，留其封，敬见而不问其道。孔某乃恚，怒于景公与晏子……齐、吴破国之难，伏尸以言术数，孔某之诛也。[1]

《孔丛子·诘墨》：

> 察传记，晏子之所行，未有以异于儒焉……观其终不树子皮，审矣。
> ……若是乎孔子、晏子交相毁也。小人有之，君子则否……墨子之所引者，矫称晏子。晏子之善吾先君，吾先君之善晏子，其事尽乎？[2]

《史记·孔子世家》：

> 孔子年三十五……鲁乱。孔子适齐，为高昭子家臣，欲以通乎景公。……景公问政孔子……景公说，将欲以尼谿之田封孔子。晏婴进曰……后，景公敬见孔子，不问其礼……孔子遂行，反乎鲁。[3]

《晏子春秋·外篇第八》：

> 仲尼之齐，见景公，景公说之，欲封之以尔稽。以告晏子，晏子对曰："不可……"公曰："善。"于是厚其礼而留其封，敬见不问其道，仲尼乃行。[4]

"世之显学，儒、墨也。"[5] 《非儒》中，代墨家立言的"晏子"反对儒家的礼与繁文缛节，并且先否定儒学、后否定孔某，孔某及门人因此挑起各国战争。"若夫墨子所以必引晏子者，孔子同时之贤，齐德俱尊者，未有逾于晏子，非儒诋圣之言，一旦出于己，恐人未肯便遵信，故借晏子以自重，其用意亦险巧矣。"[6]

《孔丛子》大肆渲染晏子与儒学之间

---

[1] （清）孙诒让撰，孙启治点校：《墨子间诂》，中华书局，2001，第 286—303 页。
[2] 王均林、周海生译注：《孔丛子》，第 236—251 页。
[3] 《史记》卷四七《孔子世家》，第 2315—2316 页。
[4] 吴则虞：《晏子春秋集释》，第 491—492 页。
[5] （清）王先慎撰，钟哲点校：《韩非子集解》，中华书局，2003，第 456 页。
[6] 王更生注译：《晏子春秋今注今译》，第 403—405 页。

的瓜葛，晏子守父丧见于《左传》，"遂哀三年"却出于后人虚构，亦即说明，晏子思想中与儒家接近的礼的部分为儒家学派沿用，并做出了有利于自身的解释引申。孔、晏关于礼的认知与界限，与齐文化、鲁文化本身的差异有关，不完全是二者的学术分歧。

（二）"儒家者流"的晏子

墨家、儒家均引晏子以自重，阐发晏子与自身学派相近的观点，并未明确将其归属于某一学派。《孔丛子·诘墨》中称"晏子之所行，未有异于儒焉"[1]，在孔门后学看来，晏子是与儒家接近的贤者。晏子思想、政见、言行等确有近于儒家的一面，《韩诗外传》《晏子春秋》均记载"晏子聘鲁"一事，情节大致相似而结尾则各有侧重。《晏子春秋》的记载侧重于情节完整，孔子以宾客之礼送晏子。[2]《韩诗外传》从经学角度以晏子之礼释《小雅·楚茨》，"'礼义卒度，笑语卒获。'晏子之谓也"[3]。

刘向校勘各类流传的"晏子书"，调整篇目章次，编为《晏子春秋》，"其书六篇，皆忠谏其君，文章可观，义理可法，皆合六经之义。又有复重，文辞颇异，不敢遗失，复列以为一篇。又有颇不合经术，似非晏子言，疑后世辩士所为者，故亦不敢遗失，复以为一篇。凡八篇，其六篇可常置旁御观"[4]。刘向以"六经"为采录的标准，将《晏子春秋》分为内篇六篇、外篇两篇，首六篇为"忠谏之君"的篇章，合于儒家旨趣，因此在这一标准下，记有指斥孔子、儒家言论的《外篇》自然不合经术，非晏子言。"《外篇》第七、八两篇，一部分已经包含在银雀山竹简本《晏子》中，不能认为其创作时间远远迟于《内篇》，或迟于《内篇》被收入《晏子》。《外篇》是在特别的用意下编成的，亦即原本不区分内外篇而被传承的文献，在刘向的时代被加以区分。"[5]

刘向编定《晏子春秋》为八篇，实际认可的其实为内篇六篇，刘歆《七略》记"《晏子》七篇，在儒家"[6]，关于"七篇"的篇数问题，应是以刘向校定本为基础，《内篇》六篇及《外篇》"复重"的一篇共七篇；《叙录》文有脱落，不能确定刘向是否将《晏子》列入儒家，刘歆将《晏子》列为儒家之首的观点或是承袭其父，或是在刘向编校基础上进一

1　王均林、周海生译注：《孔丛子》，第236—251页。

2　吴则虞：《晏子春秋集释》，第342—346页。

3　（汉）韩婴撰，许维遹校释：《韩诗外传集释》，第135—136页。

4　吴则虞：《晏子春秋集释》，第49—50页。

5　［日］谷中信一：《先秦秦汉思想史研究》，孙佩霞译，上海古籍出版社，2018，第291—313页。

6　（清）严可均校辑：《全上古三代秦汉三国六朝文》，中华书局，1958，第352页。

步的调整。

班固《汉书·艺文志》儒家类开篇便列"《晏子》八篇",子思、曾子、漆雕子等孔子弟子的著作均在《晏子》之后。[1] 此外,《汉书·艺文志》又云"儒家者流……游文于六经之中……祖述尧舜,宪章文武,宗师仲尼,以重其言"[2],《汉书·古今人表》中晏子为"上中仁人",与颜渊、闵子骞等孔门弟子在同一等次。[3]《艺文志》中"《晏子》八篇"的篇数来自刘向编定本,晏子在儒门中的排序甚至在子思等人之前,为"儒家者流"的第一位,孔、晏"借以自重"的关系发生改变,由孔子、孔门后学称引晏子变为晏子等"儒家者流"借古圣王、孔子以重其言。班固等将《晏子》列入儒家是一种经学化的阐释,在汉人建构的经学体系中,三皇五帝、周公孔子等地位最高。"仲尼,神明也,小以成小,大以成大,虽山川、丘陵、草木、鸟兽,裕如也。"[4] 儒家除孔子之外,晏子被列为地位最高的孔门弟子之一,这种"宗师仲尼"的改动在汉代经学发展、孔子圣化的背景中,不仅不是贬抑晏子,反而是对晏子的一种肯定。类似的师生关系的改动,如刘歆争立《左氏春秋》为官学,称"孔子作《春秋》,左丘明与子夏造膝亲受"[5],左丘明亲见孔子、亲受其学,在《古今人表》中左丘明位于颜渊之前。

汉人将晏子列为儒家的经学化改写到北齐时期尚有影响,[6] 至唐代,柳宗元《辨晏子春秋》将《晏子》定为墨家,"自刘向、歆,班彪、固父子,皆录之儒家中,甚矣,数子之不详也!盖非齐人不能录其事,非墨子之徒则其言不若是。后之录诸子书者,宜列之墨家。非晏子为墨子也,为是书者,墨子之道也"[7]。墨学在"独尊儒术"的西汉后期并未中绝,墨学的信奉群体在两汉之交由士人转向民间,[8] 儒墨之分歧、对立、攻讦及学术递变,班固等汉儒对此是熟悉的,因此晏子的学派归属为儒或为墨则十分重要。在目前可考的文献中,大致可以推测从刘向编校《晏子》开始,晏子其人其书的墨家性质便被有意遮蔽,其儒家性质得到凸显,柳宗元所谓"数子之不详"实则是

---

[1] 《汉书》卷三〇《艺文志》,第1724—1728页。

[2] 同上注。

[3] 《汉书》卷二〇《古今人表》,第861—951页。

[4] 汪荣宝撰,陈仲夫点校:《法言义疏》,中华书局,1987,第263页。

[5] 皮锡瑞:《经学通论》,中华书局,1982,第20页。

[6] 刘昼《刘子·九流章》"儒者,晏婴、子思、孟轲、荀卿之类也……游心于六艺,留情于五常,厚葬久服,重乐有命,祖述尧舜,宪章文武,宗师仲尼,以尊敬其道。"见傅亚庶《刘子校释》,中华书局,1998,第520页。

[7] (唐)柳宗元:《柳河东集》,上海人民出版社,1974,第70—71页。

[8] 两汉墨学发展相关论述参郑杰文《中国墨学通史》,人民出版社,2006,第176—210页。

经学发展过程中刻意地改动。扬雄《法言·五百》云"庄、杨荡而不法，墨、晏俭而废礼"[1]，儒墨重要分歧之一便在于"俭而废礼"，扬雄效法孟子"辟异端"而将墨、晏并列批判，与同时期刘歆等人将晏子列入儒家相比，二者是同出于经学立场的不同做法。

（三）"孔子见老子图"中的"齐相晏子"

晏子作为孔门弟子出现在画像石中，有可能是孔子问礼于老子、孔子问学童子、齐景公与晏婴入鲁问礼这几个问礼、问学故事的杂糅，图像中孔子、老子、童子、晏子俱在的场景应是虚构。

《史记·孔子世家》：

> 鲁南宫敬叔言鲁君曰："请与孔子适周问礼。"鲁君与之一乘车，两马，一竖子俱，适周问礼，盖见老子云。[2]
>
> 鲁昭公之二十年，而孔子盖三十矣。齐景公与晏婴来适鲁，景公问孔子曰："昔秦穆公国小处辟，其霸何也？"对曰："秦，国虽小，其志大；处虽辟，行中正。身举五羖，爵之大夫，起累绁之中，与语三日，授之以政。以此取之，虽王可也，其霸小矣。"景公说。[3]

《史记·齐太公世家》：

> 二十六年，猎鲁郊，因入鲁，与晏婴俱问鲁礼。[4]

以矿山村画像石为例，子路是与孔子年龄最接近的弟子，与历史中的晏婴相比，子路年龄应比晏婴至少小四十岁，而在图像中，年龄最长的人物为拄曲杖、微躬身的老子，图中子路、晏子均明显没有老迈之态。

"格套经过变化增减，可以保留其基本寓意，也可能改变或蕴含更多样的意义"[5]。"孔子见老子"图的固定格套中，孔子、老子身后跟随的人物常有某些特殊变化，如周公在老子身后、晏子在孔门弟子中、颜渊在老子身后、左丘明在孔子身后弟子中第一位等，这些变动与汉代谶纬思想、道家学说、今古文之争等有关。以德国菲雪藏"孔子见老子"画像石为例，此石老子身后有一人物榜题"颜渊"[6]。

1　汪荣宝撰，陈仲夫点校：《法言义疏》，第280页。

2　《史记》卷四七《孔子世家》，第2314页。

3　《史记》卷四七《孔子世家》，第2315页。

4　《史记》卷三二《齐太公世家》，第1818页。

5　邢义田：《画为心声：画像石、画像砖与壁画》，中华书局，2011，第402页。

6　邢义田：《画外之意：汉代孔子见老子画像研究》，第373—387页。

孔子称许有加的弟子竟在道家的老子身后，这种匪夷所思的设置或许与《庄子》有关，《大宗师》《让王》等篇目中，颜回开示孔子"心斋""坐忘"等观念，文中多有"丘也请从而后也"[1]"今于回后而见之，是丘之得也"[2]这类话语。《论语》中作为弟子的颜回实际上在《庄子》中充当"师"的角色，使孔子在《庄子》的虚构故事中逐渐向道家转变，画像石中面对躬身求问的孔子、位于老子身后的颜渊，或许是受这类道家记载的影响。

《孟子·公孙丑上》载："子诚齐人也，知管仲晏子而已矣。"[3] 管仲、晏子作为古代贤相的代表，出现在齐鲁地区画像砖、画像石中合乎情理。从学术源流来看，齐学具有尚功利的特征，在政治上积极活跃，在学术上占主流，对汉代经学尤其今文经学的发展影响很大，在汉人的经学体系建构中，晏子几乎可看作是圣人孔子的得意门徒，出现在孔门弟子之列同样符合汉代经生的诠释。

5-1

5-2

图5　河南洛阳烧沟汉墓墓室隔墙横梁壁画线描图
（采自河南省文化局文物工作队《洛阳西汉壁画墓发掘报告》，《考古学报》1994年第2期）

1　（清）郭庆藩撰，王孝鱼点校：《庄子集释》，中华书局，1961，第285页。

2　（清）郭庆藩撰，王孝鱼点校：《庄子集释》，第978页。

3　（清）焦循撰，沈文倬点校：《孟子正义》，中华书局，1987，第174页。

海昏侯孔子衣镜中"堂駘子羽""堂駘灭明"即澹台灭明,[1] 澹台灭明在孔门弟子中不如颜渊、子夏、子贡等知名,但却出现在曾为皇帝的刘贺墓孔子衣镜中,应当与孔门弟子南游及儒学传播有关,澹台灭明南游讲学至今南昌地区,因此在这一地域澹台灭明的贤达之名较盛,为人称颂。结合海昏侯刘贺墓孔子衣镜中出现的澹台灭明,齐相晏子作为孔门弟子出现在今山东地区的画像石中,蕴含着经生、官吏等对推动学术发展传播的乡贤之赞赏、向往。

余论　汉画像中"晏子"的身份确认及图像细节

在"二桃杀三士"题材中,洛阳烧沟汉墓墓室横梁壁画是已知较早的一例,画面中共有十三人,从左至右大致分为三组,右侧几位勇武人物表现的是"二桃杀三士"故事,左侧人物表现的主题存在争议(图5)。郭沫若将三组人物视为同一故事,即"二桃杀三士",左侧三人中特矮小者为晏子,第二组人物中站立威严者为齐景公,戴平冠跪者为侍卫,图中晏子左右二人与景公周围四位侍从是画者用作陪衬的。[2] 孙作云认为左侧人物为"孔子师项橐",右侧为"二桃杀三士",左侧中间无冠、发式作童子装的矮小人物为童子项橐,跪在景公身前陈说、人小而老气横秋的人物为晏子。[3] 自孙作云质疑郭沫若后,研究者一般依照孙说,将壁画定为"孔子师项橐""二桃杀三士"两个主题。近年有研究者认为三组历史故事为同一题材即"二桃杀三士","第一组为晏子过、公孙接、田开疆、古治子慢待晏子的场景;晏子出现在汉壁画、画像石中时,均以身材短小之形象示人"。[4] 这种纯以身形来断定人物身份的说法并不准确,"特定身份的人物,必以特定的造型表现,某一类人……以十分一致的衣着装束、动作或姿态特征,表现身份。也有个人的特殊造型……这些造型的定型和重复出现即构成一种格套……一定形式的画面要素,以大致一定的要素间的相对位置,构成象征特定意义的画面"[5]。汉画像中各类人物的辨识特征包括服饰、动作、姿态以及特定的"道具"等,据发掘报告描述以及画面细节:左侧画面中最矮小人物为童子、头梳双髻,右侧画面中矮小跪者戴平顶

---

[1] 王意乐、徐长青、杨军、管理:《海昏侯刘贺墓出土孔子衣镜》,《南方文物》2016年第3期。

[2] 郭沫若:《洛阳汉墓壁画试探》,见《郭沫若全集·考古编》第十卷,科学出版社,2002,第317—324页。

[3] 孙作云:《洛阳西汉墓壁画考释》,见《孙作云文集·美术考古与民俗研究》,河南大学出版社,2003,第196—198页。

[4] 罗丰:《一个智慧的阴谋——北魏漆棺画中的"二桃杀三士"故事》,《美术研究》2020年第5期。

[5] 邢义田:《画为心声:画像石、画像砖与壁画》,第400页。

冠、有胡须，显为成年人。晏子即使身形矮小，衣着样貌也应当是成年人，而非梳双髻的童子，如和林格尔汉墓壁画中分别出现了有榜题的晏子与项橐，两个人物服饰、体型、姿态的差别非常明显。（图6、图7）此外，画面中尚有不少细节反映人物身份，如三武士均挽髻、持剑，使臣、侍者手持旌节，图中绿衣尊者手中持剑，左侧老者手中持曲杖。

结合几类不同题材的晏子故事画像石、壁画，身形矮小并不是晏子身份唯一的判断依据，"二桃杀三士""周公辅成王""孔子师老子"三类汉画像常出现在同一画像石的几层画面中，晏子、成王、项橐三个人物均较画面中其他人矮小，判断其身份时势必要参照其他的细节。如山东嘉祥五老洼一画像石中，上层为"孔子师老子"，下层为"周公辅成王"，图中两个身形矮小者身边均有长者、随从躬身，成王戴冠、服饰较复杂，项橐多为披发；成王身侧躬身护持、手拿华盖的长者为周公，项橐身侧持杖长者则多多为孔子。在人物造型方面，山东地区汉画像中的晏子形象特征较其他地区明显，除身形特征，画面中的晏子多戴高冠、佩长剑，这一特点与春秋战国时期"剑礼"相关。

图6　和林格尔汉墓壁画"老子、项橐、孔子图"
（采自陈永志、黑田彰、傅宁主编《和林格尔汉墓壁画孝子传图摹写图辑录》，第12页）

图7 和林格尔汉墓壁画"晏子""田开疆"

(采自陈永志、黑田彰、傅宁主编《和林格尔汉墓壁画孝子传图摹写图辑录》，第12页)

结　语

晏子故事是汉画像中的常见主题，本文统计整理了目前已发现的各类相关汉画像，在借鉴学界现有成果的基础上，认为大致可分为"二桃杀三士""晏子见齐王""孔子见老子"这几种主题；指出晏子在不同故事主题汉画像中的形象有差异，"晏子见齐王""孔子见老子"这两类图像里晏子虽然矮小，但凸显了其忠君直谏、好学尊师等正面品质，而"二桃杀三士"汉画像中的晏子偏于奸诈负面，且并不是这类图像中必须存在的关键人物。

各类晏子故事在图像中呈现，图像也促进了故事的传播。通过晏子故事及形象相关文献的梳理、辨析，先秦两汉时期，晏子这一人物形象的重心逐渐转移，从《左传》等史学文本中的忠臣贤者形象，逐渐演变为各类故事中的虚构艺术形象、诸子著作中的寓言化形象、经学改写的孔门弟子形象等，其形象的丰富、变化受政治因素、地缘因素、民间趣味、经学发展等影响。本文对汉画像中晏子的身份确认等问题作了补充、勘正，认为身形矮小并不是唯一的判断依据。

汉画像是艺术品，同样也是等待发掘与认识的文化史料，合理利用图像文献考察中国古代文学史、文化史中的相关问题，探究古代社会生活、精神观念，可为研究提供必要的补充与新的思路。

敦煌石窟所见三叉冠图像及源流探析*

■ 宋焰朋（敦煌研究院）　闫文曦（敦煌研究院）

引　言

敦煌石窟壁画中保存了丰富而珍贵的中古时期冠饰的图像资料，三叉冠是其中一种，这种冠饰的主要特征是在冠顶上竖立三个柱状物，其造型受到了国内外不少学者的关注。

勒柯克最早关注到柏孜克里克第16窟头戴三叉冠的回鹘供养人形象，并称这种冠饰为"三个尖角的便帽"，类似于印度式的三角帽；[1] 冯·佳班在《高昌回鹘王国的生活》一书中，称三叉冠为"三尖无缘帽"，认为佩戴这种冠饰的应为回鹘贵族；[2] 莫尼克·玛雅尔《古代高昌王国物质文明史》中也涉及回鹘王子的三尖冠形帽，他提出壁画中的三叉冠可能是为了效仿其他民族或某种宗教，接近于佛教的三重冠。[3] 以上研究对回鹘壁画中的三叉冠形制和来源做了探讨，但这些研究都是基于在新疆地区发现的三叉冠，没有涉及敦煌石窟中的三叉冠。

在众多研究中，有一些学者考察论述了敦煌石窟中出现的三叉冠，如：沈雁的博士论文《回鹘服饰文化研究》对新疆和敦煌两地发现的三叉冠进行了分类梳理，首次提到三叉冠这一名称；[4] 吴紫雯统计了莫高窟第7、9、98、156

---

* 本文为国家社科基金冷门绝学研究专项学术团队项目"敦煌壁画外来图像文明属性研究"（项目编号：20VJXT014）阶段性研究成果。

1 ［德］阿尔伯特·冯·勒柯克、恩斯特·瓦尔德施密特：《新疆佛教艺术》，管平、巫新华译，新疆教育出版社，2006，第181—203页。

2 ［德］冯·佳班：《高昌回鹘王国的生活》，邹如山译，吐鲁番市地方志编辑室，1989，第83—95页。

3 ［法］莫尼克·玛雅尔：《古代高昌王国物质文明史》，耿昇译，中华书局，1995，第148—151页。

4 沈雁：《回鹘服饰文化研究》，博士学位论文，东华大学，2008，第88—100页。

窟维摩诘经变听法图中人物所戴的三叉冠，但并未对其图像做详细分析；[1] 王婷等分析了三叉冠的形制，涉及榆林窟第 39 窟供养人首服上的三叉冠，并指出此类冠饰可能受唐代介帻、佛教覆钵式塔尖和摩尼教的影响；[2] 张先堂注意到莫高窟第 148 窟东壁北侧的四身男供养人均戴三叉冠，并指出此冠饰与榆林窟第 39 窟前室南壁第一身回鹘供养人和柏孜克里克第 16 窟回鹘供养人的三叉冠类似；[3] 李昀对莫高窟维摩诘经变《王子图》中的人物头冠做了系统研究，关注到第 9 窟头戴三叉冠的回鹘人物形象，并指出此时期的《王子图》人物排列更多地与窟主社交情况相关。[4]

以上研究虽然涉及敦煌壁画中个别出现的三叉冠案例，但没有对敦煌壁画中所见的三叉冠进行系统的调查、整理和研究，有许多问题尚未厘清。如，敦煌壁画三叉冠图像具体数量有多少？主要出现在哪些场景中？图像表现形制有哪些？它们有何意指？它们的源头在哪里？这些问题都值得进一步探讨。本文将围绕上述问题，重点对敦煌石窟所见的三叉冠图像进行分类整理并探讨其可能的源流。

一 敦煌壁画中三叉冠遗存梳理

据笔者调查统计，敦煌石窟中的三叉冠图像总计有 129 处（详见表 1），主要出现在回鹘供养人像、佛教故事画、维摩诘经变中的听法图和各国王子举哀图等场景中。敦煌石窟中头戴三叉冠的回鹘供养人出现于莫高窟第 148 窟主室东壁门北侧和榆林窟第 39 窟前室甬道南壁西侧，共 5 身；除供养人外，开凿于五代的莫高窟第 61 窟佛传故事中，多次出现头戴三叉冠的王子形象，共计 54 身；另外在莫高窟经变故事画和藏经洞绘画品中，亦可见头戴三叉冠的人物形象，共 59 身；在莫高窟维摩诘经变中，维摩诘床帐前表现听法的各国国王或王子形象中，也不乏三叉冠饰，包括第 6、7、9、12、61、98、138、156、231、369 窟，共 10 身；莫高窟第 158 窟涅槃经变帝王举哀图中，也有头戴三叉冠的人物形象，共 1 身。这些洞窟多开凿于中晚唐、五代时期。

---

[1] 吴紫雯：《敦煌壁画维摩诘经变中的各国王子礼佛图首服研究》，硕士学位论文，北京服装学院，2019，第 54—58 页。

[2] 王婷、马艳辉、张越一、吕钊：《回鹘男子首服三叉冠形制探究》，《纺织高校基础科学学报》2022 年第 3 期。

[3] 张先堂：《敦煌莫高窟第 148 窟西夏供养人图像新探——以佛教史考察为核心》，《西夏学》2015 年第 11 期。

[4] 李昀：《敦煌壁画中的职贡图绘研究之一：维摩诘经变与贞观〈王会图〉》，《艺术史研究》2021 年第 6 期。

表1　　敦煌石窟三叉冠遗存统计

壁画内容		遗存地点	窟号	年代	三叉冠在窟中位置	遗存数量
供养人		莫高窟	148窟	盛唐（晚唐、西夏、清重修）	主室东壁门北	4身
		榆林窟	39窟	五代	前室甬道南壁	1身
故事画	报恩经变相图	莫高窟藏经洞绘画品		唐(9世纪前半)		9身
	报恩经恶友品	莫高窟	154窟	中唐	主室北壁	9身
	采花供养佛得生大缘	莫高窟	112窟	中唐	主室西壁龛内屏风画	1身
	报恩经序品、孝养品、恶友品	莫高窟	98窟	五代	主室南壁	9身
	报恩经恶友品	莫高窟	100窟	五代	主室南壁	1身
	报恩经恶友品、孝养品	莫高窟	108窟	五代	主室南壁	11身
	贤愚经摩诃萨埵以身施虎品	莫高窟	72窟	五代	主室西壁龛内屏风画	19身
	佛传故事	莫高窟	61窟	五代	主室南壁、西壁、北壁西侧下部屏风画	54身
维摩诘经变听法图		莫高窟	7窟	中唐	主室东壁门南	1身
			231窟	中唐	主室东壁门北	1身
			9窟	晚唐	主室北壁	1身
			12窟	晚唐	主室东壁门北	1身
			138窟	晚唐	主室东壁门南	1身
			156窟	晚唐	主室东壁门北	1身
			6窟	五代	主室东壁门北	1身
			61窟	五代	主室东壁门北	1身
			98窟	五代	主室东壁门北	1身
			369窟	五代补绘	主室东壁门北	1身
举哀图		莫高窟	158窟	中唐	主室北壁	1身
合　　计						129身

图1 莫高窟第148窟东壁门北侧四身男供养人像白描图
（邓虎斌绘）

二 敦煌壁画三叉冠形制分析

根据表1统计并结合遗存图像的特征，笔者将敦煌石窟中所见三叉冠图像分为以下四种类型："平齐型"三叉冠、"山字型"三叉冠、"花叶型"三叉冠、"三叉戟型"三叉冠，下文将结合具体图像分别论述。

（一）"平齐型"三叉冠

在敦煌石窟中，头戴三叉冠的供养人形象主要见于莫高窟第148窟和榆林窟第39窟，其所戴三叉冠的三叉基本平齐，冠座为圆柱形，冠带系于下颌处，冠后有冠带垂至肩头（图1），笔者将此类三叉冠称为"平齐型"三叉冠。这种形制的三叉冠亦可见于莫高窟第138窟维摩诘经变各国国王或王子听法图中。

张先堂首次提到了莫高窟第148窟东壁门北侧前四身供养人均头戴三叉冠，位于其后的四身人物戴扇形冠。他认为此三叉冠形制与榆林窟第39窟（图2）前室甬道南壁西侧男供养人的三叉冠基本类似，只是冠座较大。[1] 如图2-1所示，第

---

[1] 张先堂：《敦煌莫高窟第148窟西夏供养人图像新探——以佛教史考察为核心》，《西夏学》（第十一辑），上海古籍出版社，2015，第10页。

一身男供养人头戴三叉冠,红色冠带清晰可见,冠体三叉模糊(见图2-2)。人物面相丰圆,着红色圆领窄袖团花长袍,袍长及地盖过鞋子,下有方毯,可见人物的尊贵地位。一条黑色腰带系于中腰部;一条浅色腰带落在胯上,上挂短刀、火石等"蹀躞七事"。第二身供养人头戴扇形冠,服装与第一身人物类似,手捧香炉。

图 2-1　榆林窟第 39 窟前室甬道南壁西侧回鹘装男供养人

(孙志军摄)

图 2-2　榆林窟第 39 窟前室甬道南壁西侧回鹘装男供养人线描图
(邓虎斌绘)

正如冯·佳班所指出的那样，回鹘贵族通过佩戴腰带和某些类型的头饰来区分自己。[1] 玛雅尔发现回鹘贵族男子的所有帽子都有一根带子系在下颌处，并认为这是一个与平民男子相区别的标志。[2] 遗憾的是，第一身供养人旁的榜题字迹漫漶无法辨认。刘永增判断此身供养人是"西回鹘王国官僚阶层的一员，他们在 10 世纪末 11 世纪初来到榆林窟，共同出资开凿了属于自己的洞窟"[3]。据松井太研究，第二身供养人旁的榜题汉译为："此乃颉

---

[1] [德] 冯·佳班：《高昌回鹘王国的生活》，邹如山译，第 83—95 页。
[2] [法] 莫尼克·玛雅尔：《古代高昌王国物质文明史》，耿昇译，第 148—151 页。
[3] 刘永增：《敦煌"西夏石窟"的年代问题》，《故宫博物院院刊》2020 年第 3 期。

于迦斯（宰相）·相温·于越·毕里哥·伯克阁下之真影，愿他能得到上天之宠儿幸福。"1 据此，第一身供养人身份应位于宰相之上。另外，图2中的两身人物排列组合与莫高窟第148窟东壁门北侧和柏孜克里克第16窟供养人的组合相近（见图3），头戴三叉冠的供养人后均可见戴扇形冠的供养人，只是数量不同。石窟壁画中绘制的供养人形象有大有小，一般认为人物尺寸越大身份越尊贵。若供养人的服饰或冠饰相同，则排在前列的地位更高。壁画中回鹘供养人多戴尖顶花瓣冠、桃形凤冠、三叉冠与扇形冠，根据图3供养人排列顺序可知，戴尖顶花瓣冠人物地位高于戴桃形凤冠的人物，其次为戴三叉冠者和戴扇形冠者。2

图3 柏孜克里克第16窟回鹘供养人像

(采自《新疆佛教艺术—上》，第253页)

---

1 [日]松井太：《敦煌莫高窟、安西榆林窟的回鹘语题记》，白玉冬译，载《胡风西来：西域史语译文集》，上海古籍出版社，2021，第69页。

2 沈雁：《回鹘服饰文化研究》，第88—100页。

据谢静研究，头戴尖顶花瓣冠的人物为回鹘王。[1] 冯·佳班称这种冠饰为"古波斯王冠"[2]。榆林窟第 39 窟第一身供养人头戴三叉冠，对比柏孜克里克第 16 窟供养人的排序，推论其应为回鹘王室成员，地位低于戴尖顶花瓣冠的人物形象。据此，莫高窟第 148 窟前四身男供养人也应为回鹘的王室成员。

回鹘是活跃在古代丝绸之路沿线重要的少数民族之一。唐朝时期，随着回鹘汗国的建立，回鹘与汉族的交往频繁。受中原统治政权的影响，回鹘自身的服饰等级制度逐渐形成且愈加完善。因回鹘处于丝绸之路要道，其服饰的发展也潜移默化地受到时代、地域以及丝路周边各民族的影响。冠饰不仅是回鹘服饰文化的重要组成部分，也是回鹘重要的身份标志。回鹘男性供养人佩戴的三叉冠表现了其尊贵的王族身份。

图 4　莫高窟第 7 窟主室东壁门南维摩诘经变之各国王子听法（中唐）
（敦煌研究院文物数字化研究所制作）

---

[1] 谢静：《敦煌石窟中的少数民族服饰研究》，甘肃教育出版社，2015，第 242 页。
[2] ［德］冯·佳班：《高昌回鹘王国的生活》，邹如山译，第 84 页。

图5　莫高窟第98窟主室东壁门北维摩诘经变之各国王子听法（五代）
（闫文曦摄）

（二）"山字型"三叉冠

在莫高窟维摩诘经变听法图中，出现了第二种形制的三叉冠（如图4、图5）。三叉呈"山"字形，中间较长，两边较短。这种形制的三叉冠主要出现在莫高窟第7窟和第98窟。

莫高窟第7窟营建于中唐，洞窟主室东壁门南维摩诘经变听法图中，位列第一位的人物身穿淡黄色圆领衣，双手合十，头戴"山字型"三叉冠，冠座为淡黄色，无冠带，冠后无垂肩布帛（图4）。此身人物形象立于前来听法的各国国王或王子的最前端，人物依次按1—2—3—3—3数量排列，足见其在诸听法人物中的中心地位。

莫高窟第98窟建成于五代，按贺世哲考订，第98窟的功德主为曹议金，即敦煌遗书所称"大王窟"[1]。洞窟主室东壁门北维摩诘经变听法图中，同样出现了头戴三叉冠的人物形象。人物着绿色袍服，衣领领襟及袖口处饰有团花，下颌无冠带，冠后亦无布帛。同上文所述第7窟一样，人物立于维摩诘账前，并位于各国

---

[1] 贺世哲：《从供养人题记看莫高窟部分洞窟的营建年代》，载敦煌研究院编《敦煌莫高窟供养人题记》，文物出版社，1986，第217页。

诸王的前列（图5）。值得注意的是，第98窟维摩诘经变维摩组位于东壁门北侧，人物南向；第7窟维摩组位于东壁门南侧，人物北向。据罗世平研究，敦煌壁画《维摩变》在唐宋时期出现了三种图式，初唐、盛唐和中唐时期，维摩组绘于东壁门南侧（为臣位），文殊组绘于东壁门北侧（为君位）。但到了归义军时期，维摩组却位于东壁门北侧，与之前的恰好相反。[1] 罗世平指出，这种图式的变化反映了归义军时期特定的历史背景和地缘政治。从当时的地缘关系来看，归义军政权虽心向中原朝廷，但基本与中原隔绝。敦煌地处边地，东有甘州回鹘，西有于阗，北有契丹。为求自保，曹氏归义军积极维护与周边回鹘和于阗的关系，曹议金娶回鹘公主，嫁女于阗王就是最好的例证。[2] 画面中维摩组的位置恰恰反映了当时特殊的政治环境。在此种背景下，头戴三叉冠的回鹘王室成员立于诸王之前列也就在情理之中，这应是供养主精心安排和设计的。

（三）"花叶型"三叉冠

在莫高窟维摩诘经变听法图（第6、9、12、61、156、231、369窟）和第158窟的举哀图中发现了多例类似"花叶"形状的三叉冠。此种形制三叉冠中间叉头头部略宽，呈三棱状，两侧叉头呈一茎两花叶形向外翻卷（如图6）。

图6　莫高窟第9窟北壁维摩诘经变之各国王子听法（晚唐）

（余生吉摄）

---

[1] 罗世平：《谁主沉浮：敦煌莫高窟〈维摩变〉的图式与语境》，《长江学术》2020年第1期。

[2] 同上注。

图7 莫高窟第231窟东壁门北维摩诘经变之（中唐）
（余生吉摄）

莫高窟第9窟开凿于晚唐时期（892年前后），并最终于张承奉正式掌权前后完工。[1] 洞窟主室北壁维摩诘经变听法图中，其中一身人物着圆领袍服，衣领及领襟为黑色（可能为壁画变色影响），上绘联珠纹样，头戴花叶型三叉冠，冠后有垂肩布帛。值得注意的是，听法图中头戴花叶型三叉冠的人物形象立于维摩诘床帐旁并位于各国国王和王子的前列。此人物是否也是回鹘的王室成员，因没有明确榜题，无法确认，但根据前述伯孜克里克第16窟北侧内壁四身头戴三叉冠的回鹘王族形象和同时期回鹘在敦煌的影响，笔者认为此人物亦为回鹘王室成员。第9窟建于张氏归义军张承奉执政时期。据杨富学等研究，在张承奉执政的最初几年中，归

---

[1] 魏健鹏：《归义军时期吐蕃移民家窟——敦煌莫高窟第9窟研究》，甘肃文化出版社，2020，第3页。

义军与甘州回鹘保持了友好的关系。[1] 此外，P.3633《辛未年（911年）七月沙州百姓一万人上回鹘大圣天可汗状》也可以进一步说明：

中间遇天可汗居住张掖，事同一家，更无贰心，东路开通，天使不绝，此则可汗威力所置。百姓□甚感荷，不是不知。

图8　莫高窟第158窟北壁各国王子举哀图（中唐）
(敦煌研究院文物数字化研究所制作)

---

[1] 杨富学、张海娟、胡蓉、王东:《敦煌民族史》，社会科学文献出版社，2021，第390—399页。

第 9 窟开凿于公元 892 年前后，为张承奉执政之初，这或许可以解释为何此窟回鹘王室成员立于各国诸王的前列。这与当时回鹘在敦煌的重要影响力密不可分。这些人物的排列次序应是洞窟供养主有意为之，绝非画家个人的偏好所能决定。

第 9 窟"花叶型"三叉冠位于冠座之上，但莫高窟第 231 窟和第 158 窟出现的"花叶型"三叉冠位于覆钵状的冠体之后（如图 7、图 8），三叉均较短，此类三叉冠更像是人物头冠的一种装饰，并非主体。因此，在具体分析中，不能将其与其他三叉冠混同。莫高窟第 231 窟营建于中唐时期，据敦煌遗书 P. 4640 号文书记载，此窟系唐开成四年（839）阴嘉政所建，其所建年代与第 158 窟相近。根据头冠特征，此二窟两身人物应为同一民族。另外，在第 158 窟举哀图中，头戴三叉冠的人物持刀作割耳状，这种习俗在片治肯特发现的哀悼图中亦可见，A. M. Belenitskii 认为这种仪式和粟特祆教有关。[1] 第 158 窟的举哀图描绘的人物中，作劈面、刺胸、割鼻状，这可能与粟特民族的使者有关，他们目睹佛陀涅槃，并用他们传统的习俗来哀悼。

图 9　莫高窟第 61 窟主室西壁下部第十扇屏风画 "为太子求妃"（五代）
（敦煌研究院文物数字化研究所制作）

1　Aleksandr M. Belenitskii, "Voprosy ideologii i kul'tov Sogda po materialam pandzhikentskikh khramov" (Questions about the ideology and cults of Sogdiana raised by the materials from the Panjikent temples), In: *Zhivopis', drevnego Piandzhikenta*. Moskva: Izd-vo. Akademii nauk SSSR, 1954, pp. 25–82.

图 10　莫高窟第 154 窟主室北壁 "善友太子和恶友太子"（中唐）
（敦煌研究院文物数字化研究所制作）

（四）"三叉戟型"三叉冠

莫高窟壁画和藏经洞绘画品中表现佛传和本身故事的场景中出现了大量的类似于三叉戟形状的三叉冠，其冠座上方并非直接连接三叉，而是先伸出一段直柱，由直柱向上分出三叉。这种形制的三叉冠目前主要发现于莫高窟第 61 窟佛传故事画（图 9），第 98、100、108、154 窟报恩经变画（如图 10），藏经洞绘画品（Stein painting 1. Ch. xxxviii. 004）报恩经变相图，第 72 窟摩诃萨埵以身施虎品和第 112 窟西壁龛内屏风画等画面中。

佛传故事画是敦煌壁画常见的题材之一，描绘释迦牟尼生平教化事迹。莫高窟第 61 窟开凿于五代，窟中南壁西侧、西壁、北壁西侧下部的三十三扇屏风画，绘出佛传故事的连续情节。其中，许多场景中的人物形象戴"三叉戟型"三叉冠。沈雁指出，太子在习武、掷象、相扑和射鼓等竞技场合中均着汉式长袍，戴三叉冠，说明三叉冠为武官穿用服饰。[1] 但在众多画面中，我们发现，除竞技场合之外的画面中，也出现了太子头戴三叉冠的形象，如图 9 "为太子求妃"的画面中，立于国王旁的太子也戴三叉冠，此类画面与竞技并无关系。此外，屏风画中除悉达多

---

[1]　沈雁：《回鹘服饰文化研究》，第 97 页。

太子外，亦有其他人物形象佩戴三叉冠，如第十扇屏风"角技议婚"中，净饭王坐于宝盖下，两侧侍立臣僚与释童，太子与诸王子坐于王前，其中太子和诸王子均戴三叉冠。（图11）

在莫高窟第154窟北壁《报恩经变画》中也可以看到，恶友趁善友憩睡之际取树刺两枚，刺其兄双目，夺珠而去。两位王子均戴三叉戟型的三叉冠（见图10）。在上述诸多情节中，头戴"三叉戟型"三叉冠的人物形象均是王子身份，但并未表现其民族身份。相比回鹘供养人的写实性，此类壁画中出现的王子、太子冠饰，应是粉本画稿作用的结果。这种形制的三叉冠在敦煌石窟壁画中大都见于中唐和五代时期，其粉本应参照了藏经洞中的绘画品。

通过对比新疆地区发现的三叉冠和相关史料，敦煌石窟中供养人首服上和维摩诘经变听法人物所戴的三叉冠应是回鹘王室成员的一种冠饰，是回鹘王室尊贵身份地位的象征，但不能简单地认为所有头戴三叉冠的人物都与回鹘有关，如莫高窟第231窟和第158窟出现的"花叶型"三叉冠，仅作为一种头冠装饰，不能将其视为判定回鹘人物的依据。此外，三叉冠饰在莫高窟经变故事画中亦有出现，更多的是表现人物王子的身份，并未表现其民族身份。

图11 莫高窟第61窟主室西壁下部第十扇屏风画"角技议婚"
（敦煌研究院文物数字化研究所制作）

三 敦煌壁画三叉冠探源

在敦煌之外的其他地域的非佛教艺术中也出现了类似三叉冠的形象。我们初步认为敦煌石窟中的三叉冠，可能最早受到中原文化和波斯文化的影响，之后被摩尼教艺术所吸收，进而影响到新疆和敦煌地区出现的三叉冠图像。三叉冠中的三叉一方面可能表示"火"，象征"光明、光辉"之意，这一寓意的表达源于古人对火的崇拜；另一方面可能是对王冠的借用，强调佩戴这种冠饰人物的高贵身份。

（一）中原文化的影响

上文所述前三类三叉冠饰在新疆地区均有发现。据沈雁统计，头戴三叉冠的人物形象在新疆共有 9 处。[1] 此外，在中原墓葬出土物和墓室壁画中，亦可见类似三叉冠的形象。1987 年，浙江省余杭县下溪湾村瑶山发现了一片墓地，据专家考证，这是新石器时代良渚文明中晚期的祭祀场所，距今约 5000 年。祭坛分内外三层，其南半部有 20 多个墓葬，这些墓葬又分南北两个区域，南部为男性墓葬，北部为女性墓葬。在男性墓葬中，出土了玉钺、三叉形玉冠等特殊随葬品，而这些器物在女性墓葬中却没有。

三叉形玉冠现藏于浙江省文物考古研究所（见图 12）。此玉冠上部为三股齐平的分叉，中间的叉头上有一个小孔，上下贯通，可供穿系。玉器正面琢刻有精致的兽面，图案运用浅浮雕和阴刻线两种方法，先用阴线刻出三叉上的羽翎纹、卷云纹和长短直线，象征神冠；再以浮雕勾出兽面的眼、鼻、嘴等轮廓。出土的三叉形玉器位于死者的头部，状似首领头戴的一种王冠。汪遵国推测三叉形玉器为当时高级贵族男性专属的身份标识，可能是最初的皇冠。[2] 从中国汉字的演变来看，"皇"字本意为冠冕。"皇"字甲骨金文作 𦣻，象光芒四射的灯形，下面是灯座，中间一点是灯芯，上述三竖表示灯光，寓光辉、辉煌之意。[3]

图 12 良渚文化三叉形玉冠
（采自龚良主编《中国考古大发现》，山东画报出版社，2006，第 75 页）

---

[1] 沈雁：《回鹘服饰文化研究》，第 88 页。

[2] 汪遵国：《良渚文化玉器丛谈》，《长江文化论丛》2001 年第 00 期。

[3] 杜超月：《"皇"声字族探析》，《文化学刊》2019 年第 12 期。

图13 画像砖《周公辅成王》局部
（采自张道一《汉画故事》，重庆大学出版社，2006，第31页）

据此，笔者推测三叉冠中的三叉可能是对这一寓意的借用，一方面表示"火"（甲骨文的"火"字为三尖状，写作 ☒，正是火苗的形状，与三叉冠图像相近），象征"光明、光辉"之意；另一方面是对"皇冠"的借用，强调佩戴这种冠饰人物的高贵身份。

敦煌壁画中出现的"山字型"三叉冠与中原汉地出现的三山冠也较为类似，三山冠类似"火"字甲骨文的形状。张劲松认为，在神灵、神巫、神物和神器顶部绘饰的"三尖或三尖高冠符号源于原始人对火的崇拜"[1]。现存考古资料及文献显示，三山冠首服最早于东汉中晚期出现，[2] 山东省嘉祥县宋山村出土的画像砖《周公辅成王》中可见此冠（图13）。画像砖中，周成王位于中心位置，头戴"三山冠"。相比敦煌所见三叉冠，三山冠的造型较为单一变化不大。但二者都在强调人物的尊贵身份。

除此，画像砖上的铺首衔环也值得关注，作为一种装饰符号，早期铺首衔环的形象常见于汉画像墓中，且此形象一直沿用至今。铺首衔环一般分为上中下三个部分，上部呈"山字形"冠饰，中部为兽头形象，下部为兽口中所衔之环。从史前到战国再到秦汉时期，铺首衔环兽首之上的"山"字形冠饰逐渐发展成熟。战国时期刻纹铜器上出现的"山"字形仅用简单的"三条竖线"来表现，秦朝时期铺首衔环兽面之上的冠饰发展为似"山"字形冠的云纹造型，两汉时期汉画像中的"山"字形冠饰种类更加丰富，造型也更为精致。[3]

---

1 张劲松：《论中华巫傩艺术中的火符号》，《东南文化》1993年第4期。
2 苏文灏：《营城子汉代墓室壁画中墓主首服形象考辨》，《服装学报》2021年第6期。
3 陈文利：《许昌汉画像石铺首衔环图像研究》，《华夏考古》2016年第3期。

字形冠两侧耳头部略宽，中间角顶部呈三角形。画像中的铺首衔环外形有其自身的演变，但上中下的组合形式和"山"字形冠饰始终不变。朱畅然认为，铺首衔环中的"山"字形冠饰，与良渚文化中三叉形玉器的内涵类似，是一种高贵身份和威严权力的象征。[1]

在墓室画像砖和汉画像石上，亦可见戴类似三叉冠的东王公形象。东王公在汉代民间，与西王母相应，被认为是代表阴阳中"阳"的神祇。同时受秦汉的登仙思想，东王公与西王母一起作为死后成仙世界的主神。被道教吸收后，东王公被冠以"扶桑大帝"之称。诸文献中可见对其描述，《云笈七签·三洞经教部·卷十八》记载：

> 东王父者，青阳之元气也，万神之先也。衣五色珠衣，冠三缝，一云三锋之冠。上有太清云曜五色。治于东方，下在蓬莱山。[2]

《太平广记·卷一·神仙·木公》亦云：

> 木公，亦云东王父，亦云东王公。盖青阳之元气。百物之先也。冠三维之冠，服九色云霞之服，亦号玉皇君。[3]

图14 朱雀与铺首衔环
（采自《汉画故事》，第282页）

河南唐河县湖阳镇新店村冯孺久墓，建于王莽天凤五年（18年），其中可见朱雀与铺首衔环图像（图14）。铺首"山"

---

1 朱畅然：《河南汉代画像中的铺首衔环研究》，硕士学位论文，郑州轻工业大学，2019，第53页。
2 （宋）张君房辑：《云笈七签·三洞经教部》卷一八，华夏出版社，2016，第98页。
3 （宋）李昉等编：《太平广记》卷一，中华书局，1961，第5页。

图 15　东王公酒泉丁家闸十六国墓壁画
（采自段文杰著，敦煌研究院编《敦煌石窟艺术研究》，甘肃人民出版社，2017，第 363 页）

以上文献中所描述的东王公，其形象是穿着五色珠衣或九色云霞之服，戴一顶"三峰之冠"或"三维之冠"。此种冠饰作为东王公的一个标志，凸显了其高贵身份。在酒泉丁家闸十六国墓壁画中，可见头戴三峰冠的东王公形象，冠饰形制与三山冠相近。画面中，东王公戴三峰冠，服羽衣，拱手坐于昆仑山上（图 15）。东王公头上有日轮，内画三足乌，则强调对光明的崇拜。

（二）波斯文化的影响

除受早期中原文化的影响，敦煌石窟中的三叉冠图像也有可能受到波斯文化的影响。在一枚阿达希尔二世铜币上可见相近冠饰（如图 16）。

萨珊王朝的钱币基本规范，正面一般为戴冠国王像。每位国王都有自己独特的冠式，因此冠式是最直观简便的辨读依据，也是萨珊钱币学者研究的热点之一。木鹿（Merv）造币厂的阿达希尔二世铜币，其图像为最早的贵霜萨珊样式。通过冠式很容易辨识出钱币右边的国王，而左边呈站姿的女神正在为国王戴冠。她身穿长袍垂至脚踝处，肩披斗篷，左手持顶部为球状的杖。女神身体呈正立，头部左转看向国王，国王头冠上有三个尖叉，和上文中描述的"三叉戟型"三叉冠基本相近。

此外，在一枚萨珊王朝沙普尔二世1第纳尔金币上，也可见到类似三叉冠的城齿冠（图17）。正面国王面右胸像，戴球髻城齿冠，外圈巴列维文，意为"天降伊朗的王中之王，马兹达的崇拜者，神圣的沙普尔"；背面是祭火坛，上方铭文，意为"沙普尔之火"[1]。祆教认为火是最高神阿胡拉·马兹达的象征和化身，它包含了太阳和天体的光辉，充分显示了善神的力量和伟大的能力，闪耀着最高的真理。因此，祆教后来也被称为"拜火教"。这种对火的崇拜后来被摩尼教所吸收。

图16 阿达希尔二世（379—383年在位）铜币
[采自Fabrizio Sinisi, "The Deitiesonthe Kushano-Sasanian Coins", *ELECTR-UM*, Vol. 22（2015），p. 103]

17-1 正面　　17-2 背面

图17 萨珊王朝沙普尔二世1第纳尔金币（309—379年）
（采自《丝路流金——丝绸之路金银货币精华与研究》，第69页）

---

1 浙江省博物馆编：《丝路流金——丝绸之路金银货币精华与研究》，文物出版社，2020，第69页。

图18 高昌城内摩尼教K遗址壁画残片
（采自《高昌—吐鲁番古代艺术珍品》，第1页，图版2）

摩尼教起源于3世纪的波斯，由创始人摩尼在拜火教的基础上，吸收了佛教、基督教等教义和思想而形成。其中心思想是"二宗三际论"，二宗即光明与黑暗，三际是指初际、中际、后际。摩尼教认为光明与黑暗是世界的本原，光明王国光明、洁净、和善、快乐，是美好的所在；黑暗王国则充斥着污秽、毒恶、愚痴、残暴，是邪恶的化身。摩尼教曾在波斯盛极一时，后由于波斯王瓦拉姆一世的迫害，教徒四处迁徙，其中一支向东传入中国。[1] 高昌城内摩尼教K遗址发现的一组残片中可见头戴三叉冠的人物形象（见图18）。人物左边榜题中有回鹘文题字，读作"依南楚，欧龙古，塔尔坎"，勒柯克将其翻译成"代理诸侯或代理元帅"[2]，可见人物的高贵身份。三叉冠在摩尼教壁画人物中的出现极有可能表达了摩尼教对"光明"的崇拜以及对人物高贵身份的强调。762—763年间，回鹘牟羽可汗皈依摩尼教，并将其定为国教，[3] 直到公元11世纪摩尼教衰亡。[4] 这一段时间，摩尼教艺术对回鹘艺术产生了直接影响。新疆壁画中所见回鹘供养人像戴的三叉冠可能受到摩尼教艺术的影响，[5] 这一影响后来一直延续到敦煌壁画中所见的三叉冠图像。

结　语

本文主要探讨了敦煌石窟中出现的三叉冠图像，并对比分析了新疆和其他地区出现的类似三叉冠。敦煌石窟三叉冠图像出现年代集中在中晚唐、五代时期，这一时期回鹘在敦煌的影响力逐渐增强。敦煌石窟供养人首服上、维摩诘经变听法图中出现的三叉冠应是回鹘王族的一种身份标

1　朱悦梅、杨富学：《甘州回鹘史》，中国社会科学出版社，2013，第43页。
2　勒柯克：《高昌—吐鲁番古代艺术珍品》，赵崇民译，吉宝航审校，新疆人民出版社，1998，第47页。
3　杨富学：《回鹘摩尼教研究》，中国社会科学出版社，2016，第70页。
4　荣新江：《森安孝夫著〈回鹘摩尼教史之研究〉评介》，《西域研究》1994年第1期。
5　王婷、马艳辉、张越一、吕钊：《回鹘男子首服三叉冠形制探究》，《纺织高校基础科学学报》2022年第3期。

识（莫高窟第 231 窟除外）。莫高窟壁画和藏经洞绘画品中表现佛传和本生故事的场景中发现的类似三叉戟形状的三叉冠重点突出人物王子的身份，并未表现其民族身份。三叉冠的源头可以追溯到早期中原文化和萨珊时期波斯文化的影响，强调了人物的高贵身份和对光明的崇拜，之后被摩尼教艺术所吸收，进而影响到新疆和敦煌地区的三叉冠图像。

唐墓壁画游园题材考析*
——从章怀太子墓双层壁画谈起

■ 郭美玲（长春师范大学 黑龙江大学） 郑春颖（长春师范大学）

从初唐到盛唐，墓葬壁画的布置发生了不可忽视的转变，早在20世纪80年代，王仁波等便注意到这一变化，指出从睿宗景云年间至玄宗天宝年间，墓葬壁画突出表现墓主生前的日常生活。[1] 但此种变化发生的具体时间节点、变化原因等问题，并无专文阐明。本文以章怀太子墓前室双层壁画为线索，通过爬梳唐墓材料，推定游园题材可能肇始于睿宗景云年间的章怀太子墓，并在此基础上探析成因及影响。

一 双层壁画与问题的浮现

2016年，王晶晶披露了一则关于章怀太子墓"双层壁画"的信息，该画幅位于墓葬前室南壁西侧，其背面透过地仗层可见第一次绘制时的画面。该幅壁画表层绘制了三位颇具动态的侍女形象，三人呈三角形排列，一侍女头梳高髻，着黄色长袖襦，绿色长裙，云头履，披白色披帛，中间侍女梳双丫髻，着翻领胡服，绿领黄衫，腰束黑色革带，足登软线鞋。女性侏儒头梳高髻，粗眉大眼，着红襦绿裙。三人上方为云朵和飞鸟（图1-1）。此幅壁画底层所绘内容为静态站立的两位捧包袱和持团扇侍女（图1-2），[2] 该双层壁画的发现为考察唐墓壁画题材的转变提供了关键线索。

---

* 本成果得到中国历史研究院重大历史问题研究专项（项目编号：LSYZD21019）、黑龙江省社科项目（项目编号：21KGC200）资助。

1 王仁波、何修龄、单暐：《陕西唐墓壁画之研究（下）》，《文博》1984年第2期。

2 王晶晶：《章怀太子墓双面壁画》，《文物天地》2016年第6期。

1-1 正面　　　　　　　　　　　　　　　1-2 背面

图 1　章怀太子墓前室南壁西侧壁画

(引自王晶晶《章怀太子墓双面壁画》，第 31 页；《章怀太子墓壁画》，第 63 页)

观之可发现，上下两层壁画无论是内容还是风格，都不尽相同。从绘制风格来看，底层（背面）壁画手持团扇的高髻侍女身材苗条，与同时期的永泰公主墓、懿德太子墓的侍女形象十分接近；从行动态势来看，底层二人手中持物侍立，动态效果不明显。与之不同，上层（正面）壁画发生了明显的改变，画中人物不仅体态更加丰腴，且包括侏儒在内的三人颇具动态，共同向墓门方向行进，其上装饰的云朵和飞鸟也不见于底层壁画，显示出其所处的环境为室外。

若要明晰章怀太子墓壁画的整体风貌，不能仅看这三人，还需要结合其他壁面场景。观察可知，章怀太子墓前、后室壁画展现的整体场景一致。前室绘活动于影作木构及花草树石间的侍女、侏儒以及乐舞（图 2），后室以东壁的坐姿贵妇（太子妃房氏）为中心展开，余下壁面表现互动于假山园林之间的成群侍者（图 3）。由此可见，章怀太子墓壁画虽然"拘束甚少，题材多样"[1]，但整体上表现的是游园场面。

1　宿白：《西安地区唐墓壁画布局与内容》，《考古学报》1982 年第 2 期。

2-1 东壁北铺

2-2 东壁南铺

2-3 西壁北铺

2-4 西壁南铺

图 2　章怀太子墓前室壁画

(引自《章怀太子墓壁画》,第 59、60、64、67 页)

根据文献及章怀太子墓志可推定,这两层壁画先后绘制于神龙二年(706)及景云二年(711),第一次绘制于李贤以雍王身份陪葬乾陵时,第二次绘制于李贤被追赠为章怀太子,同太子妃房氏合葬时。[1] 换言之,李贤首次下葬时墓中所绘壁画与游园无涉,6 年之后以太子身份再次下葬时,前后室的壁画全部表现游园场面。再结合此前唐墓壁画中不见游园场景的情况可以推定,游园题材首现于景云二年的章怀太子墓。

1　王晶晶:《章怀太子墓双面壁画》,《文物天地》2016 年第 6 期。

二 题材选择的内因

有唐一代，长安城内外园林别业的设置十分普遍，游园已成为流行于李唐上层贵族间的风尚，不足为奇。[1] 但是，游园题材壁画为何偏偏会出现在景云年间的章怀太子墓中，是亟须解答的问题。

3-1 贵妇图 　　　　　　　3-2 东壁南铺

3-3 东壁北铺 　　　　　　　3-4 北壁局部

图 3　章怀太子墓后室壁画
（引自《章怀太子墓壁画》，第 76—80 页）

---

[1] 左鹏：《论长安的园林别业与隐逸风习》，《云南大学学报》2007 年第 3 期。

4-1 章怀太子墓

4-2 嗣虢王李邕墓

图 4 两座壁画墓中打马球图对比

(引自《章怀太子墓壁画》,第 32 页;《壁上丹青——陕西出土壁画集》,第 322 页)

此前，杨效俊[1]、张铭洽[2]已对此做出回应，认为章怀太子墓壁画展现了一幅现实主义的墓主人生活画卷，与李贤复杂的身世经历相关。沈睿文进一步辨析，认为章怀太子陪葬乾陵的丧事是由其子李守礼主理，壁画营造的氛围与文献所载李守礼"伎乐、戏谑""多宠嬖，不修风教"相合，也体现了秉承老庄哲学的李守礼在特殊政治环境下的处事风格，[3] 这种解读十分合理。

爬梳唐墓壁画材料，章怀太子墓之后再现游园场景的墓葬为开元十五年（727）的嗣虢王李邕墓，[4] 李邕墓的壁画并不完全符合玄宗时代模式，[5] 而与此前的章怀太子墓壁画如出一辙，具体表现在三方面：首先，突出表现在后室游园题材的绘制上，章怀太子墓后室展现了太子妃房氏游园的场景；李邕墓绘制了正妃扶余氏游园的画面。[6] 其次，墓道前端均绘制巨幅青龙、白虎，其后为仪仗队伍。最后，两座墓的墓道或甬道中均表现打马毬和狩猎的场面，就连天井、过洞内侍者以及列戟等壁画的绘制也十分相似。

相隔十余年的章怀太子李贤墓和嗣虢王李邕墓的壁画题材近乎雷同，具体原因恐怕还是要从墓主个人经历及墓葬营建等方面考虑。考察李邕与李贤的生命历程可发现，二人有颇多共同点。

其一，有相似的政治经历。李贤与李邕均经历了武周政变，并被流放至南方。神龙年间，李贤被追赠为司徒，而李邕得以入朝为官。景云二年，李贤被睿宗追赠为章怀太子；李邕则复嗣虢王封号。

其二，有类似的联姻经历。李邕与扶余氏联姻，这无疑是唐王朝安抚扶余氏的手段。[7] 至于章怀太子与房氏的婚姻，则是高宗运作的结果，[8] 高宗借李贤与房先忠之女的联姻，成功笼络了房氏一族。

其三，从丧葬事宜操办的角度来看，李贤以章怀太子身份下葬时的主事者为其子邠王李守礼，李邕薨时，李守礼仍在世。李邕虽与李贤同辈，但实际与李守礼

---

1 杨效俊：《影作木构间的树石——懿德太子墓与章怀太子墓壁画之间的比较研究》，《陕西历史博物馆馆刊》第6辑，陕西人民美术出版社，1999，第253—262页。

2 张铭洽：《章怀太子墓壁画概述》，载张铭洽主编《章怀太子墓壁画》，文物出版社，2002，第5—8页。

3 沈睿文：《章怀太子墓壁画与李守礼》，载氏著《安禄山服散考》，上海古籍出版社，2016，第309—341页。

4 陕西省考古研究院：《唐嗣虢王李邕墓发掘报告》，科学出版社，2012，第13—26页。

5 郭美玲：《西安地区玄宗时代墓室壁画经营与布局》，《西部考古》第13辑，科学出版社，2017，第230—248页。

6 沈睿文：《天水石马坪石棺床墓的若干问题》，载荣新江、罗丰主编《粟特人在中国：考古发现与出土文献的新印证》，科学出版社，2014，第475页。

7 陕西省考古研究院：《唐嗣虢王李邕墓发掘报告》，第147—157页。

8 胡戟、荣新江：《大唐西市博物馆藏墓志》，北京大学出版社，2012，第342页。

年龄相仿，且小守礼几岁，[1] 同样宦于唐庭的二人，必然会有交集。此外，从长安城的宅邸来看，李守礼宅位于兴化坊西门之北，[2] 李邕宅位于崇贤坊西南隅，[3] 据复原的长安城图可知，两座宅院虽不在同一坊中，但十分接近。由此或可推知，李守礼对李贤丧葬事宜的运作一定程度上会影响李邕家族。

与章怀太子墓壁画一样，同样矛盾但灵活的布置也出现在李邕墓当中，结合二者个人生平的相似性，我们有理由认为李邕墓壁画在有意模仿章怀太子墓壁画的运作，换言之，李邕墓借游园题材表达的也是一种不争的处世哲学。

三　游园题材的影响

肇始于章怀太子墓的"游园图"开唐墓游园题材风气之先，游园题材通过章怀太子墓、李邕墓成功进入了唐墓壁画系统，对其后的墓葬壁画产生了深远的影响，主要包括以下几个方面。

（一）侏儒的汇入

有唐一代，侏儒以几种形式出现于墓葬中，最常见的是随葬侏儒俑，[4] 两京、山西、河北等地的墓葬中均有出土。[5] 相比之下，壁画中的侏儒形象则较为少见。迄今为止发现的仅有安国相王孺人唐氏墓（图5-1）[6]、章怀太子墓（图5-2）[7]、张去奢墓（图5-3）[8] 以及惠庄太子墓（图5-4）[9]。

就上述四座绘制侏儒壁画的墓葬来看，可梳理出如下信息：年代上，均在中宗神龙二年及之后；等级上，墓主均为李

1　据墓志"开元十五年薨于东都嘉善里之私第，春秋五十"，李邕应生于仪凤三年（678年）；综合墓志以及《旧唐书》卷八六（中华书局，1975，第2834页），可知守礼生于咸亨三年（672年），开元二十九年薨。

2　（唐）韦述撰，辛德勇辑校：《两京新记辑校》，三秦出版社，2006，第27页。

3　（宋）宋敏求：《长安志》卷一〇，中华书局，1991，第131页。

4　朱利民：《唐代侏儒考》，《唐都学刊》2001年第1期；尹俊霞：《唐代侏儒俑及其相关问题的探讨》，《四川大学学报》2004年增刊。

5　可兹补充的是近年来各地亦发现诸多侏儒俑的随葬，如洛州刺史贾敦颐与夫人房氏合葬墓出土男、女侏儒俑各2件，参见洛阳市文物考古研究院《唐代洛州刺史贾敦颐墓的发掘》，《中国国家博物馆馆刊》2013年第8期。

6　洛阳市第二文物工作队：《唐安国相王孺人壁画墓发掘报告》，河南美术出版社，2008，第18—24、54—57页，图版三二、三三。

7　陕西省博物馆、乾县文教局唐墓发掘组：《唐章怀太子墓发掘简报》，《文物》1972年第7期。

8　孙秉根：《西安隋唐墓的形制》，载《中国考古学研究——夏鼐先生考古五十年纪念论文集（二）》，科学出版社，1986，第161、163页；贺梓城：《唐墓壁画》，《文物》1959年第8期。程旭《唐韵胡风：唐墓壁画中的外来因素及其所反映的民族关系》一书（文物出版社，2016，第92页）刊布了张去奢墓的侏儒图，但是均未说明绘制位置。

9　陕西省考古研究所：《唐惠庄太子李㧑墓发掘报告》，科学出版社，2004，第31—34页。

唐宗室或贵戚，具有较高的身份地位；组合上，侏儒常与男、女侍者同时出现；至于出现的位置，则很不固定，过洞、甬道甚至是墓室均有绘制。

此外，就侏儒出现的背景而言，章怀太子和惠庄太子墓呈现出较为明显的共性，章怀太子墓的侏儒处在游园场面之中，惠庄太子墓甬道至封门石前后也有树木作为背景。总之，绘制于711年的李贤墓前室南壁上层的侏儒是其进入墓室的较早尝试，侏儒此后也零星出现在高等级唐墓壁画中。

5-1 安国相王孺人唐氏墓  　　　　　5-2 章怀太子墓

5-3 张去奢墓 　　　　　5-4 惠庄太子墓

图5　唐墓壁画中的侏儒形象

（5-1 至 5-3 引自《唐韵胡风：唐墓壁画中的外来文化因素及其反映的民族关系》，第92页；5-4 引自《中国墓室壁画全集·隋唐五代》，第103页）

(二) 墓主人再现

中古时期的墓葬中，墓主人一直是墓葬图像系统中十分关键的存在，其或显或隐。李唐前期，墓主人大多是"隐"的，与西魏北周壁画一致。[1] 但游园场景在壁画中出现之后，墓主人则从"隐"到"显"。章怀太子墓后室游园图中小憩的贵妇为太子正妃房氏；[2] 李邕墓后室东壁内容最为丰富，诸多人物活动于草木之间，中、南部共同营造了一个乐舞场面，而侧身盘坐于方榻之上的贵妇明显是这场乐舞的观看者，也是整个画面的主角，应为李邕王妃扶余氏。

既然章怀太子妃房氏与李邕妃扶余氏皆出现在后室的游园图中，与之对应，墓主李贤与李邕的形象也应有所表现。申秦雁发现章怀太子墓狩猎行列中的一匹走马，披长鬃、垂尾，与其他剪鬃扎尾的马不同，据此认为骑着走马的应该是墓主人章怀太子李贤。[3] 这种推测具有一定的合理性。至于李邕墓中的墓主形象，冉万里指出李邕墓甬道的马毬图应该就是以景龙三年（709）的"唐蕃马毬赛"为意绘制而成，[4] 其中三号人物头戴幞头，高颧骨，蒜头鼻，面上无须，身着黄色袍服，腰束黑带，下衬白裤，足蹬黑色高靴，可能为李邕本人（图4-3）。如此，李贤、李邕的形象也出现在壁画当中。

(三) 山石树木的增加

至玄宗朝，游园题材对墓葬壁画的影响则突出表现在山石树木的增加。开元九年（721）的契苾夫人墓墓室东壁人物身后绘一株树木，花枝满头。[5] 开元十二年的惠庄太子墓甬道壁画中车马出行场面也以山水树石为背景。[6] 而开元二十七年的韩休墓则采用另一种方式，东壁绘包括舞蹈和伎乐共16人的乐舞场景，并巧妙地将乐舞图的背景转换为室外，院内生长着竹子、芭蕉等，其间点缀着花草以及岩石等。[7]

1　倪润安：《北朝墓主人图像的显与隐》，载北京大学中国考古学研究中心编《两个世界的徘徊：中古时期丧葬观念风俗和礼仪制度学术研讨会论文集》，科学出版社，2016，第250—281页。

2　宿白：《魏晋南北朝隋唐考古文稿辑丛》，文物出版社，2011，第166、172页。

3　申秦雁：《谈谈唐代帝王的狩猎活动——兼谈章怀太子墓〈狩猎出行图〉》，《陕西历史博物馆馆刊》第5辑，西北大学出版社，1998，第276页。

4　冉万里：《唐嗣虢王李邕墓壁画中的打马毬图与一次唐蕃马毬比赛》，《大众考古》2014年第10期。

5　契苾夫人为契苾何力第六女，开元八年卒，可参昭陵博物馆编《昭陵唐墓壁画》，文物出版社，2006，第200页。

6　陕西省考古研究所：《唐惠庄太子李㧑墓发掘报告》，第22—33页。

7　陕西省考古研究院、陕西历史博物馆、西安市长安区旅游民族宗教文物局：《西安郭庄唐代韩休墓发掘简报》，《文物》2019年第1期。

图 6　李爽墓墓室北壁、东壁及甬道壁画
(引自《西安羊头镇唐李爽墓的发掘》，第 44 页)

将伎乐与园林背景相结合是玄宗时代壁画的创新之处，这种做法在玄宗之后也余音未绝，德宗兴元元年（784）的唐安公主墓东壁绘乐舞图，其后为山石、花草，[1] 可知乐舞表演场所亦为室外园宅。

（四）打破影作木构

观察西安地区唐初墓葬壁画可知，高祖至中宗时期，从甬道到墓室均绘制影作木构和侍者群像，包括新城长公主墓[2]、李爽墓（图6）[3]、房陵大长公主墓[4]等，人物大多以立柱相隔，无其他背景，花鸟树石等元素若要出现在墓室当中，需要借助屏风的形式加以表现。

章怀太子墓前室南壁的底层壁画所绘女侍与初唐影作木构间的群侍无异，但重绘的表层壁画则把此前墓葬中相对凝固的氛围打破，将游园、伎乐等场景融入山石树木的背景当中，这是唐初的墓葬壁画未曾有过的尝试。因此，游园题材的引进打破了此前影作木构的隔断，使墓葬变为一个更加活泼的空间，由此导致了与初唐墓葬壁画的分流。

小　结

通过考析章怀墓双层壁画，我们得以睹见发生在此墓中壁画题材的转变，即景云二年的壁画中出现了游园场景。肇始于章怀太子墓的游园题材壁画并非孤例，这一彰显李守礼个人处事风格的做法为稍后的李邕墓所继承。

综观唐墓壁画，游园并非主要的题材。但是，这一题材在进入墓葬壁画系统

1　陈安利、马咏钟：《西安王家坟唐代唐安公主墓》，《文物》1991 年第 9 期。
2　陕西省考古研究所、陕西省历史博物馆等：《唐新城长公主墓发掘报告》，科学出版社，2004，第 78—79 页。
3　陕西省文物管理委员会：《西安羊头镇唐李爽墓的发掘》，《文物》1959 年第 3 期。
4　安峥地：《唐房陵大长公主墓清理简报》，《文博》1990 年第 1 期。

之后被内化为多个细碎的要素,对此后的墓葬壁画产生了不小的影响,包括侏儒进入墓室、墓主人再现、山石树木的增加以及打破影作木构等,进而实现了与初唐壁画的分流。

由此,游园题材的出现成为唐墓壁画转变的关键节点,中晚唐墓葬中虽不见如章怀太子墓一般丰富且全面的游园壁画,却处处都是游园题材的影子。

敦煌蕃据时期汉藏佛教交流语境下陀罗尼经咒与密教图像的互构功能*

——以 Pt. 389、Pt. 4519、St. 6348 等护身符为中心

■ 王瑞雷（浙江大学汉藏佛教艺术研究中心）

有唐以来，中国多民族文化互动交流直抵历史巅峰，佛教艺术的融摄式发展和信仰实践的杂糅性存续在地处丝绸之路咽喉的敦煌可窥一斑。敦煌佛教艺术的多元与繁荣是当时来自不同区域和族际间的文化精髓共同构筑的盛景。

吐蕃占领敦煌期间（781—848 年），是敦煌佛教艺术的革新期，亦是汉藏佛教艺术互动交融的关键时期。此时来自雪域高原的吐蕃佛教对敦煌的影响并不囿限于石窟艺术，其文化濡染还广泛体现在民众的日常信仰实践层面。本文所讨论的 Pt. 389、Pt. 4519 和 St. 6348 等汉藏文陀罗尼经咒与恶趣清净曼荼罗、观音等密教图像互构所形成的护身符即为典型，是折射该时期敦煌社会多民族文化交流交融的史证。本文将敦煌藏经洞出土的恶趣清净曼荼罗及观音救度等密教图像与陀罗尼经咒相组合的纸本、绢本护身符置于汉藏佛教交融语境中，分析其图像配置、意涵功能及其融摄演进；另结合对图像中藏文经咒与愿文的解读，讨论蕃据时期密教图像与陀罗尼经咒互文构成与衍生蕴含等。

一 恶趣清净曼荼罗与陀罗尼经咒组合

敦煌藏经洞出土的恶趣清净系曼荼罗纸本画共计 4 幅，分别藏于法国国立图书馆和大英图书馆，编号依次是：Pt. 389、Pt. 4519、Pt. 3937 和 St. 6348。其中 Pt. 389 为藏文本，画面中题写有大量的藏文经咒与愿文；Pt. 4519 和 St. 6348 为汉文版，画面中抄满了汉文经题与经咒；Pt. 3937 仅绘

---

* 本文为 2018 年国家社科基金冷门"绝学"和国别史研究专项"西藏阿里地区象泉河流域石窟寺综合调查研究"（批准号：2018VJX019）、2019 年教育部人文社科青年项目"西藏阿里中印、中尼边境石窟寺艺术调查研究"（批准号：19YJC760107）的阶段性成果。

图像，并无经咒与愿文。日本学者松本荣一先生是最早的关注者，1937 年在其敦煌学巨著《敦煌画研究》中，首次对 St. 6348 中的汉文经咒做了辨识分类。就其图像，松本先生当时指出为佛顶曼荼罗；[1] 紧随其后的是法国藏学家玛尔赛勒·拉露（Marcelle Lalou），她在 1953 年发表的论文《关于一件敦煌护身符的记述：多罗经忏和白伞盖陀罗尼》中，对 Pt. 389 中的藏文做了录文整理，并就白伞盖陀罗尼经咒在敦煌的流行等展开讨论。然就图像问题，拉露并未对此准确识读；对曼荼罗中神灵尊像题名亦未按相关仪轨对应的方位次第录文。但她凭深厚的藏语文功底和敏锐的学术感知，指出该纸本画很可能是给一位当时活跃于敦煌的汉族人绘制的"护身符"。[2] 近半个世纪之后，日本学者田中公明先生于 2000 年在其著作《敦煌密教与美术》中，对 Pt. 389、St. 3937 之图像做了解读，并就其文本依据展开追溯，助推了该研究的学术进展。[3] 之后，法国藏学家王微在《白伞盖佛母：汉藏佛教的互动》一文讨论汉藏之间白伞盖佛母尊崇信仰与藏文《佛顶白伞盖陀罗尼经》之汉译本等问题时，曾涉及 Pt. 4519 和 St. 6348，并将其图像标注为白伞盖佛母曼荼罗。[4]

鉴于前人先行研究，目前学界对这 4 幅纸本画之定名仍各持己见，[5] 汉藏两版本的综合比对研究稀缺，更未兼顾吐蕃统治敦煌期间汉藏佛教碰撞交融的历史语境，聚焦相关图像与陀罗尼经咒互文构成与衍生功能等问题展开综合分析。故本文在前贤研究的基础上拾遗补阙，展开进一步探讨。

（一）Pt. 389、Pt. 4519、St. 6348 图像与陀罗尼经咒互文构成方式

1. 图像构成

Pt. 389（图 1）、Pt. 4519（图 2）和 St. 6348（图 3）三幅纸本恶趣清净曼荼罗结构及图像构成基本一致，尊像和曼荼罗结构线均用浅红色线条勾绘。在曼荼罗结构方面：Pt. 389 藏文版由三重构成，Pt. 4519 和 St. 6348 汉文版由四重构成，三者中央均呈八辐轮形，主尊皆为一面二臂结禅定印、金刚跏趺坐于莲花座上的大日如来。在尊格配置方面：环绕中央主尊的第二重八辐轮上为八佛顶，与八辐轮相切的金刚环外的第一道金刚围墙内四角为外四供养菩萨；第三重东、南、西、北四方

---

[1] [日] 松本荣一：《燉煌画の研究》，东方文化学院东京研究所，1937，第 549—579 页。中译本见 [日] 松本荣一《敦煌画研究》（上册），林保尧、赵声良、李梅译，浙江大学出版社，2019，第 313—330 页。

[2] Marcelle Lalou, "Notes A Propos d'une Amulette de Touen-houang: Les litanies de Tārā et La Sitātapatrādhāranī", *Journal Asiatique CCXLI*, 1953, pp. 135-149.

[3] [日] 田中公明：《敦煌密教と美術》，法藏馆，2000，第 72—96 页。

[4] [法] 王微：《白伞盖佛母：汉藏佛教的互动》，罗文华译，《故宫博物院院刊》2007 年第 5 期。

[5] 此外，敦煌研究院敦煌藏经洞陈列馆常年展出高清复制版的 Pt. 4519，将之定名为"请观世音菩萨咒曼荼罗图"。

分别绘十六菩萨。Pt. 389、Pt. 4519 和 St. 6348 三者相异之处在于：在 Pt. 389 第三重东、南、西、北四方金刚围墙的中央位置有四门，内绘四摄菩萨，而 Pt. 4519 和 St. 6348 中的四摄菩萨则绘在第四重外金刚围墙四方的四门。相比之下，Pt. 4519 和 St. 6348 比 Pt. 389 多出一重——第四重，其所绘内容为十护方天和八吉祥等。Pt. 3937 在曼荼罗结构上不同于以上三幅之处在于，除中央八辐轮中心的主尊大日如来和八辐轮之上的八佛顶外，其余眷属均呈水平式构图。[1]

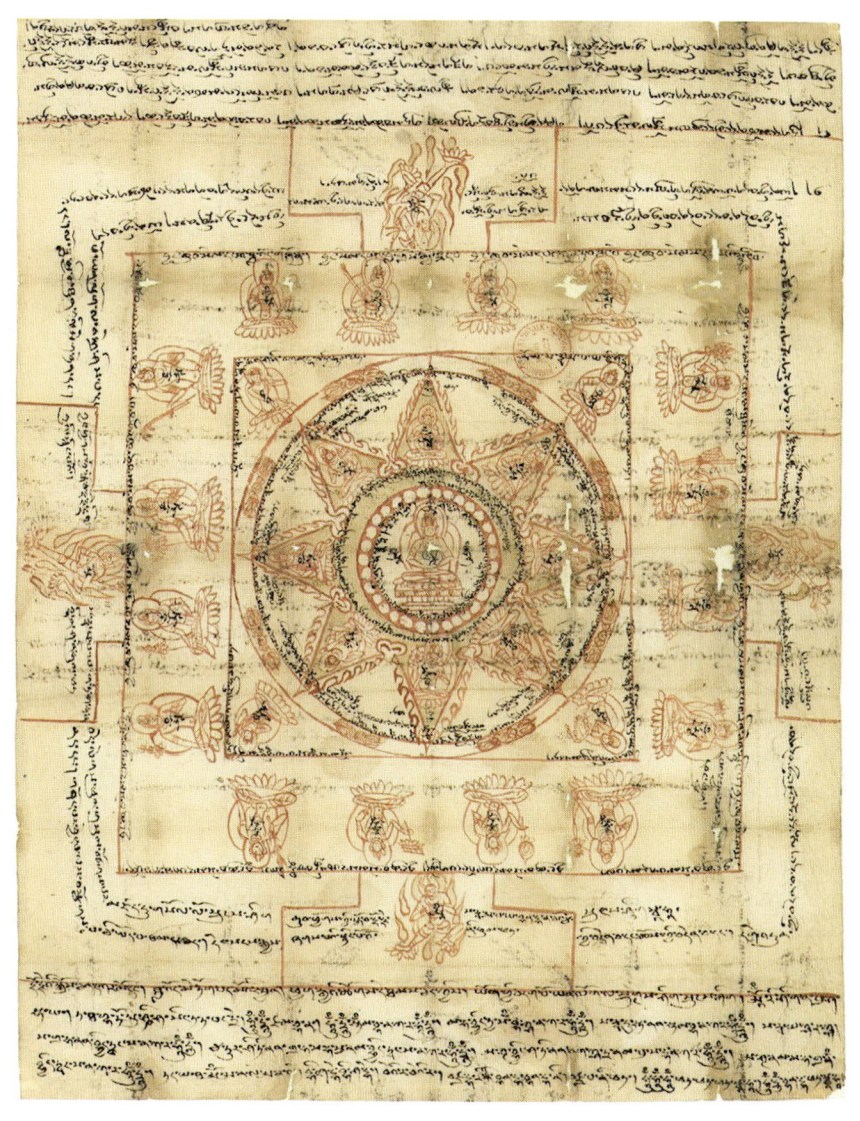

图 1　恶趣清净曼荼罗

(31×40cm，编号 Pt. 389，法国国立图书馆藏)

---

[1] 关于恶趣清净曼荼罗的图像配置的详细讨论，详参王瑞雷《敦煌、西藏西部早期恶趣清净曼荼罗图像探析》，《故宫博物院院刊》2014 年第 5 期。

图 2　恶趣清净曼荼罗

（35×30.3cm，编号 Pt. 4519，法国国立图书馆藏）

关于 Pt. 389、Pt. 4519 和 St. 6348 三幅曼荼罗所据图像文本问题，田中公明先生已对 Pt. 389 中的尊格构成及图像特征做了对比研究，指出其与大英图书馆藏藏文手抄本《恶趣清净怛特罗》（编号 St. 579）中记载的恶趣清净曼荼罗图像仪轨相近。[1] 汉文版 Pt. 4519 和 St. 6348 与藏文版 Pt. 389 相比，前三重尊数及尊格特征基本一致，

1　［日］田中公明：《敦煌密教と美術》，第 72—96 页。

仅多出第四重十护方天和八吉祥。[1] 基于田中先生的研究，笔者对此仪轨又做详释后发现，其 St. 579 在讲述恶趣清净曼荼罗图像配置时，亦涉及对十护方天和八吉祥的记载（图4、图5、图6）。[2]

十护方天内容录文并翻译如下：

图3　恶趣清净曼荼罗

(53×76.2cm，编号 St. 6348，大英图书馆藏)

图4　恶趣清净曼荼罗仪轨（十护方神图像内容）

(编号 St. 579，大英图书馆藏)

---

[1] 除此之外，另在第四重的四隅绘有四大天王。在曼荼罗外重四隅绘作为该曼荼罗主尊眷属的四大天王极为罕见，在 Pt. 4519 和 St. 6348 中出现此类现象，怀疑与当时敦煌天王信仰，并与其护法、护国思想，尤其是曼荼罗设坛时需要置四天王"仪像"于四角，以期"严加持结界"有关（《广大宝楼阁善住秘密陀罗尼经卷中·结坛场法品》，《大正新修大藏经》第19卷，第643页；《大佛顶广聚陀罗尼经卷第五·大佛顶无畏宝广聚如来佛顶秘坛八肘大坛法品》，《大正新修大藏经》第19卷，第172页；《关中创立戒坛图经·戒坛形重相状》，《大正新修大藏经》第85卷，第808页）。

[2] 其中图4第8行到图5第7行为十护方内容记载，图5第8行到图6第6行为八吉祥女记载。

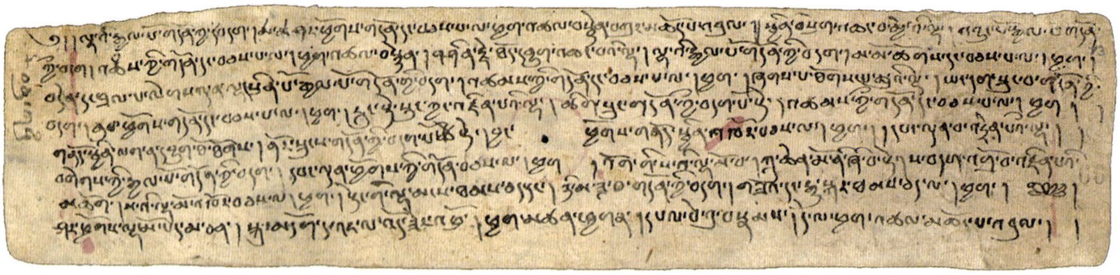

图 5　恶趣清净曼荼罗仪轨（十护方神与八吉祥女图像内容）
（编号 St. 579，大英图书馆藏）

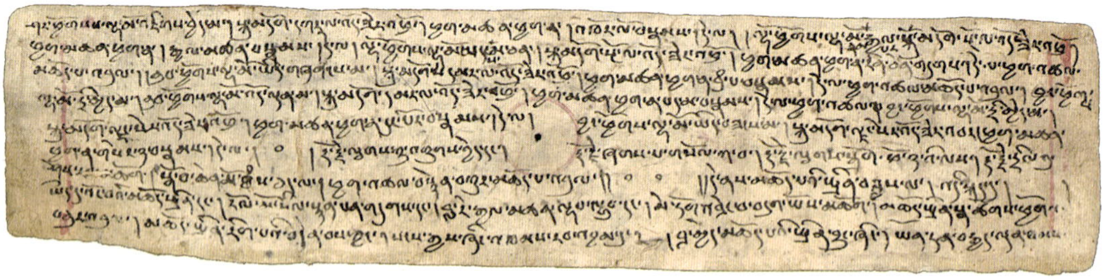

图 6　恶趣清净曼荼罗仪轨（八吉祥女图像内容）
（编号 St. 579，大英图书馆藏）

phyogs skyong bcu por mnan[mtsan] grags pa/ dpang po rdo rje 'chang rgyal te/ lha'i rgyal po gdon kya das dag/ me me shar phyogs gdon dang bcas pa la phyag 'tshal bsnyen bkur mchod pa 'bul/ sbyin bsreg 'chang ba mye'i lha/ 'byung po rgyal po gdon kyī bdag/ 'chas kyi gdon dang bcas pa la/ phyag 'tshal bsny-en/ gshin rje thod dbyug 'chang pa'i lha/ lha'i rgyal po gdon kyi bdag/ ma mo chogs dang bcas pa la/ phyag/ bden dang phral pa legs ldan lha/ srin po rgyal po gdon gyi bdag/ 'tshams kyi gdon dang bcas pa la/ phyag/ zhags pa thogs pa chu'i lha/ yang dag srung ba gdon gyi bdag/ nub phyogs gdon dang bcas pa la/ phyag/ rlung ste rlung [srung] kyang 'dzin pa'i lha/ chig srung gdon kyī bdag po ste/ 'tshams kyī gdon dang bcas pa la/ phyag/ gnod sbyin lag na dbyug tho thogs/ nor srungs gdon gyi bdag po bdag po che ste/ byang phyogs gnod sbyin 'khor bcas la/ phyag/ dpal ldan ba 'dren pa'ī lha// bgegs kyi rgyal po gdon kyi bdag/ dbang ldan phyogs kyi gdon bcas la/ phyag/ 'og gi sa'i lha mo pa/ klu chen mo ni zhi ba ste/ sa bdag 'gro ba 'dzin pa'i mchog/ sa'i lha mo 'khor bcas la/ phyag steng gi lha ma pa thams cad dang/ ni ma zla ba gdon kyi bdag/ gza'dang rgyu skar thams cad la/ phyag/

十护方天皆为主，手持金刚者为帝释天，诸神之王邪魔主，东南方诸魔障等致以顶礼与供养；持火供者为火天，魑魅之王邪魔主，~~魔障等致以顶礼［与供养］；手持杖者为阎摩天，帝神之王邪魔主，女鬼之王等致以顶礼［与供养］；西南方罗刹天，罗刹之王邪魔主，界之邪魔等致以顶礼［与供养］；持绢索者为水天，护持纯净者邪魔主，西方邪魔等致以顶礼［与供养］；风之守命者为风天，~护持者邪魔主，界之邪魔等致以顶礼［与供养］；持梃杖者为毗沙门天，护宝之主邪魔王，北方毗沙门携眷属［致以］顶礼［与供养］；东北方为伊舍那天，除障之王邪魔主，东北方之邪魔等［致以］顶礼［与供养］；下方为地母，大龙母皆慈祥，大地之主护众生，大地之母及诸眷属等［致以］顶礼［与供养］。上方为阿修罗之众天，日月乃至邪魔之主，星曜与星宿之众皆［致以］顶礼［与供养］。

八吉祥内容录文并翻译如下：

shar phyogs lha mo pad ma can/ sku mdog dkar la 'od zer 'phro/ phyag mtshan phyag na/ dpal be'u bsnams/ de la phyag 'tshal mchod pa 'bul/ shar phyogs lha mo 'jigs byed ma/ sku mdog dkar la 'od zer 'phro/ phyag mtshan phyag na/ 'khol lo bsnams/ de la/ lho phyogs lha mo rnam pa[r] rgyal/ sku mdog sngo la 'od zer 'phro/ phyag mtshan phyag na/ rgyal mtshan bsnams/de la/ lho phyogs lha mo med ma sa can/ sku mdog sngo la 'od zer 'phro/ phyag mtshan phyag na rin cen gdugs/ de la phyag 'tshal mchod pa 'bul/ nub phyogs lha mo yid gzhags ma/ sku mdog dmar la 'od zer 'phro/ phyag mtshan phyag na bum pa bsnams/de la phyag 'tshal mchod pa 'bul/ byang phyogs lho mo dri byed ma/ nub phyogs lha mo 'od ldan ma/ sku mdog dmar la 'od zer 'phro/ phyag mtshan phyag na pad ma bsnams/ de la phyag 'tshal/ byang phyogs lha mo dri byed ma/ sku mdog ljang ser 'od zer 'phro/phyag mtshan phyag na dung por bsnams/ de la/ byang phyogs lha mo yid bzangs ma/ sku mdog ljang ser 'od zer 'bar/ phyag mtshan phyag na gser nya bsnams/ de la/

东方莲花女，身呈白色放光芒，手持吉祥结为标帜，叩首呈供养状；东方梵天女，身呈白色放光芒，手持轮为标帜，（叩首呈供养状）；南方胜利女，身呈青色放光芒，手持宝幢为标帜，（叩首呈供养状）；南方谦慧女，身呈青色放光芒，手持宝伞（盖）为标帜，叩首呈供养状；西方如意女，身呈红色散光芒，手持宝瓶为标帜，叩首现供养状；西方具光女，身呈红色散光芒，手持莲花为标帜，叩首（现供养状）；北方无垢女，身呈黄绿散光芒，手持海螺为标帜，（叩首现供养状）；北方善意（火神）女，身呈黄绿色并散光芒，手持金鱼为标帜，叩首（现供养状）。

以上为 St. 579 中对十护方天和八吉祥的记载。此处的八吉祥，为八吉祥女，均手中托八吉祥标帜。[1] 此外，St. 579 中还记载了在该曼荼罗建成后举行灌顶仪式时使用八吉祥和七政宝。[2] 汉文版 Pt. 4519 和 St. 6348 中出现的八吉祥为八吉祥标帜，即以图案的形式呈现，笔者推测这种现象或与对八吉祥女图像的简化、直接采用其被图案化的标帜有关。同出自藏经洞，编号为 Pt. 3937 的恶趣清净曼荼罗（图7）中的八吉祥是以八吉祥女的形式呈现。

图7　恶趣清净曼荼罗
(43×59.8cm，编号 Pt. 3937，法国国立图书馆藏)

1　八吉祥女所持标帜分别是宝瓶、宝盖（伞）、双鱼、莲花、海螺、吉祥结、宝幢和法轮。
2　详见 St. 579 第15页背面第5行。

与恶趣清净相关的经典仪轨自吐蕃时期已由胜护（Jayarakṣita）等人翻译成藏文，[1] 公元824年由吐蕃王室官方编纂修订的译经录《旁塘目录》中亦收录有相关经典。[2] 藏传佛教后弘期初，洽译师法祥（Chos rje dpal）等对此又做了重译。[3] 汉译本由宋法贤于至道二年（996）译出。[4] 吐蕃统治敦煌期间，在藏地信仰中流行的《恶趣清净怛特罗》经典因民族迁徙等由吐蕃人为主媒在敦煌得以传播。显而易见，从藏经洞中发现的这4幅曼荼罗均为恶趣清净曼荼罗，所据文本当与藏文仪轨St. 579有关。

2. 图像与陀罗尼经咒的图文组合方式

在Pt. 389、Pt. 4519、St. 6348和Pt. 3937四幅恶趣清净曼荼罗中，前三幅是以图像和陀罗尼经咒图文组合的方式表现，而最后一幅仅绘尊像，并无与之对应的经咒与愿文。Pt. 389和Pt. 4519的共性是，在主尊和每一眷属的胸前均有种子字：前者Pt. 389之大日如来、八佛顶、十六菩萨、四摄菩萨胸前的种子字为藏文Oṃ，外四供养菩萨胸前的种子字为hūṃ；

Pt. 4519主尊大日如来胸前种子字为唵吽唵，八佛顶、十六菩萨和十护方天胸前为唵吽，外四供养菩萨胸前为吽，四摄菩萨胸前为唵吽叭；St. 6348主尊大日如来胸前种子字为唵，八佛顶胸前为唵［吽叭］，外四供养菩萨胸前为吽，四摄菩萨胸前为唵吽叭，十六菩萨胸前缺题，十护方胸前为唵。此外，Pt. 389除主尊外，另在每一眷属的右侧或左侧均有藏文墨书乌梅体题写的尊名及与之对应的真言密咒和愿文（曼荼罗外院的上下方亦有用藏文乌梅体题写的经咒和愿文）。相反，汉文版Pt. 4519中没有相应的题名，而是抄满了真言密咒（主要分布在曼荼罗第二重、第三重）和抄录的经题与经文（主要分布在曼荼罗第四重及外重四周，其中之间也夹杂有真言密咒）。St. 6348与Pt. 4519类似，亦无题名，仅在八佛顶、内外四供养菩萨和护方天腹部题有真言咒语，以及在该曼荼罗外重抄满了各类经题和经文，它们之间也夹杂有各类真言密咒。St. 6348、Pt. 389和Pt. 4519之间另一不同之处在于在其背面的两侧，还补抄有大悲咒等陀罗尼经咒（图8）。

---

1 *De bzhin gshegs pa dgra bcom pa yang dag par rdzogs pa'i sangs rgyas ngan song thams cad yongs su sbyong ba gzi brjid kyi rgyal po'i brtag pa phyogs gcig pa zhes bya ba/*《清净一切如来阿罗汉等正觉者的恶趣威光王仪轨》（德格版No. 483；北京版No. 116）。

2 西藏博物馆编：《旁塘目录》，民族出版社，2003，第61页。

3 *De bzhin gshegs pa dgra bcom pa yang dag par rdzogs pa'i sangs rgyas ngan song thams cad yongs su sbyong ba gzi brjid kyi rgyal po'i brtag pa phyogs gcig pa zhes bya ba/*《清净一切如来阿罗汉等正觉者恶趣威光王仪轨》（德格版No. 485、北京版No. 117）。

4 （宋）法贤译：《佛说大乘观想曼拏罗净诸恶趣经》（二卷），《大正新修大藏经》第19卷，第939号，佛陀教育基金会出版部，1990，第88页上—第95页下。

图 8　恶趣清净曼荼罗背面经咒

（编号 St. 6348，大英图书馆藏）

图 9 恶趣清净曼荼罗主尊大日如来

(编号 Pt. 389,法国国立图书馆藏)

从整体来看,以上三幅曼荼罗图文组合方式基本一致,尤其是 Pt. 389 和 Pt. 4519 两者在组合形式上高度相似。除主尊胸前种子字外,在曼荼罗第一重——用连珠纹缀合而成的金刚环内外均题写有陀罗尼经咒。Pt. 389 金刚环内的真言咒语是(图9):oṃ sho dha ne sho dha ne sa [sba] pa pa bhi sho dha ne shud dhe bhi shud dhe sa rwa ka rma sa ba ra na bhi shud dhe shwā hā/ oṃ tra ta hri/;[1] 外侧第一轮为:shud d[h]e sa rwā a wa ra na bhi shud d[h]e swā hā/;第二轮是:shud dhe bhi na mo bha ga bha ti sa rwa dur rga ti pa ri sho dha na ra dza ya/ ta tha ga ta ya/ a ra ha te sam myag sam bhu ta ya/ tad ya tha oṃ sho dha ne sho dha ne sa rwa pa pa bhi sho

---

1 拉露将第一重真言转写为:oṃ sho dha ne sho dha ne shud dhe bhi shud dhe sa rwa ka rma a wa ra na bhi shud dhe swā hā/ oṃ tra ta hri/.

dha ne/。Pt. 4519 金刚环内的真言咒语是（图 10）：唵毗摩疑阇耶伐底阿蜜[米]粟/帝哈哈（左侧）和咤米咤莎咤（右侧）；外侧一圈是：请观世音菩萨咒/那牟啰恒那[耶]/心中心咒/唵状[拔]啰拔罗三拔啰印地/嘌耶毗输达弥[你]啥[哈]哈噌口遮疑莎阿。St. 6348 金刚环内缺真言咒语（图 11）。此外，在环围 Pt. 389 曼荼罗外重的上下方亦题写有陀罗尼经咒和赞辞（图 12、图 13），据拉露研究，该曼荼罗第一重金刚环内外及外重上下方陀罗尼与赞辞等主要是由观音（度母）以及以 Oṃ ṛṣigaṇa 和 Tadyata oṃ anale 为起首的两个大白伞盖佛母和佛顶尊胜佛母陀罗尼构成。[1] 因大白伞盖佛母陀罗尼具有除障护佑众生等多重功能，故与之相关的经典及陀罗尼在吐蕃占领期的敦煌极为盛行，法国藏学家王微已注意到它在敦煌流行的功能所在。[2] 此外，笔者发现法藏 Pt. 858 也是一件由大白伞盖佛母陀罗尼构成的护身符（图 14）。该护身符展开长 23.5 厘米，宽 23 厘米，据上方遗留的 16 块折叠痕迹，可知它最初是一件长宽约 5.7 厘米，折叠成块状的护身符。其画面是由藏文陀罗尼经咒组合而成的楼阁式四角佛塔：塔刹及塔角用金刚杵装饰，塔基以仰俯莲瓣承托。尤为可贵的是，在塔基位置还发现了启请辞（图 15）："愿我及一切众生得到保佑！保佑！保佑！"（bdag dang sems can thams cad la srung shīg srung shīg srung shig/）此类表述常见于敦煌蕃据时期流行的大白伞盖佛母陀罗尼经咒抄本的启请辞中。如 Pt. 390 大白伞盖佛母陀罗尼经咒最后的启请辞为："愿我及一切众生得到保佑！保佑！"（bdag dang sems can la srung shīg srung shig/）；由持咒者象雄（shang zhun kyis bris）所抄写的 Pt. 388 大

---

[1] Marcelle Lalou, "Notes A Propos d'une Amulette de Touen-houang: Les litanies de Tārā et La Sitātapatrādhāraṇi", *Journal Asiatique CCXLI*, 1953, p. 140. Pt. 389 恶趣清净曼荼罗外重的上方题跋为：dug dang mchon dang mye dang chu las sgrol bar byed pa'i/ gzhan gyis myi thub drag shul che/ gtum pa chen mo stobs chen mo/ 'bar ba chen mo gzi brjid che/ dkar mo chen mo stobs chen mo/ 'bar ba'i 'phreng ba gos dkar mo/ 'phags ma sgrol ma khrog gnyer can/ rgyal ba'i rdo rje'i 'phreng zhes grags/ pad mo'i mngon mchan rdo rje sku/ 'phreng ba gzhan gyi myi thub pa/ rdo rje'i sgros can 'jom ba mo/ zhi ba'i lha rnams kyis mchod pa/ gzugs des gzi brjid chen mo can/ 'phang ma'i sgrol ma stobs mo che/ myi 'chi rdo rje lu gu rgyud/ rdo rje gzhon nu'i rigs 'dzin ma/ phyag na rdo rje'i rig sngags bdag/ sngags 'chang gser gyi 'phreng ba can/ rin chen me tog leb rgan rtsi/ rnam par snang mdzad rdo rje'i gtsug ces grags/ bsgyings ma'i rdo rje gcug ces grags/ bsgyings ma'i rdo rje gser'od spyan/；上方题跋为：rdo rje'i sgros can dkar mo dang/ zla 'od me tog pad mo'i spyan/ phyag rgya'i chogs de thams cad kyis/ yon gyi bdag po yang log la srungs shig srungs shig/ oṃ ri shi ga na pra sha sta ya/ ta tha ga to u shn[ṇ]i sha sing ta ta pad tre/ huṃ druṃ dzam bha na/ huṃ druṃ stam bha na ka ra huṃ druṃ/ ma ha bhyid tya sam bha ksha na ka ra huṃ druṃ/ sa rwa du sta nan stam bha na ka ra huṃ druṃ/ sa rwa ya ksha ra ksha sa gra ha nan bhyid twan sa na ka ra huṃ druṃ/ ca tur shi ti nan gra ha sa ha pra nam bhyid twang sa na ka ra huṃ druṃ/ a sht[r]a bhyin sha ti nan na[g]ksha tra nam pra sa dha na ka ra huṃ druṃ/ a sht[r]a nam ma ha gra ham bhyid twang sa na ka ra huṃ druṃ/ tad ya tha oṃ a na le a na le/ bhi sha dhe bhi sha dhe/ be'i ra be'i ra/ ba dzra dha ri ni bhan dha bhan dha ni/ bdzra pa ni phat/ huṃ huṃ huṃ phat phat phat swā hā/ huṃ druṃ bhan dha phat swā hā/.

[2] [法] 王微：《白伞盖佛母：汉藏佛教的互动》，罗文华译，《故宫博物院院刊》2007 年第 5 期。

白伞盖陀岁尼,[1] 其最后的启请辞为:"愿天神赞普、我及其一切众生得到保佑!保佑!"（bod gyi lha btsan po dang bdag dang sems chad gun la srung shig srung shig/）；又如 Pt. 391 号卷子大白伞盖陀罗尼经咒，其末尾指明抄写此陀罗尼的目的是为了"保佑 rjeng on tse spad spun 及其亲属远离一切疾病之侵扰"。[2] 由此可见，持诵、抄写、佩戴大白伞盖陀罗尼经咒能够给信众带来种种利乐，这也是该经咒在敦煌流行的原因所在。而以下要讨论的 Pt. 4519 和 St. 6348 等，其密布在恶趣清净曼荼罗内外的陀罗尼密咒均与观音及大白伞盖等陀罗尼神咒有关。

图 10　恶趣清净曼荼罗主尊大日如来

(编号 Pt. 4519，法国国立图书馆藏)

---

[1] 文末亦指出所抄陀罗尼经典出处: de bzhin gshegs pa'i gtsug tor gdugs dkar po'i gzungs sngags rdzogs gso/.

[2] [法]王微:《白伞盖佛母:汉藏佛教的互动》。

图 11 恶趣清净曼荼罗主尊大日如来

(编号 St. 6348，大英图书馆藏)

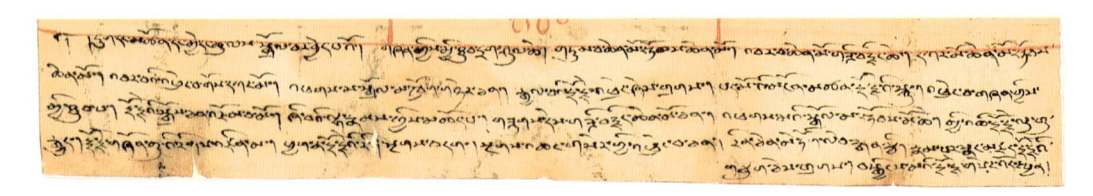

图 12 恶趣清净曼荼罗外重上方陀罗尼

(编号 Pt. 389，法国国立图书馆藏)

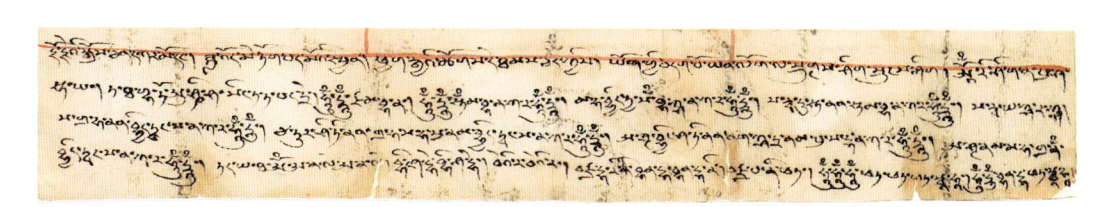

图 13　恶趣清净曼荼罗外重下方陀罗尼

（编号 Pt. 389，法国国立图书馆藏）

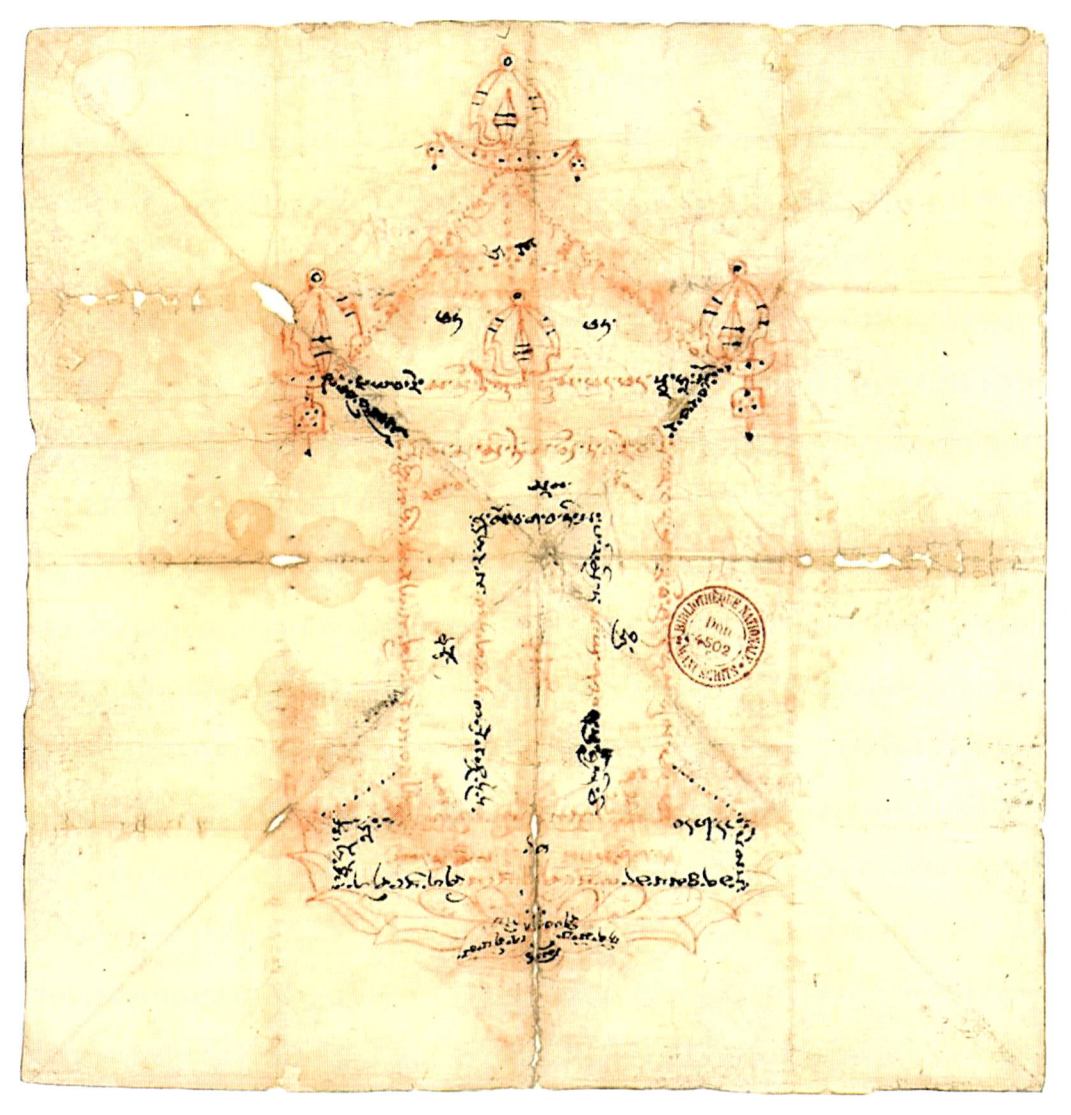

图 14　白伞盖陀罗尼经咒护身符

（23×23.5cm，编号 Pt. 858，法国国立图书馆藏）

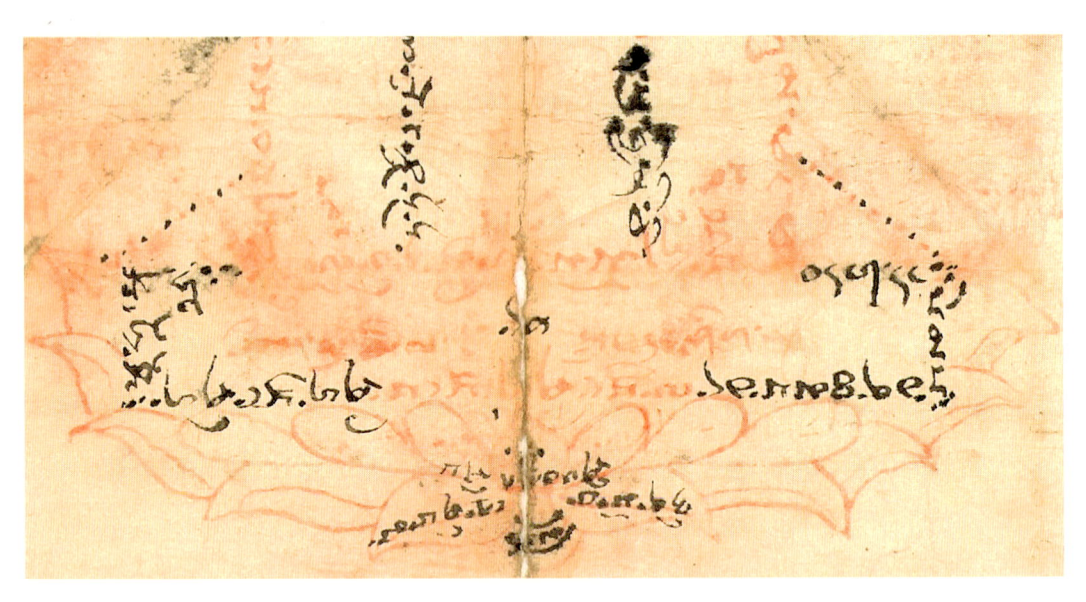

图 15　白伞盖陀罗尼经咒护身符中启请辞
(编号 Pt. 858，法国国立图书馆藏)

汉文版 Pt. 4519 围绕大日如来内外两重的陀罗尼经咒为请观世音菩萨咒及她的心咒。据此可见在以大日如来为主导的恶趣清净曼荼罗护身符中，环绕主尊的陀罗尼其实与大日如来或恶趣清净仪轨并无直接关联，而是出自其他的经典仪轨。不仅如此，在 Pt. 4519 和 St. 6348 中，其曼荼罗内外重所题写的经咒亦为当时敦煌地区流行的真言咒语。经初步辨识整理，Pt. 4519 中涉及内容如下：

（1）《佛说随求即得大自在陀罗尼神咒经》

（2）《诗观世音菩萨咒》

（3）《大佛顶如来顶髻白盖陀罗尼神咒经》

（4）《佛说七俱胝佛母心大准提陀罗尼经》

（5）《佛说灌顶吉祥陀罗尼咒》

（6）《诸星母陀罗尼经》

（7）《请观世音菩萨咒》

St. 6348 相比其他两个版本，因保存不善，已有残损之处，尤其是该曼荼罗左下角一块已缺失。松本荣一先生根据现存内容，对此识别整理如下：[1]

（1）《大佛顶如来顶髻白盖陀罗尼神咒经》

（2）《千手千眼观世音菩萨广大圆满无碍大悲心陀罗尼经》（伽梵达摩译）

（3）《诸星母陀罗尼经》（法成译）

（4）《大悲心陀罗尼》（金刚智译）

1　[日] 松本荣一：《敦煌画研究》（上册），林保尧、赵声良、李梅译，浙江大学出版社，2019，第 313—315 页。

（5）《千眼千臂观世音菩萨陀罗尼神咒经》（接近智通译本）

通过以上经题可知，这些陀罗尼是当时敦煌民众喜闻乐见的念诵经咒，部分为当时汉藏互译共享经典：《大佛顶如来顶髻白盖陀罗尼神咒经》在敦煌文献中藏文写本多达 90 件，汉文本有 6 件；《诸星母陀罗尼经》的汉译本是唐代法成在藏文本基础上翻译而来（敦煌汉文写卷 10 件，藏文写本 3 卷）；《千手千眼观世音菩萨广大圆满无碍大悲心陀罗尼经》藏文本是法成根据伽梵达摩汉文译本译成，其中在敦煌文献中汉文写本多达 23 件，藏文写本有 6 件；《千眼千臂观世音菩萨陀罗尼神咒经》在敦煌亦存在汉藏两种译本，其中智通译本现存 9 件。[1]

不仅如此，题写在以上两幅曼荼罗中的陀罗尼经咒亦出现在敦煌"汉蕃相掺"的汇抄文献中。在题名为"谨案汉蕃大悲千眼千臂经云九作曼荼罗法者"的汇抄文献 St. 2498 中，就收录了《千眼千臂观世音菩萨陀罗尼神咒经》《佛顶尊胜陀罗尼神咒》《大悲心陀罗尼》《观世音菩萨符印》等 20 余种咒语及符印造坛法。另在抄录有 51 种陀罗尼的古藏文汇抄文献 Pt. 0049 中，也发现了与 Pt. 4519 恶趣清净曼荼罗中所抄经咒相近的陀罗尼，诸如《观世音菩萨咒》《观自在明咒》《圣观自在陀罗尼》等。此外，在敦煌《转经录》（Pt. 3854，收录有 33 种密教仪轨）中亦可觅得上述曼荼罗中所涉及的《佛说七俱胝佛母心大准提陀罗尼经》以及相近经咒《七俱胝咒》。

敦煌汇抄文献和《转经录》是指为了给持诵者或法事活动提供便捷，将平时常诵经典、陀罗尼经咒等汇聚在一起的集结性文本，它一方面反映了其所处时代的信仰主题，亦涵括了当下民众的信仰实践。以上汇抄文献并非诘屈磝碻的密教教义或修行实践取向，而是与平常百姓生活密切相关的真言密咒，具有很强的实用性和融摄性。

（二）恶趣清净怛特罗仪轨及相关图像在敦煌的衍生功能

佛教传入吐蕃后，打破了早期以苯教仪轨（仪式）为主导的丧葬习俗。据 11 世纪藏文史书《韦协》（dBa'bzhed）载，吐蕃赞普赤松德赞（Khri srong lde btsan，742—797 年）卒，王子牟尼赞普年少，王室内佛苯两派大臣为赞普丧葬法事出现争执。佛教徒提出天神赞普超荐仪轨应善法从事，舍弃苯教滥杀畜生诸如牛、羊、马等无数以火焰多次举行"祭鬼"等仪式。他们认为这是前恶未尽又添新罪，执迷于错乱之教。经过两派争执辩论，最后采纳佛教超荐丧葬，其吐蕃修善超荐仪式皆依《恶趣清净密续》之义理，以大日

---

[1] 关于吐蕃时期敦煌汉藏佛教经典整理，详见赵晓星《吐蕃统治时期敦煌密教研究》，甘肃教育出版社，2017，第 119—128 页。

如来和顶髻忿怒九明王之曼荼罗仪轨来举行。[1] 9世纪晚期至10世纪初，吐蕃王朝后裔在西藏西部阿里地区新建地方政权古格王国，其丧葬礼仪紧承吐蕃旧制。据《仁钦桑布传》记载：大译师仁钦桑布父亲去世时，他依父亲生前嘱托为其绘制了7幅恶趣清净曼荼罗；母亲去世时，为她绘制了3幅恶趣清净曼荼罗；古格国王天喇嘛益西沃圆寂后，仁钦桑布在葬礼仪式上还亲自为他作了恶趣清净仪轨。[2]

原本在吐蕃本部流行，用于超荐亡灵的恶趣清净怛特罗和曼荼罗，在吐蕃占领期的敦煌，不仅被弘法者及迁居至此的吐蕃人弘扬继承，且在以汉文化为主的信仰圈层中得以传播。例如，法藏敦煌藏文文献Pt. 37号卷子《开示净治恶趣曼荼罗四门》（Ngan cong rnams par sbong ba'i dkyil 'khor sgo bzhi bstan par bya ba）和《为亡者开启天界净土道》（gShin va lha yul gtshang sar lam bstan）中就指出，恶趣清净仪轨及曼荼罗可使亡者免遭地狱饿鬼，顺利往生极乐净土。[3] 不仅如此，该功能在敦煌亦不断衍变，朝着多元化发展。以上所讨论的Pt. 389、Pt. 4519、St. 6348等恶趣清静曼荼罗即为典型案例。它们与其他汉藏文陀罗尼经咒相结合，形成具有祛邪、攘灾、治病等多重功能，且为汉藏通用的护身符。这从Pt. 389中围绕曼陀罗外重一周的愿文（图16）可见一斑，[4] 具体内容录文翻译如下：

Yon gyi bdag po yan ldog gi lus dang sems la gnod par byed pa'i dgra bgegs dang/ che phrog dang dbang tang dang lo zla myi mthun ba'i 'jig nyen dang/ nad dang/ gnod par byed pa las bscogs pa cī yod pa tham dang cad/ deng sangs rgyas kyī bden pa dang chos kyi bden pa dang/ dge 'dun gyī bden pa dang/ lha dang drang srong gyi bden pa dang/ bden rig sngags dang gzungs sngags kyī bden pa dang/ bden pa'i byin kyi rlabs kyīs deng byed zhi nas/ yon gyi bdag po yan ldog la brkre shis pa dang bde legs phun gsum chogs par mdzad du gsol lo srungs shig srungs shig swāhā/

对于有害施主闫郎身心之魔障、夺命、权势、年月不合之危害、疾病及愧悔等等的一切，以佛、法、僧、天神仙人之真谛，以及真言密咒和陀罗尼经咒的灵验威力将此消除，唯愿闫郎吉祥如意，幸福美满。保佑！保

---

1 韦·囊赛：《〈韦协〉译注》，巴擦·巴桑旺堆译注，西藏人民出版社，2012，第30—31页。

2 张长虹：《大译师仁钦桑波传记译注（下）》，《中国藏学》2014年第1期。

3 才让：《法藏敦煌藏文佛教文献P. T. 37号译释》，载敦煌研究院编《敦煌吐蕃文化学术研讨会论文集》，甘肃民族出版社，2009，第221—225页。

4 关于该发愿文，拉露已做了法文翻译，参见 Marcelle Lalou, "Notes A Propos d'une Amulette de Touen-houang: Les litanies de Tārā et La Sitātapatrādhārani", Journal Asiatique CCXLI, 1953, pp. 138-139。

佑！萨阿哈阿！

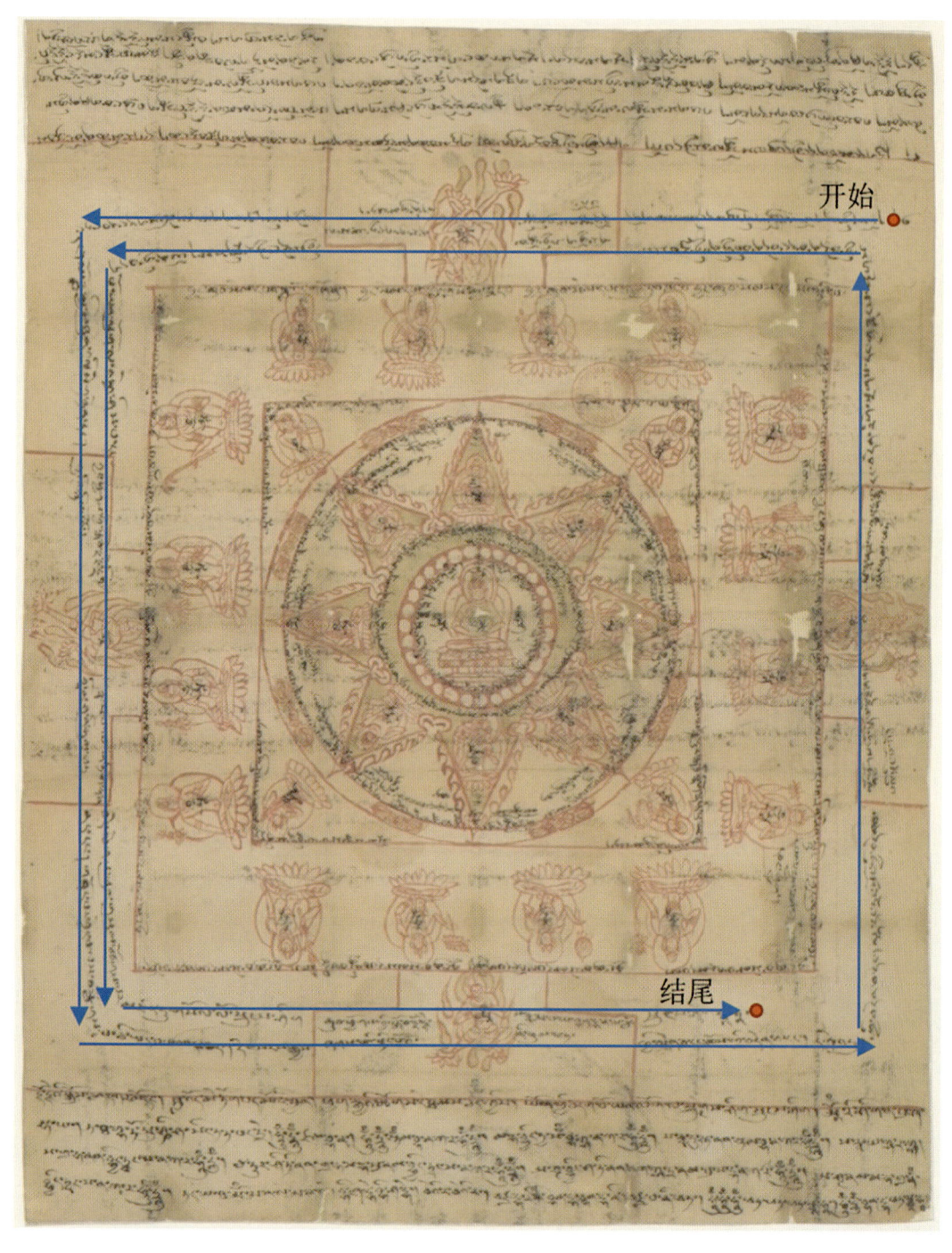

图 16　恶趣清净曼荼罗中发愿文抄写顺序
（编号 Pt. 389，法国国立图书馆藏）

据此愿文，这是给一位名为闫郎（Yan ldog）的功德主所绘的恶趣清净曼荼罗咒符。法国藏学家拉露从藏文音读 Yan ldog 推测这位功德主为汉人。此外，在曼荼罗外重上端经咒的起首处亦发现了该功德主的名字，被写成 Yan log，[1] 这更确定了 Yan ldog 或 Yan log 即为汉文名之音读。由此可见，这种原本流行于吐蕃本部，用于超荐亡灵的恶趣清净曼荼罗，在以汉族为主的民族杂居地敦煌发生了意涵衍生，功能亦趋于多元。在不断被当地汉族信众融摄的进程中，它与当地日常信仰实践相融共生。以上功能在汉文版恶趣清净曼荼罗咒符 Pt. 4519 与 St. 6348 中表现得更为明显，此咒符可谓神通广大，无所不能。持之者所遇各种障碍、病症、疼痛都能一一消解。哪怕是当时敦煌地区流行的各类传染病也能逐一治愈。具体内容择录如下（图17）：

或非时横死，或喱（喂）震[或"哝"（唇）]部迦，或甚能调伏陀罗尼恭敬礼拜所有灾祟及外怨（怨）敌来相侵，恼者寻便良散咒曰：或疽或甘疮或瘿瘤或瘦痛或惊恐或毒药或虫毒或兽祷或火或水兽或怨贼或恶鬼或旷野体骨节等痛，悉除令差或部多鬼或起尸鬼或厌魅鬼或天行或患疥癣或风瘴或癞疮或斑疮或痈或疽或齿痛或心痛或骨节痛或胁肋痛或皆（背）或腹痛或腰痛或小腹痛或腿病或踝骨痛或手痛或脚痛或身……皆能破除治愈。

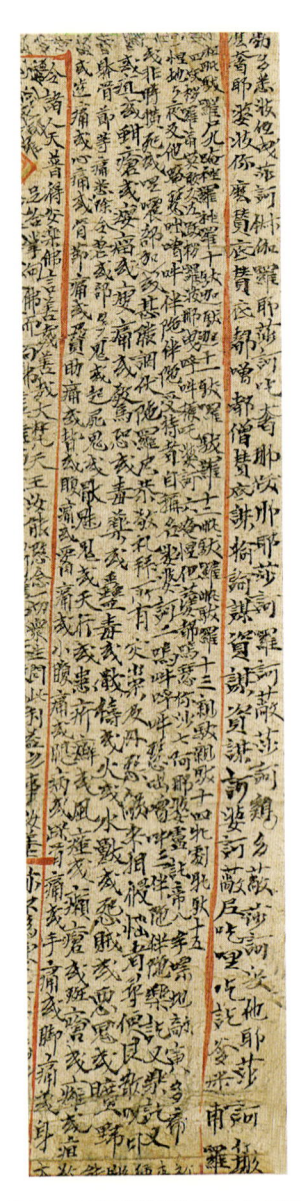

图17 恶趣清净曼荼罗中祈愿文
（编号 Pt. 4519，法国国立图书馆藏）

---

1 该曼荼罗外重上端经咒起首内容为：rdo rje'i sgros can dkar mo dang/ zla 'od me tog pad mo'i spyan/ phyags rgya'i chogs de thams cad kyis/ yon gyi bdag po yang log la srungs shig srungs shig/.

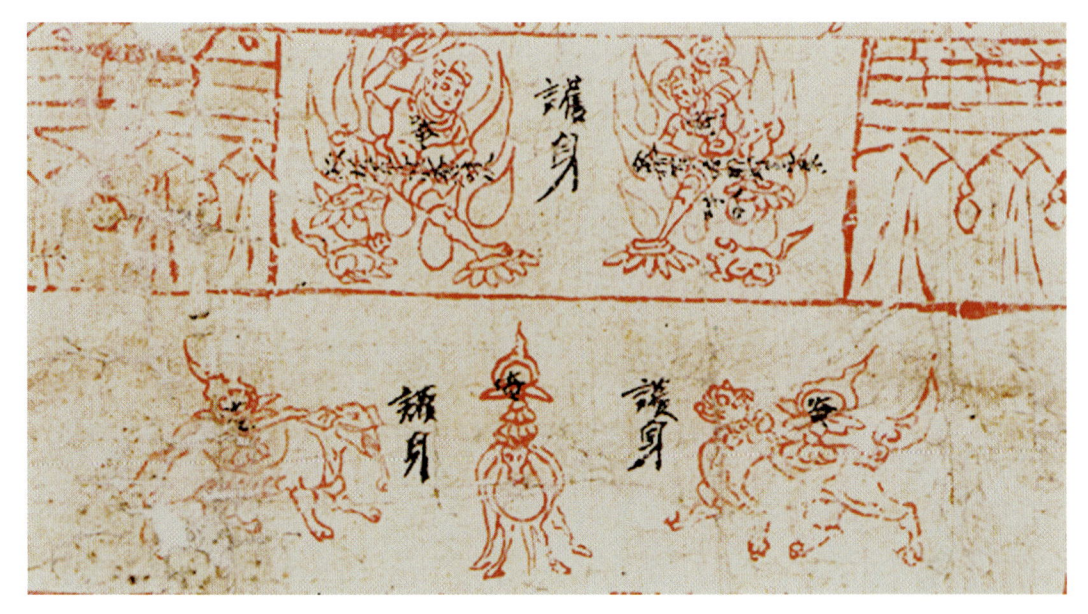

图 18　曼荼罗四门及外重"护身"题跋

将 Pt. 389、Pt. 4519、St. 6348 归之为恶趣清静曼荼罗护身符或咒符，一方面与其内容所体现的功能有关，另从画面看，它们的上方还存留有四角折叠痕迹，推测这三幅纸本恶趣清静曼荼罗之前被折叠过，应为块状，是便于携带在身的护身之物。此外，St. 6348 在曼荼罗的四门及外重的每一方均题写有三处"护身"二字（图 18）。

另外值得注意的是，这三幅恶趣清净曼荼罗无论结构线还是主尊眷属形象均用朱色绘制。护身符自古多以朱色书写，北天竺国三藏沙门阿质达霰在他所译的《秽迹金刚禁百变法经》中就有明确记载。[1]《龙树五明论》（失译）上卷不仅列出 18 种功能各异的朱色护身符，并强调红色即可增强护符之神力。[2] 且在该论的下卷中亦指出：当妇女难产时，用赤枣木刻星宿印，然后涂以朱砂印于干净纸张上，令妇女吞下儿则易生，且不为恶鬼得其便。[3] 无疑，Pt. 389、Pt. 4519、St. 6348 之恶趣清静曼荼罗护身符采用朱色绘制，目的是增强其护持威力。

---

[1]（唐）阿质达霰译：《秽迹金刚禁百变法经》卷一，《大正新修大藏经》第 21 卷，第 1229 号，佛陀教育基金会出版部，1990，第 160 页中、下。

[2] 佚名译：《龙树五明论》卷上，《大正新修大藏经》第 21 卷，第 1420 号，佛陀教育基金会出版部，1990，第 957 页中—第 958 页下。

[3] 佚名译：《龙树五明论》卷下，《大正新修大藏经》第 21 卷，第 1420 号，第 964 页上。

二 观音与陀罗尼经咒的图文互构

上文所讨论的护身符 Pt. 4519 和 St. 6348 中虽未绘出观世音菩萨,但均涉及其经咒。特别是在 Pt. 4519 中,主尊大日如来被观世音菩萨的经咒围绕一圈,足见其重要性。在敦煌纸本和绢质绘画中,以观音为主尊,四周环绕陀罗尼经咒的护身符数量不少,其中以现藏于大英博物馆的绢本墨书护身符(编号 18. Ch. xxii. 0015)最为典型(图19)。该护身符质地为丝帛,高 58.5 厘米,宽 56.3 厘米,为吐蕃统治敦煌时期的遗存。

图19 观世音菩萨陀罗尼经咒轮曼荼罗

(大英博物馆藏)

图 20　观世音菩萨陀罗尼经咒轮曼荼罗中男供养人
（大英博物馆藏）

图 21　文殊与普贤菩萨绢画下方供养者（咸通五年）
（大英博物馆藏）

图 22　报恩经变相图绢画下方供养人（唐代）
（大英博物馆藏）

278　图像研究

图 23　西安沣西出土唐印本梵文陀罗尼经咒护身符中供养者

跏趺坐的观世音菩萨。她头髻高耸，饰三叶宝冠，细腰，着紧身裙裤，并佩戴项饰和臂钏。在其右侧为右膝着地、手持香炉的男供养人（图 20）。笔者推测此人应为愿文中所指的杨拉杰（Ang lha skyes），其头戴幞头样式及着装打扮与唐末五代时期敦煌壁画、绢画（图 21、图 22）[1] 及两京地区出土护身符（图 23）[2] 中地位较高的汉族供养人形象基本一致。而其右膝着地的跪姿，则与魏晋南北朝以来译介于中土的陀罗尼仪轨中所载的"诵咒者右膝着地"之规定相吻合。[3] 中院从内向外由环绕主尊与供养人的七轮藏文发愿文和陀罗尼经咒构成，其四角绘水波荡漾、莲花漂浮之图景，此与本尊观世音菩萨遥相呼应。

中重外缘有三股界道，在此之外为外院，分由内外两重构成，所绘部分尊像因绢布残损状况不明。松本荣一先生推测：内重四隅为四尊，一方为五尊，共计二十四尊，所绘内容除四隅地、水、火、风四大神之外，其余皆为八大龙王和十二护方天；外重一方七尊，四方合为二十八尊，现仅存十尊，均为菩萨装，表现的是二十

（一）图像内容

该护身符画面由三部分构成：内院中央主尊与供养人；中院陀罗尼经咒与愿文；外院护方天等。内院中央莲座上为左手持莲花，右手仰掌髀上施予愿印，呈半

---

[1] 其中图 21 "文殊与普贤菩萨绢画"（编号为 1919，0101，0.5）其画面下方题记内容为："（1）衙前虞候唐安谏（2）兄唐小晨一心供养（3）兄亡将唐我一心供养（4）父僧神威一心供养：1. 一为当今皇帝二为本使司空 2. 三为先亡父母及合…… 3. 无之（诸）灾障…… 4. 咸通五年（5）比丘尼妙义一心供养（6）尼福妙一心供养（7）母鞠氏一心供养（8）阿妇什三娘一心供养。"另图 22 "报恩经变相图绢画"在大英博物馆馆藏编号为 1919，0101，0.1。

[2] 图 23 源自安家瑶、冯孝堂《西安沣西出土的梵文陀罗尼经咒》，《考古》1998 年第 5 期，图 1。此外，在陕西西安西郊出土的大随求佛母陀罗尼经咒中，其主尊大随求佛母右侧下方，亦绘有与大英博物馆绢本观音护身符相似的戴幞头、右膝跪地的供养人。详参李域铮、关双喜《西安西郊出土唐代手写经咒绢画》，《文物》1984 年第 7 期，图版四。

[3] （北魏）昙曜译：《大吉义神咒经》卷四，《大正新修大藏经》第 20 卷，第 1335 号，佛陀教育基金会出版部，1990，第 579 页中。

八星宿。他进一步指出，外重身为菩萨装，右手持念珠，左手置左膝托星（或持莲花，花头托星）之二十八星宿，与胎藏界曼荼罗外金刚部的二十八星宿的图像特征吻合。[1]

蕃据敦煌期间，是敦煌石窟中观音图像的急剧增长期和转型期：观音由初唐的胁侍菩萨经盛唐发展，成为宏阔构图画面中的观音经变之主尊，并逐步开衍密教观音曼荼罗，历晚唐石窟正龛龛顶的观音曼荼罗集会，到莫高窟第161窟（晚唐）更是以观音题材来设计整窟的发展历程，足可见重视济拔苦难的观音信仰在敦煌变得愈益流行。正如郭佑孟所指出的，中晚唐时期，莫高窟已发展成"观音圣地"，为郡人朝礼之重地。[2] 藏经洞出土的护身符，观音题材亦屡见不鲜。[3] 而本文折中所讨论的编号为18. Ch. XXII. 0015的这件题写有藏文经咒和愿文的观音护身符，其外重十二护方天、二十八星宿图像背后所呈现的主旨功能其实与主尊观世音菩萨的救济思想相辅相成。相关经典记载，十二护方天和二十八星宿除护方、镇魔外，也有消灾、镇恶、除病，以及"为福者用毗沙门，为贵者用梵天，求官员者帝释天"等世俗性功能。[4] 观音与十二天等图像组合题材，在蕃据时期的敦煌莫高窟第361窟和第7窟中亦有相关案例，其组合功能与上述所论观音护身符基本一致。[5]

（二）陀罗尼经咒及愿文

大英博物馆所藏这件护身符其图像背后反映的功能与愿文中所呈现的诉求相得益彰。据陀罗尼及愿文可知，该护身符是给一位名为杨拉杰的供养者所绘，其功能是，若该男子佩戴此护身符，可借观世音菩萨和大随求佛母的慈悲灵验之威力护佑他，并使其免遭噩梦侵扰、饿鬼恐吓、争端毁伤及病魔伤害等诸不幸事件。具体内容如下（图24）：

bcom ldan 'das ma 'phags pa spyan ras gzigs dbang la phyag 'tshal lo/
向薄迦梵母之圣者观世音菩萨

---

[1] ［日］松本荣一：《敦煌画研究》（上册），第335—336页。

[2] 郭佑孟：《晚唐观音法门的开展——以敦煌莫高窟161窟为中心的探讨》，《圆光佛学学报》1999年第8期。

[3] 藏经洞出土的观音类护身符中以大英博物馆藏"圣观自在菩萨千转灭罪陀罗尼护身符"最为典型。该护身符长17.70厘米，宽13.90厘米，编号为1919, 0101, 0.248。中央主尊为圣观自在菩萨，结千转印（观世音心印）被三重呈环形的梵文兰扎体经咒由内向外围绕，在其四隅设小型莲台，上书四供养菩萨嬉鬘歌舞的种子字，在此之外重方方另有两重陀罗尼经咒。整个画面右侧用汉字印写持此护身符的功能，具体内容为：此圣观自在菩萨千转灭罪陀罗有大威力，能灭众罪，转现六根，成功德体，若带持者，罪灭福生当得作佛。

[4] （唐）不空译：《供养十二天大威德天报恩品》，《大正新修大藏经》第21卷，第1297号，佛陀教育基金会出版部，1990，第385页上。

[5] 莫高窟第161窟十二天绘在藻井位置，东壁门两侧绘不空绢索和千手千眼观音；第7窟的十二天亦绘在藻井位置，西壁盝顶帐形龛内十扇屏风上绘观音三十三现身及救诸八难。见赵晓星《吐蕃统治时期敦煌密教研究》，第285—311页。

顶礼。

bcom ldan 'das ma 'phags pa so sor 'brang ba chen mo la phyag 'tshal lo/

向薄迦梵母之圣者大随求佛母顶礼。

'phags pa'i thugs rje'i byīn□gyi rlabs kyis/ ang lha skyes la bsrung zhing byin gyis brlab [s]u gsol/ bcom ldan 'das ma glang po che'i lha lha □[sum] kyis gzigs ma thams cad du kun nas phyogs thams cad bcing□[ba] dang/ rdo rje'i zhags pas bcing bas/ bdag 'jigs pa chen po brgyad las bspal du gsol/ 'dzra dzwa la bi shud dha/ □ ra ka ra/ □[du]□ bhu ri/ bha ga ba ti/ ga ngbha bwā hi/ ga ngbha bwā hi/ ga ngbha bī sho ngha ni/ ku kshī sam pu ra ni/ dzwa la dzwa la/ tsa la □[tsa]la/ dzwa la ni/ lha'i chus kun du char dbab du gsol/ a sri ta bar sha ni/ de ba ta/ a ba ta ra nī/ bde bar gshegs pa'i gsung rab bdud rtsi ma □□□sku dang ldan ba/ lha skyes la dbang bskur du gsol/ 'thab pa dang/ thab mo dang/ rtsod pa dang/ 'gye[r][ba][da]ng/ rmyi lam ngan pa dang/ ltas ngan pa dang/ bkra myī shis pa dang/ sdig pa thams cad rnam par sbyong ba/ gnod sbyin dang/ srin po dang/ klu thams cad 'jom ba/ □□□[pa]s 'jigs skrag pa/ lha skyes 'jigs pa thams cad dang/ gnod pa thams cad dang/ nad 'go ba thams cad dang/ nad thams cad las thams cad du rtag par

bsrung du gsol/ bsrung du gsol/ [ba]la ba la/ ba la ba la ti dza ya dza ya/ o ma a mrī bhe/ o mrī [ta]□□[bar]□□ □d dhe hu'u sa phtā phtā swā hā/ a mrī ta/ bī lo kī ni/ ga rwa sang ra ka kra ni/ a kar sha ni hu'um hu'um phtā swā hā/ oṃ mabī ma le dza ya ba re/ ya mrī tehu'um hu'um phtā phtāswā hā/ oṃ ma bha ra bha ra/ sam bha ra sam bha ra/ yin drī ya di sho dha ni hu'um hu'um phtā phtā ru ru tsa le swā hā/ oṃ ma nī phīr □□□huma phtā swā hā/

圣观音以慈悲灵验之威力，护佑杨拉杰并赐予其力量。薄迦梵母（圣观音）可救度象（难）等一切、包括金刚索束缚等八难。[颂咒语] 'dzra dzwa la bi shud dha/ □ ra ka ra/ □[du]□ bhu ri/ bha ga ba ti/ ga ngbha bwā hi/ ga ngbha bwā hi/ ga ngbha bī sho ngha ni/ ku kshī sam pu ra ni/ dzwa la dzwa la/ tsa la □[tsa]la/ dzwa la ni,向诸界（四面八方）祈雨，[颂咒语]a sri ta bar sha ni/ de ba ta/ a ba ta ra nī/用佛陀之善世经典、甘露伏魔药等给杨拉杰灌顶，戒除其免遭冲突、纠纷、噩梦、恶兆、不幸、恐吓、威胁等。破除危害、饿鬼、龙等，护佑（杨）拉杰免遭所有的伤害、传染病、疾病等等。恒久不变！[颂咒语][ba]la ba la/ ba la ba la ti dza ya dza ya/ o ma a mrī bhe/ o mrī [ta]□□[bar]□□ □d dhe hu'u sa phtā phtā swā hā/ a mrī ta/ bī lo kī ni/ ga rwa sang ra ka kra ni/ a kar sha ni hu'um hu'um phtā swā hā/ oṃ ma bī ma le dza ya ba re/ ya mrī te hu'um hu'um phtā phtā swā hā/ oṃ ma bha ra bha ra/ sam bha ra sam bha ra/ yin drī ya di sho dha ni hu'um hu'um phtā phtā ru ru tsa le swā hā/ oṃ ma nī phīr □□□hu ma phtā swā hā/

图24　观世音菩萨陀罗尼经咒轮题跋
(大英博物馆藏)

282 图像研究

图 25 大随求佛母陀罗尼经咒轮

(41.7×30.3cm，编号 1919，0101，0.249，大英博物馆藏)

据上可知，该护身符是给一位名为杨拉杰（Ang lha skyes）的施主所做。短短的愿文中，他的名字出现了三次，最后一次用昵称拉杰（lha skyes）。Ang lha skyes/lha skyes，此名与护身符 Pt. 389 中出现的 Yan ldog/Yan log 一样，推测为汉文名之音读。其供养者头戴幞头之样式及装束等与唐末五代敦煌绢画及两京地区出土护身符中供养人身份较高者的装束一致，由此间接可证得该护身符为敦煌汉族官员或地位较高者所持有。该护身符愿文所呈现的功能亦与 Pt. 389、Pt. 4519、St. 6348 之恶趣清净曼荼罗护身符如出一辙，主要以密教图像和陀罗尼经咒的灵验威力消灾降福、破除病危等诉求。

在此护身符第一重陀罗尼题跋中，顶礼观世音菩萨之后，"向薄迦梵母之圣者大随求佛母顶礼"。观世音菩萨作为该护身符的主尊，被绘在画面的正中央位置。而大随求佛母仅见其咒语，并未绘出她的尊形。关于她的真言密咒及图像信仰，在唐代的两京（长安与洛阳）和西蜀地区（成都）极为盛行。据考古材料初步统计，出土数量多达十余幅，且绝大多数出自中晚唐时期的墓葬，为亡者身携之物。表现形式一般中央绘大随求佛母，在其周围题写经咒。在敦煌，与大随求佛母有关的信息除上文已讨论的敦煌古藏文汇抄文献 Pt. 0049 中录有《圣明咒王母大随求佛母心要咒》外，最为典型的案例当属敦煌藏经洞出土太平兴国五年（980）刊印，现藏于大英博物馆的大随求佛母陀罗尼经咒轮（图 25）。从构图看，该咒轮与施主杨拉杰所持观音护身符高度相似：中央为主尊，中重由内而外依次题写呈轮状的陀罗尼经咒。在此之外，用经幡等装饰的环形带状物将其再分为内外两重，环形界面与外金刚墙相切之内的四角呈水波纹，水上生莲花，莲上托有种子字，其中在画面上方两侧种子字下方印有汉字"施主李知顺"和"王文沼雕板"。中央主尊为一面八臂呈坐姿的大随求佛母，围绕主尊的十二重陀罗尼经咒用梵文兰扎体刻印。在整个种子轮的正下方有题榜框一处，框内文字注明了持此护身符的具体功能：

大随求陀罗尼。若有受持此神咒者，所在得胜，若有能书写者，带在头者、若在臂者。是人能成一切善事，最胜清净。常为诸天龙王之所拥护，又为诸佛菩萨之所忆念。此神咒能与众生最胜安乐、不为夜叉罗刹诸鬼神等为诸恼，害亦不为寒热等病之所侵，损夭蛊咒咀不能为害，先业之罪受持消灭。持此咒者常得安乐，无诸疾病色相炽盛，圆满吉祥，福德增长，一切咒法皆悉成就。若有人受持供养切宜护净。太平兴国五年六月二十五日雕板毕手记。

无疑，大随求陀罗尼经颂扬了该真言密咒的无量功德，以及受持、书写、携带这一陀罗尼护身符所能带来的诸多益处。此与 Pt. 389、Pt. 4519、St. 6348 以恶趣清净曼荼罗为主导并附观音、白伞盖、诸星母等陀罗尼经咒的护身符在功能上互印相证。

三 陀罗尼经咒的持信及其与密教图像的组合

从传世经典看，陀罗尼的持信及与图像组合，早在汉魏之际的3世纪前半叶已传入中土，并广泛流行于魏晋南北朝时期，形成该时期密教的主流。[1] 入唐之后，随着密教图像的不断成熟与发展，陀罗尼经咒及与之相关的图像组合在经典仪轨中表现得如影随形。

公元230年，中印度竺律炎翻译的《摩登伽经》，内容除涉及星曜崇拜外，还包括了六种陀罗尼的复诵与仪式；[2] 晋怀帝永嘉四年（310）中亚来华（洛阳）高僧佛图澄（231—348）善颂各类神咒，并能随性所欲召唤神灵，役使鬼物；[3] 前秦建元十二年（376）至长安的中亚僧人涉公（卒于380年）因习得呼龙唤雨之咒术而深得前秦苻坚信任，并常与群臣一起观其演神龙咒术；[4] 云冈石窟创建者昙曜于432年翻译的《大吉义神咒经》，内容不仅详载了因需求不同而尊崇不同神祇的法门及做坛法，并指明了持诵该咒所能带来的种种成就悉地：降雨、止风暴等；[5] 梁武帝之子梁元帝自幼学习各类陀罗尼，表明当时陀罗尼咒术已在上层广泛推行；[6] 唐代不空译经《佛说摩利支天经》不仅指出将画好的摩利支天置于头顶，或戴在臂上，抑或缝于衣中，可借菩萨威力让信持者免遭灾难等，且详载了持诵该陀罗尼时需建相应的坛城（曼荼罗）；[7] 唐代菩提流志在《一字佛顶轮王经》中对经咒的书写材料、佩戴方法、功能、用途等有更详备记载："若善男子乐欲成就一字佛顶轮王咒者，应令内外严饰清洁，以桦木皮或以纸素竹帛等上，雄黄书斯高顶轮王咒，佩带肩臂并持斯咒，

1　吕建福：《中国密教史》，中国社会科学出版社，2011，第2页。

2　（三国吴）竺律炎共支谦译：《摩登伽经》卷上，《大正新修大藏经》第21卷，第1300号，佛陀教育基金会出版部，1990，第400页上、中，第204页中、下。

3　（梁）慧皎撰：《高僧传》卷九，《大正新修大藏经》第50卷，第2059号，佛陀教育基金会出版部，1990，第389页中。

4　同上注。

5　（北魏）昙曜译：《大吉义神咒经》卷四，《大正新修大藏经》第21卷，第1335号，佛陀教育基金会出版部，1990，第579页中、下。

6　如梁元帝《金楼子》卷六《自序篇》中有载："吾龀年之时，诵咒受道于法朗道人，诵得净观世音咒、药上王咒、孔雀王咒，中尉何登善能解作外典咒、痈疽禹步之法。"见［梁］萧绎撰，许逸民校笺：《金楼子校笺》，中华书局，2011。

7　（唐）不空译：《佛说摩利支天经》卷一别本，《大正新修大藏经》第21卷，第1255号，佛陀教育基金会出版部，1990，第261页中。

速得成就。若有国王王族妃后大臣僚佐清信男女一切人民,信斯咒者,亦令书写戴顶颈臂,为诸人众互相敬诺,而不侵扰灾垢销灭,当得辩才吉相圆满。若有军将及诸兵众敬信斯咒,亦令书写持系旌旗,及戴头臂往他军阵,他自臣伏互不残害,何以故以诸如来力加持故。……"[1] 等等,类似经典的例子不胜枚举。

唐代是各类陀罗尼经咒翻译、传入和发展的第二个高峰期。[2] 诸佛顶、星曜、观音、明王类陀罗尼在这一时期异军突起,并与鬼神及护法护国思想相结合,形成陀罗尼的万能思想。在图像组合上,初唐时期虽有大量陀罗尼经咒与相应的尊像、曼荼罗观想仪轨传入中土,但图像和陀罗尼经咒相结合所形成的护身符并不流行。中唐之后,这种现象大为改观,陀罗尼经咒和密教图像互构所形成的护身符信仰蔚然成风。

据考古材料,密教图像和陀罗尼经咒互构所形成的护身符出土数量多达十余幅,出土地主要集中在唐代两京(长安和洛阳)和西蜀地区。[3] 其滥觞于初唐,鼎盛于中晚唐,宋代仍有沿用。[4] 基本均出自墓葬,皆为亡者身携之物。护身符上所书陀罗尼内容以《大随求陀罗尼经咒》为主,同时在法门寺地宫中也发现了极为罕见的不空译本《佛顶如来广放光明聚现大白伞盖遍覆三千界摩诃悉怛多钵怛啰金刚无碍大道场最胜无比大威德金轮帝祖啰施都摄一切大明王总集不可说百千旋陀罗尼十方如来清净海眼微妙秘密大陀罗尼》。[5] 图像内容亦以大随求佛母独占鳌

---

[1] (唐)菩提流志译:《一字佛顶轮王经》卷一,《大正新修大藏经》第19卷,第951号,佛陀教育基金会出版部,1990,第228下。

[2] 第一高峰期应该是魏晋南北朝时期,据《祐录》著录,至梁代流行的失译杂咒经已多达80余种。见(梁)僧祐撰《出三藏记集》卷四,中华书局,1995,第175—180页。

[3] 霍巍:《唐宋墓葬出土陀罗尼经咒及其民间信仰》,《考古》2011年第5期。

[4] 唐代两京及西蜀地区出土的陀罗尼经咒护身符虽数量可观,但均无明确纪年,学界对此亦持不同看法。冯汉骥先生最早将成都出土的陀罗尼经咒印本定在晚唐,已为学界公认(见冯汉骥《记唐印本陀罗尼经咒的发现》,《文物参考资料》1957年第5期);安家瑶、冯孝堂根据西安沣西出土的梵文陀罗尼经咒,对其力士形象与供养幞头等做了对比研究,将之断定在唐玄宗时期,即初唐(见安家瑶、冯孝堂《西安沣西出土的梵文陀罗尼经咒》,《考古》1998年第5期);保全对西安柴油厂和西安冶金机械厂出土的梵汉陀罗尼经咒年代分别划在初唐和盛唐(见保全《世界最早的印刷品——西安唐墓出土印本陀罗尼经咒》,载《中国考古学研究》,三秦出版社,1987,第404—410页),然对此学界持有不同的看法(见孙机《唐代的雕版印刷》,载氏著《寻常的精致》,辽宁教育出版社,1996,第204—211页)。

[5] 护身符右侧书经题:"佛顶如来广放光明聚现大白伞盖遍覆三千界摩诃悉怛多钵怛啰金刚无碍大道场最胜无比大威德金轮帝祖啰施都摄一切大明王总集不可说百千旋陀罗尼十方如来清净海眼微妙秘密大陀罗尼",左侧书写内容为:"善男子善女人。若读若诵如书若写。若带若戴诸色供养。劫劫不生贫穷下贱不可乐处。此诸众生,纵其自身不作福业,十方如来所有功德,悉与此人。由是得于恒河沙阿僧祇不可说不可说劫,常与诸佛同生一处。无量功德,如恶叉聚,同处熏修,永无分散。从无量无数劫来。所有一切轻重罪障。从前世来未及忏悔。若能至心。忆念斯咒。或能身上书写带持。若安住处庄宅园观(馆)。如是积业。如是积业犹汤销雪,不久皆得悟无生忍。"感谢中国丝绸博物馆赵丰馆长惠赐此资料。

头，个别因出土时残缺，主尊已无法辨识。基于考古材料，出土护身符中纪年最早的是 1978 年洛阳东郊史家湾出土的五代天成二年（927）报国寺僧人知益发愿刻印的护身符。该护身符长 39.5 厘米、宽 30 厘米，构图内圆外方，中央主像为一面八臂呈跏趺坐姿的大随求佛母，八重梵文陀罗尼绕主尊由内而外书写，内四角有供养天，向外为方形七重梵文陀罗尼。最外重是用金刚杵间隔的佛像和种子字，四角配立姿四天王，题写于左侧的三行发愿文呈竖状排列。[1]

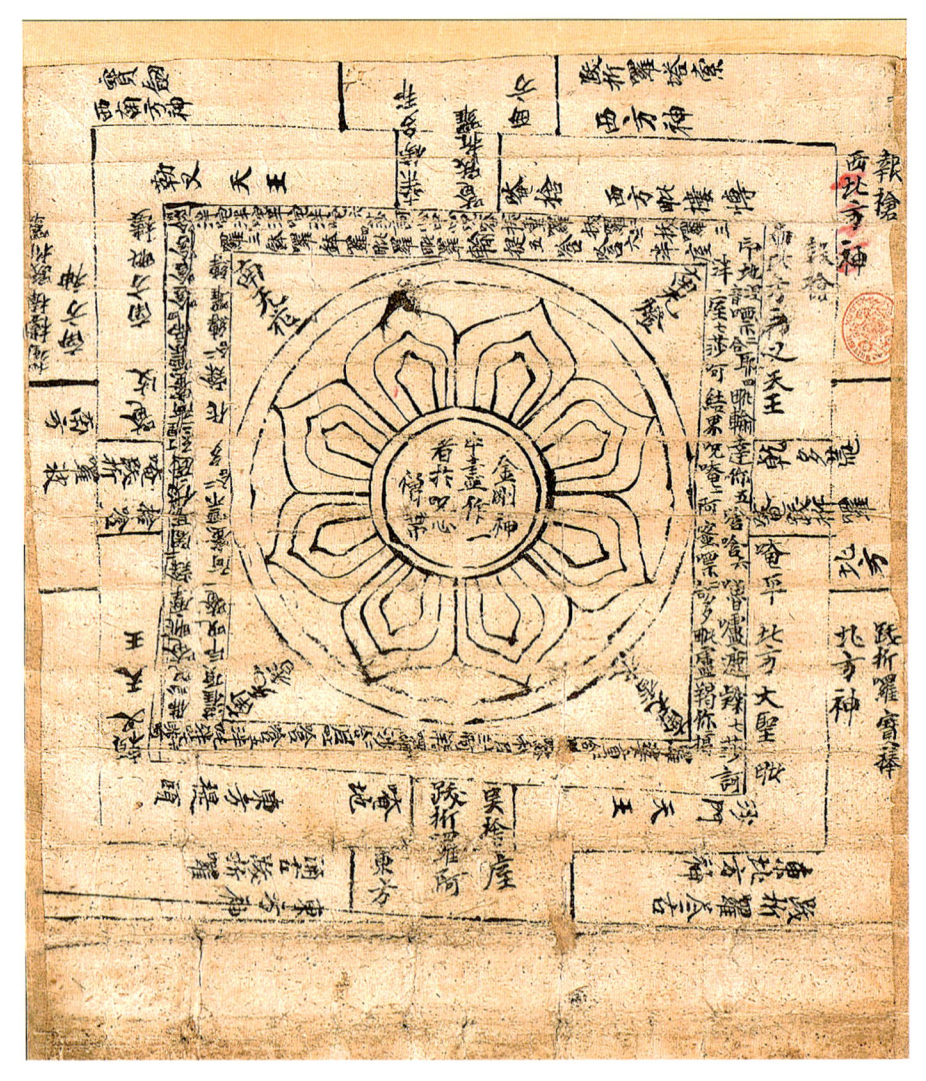

图 26　大随求佛母陀罗尼咒符护身符

(30.5×39.9cm，编号 St. 4690，大英图书馆藏)

---

[1] 李翎：《〈大随求陀罗尼咒经〉的流行与图像》，载严耀中主编《唐代国家与地域社会研究：中国唐史学会第十届年会论文集》，上海古籍出版社，2008，第 362 页。霍巍：《唐宋墓葬出土陀罗尼经咒及其民间信仰》，《考古》2011 年第 5 期。

敦煌藏经洞出土的护身符题材相对多元，除大英博物馆所藏的与两京样式构图及内容相似的大随求佛母陀罗尼护身符外，[1] 也发现了数例以观音、无量寿、[2] 星宿[3] 等为主尊的护身符。

上揭前文讨论的藏经洞出土的藏文版观音护身符。就其结构样式而言，该护身符显然受到唐代两京地区的影响。尤其是在主尊的右下侧绘头戴幞头、右膝跪地的供养人，以及陀罗尼经咒绕中央主尊从内而外依次书写的方式均为两京样式中常见的表现形式。而护身符外重十二护方天和二十八星宿等图像是否可纳入观音曼荼罗这一范畴，仍有待商榷。因在现有的观音曼荼罗诸仪轨中，均无此记载。在传世图像中亦未发现相关内容。笔者推测，十二护方天、二十八星宿等密教图像与观音组合，实则是对该护身符"一切乐欲所求皆可得"之功能起到互补作用。

在唐代的两京、西蜀和敦煌等地发现的护身符其部分结构虽形似曼陀罗，但并非严格意义上的曼荼罗，更多的是在形式表征上的借鉴和内容上的重组。敦煌抄经中也发现了陀罗尼经咒与曼荼罗、咒符等图文相掺并存的念诵仪轨，其图像部分一般会附加少量的解说文字（个别尊像名，或为经咒）。在抄经中插入类似于护身符的曼荼罗咒符，其目的是以视觉形象辅助持诵者能顺利观想到所指之像，并达到应有的成就，这在敦煌"汉蕃相掺"的汇抄文献 St. 2498 中表现尤为明显。而模仿或采用结构严密、具有神圣空间性的曼荼罗图式做护身符，一方面与特定的仪轨规定有关，另一方面在于凭借曼荼罗的神圣性以之加持护身符的灵验威力。英藏 St. 4690（图26）是后者最好的例证。单就此护身符图像而言，很难一目了然辨清供养者所尊崇、持信的对象是谁，若细读中央莲花轮中的墨书题款"僧带者，于咒心中画作一金刚神"，可知这件仿密教曼荼罗结构的护身符，其实是一件出自唐宝思惟《佛说随求即得大自在陀罗尼神咒经》的通用范本。换言之，在该经典中，并没有明确指出此护身符需按曼荼罗构造绘制，仅指出因使用者的身份、需求和信仰实践场域不一，于大随求陀罗尼经咒的中央可选不同的神灵。如果是僧人携带的话，中央绘一金刚神。那么，若是怀胎妇人带的话，于咒心中央应作黑

---

1 此外，敦煌也发现了书有宝思惟《佛说随求即得大自在陀罗尼神咒经》的护身符，形制内圆外方，中央为八瓣莲花，外四方有边框，边框内四方书写汉文经咒（Pt. 3982）。

2 无量寿陀罗尼护身符，主尊为无量寿佛，梵文兰扎体经咒，大英博物馆藏，尺幅：13.70×16.70cm；编号：1919，0101，0.247。

3 北方神星与计都星护身符，主尊为北方神星与计都星，梵文兰扎体经咒，大英博物馆藏，尺幅：43.40×30cm；编号：1919，0101，0.170。

色面的摩诃迦罗神等。[1]

结　语

本文讨论的恶趣清净曼荼罗护身符——Pt. 389、Pt. 4519、St. 6348 以及观音护身符无疑是中古中国陀罗尼经咒信仰思潮下的时代产物，是保存至今图像体系最为复杂，所抄经录最为多样的护身符，更是汉藏佛教早期交流互动的文化结晶和多民族杂居地区信仰实践融通的历史缩影。

从考古材料来看，密教图像与陀罗尼经咒互构所形成的护身符早在初唐的两京地区已出现。虽然这种组合在题材上相对单一——主要以大随求佛母经咒及图像为主，但其组合方式和信仰根基已然确立。大英博物馆藏敦煌藏经洞出土题有藏文陀罗尼经咒的观音护身符：环形陀罗尼由内而外重重环绕主尊；主尊右下侧跪坐供养人形象，仿曼荼罗空间结构等无不受到两京地区的影响。尤其是在环绕主尊观音第一重藏文经咒中题写与"向薄迦梵母之圣者观世音菩萨顶礼"相并列的"向薄迦梵母之圣者大随求佛母顶礼"，更彰显了蕃据时期流行于敦煌的"蕃汉相掺"护身符继承和延续了唐代两京地区护身符的主流信仰题材——大随求佛母及相关经咒。

Pt. 389、Pt. 4519 和 St. 6348 之恶趣清净曼荼罗图像，原本为吐蕃王室内部用以丧葬仪式——护佑亡灵免遭恶趣，顺利到达善趣界——极乐世界的重要媒介。蕃据时期，这种传统在当时有着特殊地缘政治关系的敦煌被当地的汉人和吐蕃人所继承，同时与其他汉藏文陀罗尼经咒相结合，形成具有祛邪、攘灾、治病、增寿、除障等多重功能，且可供汉藏民族通用的"护身符"。从 Pt. 389 恶趣清净曼荼罗和英藏观音护身符之藏文发愿文中供养者闫郎（Yan ldog/ Yan log）和杨拉杰（Ang lha skyes/ lha skyes），可窥见当时活跃于敦煌的汉族群体已接受并容纳了以吐蕃佛教图像为主体的贴身护身符，反映了当时汉藏等多民族在佛教信仰层面的交流交融之客观现状。

Pt. 389、Pt. 4519 和 St. 6348 体现了汉藏佛教在敦煌的碰撞与圆融共生。三者虽图像题材均取自流行于吐蕃本部的恶趣清净曼荼罗，但图像中所录经咒则分为汉藏两个版本：Pt. 389 为藏文，Pt. 4519 和

---

[1] 若转轮王带者于咒心中作观世音菩萨及帝释形。又于其上作种种佛印。诸善神印悉令具足。若僧带者于咒心中。画作一金刚神众宝庄严。下作一僧胡跪合掌。金刚以手按此僧顶。若婆罗门带者。于咒心中作大自在天。若刹利带者于咒心中作摩醯首罗天。若毗舍带者于咒心中作毗沙门天王。若首陀带者于咒心中作斫羯罗天。若童男带者于咒心中俱摩罗天。若童女带者。于咒心中作波阇波提天从此上所拟带者。于咒心中所画诸天神。皆须形状少年面貌喜悦。若怀胎妇人带者。于咒心中作摩诃迦罗神其面黑色。……若商人带者于咒心中作商主形。所将商众皆得安乐。持此咒人自欲带者。于咒心中作一女天。又于其内作星辰日月。若凡人带者。唯当书写此咒带之。(唐) 宝思惟译：《佛说随求即得大自在陀罗尼神咒经》，《大正新修大藏经》第 21 卷，第 1154 号，佛陀教育基金会出版部，1990，第 642 页上。

St. 6348 为汉文，且后者所抄经目多达 7 种。通过对比，这些陀罗尼经咒为唐代两京及敦煌地区普通民众喜闻乐见的念诵经咒，部分甚至为当时汉藏互译或共享之经典。对此的深入解读，对进一步探究吐蕃统治敦煌期间汉藏交流语境下密教经典的互译借鉴和普通民众的信仰实践提供了可资利用的珍贵材料。

宋代艺术史中"妇人乳婴"形象探源及身份考辨*

■ 张廷波（台州学院艺术与设计学院　中央美术学院）

宋代艺术留存至今有不少"妇人乳婴"形象，既有绢本绘画，亦有雕塑。雕塑者，如重庆大足石篆山1号龛（图1）、大足北山122号龛（图2）、大足石门山9号龛（图3）及雕塑《素烧喂乳妇人像》（图4）。绘画者，如王居正《纺车图》（图14）、李嵩《骷髅幻戏图》（图18）、《市担婴戏图》（图19）等。上述造型多数姿态随意，常大方敞怀喂乳，即便没有哺乳，也常将襦裙领口拉得很低，露出大半个丰满的乳房，肆意宣彰着母性特征。从衣着举止看，她们大多出身下层，显出敦实、勤劳、干练与饱经风霜之态。而宋代"妇人乳婴"造型中妇女丰满的双乳，肥硕的腰臀及略带夸张的姿态，与我们常见的宋代艺术史中内敛、沉静、纤弱，偏于保守的侍女及贵妇形象形成鲜明对比，成为一种具有典型性与类型化特征的艺术形象。然而，该形象却一直未能引起学界充分关注，其背后所蕴含的丰富史学信息与图像寓意也未能得以深入考察与梳理。

一　乳婴形象史学溯源与形态梳理

梳理中国艺术史中的"妇人乳婴"形象，就笔者考察所见，该形象的流传很可能伴随佛教艺术的日趋世俗化倾向演进而来，到宋代呈现创作高峰。在佛教传入中国的早期艺术中，如汉代，甚至更晚的隋代，基本未见"妇人乳婴"形象。而早在印度犍陀罗时期，该形象即已出现（图5）。考察现存两宋之前，中国美术史较具代表性的"妇人乳婴"形象，则有新疆克孜尔出土中晚唐诃利帝母帛画残片（图6），敦煌壁画第158窟中唐鬼子母像（图7），敦煌31窟盛唐乳母图（图8），新疆交河故城出土唐绢画《鬼子母像》（图9、10）等（详见表1）。上述乳婴形象，一方面，显然与佛教在中国的传播密切相关，甚至已成为考证佛教在中国本土

---

* 本文为国家社科基金艺术学一般项目"宋代婴戏图盛行与两宋不举子救助关系研究"（项目批准号：21BF101）阶段性研究成果。

世俗化演进之有力实证；另一方面，在某一时间段内，特定艺术形象较为有序的形态演进，背后显然蕴含着有待我们深入考察的丰富史学信息与文化价值。

图 1　大足石篆山 1 号龛中"妇人乳婴"形象
（采自《大足石刻全集》）

图 2　大足北山 122 号龛中"乳母"形象
（采自《大足石刻全集》）

图 3　大足石门山 9 号龛中"妇人乳婴"形象
（采自《大足石刻全集》）

图 4　宋代《素烧喂乳妇女》雕塑
（采自《宋代的乳医、乳母与生育习俗》）

图5 印度犍陀罗时期诃利帝母乳婴像
（美国洛杉矶艺术博物馆藏）

图6 新疆克孜尔出土中晚唐诃利帝母乳婴帛画残片
（采自禅林网）

对于"妇人乳婴"形象较为集中的出现于唐宋，笔者一直充满探究兴趣，并尝试考证该形象的特定身份与内涵。为使图像考据更具可信度与说服力，便不断尝试从图像之外的留存文字中寻觅更多证据。幸运的是，我们在重庆大足石刻中发现了关于"妇人乳婴"形象的明确文字记载，大足北塔山50号龛石刻题记曰："奶子等任氏二娘年二十五岁，达妳吴氏年二十岁，虎妳□氏年三十六岁，佛保妳王氏年二十八岁，杨僧妳文氏年二十六岁，闰师妳王氏年三十岁，佛儿妳邓氏年二十八岁。"清代倪涛《六艺之一录》明确记载，"'妳'即'奶'之异体字，为乳母之俗称"。《博雅》称："嬭，妳，今俗谓乳母为妳，汉人谓母媼姥，凡此皆一音之转也。"[1] 比较大足宝顶大佛湾15号龛中的父母恩重经变相，会发现二者存在明显不同。后者的石刻慈觉颂文字会明确注明塑造的是父母双亲，如"生子忘忧恩"："初见婴儿面，双亲笑点头。从前忧苦事，到此一时休。"又如"哺乳养育恩"："乳哺无时节，怀中岂暂离。不愁肌肉尽，唯恐小儿饥。"程郁据此认为，

---

[1]（清）倪涛：《六艺之一录》卷一九八，《四库全书》本，第834册，上海古籍出版社，2002，第384页。

大足石刻中的乳母形象是有着确凿证据的。[1] 明代焦竑《俗书刊误》中则记载，"乳母曰嬭，一作妳，俗作奶，按韵书无奶字"[2]。这也清楚地告诉我们，上述"妇人乳婴"形象塑造的并非母亲，而是乳母。[3] 对笔者考察所见主要"妇人乳婴"形象进行有序梳理，可大致窥见该形象之形态演进概况及相互间影响与借鉴状态，如表1。

图7　敦煌第158窟中的唐绘"鬼子母"像
（采自《宋代的乳医、乳母与生育风俗》）

1　程郁：《从大足石刻观察宋代一些特殊的劳动妇女》，《中华文史论丛》2020年第4期。

2　（明）焦竑：《俗书刊误》卷11，《四库全书》本，第228册，第579页。

3　对该资料之阐释，可参阅拙文《"妇人乳婴"形象身份考——以南宋李嵩画作为例》，《美术》2022年第10期，本文在此基础上略有增补。

图8 敦煌31窟中晚唐乳母育婴像
（采自《宋代的乳医、乳母与生育风俗》）

图9 中晚唐诃利帝姆乳婴帛画残片
（采自中国佛教协会官网）

图10 中晚唐诃利帝姆乳婴帛画残片、线描复原图
（作者绘制）

表1　宋代及宋之前妇人乳婴形象代表性作品梳理

年代	名称	作者	形象特征	现藏地
初唐	敦煌第158窟唐绘"鬼子母"像	佚名	壁画，描绘佛教中鬼子母形象，鬼子母面貌狰狞可怖，怀中婴儿却饱满圆润、生动可爱	甘肃敦煌
盛唐	敦煌第31窟乳母像	佚名	壁画，有两位女性，极可能是女主人与乳母共同抚养幼儿的形象。怀抱婴儿哺乳者应为乳母，面部不甚清晰，画面意境温馨恬静	甘肃敦煌
中晚唐	中晚唐诃利帝姆帛画残片	佚名	帛画，具有明显宗教意味。诃利帝姆形象端庄、娴静，除乳婴姿态外，伴有多名裸体婴戏形象，婴儿比例近于成人	新疆克孜尔
中唐	诃利帝姆麻布画	佚名	麻布画，具有明显宗教世俗化倾向，鬼子母形象恬静温柔，怀抱婴儿手托乳房哺乳，与南宋李嵩《骷髅幻戏图》中"乳婴妇人"颇为相似（图11、12），四周围绕婴戏场景	新疆交河古城遗址
中唐	《虢国夫人游春图》	张萱	绢本，贵族出游，人物众多。有妇人抱婴形象出现，妇人姿态饱满圆润，已与宋代"妇人乳婴"形象有几分相似	辽宁省博物馆
五代	《浴婴仕女图》	周文矩	绢本团扇，有妇人浴婴形象，伴随婴戏场景。妇人圆润饱满，衣领低垂，与大足石刻中乳母颇为相似，多数学者认为蕴含明显保育养护寓意	美国弗利尔美术馆
北宋	《纺车图》	王居正	绢本绘画，仅描绘乳婴动作未作细节刻画，从人物衣着、形态、体貌看乳婴妇人应为母亲，与乳母有明显区别	故宫博物院
北宋	大足石篆山1号龛中妇人育婴形象	佚名	石刻雕塑，位于诃利帝姆龛中。诃利帝姆怀抱婴孩，带有明显送子寓意。身旁乳母怀抱婴儿，裸露丰满双乳，带有明显保育养护寓意，并伴有孩童婴戏场景	大足石篆山
北宋	大足北山122号龛乳母	佚名	石刻雕塑，位于诃利帝姆龛中，诃利帝姆怀抱婴儿。身旁乳母呈坐姿，袒露丰满双乳，未抱婴儿，带有明显养护保育意图	大足北山
南宋	大足舒城岩1号龛乳母	佚名	石刻雕塑，乳母单独出现，丰满圆润，呈现明显趋同化衣着特征，表现出典型风格化样式	大足舒城岩
南宋	大足石门山9号龛乳母	佚名	石刻雕塑，位于诃利帝姆龛中，诃利帝姆威严慈祥，身旁乳母怀抱孩童，袒乳育婴，并伴有孩童婴戏场景。上述形象有学者认为与送子观音形象存在渊源	大足石门山
南宋	大足宝顶大佛湾15号龛哺乳养育恩	佚名	石刻雕塑，为父母恩重经变相，与乳母形象存在明显区别，石刻慈觉颂曰："乳哺无时节，怀中岂暂离。不愁肌肉尽，唯恐小儿饥。"	大足宝顶大佛湾

续表

年代	名称	作者	形象特征	现藏地
南宋	大足宝顶大佛湾15号龛生子忘忧恩	佚名	石刻雕塑，为父母恩重经变相，石刻慈觉颂记载明确："初见婴儿面，双亲笑点头。从前忧苦事，到此一时休。"	大足宝顶大佛湾
南宋	《素烧喂乳妇女》	佚名	陶塑，妇人形象衣着随意，袒露双乳，面相憨厚，精神矍铄，怀抱婴儿，哺育婴孩	山东省宁阳县博物馆
南宋	《市担婴戏图》	李嵩	绢本团扇，妇人立于村头，衣着随意，体态丰满，形貌、身姿均呈现宋代"妇人乳婴"形象的典型性与类型化特点。且与文献记载，及大足石刻中乳母形象高度一致。伴有孩童婴戏场景	台北"故宫博物院"
南宋	《骷髅幻戏图》	李嵩	绢本团扇，乳婴妇人立于五里堠旁，妇人形象与新疆交河古城遗址出土诃利帝姆像，形貌、身姿、服饰均颇为相似（图11、12）。虽不能说明存在沿袭可能，亦不排除此时"妇人乳婴"形象已出现风格化创作趋向	故宫博物院
南宋	《货郎婴戏图》	李嵩	绢本，出现两位立于街头妇人，衣着配饰，体貌身姿，均高度相似，呈现明显类型化创作特征。伴有多名孩童婴戏场景	故宫博物院
南宋	《货郎图》	李嵩	绢本团扇，街头妇人衣着随意、身材丰满，体貌圆润，与文献所载及大足石刻中乳母形象高度一致，同样伴有孩童婴戏场景，亦呈现出明显类型化创作特点	美国大都会艺术博物馆

图11 唐代新疆出土绢画《鬼子母》线描图的"妇人乳婴"形象

图12 李嵩《骷髅幻戏图》中"妇人乳婴"形象

《宣和画谱》载："张萱，京兆人也。善画人物，而于贵公子与闺房之秀最工。……旧称萱作《贵公子夜游》《宫中乞巧》《乳母抱婴儿》《按羯鼓》等图。"[1]这段文献首先应能证明，至迟到唐代，乳母已成为专门创作主题。尽管张萱这幅《乳母抱婴儿》图今已不传，但上述史料至少能证明以"乳母"为画题，在宋代之前便已存在，甚至已得到如张萱般重要艺术家的青睐。这不禁使我们想起张萱名下，实为宋人摹本的《虢国夫人游春图》。该名作最为吸引观者目光的当然是富贵显赫的贵族车马仪仗，但我们同时也不可忽略画中怀抱婴孩的老妇人（图13），该形象应存在重要参考价值。从其姿态形貌，衣着配饰，行走在队伍中的位次，以及骑在马上仍需怀抱婴孩的举动看，笔者推测她很可能正是文献中曾不止一次出现过的"乳母抱婴儿"形象。

图13 张萱《虢国夫人游春图》中的抱婴妇人
（采自中华珍宝网）

---

1 俞剑华校注：《宣和画谱》卷五《人物之一》，人民美术出版社，2017，第72页。

图14　宋代王居正《纺车图》（局部）
（采自中华珍宝网）

图15　宋代王居正《纺车图》中"妇人乳婴"形象

二　宋代"妇人乳婴"史学形态考辨

梳理学界对宋代李嵩《骷髅幻戏图》《市担婴戏图》，以及王居正《纺车图》（图14、15）等绢本绘画中的"妇人乳婴"形象之研究，几乎均被认为是母亲在哺育儿女。更有研究者甚至据此进行了大胆推断，认为这种妇女当街哺乳的行为表现出宋代社会的包容与开放，甚至呈现出宋代两性关系的平等与对视。而雕塑中的"妇人乳婴"，争议也颇多，或认为是母子哺乳造型，或认为是乳母形象，亦有认定为宗教艺术中之鬼子母者。整体看，上述研究状态缺乏在立足社会学、历史学与民俗学视角下的图像归类式深入考察，因而难以形成较具说服力的结论，甚至许多论断存在明显漏洞。本文立足两宋社会历史语境，对上述作品进行了较为细致的形态比较与史学考察。认为上述"妇人乳婴"形象，几乎无一例外的伴随婴戏、孩童活动，呈现出特定历史语境下的明确寓意。

若从图像类型化研究角度考察，宋代艺术中"妇人乳婴"形象存在不同层面的图像分类与形象解读。

第一种类型，如王居正《纺车图》中"妇人乳婴"形象（图14），笔者赞同是母亲在哺育子女。原因在于，该形象不仅不具备宋代多数"妇人乳婴"形象趋于类型化的丰乳肥臀、圆润饱满、姿态随意、衣着暴露等特点，相反呈现出朴实、贫困、消瘦的形象特征（图15）。妇人因忙于劳作又无奈怀中婴儿饥饿啼哭，才选择背对观者乳婴，这样的细节不仅表现出宋代民间底层生活之艰辛，更表现出母亲哺乳时的羞涩心理。因而，从图像分类的研究角度，本文将之排除于讨论范围之外。

第二种情形，便是本文讨论重点。即上述在宋代频繁出现，且带有明显类型化特征的"妇人乳婴"形象。她们几乎一致呈现饱满圆润、衣着宽松、身材肥硕、姿态随意、精神爽健、袒胸露乳，以及怀抱婴儿，大方乳哺等共性特征。目前学界对该形象的特定身份，尚存争议。然而，若对这一频繁出现的典型形象身份认定出现偏差，则很有可能会对宋史研究造成解读误区。

图16 南宋李嵩《市担货郎图》中"妇人乳婴"形象
（采自中华珍宝网）

图17 南宋李嵩《骷髅幻戏图》中"妇人乳婴"形象

图18　南宋李嵩《骷髅幻戏图》
（采自中华珍宝网）

例如，倘若笼统而不加分析地认为李嵩笔下"妇人乳婴"形象是母亲在面对陌生男子当街乳哺，显然是缺乏足够说服力的。恰如美国学者伊沛霞所言，"宋朝吸引学者的原因在于它是妇女的处境明显趋向变坏的时代……古代社会多数妇女的活动场所是在家庭以内的"[1]。现有文献也证明在两宋历史语境与社会背景下，理学的发展与社会伦理对妇女行为有着严苛的约束，她们并不可能开放到在陌生人面

---

[1] ［美］伊沛霞：《内闱——宋代妇女的婚姻和生活》，胡志宏译，江苏人民出版社，2010，第5—6页。

前毫无顾忌地袒露双乳哺育婴儿。因此,"妇人乳婴"形象的真实身份,以及背后所传递的信息便值得深入考证。

鉴于以上论述,本文意欲考证:第一,学界所认为的,在两宋社会环境下,宋代普通妇人当众哺乳之可能性,进而探究该形象背后所隐含的宋代两性关系。第二,结合宋代历史背景,从衣着形态、人物特征、身份认定等角度考证宋代"妇人乳婴"形象所承担的特定社会角色。第三,探究宋代民间"妇人乳婴"造像的史学演进轨迹与形象发展脉络,进而考证该形象所蕴含的历史信息及图像寓意。

图19 南宋李嵩《市担货郎图》
(采自中华珍宝网)

三 特定史学语境下的"妇人乳婴"形态考证

回到宋代,欲对此时艺术史中多次出现的"妇人乳婴"形象进行身份认定,则首先需要对宋代妇人身份进行社会学层面的考察。[1] 在中国社会,尤其封建时代,对妇女行为规范之约束,传统礼教从一开始便有严格规定。如汉代即已出现皇帝对妇人贞节的褒奖,此时班昭《女诫》既已倡导妇人三从四德。贾贵荣认为汉代所重视的贞节观主要体现在妇人对丈夫忠贞程度之考量层面。[2] 然而,尽管魏晋南北朝时期,佛老之说的兴起导致传统伦理与贞节观受到一定冲击,但如顾恺之《女史箴图》的流传实际仍是此时对女性行为约束的有力证据。至少从中唐以后,以韩愈为代表的一批士大夫文人开始推崇重振儒学,这为宋代儒学的再度兴盛开启了前奏,也为规范并约束女性的行为培植了土壤。发展到宋代,程朱理学的兴起便进一步确立了一系列社会规范,进而成为构架整个社会伦理道德与行为的准绳。

从现有史料看,笔者认为宋代普通妇人在户外,尤其当着远道而来的表演艺人或市担货郎袒胸喂乳的可能性极小(图9)。贾贵荣认为社会现实和儒学重建迫使二程选择伦理观作为建立思想体系的重点。而在二程的伦理观中,关系到家庭安危的夫妇之伦成为其中心论题。[3] 不少研究者也注意到,在宋代男子纳妾比较随意,却对女性提出了更多角色要求。并制定出诸多对女性极为不利的规则,如"夫有出妻之理,妻无弃夫之条"[4]。程颐说:"妻不贤,出之何害?如子思亦尝出妻。今世俗乃以出妻为丑行,遂不敢为。古人如此,妻有不善,便当出也。"[5] 在此背景下,宋代妇女行为便成为影响夫妻间和睦与家庭稳定的重要因素,普通妇人是不可能有随意且出格举动的。

实际上,从伦理与道德层面强调妇女对丈夫的忠贞,始终根植于中国传统文化最基本的思想体系。尽管二程观点在一定程度上强调夫妇应在彼此尊重的前提下,维系家庭伦理与社会道德。但当阐释该如何做到夫妻关系稳定时,却又主张妇女对丈夫的绝对服从。如,"妇人以从为正,以顺为德"[6] "男女有尊卑之序,夫妇有

---

1 拙文《"妇人乳婴"形象身份考——以南宋李嵩画作为例》,对此曾有详细论证,可参阅。
2 贾贵荣:《宋代妇女地位与二程贞节观的产生》,《山东社会科学》1992年第3期。
3 同上注。
4 周明峰校译:《名公书判清明集》之《婚嫁·妻以夫家—贫而倪离》,法律出版社,2020,第167页。
5 《河南程氏遗书》卷一八《伊川先生语四》,山东人民出版社,2020,第276页。
6 (宋)程颐:《周易程氏传译注·随》,商务印书馆,2018,第291页。

唱随之礼，此常理也。"[1] 其次，他们更看重妇人守贞的重要性，甚至认为一女只可侍一夫，即使丈夫因故去世，也应忠贞不渝。"凡人为夫妇时，岂有一人先死，一人再娶，一人再嫁之约？只约终身夫妇也。"[2] "夫妇之道，不可以不久也。故受之以恒，恒，久也。"[3] 倘若丈夫去世而妇人再嫁即为"失节"，并认为"饿死事极小，失节事极大"[4]。

而在宋代新儒学家们所强调的家国天下中，家庭的和睦与伦理道德的有序被视为社稷稳定与天下久治的基础性条件。因此，他们极其强调夫妇之伦的重要性，如二程提倡"天地，万物之本。夫妇，人伦之始""有天下国家者，未有不自齐家始。"[5] "推一家之道，可以及天下，故家正则天下定矣。"[6] 这显然是对儒家经典《大学》中"齐家治国平天下"的发挥与继承。

上述环境下，对女性隐秘部位的掩藏与保护，更被视作守贞之最重要一环。[7] 在宋代民间很多地方，"出妻"行为甚至被当作一种正确合理的行为加以倡导并风行。如司马光就主张："若妻实犯礼而出之，乃义也。"[8] 宋史专家朱瑞熙认为，"跟唐代尤其是唐代中叶以前相比，宋代妇女的社会地位有较多的变化，主要表现为夫权得到加强，女权进一步被剥夺"[9]。谭志儒发现在宋代的石刻铭文中还能够见到一些针对妇女的家规乡约。如男子可以凭借一些条例直接"休妻"，而妇女如果出现妇德失当就要被处死。因此，他认为在宋代，妇女的一切社会活动应是对于家庭与男性依附之下的外在体现。[10] 可知，宋代民间对于女性社会行为与道德准则的要求，尽管尚未达到宋明理学影响最严重时明清妇女社会地位之低下，但已在很多方面进行了各种约束。

上述情形下，宋代妇女很大程度已成为男子之附庸，言行绝无可能不顾及礼仪规范与社会伦理。尤其南宋，"男女授受不亲"的观点深入人心，女子见到陌生男子唯恐躲之不及，又怎会当街哺乳

1　（宋）程颐：《周易程氏传译注·随》，第371页。

2　（宋）程颢、程颐：《二程遗书》卷二二下，上海古籍出版社，2020，第1261页。

3　（宋）程颐：《周易程氏传译注·恒》，第221页。

4　（宋）程颢、程颐：《二程遗书》卷二二下，第1261页。

5　（宋）程颢、程颐：《二程遗书》，卷四，第112页。

6　（宋）程颐：《周易程氏传译注·家人》，第268页。

7　详细论证可参见拙文《"妇人乳婴"形象身份考——以南宋李嵩画作为例》，《美术》2022年第10期。

8　（宋）司马光著，郭海鹰译注：《家范》卷八《妻上》，上海古籍出版社，2020，第92页。

9　朱瑞熙：《宋代社会研究》，台北弘文馆，1986，第1297页。

10　谭志儒：《从宋代石刻看宋代妇女社会地位变化》，《文物鉴定与鉴赏》2019年第6期。

(图18、19)。李清照《点绛唇》生动描绘了宋代妇人的羞怯与谨慎:"蹴罢秋千,起来慵整纤纤手。露浓花瘦,薄汗轻衣透。见有人来,袜刬金钗溜,和羞走。倚门回首,却把青梅嗅。"[1] 亦如李海燕所言,"对于传统中国妇女来说,她们的社会地位更重要的是通过家庭地位以及道德品质来决定其社会地位的……而其社会地位的评价标准往往依据其言行生活的准则"[2]。这中肯地表达出一种在考虑到文化语境与社会环境前提下的身份定位。

通过上述论证,我们可以确知,宋代无论中上层社会,还是普通民间妇女,其社会身份均带有明显的依附性与约束性,个人行为无法不虑及社会舆论与男性心理。而本文稍后之论述,则在较大程度上证明两宋上层社会妇女存在较为严重的不亲自哺乳现象,也在一定程度上说明宋代如长期活动于民间,后进入南宋画院的李嵩所绘《骷髅幻戏图》与《市担婴戏图》,大足石刻中的"妇女乳婴"形象,及民间雕像《素烧喂乳妇人》等袒胸喂乳者,应无可能是普通的宋代家庭妇人。

图20 李嵩《市担货郎图》中的"妇人乳婴"形象(一)

图21 李嵩《市担货郎图》中的"妇人乳婴"形象(二)

---

[1] 张健雄、易畅:《唐宋词百首浅析》,湖南教育出版社,1985,第126页。
[2] 李海燕:《论传统中国妇女社会地位评价的层次与维度》,《西部学刊》2016年第7期。

图22 李嵩《市担货郎图》中的"妇人乳婴"形象（三）

图23 大足北山122号龛中妇人形象

四 "妇人乳婴"形象辨析及身份认定

宋代乳母职业化问题受到许多学者的关注，如方建新、徐吉军所著《中国妇女通史·宋代卷》便认为宋代乳母行业呈现高度职业化特点，皇室、贵族甚至慈善机构都在大量雇佣乳母。[1] 乳母在宋代不仅演变为一种职业，且广泛参与到各阶层日常生活，成为被普遍接受并类型化的群体。《宋会要辑稿》中记载，"当是时有司观望，奉行失当，于居养、安济皆给衣被器用，专雇乳母及女使之类，资给过厚"。可见宋代官办慈幼保育机构也在雇佣职业乳母进行幼孤救助，亦可想见宋代乳母职业化程度之高。

当然，这种社会身份与角色功能是有着明显传承与演进关系的。刘琴丽就认为，"寺观奴婢和雇佣成为唐代乳母的新来源，其社会角色除传统的乳哺参与家务劳动外，还有辅助教育的功能"[2]。黄清

---

[1] 方建新、徐吉军：《中国妇女通史·宋代卷》，杭州出版社，2011，第204—213页。

[2] 刘琴丽：《论唐代乳母角色地位的新发展》，《兰州学刊》2009年第11期。

连则认为乳母作为一种职业从唐代便逐渐走向了商品化。无论宫廷还是民间，以婢仆充任乳母的现象十分突出。[1] 宋承唐制，因此乳母在宋代基本进入一种职业化状态。尤其在中上层社会，雇用乳母近乎成为一种风尚。程郁也认为，"唐宋以后，雇用乳母的阶层有下移倾向，即不再限于皇室及大贵族，更多的一般富裕家庭也开始雇用"[2]。

程郁进一步留意到，宋代中上层社会妇女不亲自哺乳情况十分普遍，这成为乳母职业化的重要诱因。总结不哺乳原因则主要有：宋代妇女急于再次怀孕；怕哺乳损伤身体耗损元气；觉得哺乳过于辛劳麻烦等。[3] 而宋代妇科名医陈自明《妇人大全良方》中记载，"世俗之家，妇人产后复乳其子，产既损气已甚，乳又伤血至深，蠹命耗神，莫极于此"[4]。这种观点，颇具代表性，且流行于中上阶层。此外，宋代周辉《清波杂记》亦载，宋儒表彰了杨诚斋夫人罗氏："生四子三女悉自乳，曰：'饥人之子以哺吾子，是诚何心哉！'"[5] 母亲哺乳子女即便今日看来也属正常，但在宋代的中上层社会中却能得到嘉奖，并被记录，这也在很大程度说明宋代上层妇人哺乳并不多见。

《妇人大全良方》还记载了选择乳母的基本标准："又择乳母，须精神爽健，情性和悦，肌肉充肥，无诸疾病，知寒温之宜，能调节乳食，妳汁浓白，则可以饲儿。"[6] 可见"精神爽健，情性和悦，肌肉充肥"是选择乳母时极为看重的身体条件，也成为乳母形象的典型表征。因此，无论是从已有文献记载，还是对丰乳肥臀的体态相貌进行比较，宋代艺术中多次出现的"妇人乳婴"造像，如李嵩《市担婴戏图》《骷髅幻戏图》《素烧喂乳妇人》雕塑（图4），以及大足石刻中的"妇人乳婴"像均呈现面相饱满圆润、衣着宽松、身材肥硕、姿态随意、袒胸露乳及怀抱婴儿、坦然哺乳等共同特征。

上述形貌特点，显然又与上文所述两宋社会环境下对普通女性的礼教约束相矛盾。在夫为妻纲，男权至上的古代社会，即使没有接受过良好礼教规范与约束的乡村妇人，就算做不到"见有人来，袜刬金钗溜，和羞走"[7]，也不可能开放到一边与远道而来的陌生货郎自如谈笑，一边

---

[1] 黄清连：《唐代的雇佣劳动》，《"中研院"历史语言研究所集刊》1978年第3期。

[2] 程郁：《从大足石刻观察宋代一些特殊的劳动妇女》，《中华文史论丛》2020年第4期。

[3] 同上注。

[4] （宋）陈自明《妇人大全良方》卷一《精血篇第二》，卷一二《妊娠漏胎下血方论第五》，卷一六《坐月门》，中国医药科技出版社，2018，第62、189、216页。

[5] （宋）周辉：《清波杂志》卷二，见《全宋笔记》五编九册，大象出版社，2012，第27页。

[6] （宋）陈自明：《妇人大全良方》卷二十四，第659页。

[7] 王仲闻校注：《李清照集校注·点绛唇》，人民文学出版社，2019，第83页。

大方的袒露双胸哺乳幼儿。而这一类型化的"妇人乳婴"形象更与宋代艺术中普通妇女娇柔、娴静、纤细、文弱的身姿形成明显对比（图24、25）。因此，可以推证"妇人乳婴"形象，作为一种明显风格化与类型化的创作主题，很可能就是以宋代乳母为原型。[1]

在宋代，中上层家庭往往通过女性中介"牙媪"寻找乳母。换言之，宋代乳母职业化程度已到了具有专门中介参与、规范化运作之境地。因此，其身份应该是被社会普遍接受的，且本人也应该很坦然地进行了自我身份界定，否则中介是不容易寻找到她们的。[2] 乳母往往出身寒微，所受文化与成长环境都不算好，亦未受过严格礼教训练，因此生活相对随意。如此一来，宋代民间"妇人乳婴"造型衣着宽松、身材健硕、姿态夸张、袒乳育婴的体貌特征似乎就变得颇为正常了。

刘琴丽认为宋代乳母作为一种职业在逐渐商品化，尤其是皇室和贵族的乳母主要来源于奴婢，属于贱民阶层，身份地位低下。[3] 而当被作为一种典型的艺术形象塑造时，有意识凸显其母性特征，并使之具有诱惑性与暗喻性是颇为正常的。程郁甚至认为乳母由于出身下层、身材丰满、体态健硕、不拘小节，因而更具成熟女性的魅力，较之宋代普通家庭妇女纤细、修长、柔弱、胸脯扁平的身姿，她们对男主人更具吸引力，因此乳母甚至给主家带来子孙血统上的困惑。

毫无疑问，作为职业乳母的身份实际是街坊四邻都普遍知晓的。现有文献也证明宋代乳母不但职业化，而且私生活较为混乱，很多家庭出现问题常与乳母介入有关，司马光说："乳母不良，非惟败乱家法，兼令所饲之子，性行亦类之。"[4] 从自我身份认定与职业化特征看，对于出身下层且具有典型商品化特点的乳母而言，她们能够十分大方随意的当街育婴，且丝毫不觉得羞涩为难。恰如程郁所说，"露出丰乳或胸部微露并不会让她们觉得难为情"[5]。而当在主家随意哺乳时，则极有可能会对男主人形成巨大诱惑。

宋代艺术偏重写实，仕女画更以柔弱纤细为美，却唯有乳母形象丰满、健硕、圆润、敦实，且具有很强的形态张力。另外，即使宋代妇人存在亲自哺育子女的行为，在上文对女性行为规范极为严苛的社会背景下，也该是在家中或僻静之处悄然进行，并无可能开放到在官道之侧、陌生人面前坦然乳哺的程度。加之上文所述，从唐代开始乳母就已成为一种类型化的创

---

[1] 程郁：《从大足石刻观察宋代一些特殊的劳动妇女》，《中华文史论丛》2020年第4期。

[2] 同上注。

[3] 刘琴丽：《论唐代乳母角色地位的新发展》，《兰州学刊》2009年第11期。

[4] 真德秀：《西山读书记》卷二一"引"，《景印文渊阁四库全书》，第705册，第644页。

[5] 程郁：《从大足石刻观察宋代一些特殊的劳动妇女》，《中华文史论丛》2020年第4期。

作主题，且得到如张萱般重要艺术家的青睐。以乳母为画题之名，甚至还被明确记录于《宣和画谱》——重庆大足石刻的雕像题记中。这也使我们更有信心得出如下结论：即宋代艺术中，除个别符合人物心理与行为规范的作品，如王居正《纺车图》。民间更多"妇人乳婴"形象应该不是普通妇女在哺育子女，而应是两宋高度职业化的乳母形象。

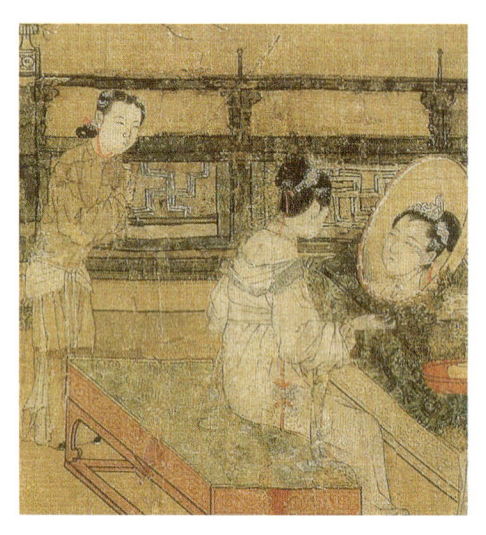

图 24　北宋苏汉臣《靓妆仕女图》中的宋代仕女形象
（采自中华珍宝网）

图 25　南宋佚名《蕉荫击球图》中的宋代仕女形象
（采自中华珍宝网）

表 2	两宋皇帝子女夭折数量统计[1]		
帝　号	生育子、女数	夭折子、女数	夭折百分比（%）
宋太祖	子 4、女 6	子 2、女 3	50.00
宋太宗	子 9、女 7	子 1、女 1	12.50
宋真宗	子 6、女 2	子 4、女 1	62.50
宋仁宗	子 3、女 13	子 3、女 9	75.00
宋英宗	子 4、女 4	子 1、女 1	25.00
宋神宗	子 14、女 10	子 8、女 6	58.33
宋哲宗	子 1、女 4	子 1、女 2	60.00
宋徽宗	子 31、女 34	子 6、女 15	32.31

1　参见史泠歌《帝王的健康与政治——宋代皇帝疾病问题研究》，博士学位论文，河北大学，2012。

续表

帝 号	生育子、女数	夭折子、女数	夭折百分比（%）
宋钦宗	子2、女0	子0、女0	0
宋高宗	子1、女5	子1、女3	66.67
宋孝宗	子3、女2	子0、女2	40.00
宋光宗	子3、女3	子2、女3	83.44
宋宁宗	子8、女1	子8、女1	100.00
宋理宗	子3、女1	子3、女0	75.00
宋度宗	子5、女0	子4、女0	80.00
总 计	子97、女92	子44、女47	48.15

此外，在医疗条件并不发达的古代社会，幼儿夭折率之高出乎今人之想象，很多孩子到了七八岁还面临夭折风险。即使享尽天下最好医疗条件的皇室，子女夭折率也极为惊人。毫无疑问，对于中上阶层，幼儿能否健康长大，乳母至关重要。从某种程度上，乳母甚至被视作一个家庭幼儿的守护神。因此，宋代艺术中反复出现的"妇人乳婴"造像，所呈现出的类型化与典型性特征，其形象背后必然存在明确历史信息与图像寓意。这也为我们理解服务过光、宁、理三朝的重要院画家李嵩，其笔下为何会反复出现风格高度一致的"妇人乳婴"形象，提供了有力支撑。更为重要的是，光、宁、理、度四朝皇子几乎全部夭折。（见表2）

五 "妇人乳婴"类型化背后的史学寓意

回望本文第一节对"妇人乳婴"形象的史学梳理，可知在唐代佛教极度兴盛之时，艺术史开始不断出现该形象。而在此之前的印度犍陀罗前期雕塑中，已有该形象存在。印度佛教中，"妇人乳婴"主要为描绘诃利帝姆形象。而自诃利帝姆传入中土后，无论是从新疆出土的壁画，还是敦煌壁画，如敦煌第158窟中唐绘鬼子母形象，再到南宋大足石刻中已基本被认定为诃利帝姆像的雕塑，其造型的出现往往与哺乳的形象有关。

根据《根本说一切有部毗奈耶杂事》记载，古印度王舍城有独觉佛现世，世人欢庆。一怀孕牧牛女也参与到庆祝人群，因舞蹈太过猛烈导致婴儿堕胎。众人不予理睬，弃她而去，牧牛女发誓食尽王舍城中小儿。后果投生此地，并产五百子，她日夜捕食城中婴孩，民众日日恐慌。后佛祖释迦欲收服她，故藏其一爱子，她哭求佛祖，佛祖教其将心比心，遂幡然醒悟广散其子于民间，终成孩童守护神。该神在印度佛教中被称为诃利帝姆，俗称鬼子母，为繁殖女神，是佛教中幼儿的守护神。

图26　大足北山石窟中9号龛中的诃利帝姆与"妇人乳婴"形象

该故事随佛教传入中土后，一开始因带有很强的恐怖色彩，并不受本土信众欢迎。因此在绘制过程中常将诃利帝姆描绘的恐怖且狰狞，如图7为敦煌第158窟中唐绘鬼子母。画中诃利帝姆面目可怖，青面獠牙，毛发倒竖，十分狰狞。而怀中婴孩却被描绘的憨态可掬，白净圆胖，极为可爱。随着佛教造像的不断本土化，诃利帝姆形象逐渐演化更加符合中国人的审美喜好。这也如同我们所熟知的弥勒、观音造型之形态演进，鬼子母的造型也逐渐带有明显的世俗性与亲和力。尤其到宋代，当她逐渐被民间接受而成为孩童保护神后，民间往往将她画作身材健硕、圆润丰满、慈祥端庄的母性形象。甚至有不少研究者据此推断中国民间的送子观音造像与之相关（图26）。如胡适在《魔合罗》中写道："我们可以猜想那个送子观音也是从鬼子母演变出来的。"[1] 无论怎样，该

1　胡适：《胡适古典文学研究论集》，上海古籍出版社，2013，第518页。

形象送子保育的神职功能是颇为明显的。

　　伴随对该形象的逐步接受与愈发崇敬，鬼子母也逐渐由一开始的亲自哺乳到身旁伴有"妇人乳婴"形象，如大足北山石窟9号龛、李嵩一系列货郎婴戏图（图2、22）。此时，"妇人乳婴"形象则愈发呈现上文所述，趋于一致的类型化特征。即身材肥硕圆润，形象敦实，姿态随意，双乳丰满且有意突显母性特征等。笔者认为无论是从一开始诃利帝姆的乳婴形象，还是逐渐演进为诃利帝姆身旁出现"妇人乳婴"形象，描绘者的初衷都不是在表现婴孩的母亲，理由上文已述。显然，对于彼时的中上层社会，这种并不雅观的袒胸露乳形象应十分忌讳。正如程郁、刘斯琴所认为的，乳母从唐代就已经呈现群体化与职业化特点。[1] 作为具有典型职业化特征的人物形象，在美术创作中将之类型化处理，并反复出现，显然具备特定形象之明确寓意。这不仅符合图像传播的规律，也更易于被民众接受。因此我们才能够看到宋代艺术中多次出现造型相近的"妇人乳婴"形象。到元代时，美术史上"妇人乳婴"形象趋于沉寂，代之而来的是怀抱婴孩的送子观音像不断出现。到了元代，怀抱婴儿的圣洁圣母形象开始涌现，使得原本带有明显世俗性意味的"妇人乳婴"形象，被更具宗教神圣感的形象所取代。董丽慧认为，"元代出现的怀抱圣婴的圣母像证明基督教信仰与中国当地信仰（比如业已存在的佛教信仰）的某种融合与互渗"[2]。

　　更为有趣的是，当我们将李嵩《骷髅幻戏图》中的"妇人乳婴"形象（图12）与新疆出土的唐代绢画《鬼子母》线描图中的"妇人乳婴"形象（图11）进行比较时，会发现无论是动态、衣着、人物表情与身体姿态都极为相似。本文之比较，并非意在考证二者之间存在必然的继承与模仿，但其间相似性却很可能证明"妇人乳婴"形象的传承与演进轨迹有章可循。更有可能证明，该形象是在演进过程中出现了图像的类型化与程式化特点。而对于以守护与保育幼儿存在的宗教崇拜形象，诃利帝姆的乳婴形象很可能成为宋代艺术中反复出现的"妇人乳婴"形象源头。而宋代职业乳母的出现，同样呈现出趋于一致的体貌特征，她们之所以成为"妇人乳婴"形象原型，与两宋医疗条件不发达背景之下的保育幼儿意图相关。

结　语

　　当一种艺术形象呈现出高度趋同化与相似性特点，并反复出现于历史上某一特

---

[1] 刘琴丽：《论唐代乳母角色地位的新发展》，《兰州学刊》2009年第11期；程郁《从大足石刻观察宋代一些特殊的劳动妇女》，《中华文史论丛》2020年第4期。

[2] 董丽慧：《圣母形象在中国的形成、图像转译及其影响——以〈中国风圣母子〉为例》，《文艺研究》2013年第10期。

定时期，且表现出较为典型性与类型化的图像寓意时，我们便有必要将之进行系统化的归类式研究。宋代反复出现的"妇人乳婴"形象，便是如此。该形象之确切身份一直存在争议，而形象背后所蕴含的丰富史学信息与文化学含义则被学界明显低估，甚至忽略。

当联系传统伦理教化与行为规范对宋代普通女性形成的严苛约束时，学界习惯性看图说话式将"妇人乳婴"形象理解为是在哺乳子女的观点，显然有失偏颇。毫无疑问，若将该形象脱离社会背景与人文语境进行单一形态论证，则又明显会失

之于肤浅。追溯"妇人乳婴"形象演进源头，其图像溯源应来自宗教艺术中的保育幼儿之神祇崇拜。而在医疗条件并不发达的两宋，幼儿夭折比率之高令人愕然。加之在两宋中上层社会，妇女普遍不愿亲自哺乳的背景下，乳母呈现高度职业化。而作为养育幼童的直接参与者，乳母甚至扮演了幼儿守护神的重要角色。联系到"妇人乳婴"形象与文献所载乳母体貌特征的高度一致性，基本可认定该形象原型即为职业乳母，是带有明显宗教象征意味，蕴含保育幼儿寓意的图像形态。

中国古代的乌贼形象及开发利用*

■ 白　斌（宁波大学浙东文化研究院、人文与传媒学院）　　李晨欣（宁波大学人文与传媒学院）

乌贼，亦作"乌鲗"，统称"墨鱼"。乌贼属于头足纲，是乌贼科动物的统称。乌贼体内墨囊发达，遇敌即放出墨汁而逃避。乌贼肉厚味美，供鲜食或干制。中国沿海常见的乌贼有"金乌贼（Sepia esculenta）和曼氏无针乌贼（Sepiellamaindroni），后者产量更高"[1]。在中国古代，乌贼是沿海渔民大规模捕捞和利用的海洋生物之一。在古籍文献中，乌贼还有"海螵蛸""乌鲗""鰂""河伯小吏"等多种俗称。随着人们对乌贼认知的不断加深，其药用和食用价值逐渐得以开发，相关的捕捞活动也日益增多，乌贼产量逐渐增高。乌贼不仅是"清代和民国年间中国渔获量最大的几种海洋生物之一，而且也是销售区域最为广大的一种水族"[2]。正因为如此，明清时期的沿海地方志和渔业志书中均有对乌贼的文字记载。在史学研究领域中，与乌贼相关的成果主要涉及清中晚期及以后的乌贼捕捞与相关经济活动，[3] 目前还没有关于古代中国乌贼形象认知与资源利用的系统论述。因此，本文借相关文献史料和研究成果，对这一问题进行初步的探讨。

一　"乌贼"及其名称的来源与演变

在中国古代文献中，关于"乌贼"

---

* 本成果得到国家社科基金一般项目"旧海关档案藏渔业贸易文献整理与研究（1860—1949年）"（项目编号：22BZS097）资助。

1　夏征农、陈至立：《辞海：典藏版》，上海辞书出版社，2011，第4705页。

2　李玉尚、胡晴：《清代以来墨鱼资源的开发与运销》，《思想战线》2013年第4期。

3　除李玉尚、胡晴的论文是关于乌贼的直接研究外，其他相关研究都是在近代海洋渔业相关研究中涉及乌贼的学术成果，如凌富亚的《民国嵊泗列岛改隶之争探析》（《中国边疆史地研究》2015年第3期），方胜华的《民国时期舟山群岛渔业文献整理与研究》（《浙江海洋大学学报》（人文科学版）2020年第1期），严晨的《中国近代海产品的进出口结构与要素分析》（《贵州社会科学》2021年第7期），白斌、何宇的《文献视域中的近代东海渔业经济——以上海和宁波为中心的解读》（《宁波大学学报》（人文科学版）2022年第5期）。

的描述最早出现在汉朝。东汉名臣蔡邕（133—192年）所撰《蔡氏月令》中载："九月有寒，乌入水，化为乌鲗鱼，不知是何月令。"[1] 晋朝崔豹所撰《古今注》记载了"乌贼"的另一个称谓"河伯度事小吏，《本草》作虫事小史"[2]。类似的称呼还有"河伯从事小吏"等，例如唐代苏鹗的《苏氏演义》、[3] 明代朱谋㙔的《骈雅》、[4] 清代李调元的《然犀志》、[5] 清代方旭的《虫荟》[6] 中都提及"河伯度事小吏"。清代著名学者全祖望有感乌贼的这一称谓，还特意撰写了一篇小文《海若白事小史解嘲》。[7]

由于乌贼外形与一般鱼类截然不同，在避险时会喷出黑色墨汁，但又与鱼类一样生活在水中，古人对其来源做出了形形色色的猜测，从而取名。对于"乌贼"名称的来源，很多文献都重复引用《南越记》中的描述："乌贼鱼，常自浮水上，乌见以为死，便啄之，乃卷取乌，故谓乌贼鱼。今定乌化为之。"[8]

宋朝时人对"乌贼"及其名称的来源有更多猜测。（宝庆）《四明志》记载：

> 《本草》云："是翳乌所化，今其口脚具存，犹相似尔。腹中有墨，今作好墨用之。"陈藏器云："昔秦王东游，弃算袋于海，化为此鱼，其形一如算袋，两带极长，墨犹在腹也。"《蜀本》云："背上骨厚三四分。"《日华子》云："又名'䱡鱼'。须脚悉在眼前，风波稍急，即以须粘石为缆。"《图经》云："一名'乌鲗'，能吸波噀墨溷水以自卫，使水匿不为人所害。"又云："性嗜。乌每暴水上，有飞乌过，谓其已死，

---

[1] （汉）蔡邕撰，（清）蔡云辑：《蔡氏月令》卷五《月令集证》，清道光四年（1824年）刊本，第17页。

[2] （晋）崔豹：《古今注》卷中《鱼虫第五》，《景印文渊阁四库全书》第850册，台湾商务印书馆，1986，第108页。

[3] （唐）苏鹗：《苏氏演义》卷下《乌贼》，《景印文渊阁四库全书》第850册，第208页。

[4] （明）朱谋㙔：《骈雅》卷七《释虫鱼》，《景印文渊阁四库全书》第222册，第544页。

[5] （清）李调元：《然犀志》卷上《乌贼》，王云五主编《丛书集成初编·蟹谱及其他二种》，商务印书馆，1939，第71页。

[6] "乌鲗，《古今注》乌鲗，一名'河伯度事小吏'。○旭按：乌鲗，状如草囊，无鳞，色黑，一名'黑鱼'。两须长似带，遇风波即以须下矴，如缆，又名'缆鱼'。其口在腹下，八足聚生口旁。遇大鱼至，则吐墨水以自卫侯，鱼过仍收其墨，故又名'墨鱼'。其背上只一骨，色白而轻，脆如通草，入药名'海螵蛸'。或说秦始皇弃算袋于水后，化此鱼，故又名'算袋鱼'。又说此鱼喜食乌，能诱乌入水，又名'乌贼鱼'。其肉鲜美，俗谓之'明脯鱼'。《本草纲目》：'乌贼鱼出东海，过小满则形小'。《尔雅翼》：'九月寒，乌化乌鲗'"。见（清）方旭《虫荟》卷四《鳞虫》，清光绪十六年（1890）刻本，第58页。

[7] "罗存斋《尔雅翼》引《古今注》，以墨鱼为'海若白事小史'，其名甚隽，因戏作解嘲一首"。见（清）全祖望撰，（清）史梦蛟校《鲒埼亭集》卷五《辞》，清姚江借树山房本，第10—12页。

[8] （唐）徐坚等纂：《初学记》卷三〇《鸟部》，《景印文渊阁四库全书》第890册，第484页。

便啄其腹，则卷而食之，以此得名，言为乌之贼也。形若革囊，口在腹下，八足聚生口旁，只一骨厚三四分，似小舟而轻，虚而白。又有两须如带，可以自缆，故别名'缆鱼'。"《南越志》云："乌贼有矴，遇风便虬前须下矴而住，矴亦缆之义也。腹中血并胆，正如墨，中以书也。世谓乌贼怀墨而知礼，故俗谓'是海若白事小吏'。又有最小者，俗呼'墨斗'。"[1]

宋代周密在《癸辛杂识·续集》"乌贼得名"条给出另一种具有市井气息的解释："世号墨鱼为'乌贼'，何为独得贼名？盖其腹中之墨可写伪契券，宛然如新，过半年则淡然如无字。故狡者专以此为骗诈之谋，故谥曰'贼'云。"[2] 还有一条关于"乌贼"名称来源的记载，是宋代陈叔方在《颍川语小》卷下中猜测的版本："鲗鱼，《本草》从鱼，从则。世俗见其能吐黑沫，且'则''贼'之音通，遂呼为乌贼。"[3]

清代李调元在《然犀志》中有一段较为详细的记载，里面也提及很多种有趣的猜测：

> 乌贼非鳞非介，形如算子袋，有六足，聚生口旁，其二须甚长，亦如带。《酉阳杂俎》曰："昔秦皇东游，弃算袋于海，化为此鱼，遇风能以须粘岸，如舟之下碇焉，故又名'缆鱼'。身只一骨，骨状若梭子，层叠可剥，如剖榄仁。腹中有墨，遇大鱼来，贼则吐墨混流以自蔽，一名'乌鲗'。"《南越志》云："乌鲗怀墨而知礼。"崔豹《古今注》又名："河伯度事小吏。"而《南越行记》又言："乌贼鱼常仰浮水面，乌见而啄之，反为此鱼所卷食。故谓之'乌贼'云。"[4]

中国在汉代已经将"鲗"字收录进字典中，由东汉许慎编写的《说文解字》卷十一下"鱼"部中就记载有"鲗"字："鲗，鰞鲗鱼名，从鱼则声，昨则切。"[5] 五代时期南唐的徐锴在《说文系传》中记载："鲗，乌鲗也，从鱼，则声，残忒反，鲗或从即。"[6] 宋代陆佃在《埤雅》

1　（宋）罗濬：（宝庆）《四明志》卷四《郡志四》，《景印文渊阁四库全书》第487册，第66页。

2　（宋）周密：《癸辛杂识·续集》卷下《乌贼得名》，《景印文渊阁四库全书》第1040册，第108页。

3　（宋）陈叔方：《颍川语小》卷下，《景印文渊阁四库全书》第853册，第652页。

4　（清）李调元：《然犀志》卷上《乌贼》，王云五主编《丛书集成初编·蟹谱及其他二种》，第71页。

5　（汉）许慎撰，（宋）徐铉增释：《说文解字》卷一一下《鱼》，《景印文渊阁四库全书》第223册，第304页。

6　（南唐）徐锴撰，（南唐）朱翱反切：《说文系传》卷二二《通释》，《景印文渊阁四库全书》第223册，第672页。

中也补充"乌鲗"条进"释鱼"[1]。与"鲗"相似的读音称呼还有"鰂"。元代黄公绍的《古今韵会举要》中载：鲗，"或作'鲫'，亦作'鰂'，通作'贼'"[2]。清代《康熙字典》中对于"鲗"字的解释也更加详细："【唐韵】昨则切【集韵】【韵会】疾则切，炊音贼。"[3] 清代周兆基的《佩文诗韵释要》中记载："鰂，鰞鰂鱼名。"[4] "乌鲗"与"乌贼"读音相同，但是字体不同，有学者猜测其演变与南方方言有关。[5]

在中医里，乌贼也被称为"海螵蛸"。至迟在唐朝的文献中就有关于"海螵蛸"的记载。唐代孙思邈在《银海精微》中收录的药方成分就有"海螵蛸"[6]。宋代罗愿在《尔雅翼》中记载："范子计然曰：螵蛸出三辅，上价三百，又海中有乌贼鱼，背如樗蒲，形亦有螵蛸之名，故方家谓此为'桑螵蛸'，谓彼为'海螵蛸。'"[7]

值得注意的是，最晚至宋元时期，乌贼的另外一个称谓"墨鱼"逐渐被中国东南沿海渔民所接受。如宋代姜特立的《送墨鱼巩大监》[8]、陈起的《演雅十章·墨鱼》[9] 等。元代（大德）《南海志》中记载当地捕捞的海生生物中就已经有了"墨鱼"的称谓。[10] 到明代，方以智在《通雅》中记录了墨鱼的不同名称，可见墨鱼就是乌贼。

墨鱼，乌鲗也。鲗，足生口傍，两须如缆。谚曰："乌鲗喷墨，八足在口，又名'墨鱼'。"宁波鲞者曰："鳔脯"。《图经》云："乌鹊所化。"其云："秦王东游，弃算袋化为此

---

1 （宋）陆佃：《埤雅》卷二《释鱼》，《景印文渊阁四库全书》第 222 册，第 69 页。

2 （元）黄公绍原编，（元）熊忠举要：《古今韵会举要》卷二九《入声》，《景印文渊阁四库全书》第 238 册，第 825 页。

3 （清）张廷玉、陈廷敬等奉敕纂：《御定康熙字典（三）》卷三五《亥集中》，《景印文渊阁四库全书》第 231 册，第 521 页。

4 （清）周兆基辑，（清）陆润庠重校：《佩文诗韵释要》卷五《入声》，上海古籍出版社，1982，第 186 页。

5 麦耘：《"鲗鱼涌"的"鲗"字音读》，《辞书研究》2015 年第 6 期。

6 （唐）孙思邈：《银海精微》卷下《丹药和论》，《景印文渊阁四库全书》第 735 册，第 1062 页。

7 （宋）罗愿撰，（元）洪焱祖音释：《尔雅翼》卷二五《释虫二》，《景印文渊阁四库全书》第 222 册，第 463 页。

8 "底事呼为海里羊，陀尼为背锦为裳，殷懃送似曲湖老，要荐君家玳瑁觞"。（宋）姜特立：《梅山续藁》卷五《送墨鱼巩大监》，《景印文渊阁四库全书》第 1170 册，第 45 页。

9 "墨鱼黑覆形，火萤明照身，拙于用显晦，踪迹徒自陈"。（宋）陈起编：《江湖小集》卷一八《演雅十章》，《景印文渊阁四库全书》第 1357 册，第 148—149 页。

10 （元）陈大震、（元）吕桂孙纂修：（大德）《南海志》卷七《物产》，《续修四库全书》编纂委员会编：《续修四库全书》第 713 册，上海古籍出版社，2002，第 17 页。

形"，则诬矣。禹时，贡乌鲗之酱。蒙筌言："其墨作券，来年而字灭。"张氏曰："不验其无骨者，名'柔鱼'。"又更有章举、石距二物，与此相类而差大，味更珍好。小者曰："锁管"，见《泉州志》。今曰："银瓶鱼。"《临海志》言："其怀版含墨，故号'小史鱼'。"[1]

此时，在地方文献中，乌贼和墨鱼两个名称开始混用。如（弘治）《八闽通志》卷二十五记载，"乌贼，《埤雅》曰：'乌鲗'，八足绝短，集足在口，缩啄在腹，怀板含墨，每遇大鱼，辄噀墨溷其波以远害。若小鱼虾过其前，即吐墨涎以致之。又曰'墨鱼'"[2]。（嘉靖）《广东通志初稿》卷三十一载："乌贼鱼，即'墨鱼'，腹有墨，性耆。乌浮水上，俟鸟啄其腹，则以须卷食之。"[3]（嘉靖）《浙江通志》卷七十、[4]（万历）《福安县志》卷一[5]和（天启）《慈溪县志》卷二[6]仍使用"乌贼"作为条目名称。但同时期的（嘉靖）《定海县志》卷八[7]和（天启）《舟山志》卷三[8]则用"墨鱼"来作为条目名称。（光绪）《松江府续志》卷五记录了乌贼被称为墨鱼的原因："乌鲗，一名'乌贼'，无鳞有须，黑皮白肉，有墨在腹，云可书字，但逾年则迹灭，故又名'墨鱼'。"[9]

---

[1] （明）方以智：《通雅》卷四七《动物》，《景印文渊阁四库全书》第 857 册，第 893 页。

[2] （明）黄仲昭纂修：（弘治）《八闽通志》卷二十五《食货》，北京图书馆古籍出版编辑组编：《北京图书馆古籍珍本丛刊》第 33 册，书目文献出版社，1998，第 335 页。

[3] （明）戴璟、张岳等纂修：（嘉靖）《广东通志初稿》卷三一《土产》，北京图书馆古籍出版编辑组编《北京图书馆古籍珍本丛刊》第 38 册，第 528 页。

[4] （明）胡宗宪修，（明）薛应旗纂：（嘉靖）《浙江通志》卷七十《杂志第十一之八》，朱鼎玲、陆国强编《天一阁藏明代方志选刊续编》第 26 册，上海书店，1990，第 923 页。

[5] （明）陆以载总修，（明）杨道和总裁：（万历）《福安县志》卷一《舆地志》，《日本藏中国罕见地方志丛刊》，书目文献出版社，1991，第 128 页。

[6] （明）姚宗文纂修，（明）李逢申订正：（天启）《慈溪县志》卷三《土产》，《中国方志丛书·华中地方》第 490 号，台北成文出版社，1983，第 152 页。

[7] （明）张时彻纂修，（明）何愈订正：（嘉靖）《定海县志》卷八《物土志》，《中国方志丛书·华中地方》第 502 号，第 325 页。

[8] （明）何汝宝辑，（明）邵辅忠订正：（天启）《舟山志》卷三《物产》，《中国方志丛书·华中地方》第 499 号，第 231 页。

[9] （清）博润等修，（清）姚光发等纂：（光绪）《松江府续志》卷五《疆域志五》，《中国方志丛书·华中地方》第 143 号，第 497 页。

二 古人对"乌贼"的认知与捕捞

中国的乌贼捕捞有悠久的历史。史前时期，由于捕捞技术的限制，关于乌贼的食用大多来自因死亡等各种原因被冲上海滩的乌贼尸体。有关乌贼捕捞最早的记载是在北魏时期。著名地理学家郦道元在《水经注》记载了秦始皇所登会稽山北边有个大湖，据传湖与海通，"郡常于此水中得乌贼鱼"的捕捞活动。[1]

秦汉以后，除吐墨和形体外，古人对"乌贼"的了解已经非常详细。三国时期，吴国太守所著《临海水土异物志》中记载："乌贼之骨，其大如楯居者，一枚作鲊，满器受五升。"[2] 唐代刘恂的《岭表录异》记载："乌贼鱼只有骨一片，如龙骨而轻虚。以指甲刮之，即为末，亦无鳞。而肉翼前有四足，每潮来即以二长足捉石浮身。水上有小虾鱼过其前，即吐涎惹之，取以为食。"[3]

宋元时期，文献中出现了大量关于乌贼的诗词，可见乌贼已逐渐走入人们的日常饮食生活中。例如北宋梅尧臣（1002—1060年）在《病痛在告韩仲文赠乌贼鲞生酷酱蛤蜊酱因笔戏答》中对乌贼做出"虽然苦病痛，馋吻未能忌"[4]的评价。他还写过《乌贼鱼》来专门记录乌贼与其他鱼类的不同，并表达其对乌贼的喜爱之情："海若有丑鱼，乌图有乌贼；腹膏为饭囊，鬲冒贮饮墨；出没上下波，厌饫吴越食；烂肠夹雕蚶，随贡入中国；中国舍肥羊，啖此亦不惑。"[5] 稍晚时期的晁说之（1059—1129年）在《见诸公唱和暮春诗轴次韵作九首·其二》中写到乌贼已成为老百姓的日常饮食："那识春将暮，山头踯躅红；潮生芳草远，鸟灭夕阳空；乌贼家家饭，槽船面面风；三吴穷海地，客恨极难穷。"[6] 同时期的黄裳（1044—1130年）在《酬子明冬后出思正夏日见招之什》中也记录了类似的场景："东邻交友亦爱客，烹鲜盘馔工于侬；

1　（北魏）郦道元：《水经注》卷四〇《浙江水》，《景印文渊阁四库全书》第573册，第591页。

2　（吴）沈莹：《临海水土异物志辑校》（修订本），张崇根辑校，农业出版社，1988，第8页。

3　（唐）刘恂：《岭表录异》卷上，《景印文渊阁四库全书》第589册，第83页。

4　原诗文："我尝为吴客，家亦有吴婢。忽惊韩夫子，来遗越乡味。与官官不识，问侬侬不记。虽然苦病痛，馋吻未能忌。"（宋）梅尧臣：《宛陵集》卷二七《病痛在告韩仲文赠乌贼鲞生酷酱蛤蜊酱因笔戏答》，《景印文渊阁四库全书》第1099册，第205页。

5　（宋）梅尧臣：《宛陵集》卷四四《乌贼鱼》，第326页。

6　（宋）晁说之撰，（宋）晁子健编：《景迂生集》卷六《律诗》，《景印文渊阁四库全书》第1118册，第113页。

青蜗乌贼欠此可，蟹蛤已有吴间风。"[1] 北宋周紫芝（1082—1155年）在《苦笋》中还点明了乌贼的食用季节与地区："庾郎鲑菜不满腹，三岁杯盘入吴俗；江头四月乌贼来，经日杨梅雨中熟。"[2] 南宋杭州诗人洪咨夔（1176—1236年）在《次李参政晚春湖上口占十绝·其三》中涉及对乌贼捕捞活动的描写："一帘风雨搅黄昏，归思无边客倚门；乌贼江鱼潮后市，龙山渔浦渡头村。"[3] 元朝宋本在《舶上谣送伯庸以番货事奉使闽浙十首》诗中提及闽浙地区乌贼已成为当地的美味佳肴："东海澄清南海凉，公厨海错照壶觞；郎君鲞好江珧脆，水母线明乌贼香。"[4]

相比宋元时期，明代出现更多关于乌贼形态的记录，对乌贼的认知也在一步步扩大并充实。这一时期，关于乌贼的文献从中医药方扩展到沿海地方志，又扩展到文人墨客的诗词中。例如明代浙江人张守约在《拟寒山诗》"梅村先生拟寒山诗序"中提及"东海有一鱼，其名曰乌贼，如遇网捕人，吐墨染水黑，冀以得逃形，因之被全获，拙因弄巧成，非独此微物"[5]。对于乌贼这种遇险即吐墨的特性，陈师感叹道："海之鱼有乌贼，其名者煦水而水，鸟戏于岸间，惧物之窥己也，则煦水以自蔽，海鸟视之而疑，知其鱼而櫻之。呜呼！徒知自蔽以求全，不知灭迹以杜疑，为食者之所窥哀哉。"[6] 此外，宋诩的《竹屿山房杂部》卷四中已经有了乌贼被作为干鲞的记载："乌贼鱼，日暴，曰：'明脯'。《埤雅》曰：'遇风虬前一须下矴，名缆鱼'。矴，丁定切。"[7] 郎瑛的《七修类稿》卷二十八也有类似

---

[1] 诗原文："大学闲官闭门坐，渍墨磨丹满文藁；霜风门外潮头过，马首长阙欲吹倒，双眸厌为尘沙昏，出外遽止从子好；不复见君今几时，相忆还惊岁华老；恨得新诗何太晚，瓜李为期闲梦断；余酒喜见忘机翁，声色尝与心相同；小沼荷花未云昨，君来且负炉中红；东邻交友亦爱客，烹鲜盘馔工于侬；青蜗乌鰂欠此可，蟹蛤已有吴间风；劳生多故岂足念，莫不有分劳冲冲；有钱取醉亦足矣，满腹以外昏何容；漫漫雪意稍含蓄，瑶池将见涵春空；两骑翩翩踏琼玖，州北主人相望久；解颜一笑如君难，区区论报非吾友。"见（宋）黄裳《演山集》卷二《古诗》，《景印文渊阁四库全书》第1120册，第36—37页。

[2] 诗原文："庾郎鲑菜不满腹，三岁杯盘入吴俗；江头四月乌贼来，经日杨梅雨中熟；是时苦竹方生儿，锦绷时露骈头玉；杭人吓饭正要虎，日以千金换盈束；人莫不食鲜知味，妙理听君记反复；舌头谁识苦中甜，今乃苦口后为福；蔗中佳境甘似饴，厚味可人终腊毒；江南山多岂非此，苦甚何止秋荼酷；天公时为饷馋人，雨洗风吹满山谷；从今不敢料吴侬，但煮虾蟆当梁肉。"见（宋）周紫芝《太仓稊米集》卷二五《诗四十七首》，《景印文渊阁四库全书》第1141册，第173—174页。

[3] （宋）洪咨夔：《平斋文集》卷三《诗二》，张元济主编《四部丛刊续编》集部，商务印书馆，1936，第85页。

[4] （元）苏天爵编：《元文类》卷四《乐府歌行》，《景印文渊阁四库全书》第1367册，第75页。

[5] （明）张守约追拟，（明）陈光祖订正：《拟寒山诗》，明刻本，第47页。

[6] （明）陈师：《禅寄笔谈》卷七《物考》，明万历二十一年（1593）自刻本，第11页。

[7] （明）宋诩：《竹屿山房杂部》卷四《养生部四》，《景印文渊阁四库全书》第871册，第169页。

的记载："乌贼鱼暴干，俗呼'螟脯'。"[1] 可见这一时期，乌贼的保鲜加工已经非常普遍，这为乌贼水产品的长途运销奠定了基础。因此，陆人龙在《型世言》中才有了乌贼干等海产品"供人食用、货贩"[2] 的记载。

明朝著名的海洋渔业著作，屠本畯所撰《闽中海错疏》对乌贼的形态做了更为详细的描述：

> 乌鲗，一名墨鱼，大者名"花枝"，形如鞋囊，肉白皮斑，无鳞，八足。前有二须极长，集足在口，缘喙在腹，腹中血及胆正黑。背上有骨洁白，厚三四分，形如布梭，轻虚如通草，可刻镂，以指刷之如粉，名"海鳔鮹"，医家取以入药。古称是海若白事小吏，一名"河伯从事"。
>
> 按：鲗遇风波，即以二带捉石浮身水上，见人及大鱼辄吐墨，方数尺，以混其身，人反以是得之。其墨能已心痛。小鱼虾过其前，辄吐墨涎致之。性嗜乌，每暴水上，乌见以为死，便往喙之，乃卷而食之。《月令》："九月寒，乌入水化为乌鲗。"《唐韵》所载。罗愿云："此鱼乃鹢乌所化，盖水乌之似鹢者。今其口足并目尚存形似，且以背上之骨验之。"晒干者，闽浙谓之"明府"[3]。

除文学作品外，明朝时期中国北至山东，南至广东的沿海各省地方志中开始大量出现关于乌贼的记载，可见乌贼资源的利用已不仅仅局限于东海区域。如南海地区的（正德）《琼台志》卷九中记载乌贼的种类有"章鱼、狗泥、笔管、墨斗，《本草》诸书所谓柔鱼、章举、石距、望潮即此类也"[4]。稍晚时期成书的（嘉靖）《钦州志》卷二中除了记载乌贼的基本习性外，也指出乌贼的种类"有鎗钻、笔管、锁管、墨斗、和尚，《本草》诸书所谓桑鱼、章举、石距、望潮即此类也"[5]。黄海地区的（嘉靖）《山东通志》卷八《登州府》记载，"乌贼，海鱼之类，出登、莱等处"[6]。东海地区的（嘉靖）《惠安县志》卷五记载，"章鱼、石拒、乌贼、锁管，形颇相似，而有大小不同，性味俱寒。乌贼可为脯。锁管，邑人常与

---

[1] （明）郎瑛：《七修类稿》卷二八《伪墨艾纳》，上海书店出版社，2009，第301页。

[2] （明）陆人龙：《型世言》，申孟校点，上海古籍出版社，2001，第302页。

[3] （明）屠本畯：《闽中海错疏》卷中《鳞部下》，《景印文渊阁四库全书》第590册，第508—509页。

[4] （明）唐胄编集：（正德）《琼台志》卷九《土产下》，廖鹭芬编《天一阁藏明代方志选刊》，上海古籍书店，1963，第442页。

[5] （明）林希元辑：（嘉靖）《钦州志》卷二《食货》，廖鹭芬编《天一阁藏明代方志选刊》，第108页。

[6] （明）陆釴等纂修：（嘉靖）《山东通志》卷八《物产》，朱鼎玲、陆国强编《天一阁藏明代方志选刊续编》第510册，上海书店出版社，1990，第506页。

大虾合而腌之，藏久愈佳。凡鱼之腌者皆宜久"[1]。（嘉靖）《太平县志》记载了乌贼和天气之间的关联，"土人以元夕阴晴卜多寡云"[2]。（天启）《舟山志》则以"墨鱼"作为条目名称来记载：

> 墨鱼，状如算囊，口旁两须若带，极长。风波稍急，以须粘石为缆。其腹有墨，奸人以此书券，踰年则为白纸矣。《图经》云：一名"乌贼"，能喷墨溷水以自卫，使水匿不为人所害。然群行水中，人见墨水至，辄下笱罗而得之。有骨厚三四分，形如樗蒲子，而长轻脆，如通草可刻，名"海螵蛸"，可入药，性嗜。乌常仰浮水面以饵乌，乌来啄辄以须裹其足，沉诸水而食之，故又名"乌贼"[3]。

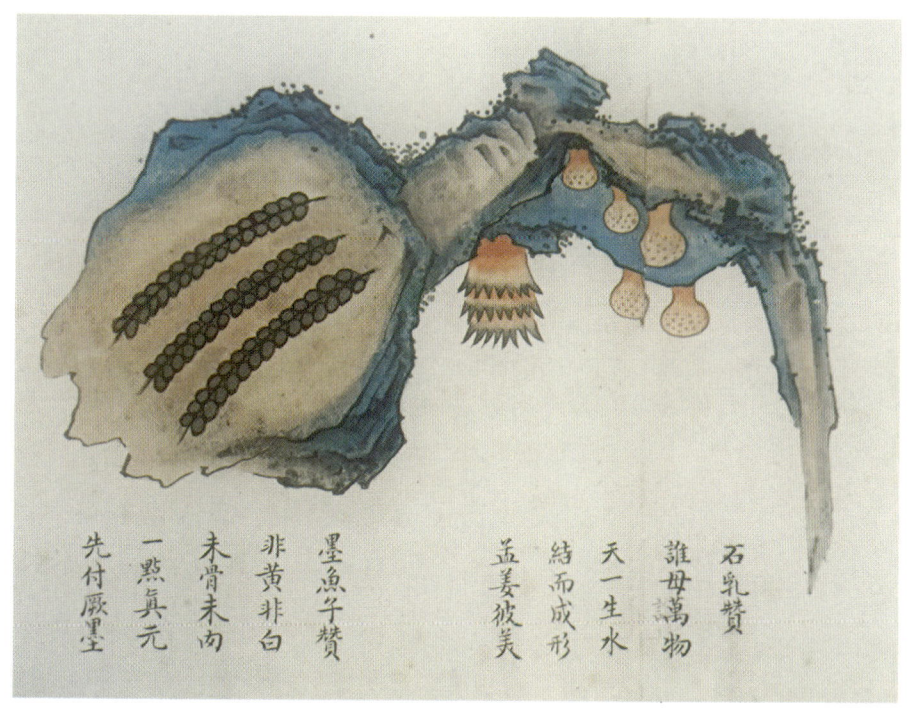

图 1　墨鱼子
（故宫博物院编：《清宫海错图》，第 200—201 页）

1　（明）张岳纂：（嘉靖）《惠安县志》卷五《鸟兽虫鱼之属》，廖鹭芬编《天一阁藏明代方志选刊》，第 119—120 页。

2　（明）叶良佩等纂修：（嘉靖）《太平县志》卷三《食货志》，廖鹭芬编《天一阁藏明代方志选刊》，第 160 页。

3　（明）何汝宝辑，（明）邵辅忠订正：（天启）《舟山志》卷三《物产》，《中国方志丛书·华中地方》第 499 号，第 231 页。

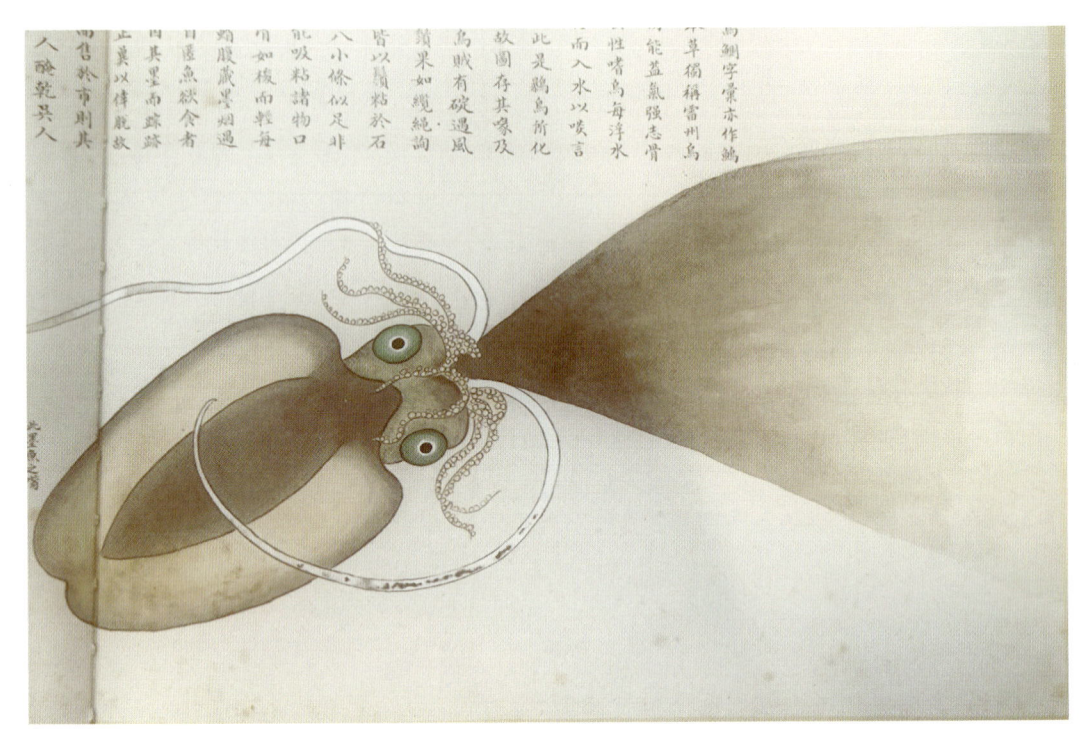

图2 墨鱼
(故宫博物院编：《清宫海错图》，第202—203页)

明代中后期，出于海防需要，政府对出海捕鱼船只征收渔税，其中"采捕墨鱼、紫菜、泥螺等项海味对桅尖船，每只纳船税银一两一钱二分，盐税银一钱六分"[1]。同时，各关口对于异地运输的海产品征税，其中"白蛤、乌贼鱼、泥螺、海蜇、鱼鲜每百斤三分"[2]。

清代，乌贼捕捞已经非常普遍。在浙江宁波，乌贼已经成为仅次于石首鱼的海产品。[3] 清前期聂璜的《海错图》记录了作者亲眼所见墨鱼子的形象："墨鱼子，散布海岩向阳石畔，累累如贯珠，而皆黑色。排列处数百行，不可胜计，大都群聚而育之，听受阳曦育出。《本草》谓墨鱼为鹢鸟所化，今验有子，

---

[1] （明）萧良干等修，（明）张元忭等纂：（万历）《绍兴府志》卷二三《武备志一》，《中国方志丛书·华中地方》第520号，第1750页。

[2] （明）马麟修，（清）杜琳等重修，（清）李如枚等续修：《续纂淮关统志》卷七《则例》，荀德麟等点校，方志出版社，2006，第230页。

[3] "海中则石首、墨鱼最多"。见（清）许琰《普陀山志》卷一一《方物》，《续修四库全书》第723册，第317页。

鸟化之说,另当有辨。"[1](图1)同时,该书还记录了南海乌贼的生活习性,"乌贼产南海大洋,以三四月至,散卵于海崎,五六月散归南海,小乌贼亦随之而去,至秋冬则无矣,且畏雷声,多雷则乌贼少"[2](图2)。此外,该书"墨鱼"条还记录了墨鱼的产地、形象和渔民捕捞墨鱼的方式:

> 墨鱼,土名也,《闽志》称乌鲗,《字汇》亦作"鰞鲗"。浙东及闽广皆产,《本草》独称雷州乌贼鱼,何其隘也!……张汉逸曰:"绕唇肉带八小条,似足非足,似髯非髯,并有细孔,能吸粘诸物。口藏须中,类乌喙,甚坚。脊骨如梭而轻,每多飘散海上,故名海螵蛸。腹藏墨烟,遇大鱼及网罟,则喷墨以自匿。鱼欲食者,每为墨烟所迷,渔人反因其墨而踪迹得之。及入网犹喷墨不止,冀以幸脱,故墨鱼在水身白,及入网而售于市,则其体常黑矣。鲜烹性寒,不宜人。腌干,吴人称为螟蛹,味如鳆鱼。"……予访之海上,见墨鱼生子累累如贯珠而皆黑,奇之。又见有小乌贼,其形如指,并图之,以参论陶隐居鸜鸟所化之说,以见化生之中又有卵生也。[3](图3)

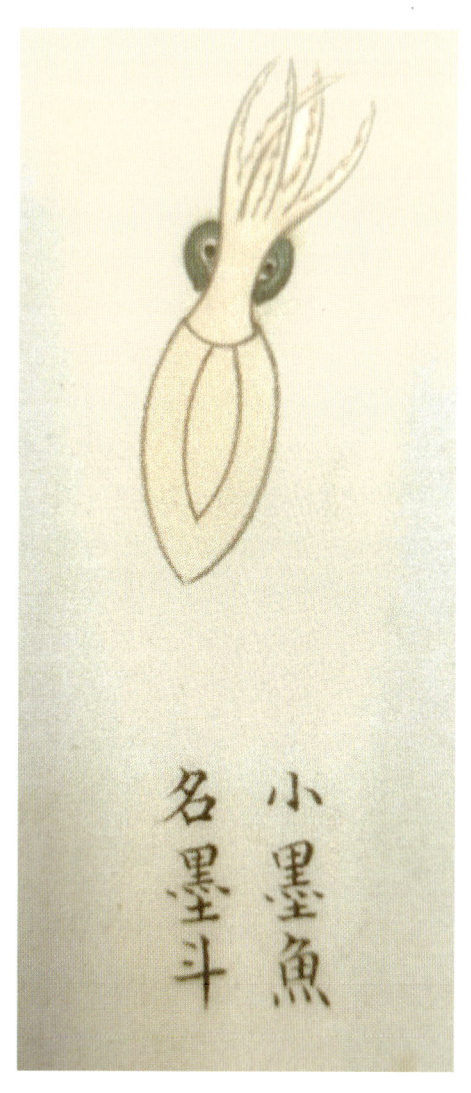

图3 小墨鱼
(故宫博物院编:《清宫海错图》,第202页)

---

[1] 故宫博物院编:《清宫海错图》,故宫出版社,2014,第200页。
[2] 故宫博物院编:《清宫海错图》,第221页。
[3] 故宫博物院编:《清宫海错图》,第202—203页。

清晚期郭柏苍的《海错百一录》对墨鱼的习性和生物学特征则有更为科学的记载："今海滨皆呼墨鱼，重不及斤，浑身白如硬玉，两须八足，皆聚于口，腹中有烟如墨。又有一黄如鸽卵者，曰：'墨鱼饵'，乃鳔也。一圆如鸽卵而差扁者，曰：'墨鱼蛋'，乃子囊也，剖之叠叠如螺蛸。遇他鱼则喷墨以迷之，渔者见沙圳水黑即举网。触网时亦施此技，不知其已在网中也。其墨可作字，逾时则迹灭。其骨雪白轻飘，形如小舟，入夜有光。……苍按，今海边上缊者煨之，辗转即腥臊矣。亦有作鲞以远市者，装载甚广。"[1]

随着海产品保鲜技术的成熟，乌贼海产品不仅在本地食用，也作为商品运销其他区域。如丁敬的《武林石刻记》也记载了一个小人物"乡都族姓缪氏"成为商贩在"闽海"贩卖墨鱼干的故事，[2] 可见清代中期墨鱼干作为水产货物已经非常畅销。梁章钜（1775—1849）的《浪迹三谈》卷五中记载："乌贼，即墨鱼，浙东滨海最尚此，腊以行远，其利尤重，其味亦较鲜食者为佳。"[3]（嘉庆）《太平县志》卷二载："乌鲗，俗名'墨鱼'，曝干，闽人竞市之，江右尤珍重，土人资以为利，以元夕阴晴卜多寡。"[4] 此外，《粤海关志》载进口货物中，"淡墨脯，每担收银六分六厘""咸墨鱼，每担收银三分三厘"[5]。晚清时期宁波、汕头口岸的出口土货以及江西九江口岸的进口土货中均有墨鱼。[6] 光绪年间，各口岸和关口对海产品征税，其中"墨鱼每百觔六钱六分七"[7]。

除上所述海洋专门志书外，清代中国沿海地方志中关于乌贼的记载更为详细和丰富。如（康熙）《漳浦县志》卷四记载了乌贼可以晒干及相关的文学作品。"浦人晒干，呼'明脯'。又有墨斗，似乌贼而小，能吐墨，用以作字，久辄脱去。唐试莺寄宋迁[8]诗云：'誓成乌鲗墨，人似楚山云'。"[9]（乾隆）《诸城县志》卷六

1　（清）郭柏苍辑：《海错百一录》卷二《记鱼》，清光绪丙戌年（1886）刻本，第13—14页。

2　（清）丁敬：《武林石刻记》（卷不详），清乾隆间汪氏求是写抄本耕烟草堂。

3　（清）梁章钜：《浪迹三谈》卷五《瓯江海味杂诗》，陈铁民点校，中华书局，1981，第493—494页。

4　（清）庆霖等修，（清）戚学标等纂：（嘉庆）《太平县志》卷二下《舆地志四》，《中国方志丛书·华中地方》第510号，第324页。

5　（清）梁廷枏：《粤海关志》卷一二《税则五》，《续修四库全书》第834册，第656页。

6　（清）薛福成：《出使日记续刻》卷五《光绪十八年闰六月》，《续修四库全书》第579册，第82、83、84页。

7　（清）端方：《大清光绪新法令》第四类《外交三》，清宣统上海商务印书馆刊本，第5页。

8　此原文似有误。另有文献载："宋迁《寄试莺》诗有云，'誓成乌鲗墨，人似楚山云'。"见（元）陶宗仪《说郛》卷八〇《谢氏诗源（阙名）》，《景印文渊阁四库全书》第880册，第446页。

9　（清）陈汝咸修，（清）林登虎纂：（康熙）《漳浦县志》卷四《风土志下》，《中国方志丛书·华南地方》第105号，第249—250页。

载：沐官岛"旁多巨石，钓者蹲焉，捕乌贼鱼者，取井水为炊，多杂舟于此矣"[1]。（乾隆）《象山县志》载："海鱼之多而美者鲫，塘鱼之最肥者乌贼。"[2]（光绪）《日照县志》卷三记载了乌贼的近亲："乌贼鱼，亦作'鰂'，或名'墨鱼'。骨名'海螵蛸'，入药。别一种，无骨无墨，名'脐鼓鱼'；又一种，形似革囊，口在腹下，八足聚生，腹有墨而脊无骨，名'八带鱼'。"[3]

随着时人对乌贼习性的认知，很多政论文章中都用"乌贼"来做一些隐喻性的指代。如宋代叶绍翁在《满潮都是贼》一文中记录了当时"有市井小人，以片纸摹印乌贼出没于潮，一钱一本以售。儿童且诵言云：'满潮都是贼，满潮都是贼'"[4]，以此来隐喻朝廷官员腐败。另外，清代王德茂在《青平贼影》一文中，以乌贼喷墨自保的特性来形容贼匪的愚蠢："今海中有鱼，名'乌贼'，潜处喷墨自蔽，遂罹网罟，同此以黜为愚之辙也。"[5]

三 "乌贼"药用与食用价值的开发

中国古代对乌贼资源的利用首先是在药用领域。三国时期，魏国吴普的《神农本草经》已经将"乌贼鱼骨"作为虫鱼中品药物与鳖甲、蟹、蛇鱼甲等并列。[6] 乌贼鱼骨"味咸微温"，其药用功能是"主女子漏下，赤白经汁，血闭，阴蚀，肿痛，寒热，症瘕，无子"[7]。对于乌贼的认知，书中记载：

名医曰：生东海，取无时。

案说文云：鰂、乌鰂，鱼名，或作鲫，左思赋，有乌贼。刘逵注云：乌贼鱼，腹中有墨。陶宏景云：此是鹍乌所化作，今其口脚具存，犹相似尔。[8]

---

1 （清）宫懋让修，（清）李文藻等纂：（乾隆）《诸城县志》卷六《山川考第三》，上海书店出版社编《中国地方志集成·山东府县志辑》第38册，上海书店出版社，1993，第63页。

2 （清）史鸣皋修，（清）姜炳璋等纂：（乾隆）《象山县志》卷三《地里志三》，《中国方志丛书·华中地方》第476号，第217页。

3 （清）陈懋修，（清）张庭诗纂：（光绪）《日照县志》卷三《食货志》，《中国方志丛书·华北地方》第366号，第137页。

4 （宋）叶绍翁：《四朝闻见录》戊集《满潮都是贼》，沈锡麟、冯惠民点校，中华书局，1989，第189页。

5 （清）王德茂：《青平贼影》，载（清）葛士浚辑《皇朝经世文续编》卷一〇一《刑政四》，清光绪二十七年（1901）上海久敬斋铅印本，第8页。

6 （三国魏）吴普等述，（清）孙星衍、孙冯翼辑：《神农本草经》卷二《中经》，科学技术文献出版社，1996，第53—54页。

7 （三国魏）吴普等述，（清）孙星衍、孙冯翼辑：《神农本草经》卷二《中经》，第81页。

8 （三国魏）吴普等述，（清）孙星衍、孙冯翼辑：《神农本草经》卷二《中经》，第81—82页。

晋朝葛洪所撰《肘后备急方》中，记载了不少有关乌贼骨的药方。如："老疟久不断者，常山三两、鳖甲一两、炙升麻一两、附子一两、乌贼骨一两，以酒六升渍之，小令近火，一宿成。服一合，比发可数作。"[1] "《外台秘要》治瘑风及二年，酢磨乌贼鱼骨，先布磨，肉赤即傅之。"[2] "《千金方》，治丈夫阴头痛，师所不能治。乌贼鱼骨末，粉傅之，良。"[3] "又方，治伤寒热，毒气攻眼，生白医。用乌贼鱼骨二两，不用大皮，杵末，入龙脑少许，更研令细，日三四度，取少许点之。"[4] "小品疗聤，耳出脓汁散方。矾石二两，烧黄连一两，乌贼鱼骨一两，三物为散。即如枣核大绵裹塞耳，日再易，更加龙骨。"[5] "《隐居效验方》，面黑令白，去黯方。乌贼鱼骨、细辛、栝蒌、干姜、椒各二两。五物切，以苦酒渍三日，以成炼牛髓二斤，煎之。苦酒气尽，药成，以粉面，丑人特异鲜好，神妙方。"[6] "以前诸药，固以大要岭南使用，仍开者，今复疏之，众药并成剂药。自常和合，贮此之备，最先于衣食耳。常山十四两，蜀漆、石膏一斤，阿胶七两，牡蛎、朱砂、大青各七两，鳖三枚，鲮鲤甲一斤，乌贼鱼骨、马蔺子一大升，蜀升麻十四两，槟榔五十枚，龙骨、赤石脂、羚羊角三枚，橘皮、独活，其不注两数者，各四两，用芒硝一升，良。"[7]

关于乌贼骨的其他疗效，与葛洪同时期的皇甫谧在《针灸甲乙经》中记载道："曰：病名曰'血枯'，此得之少年时，有所大夺血。若醉以入房，中气竭，肝伤，故使月事衰少不来也。治之以乌贼鱼骨、蔄茹二物，并合丸以雀卵，大如小豆，以五丸为后饭，饮以鲍鱼汁，以饮利肠中，及伤肝也。"[8] 正因为如此，最晚至唐代，盛产乌贼的宁波每年都需要向朝廷上贡"乌鲗骨"[9]。北宋元丰年间，宁波奉化上贡"乌鲗骨五斤"[10]。

宋元时期，各类医药著作中关于

---

[1] （晋）葛洪撰，（梁）陶弘景、（金）杨用道补：《肘后备急方》卷三，《景印文渊阁四库全书》第734册，第408页。

[2] （晋）葛洪撰，（梁）陶弘景、（金）杨用道补：《肘后备急方》卷三，第419页。

[3] （晋）葛洪撰，（梁）陶弘景、（金）杨用道补：《肘后备急方》卷五，第487页。

[4] （晋）葛洪撰，（梁）陶弘景、（金）杨用道补：《肘后备急方》卷六，第488页。

[5] （晋）葛洪撰，（梁）陶弘景、（金）杨用道补：《肘后备急方》卷六，第492页。

[6] （晋）葛洪撰，（梁）陶弘景、（金）杨用道补：《肘后备急方》卷六，第499页。

[7] （晋）葛洪撰，（梁）陶弘景、（金）杨用道补：《肘后备急方》卷八，第536页。

[8] （晋）皇甫谧撰，（宋）高保衡等校注：《针灸甲乙经》卷一一《动作失度内外伤发崩中瘀血呕血唾血第七》，《景印文渊阁四库全书》第733册，第695页。

[9] （唐）李吉甫：《元和郡县图志》卷二六《江南道二》，贺次君点校，中华书局，1983，第629页。

[10] （宋）王存：《元丰九域志》卷五《两浙路》，王文楚等点校，中华书局，1984，第213页。

"乌贼鱼骨"的药方数量明显增加。如宋代王衮的《博济方》卷三、[1] 宋徽宗敕编的《圣济总录纂要》卷十五、[2] 陈师文等的《太平惠民和剂局方》卷八、[3] 吴彦夔的《传信适用方》卷上、[4] 陈言的《三因极一病证方论》卷十八、[5] 唐慎微等的《证类本草》卷二十一（图4）、[6] 严用和的《济生方》卷六[7]中都有包含"乌贼鱼骨"的药方，从中可以看到乌贼鱼骨是作为主要药材用于治疗各种妇科疾病及皮肤病、肠道疾病等常见病。此后，金朝刘完素的《宣明方论》卷一[8]和元朝齐德之的《外科精义》卷下[9]也收录了大量包含"乌贼鱼骨"的药方。

---

[1] "食膏，治眼目昏花。井盐（五钱，无，以青盐代之）、诃子（一个，去核）、黄连（去须，五钱）、乌贼鱼骨（二钱半，去甲）、黄丹（三两，水飞）。右为细末，用好蜜一十两，熬去白沫滤净，入前药末于银铜器内，用文武火慢熬，用槐柳条搅成膏，紫色为度，用净瓷器盛贮于地内，埋一伏时，去其火毒，取出，每用豆大一块，温水化开，洗眼"。（宋）王衮编：《博济方》卷三《目疾》，《景印文渊阁四库全书》第738册，第144—145页。

[2] "神仙必效丸方，治便血无度。阿胶（二两）、当归（焙）、乌贼鱼骨（去甲），白芍药、刘寄奴（各一两），共为末，炼蜜和丸，如梧桐子大，空心米饮下三十丸，加至五十丸"。（宋）徽宗敕编，（清）程林删定：《圣济总录纂要》卷一五《大小便门》，《景印文渊阁四库全书》第739册，第312页。

[3] "神效胡粉丸，治肠胃虚滑，下利无度，赤白相杂，脐腹疗痛，里急后重，减食羸瘦，或经久未差，并宜服之。胡粉、乌鱼骨、阿胶（炒焦如珠子，四十两）、白矾（煅）、龙骨（洗，各八十两），右为末，以粟米饭为丸，如梧桐子大。每服二十九至三十丸，温粟米饮空心下"。（宋）陈师文等奉敕撰：《太平惠民和剂局方》卷六《治积热》，《景印文渊阁四库全书》第741册，第605页。

[4] "乌髭鬓方（程子正传），乌贼鱼骨、韶粉、黄丹、蛤粉、密陀僧（五味各等分研细），轻粉（少许）、石灰（少许）。右件药一处和匀，汤调稀稠，得所箆子，涂髭鬓上，用荷叶包贴。荷叶先于热汤内漂过，髭鬓亦须先净洗方可涂药"。（宋）吴彦夔：《传信适用方》卷上《治眼目耳鼻子》，《景印文渊阁四库全书》第741册，第774页。

[5] "硫黄散，治产后蓐劳阴脱。硫黄、乌贼鱼骨（各五钱），五味子（一分），为末糁患处"。（宋）陈言：《三因极一病证方论》卷一八《阴脱证治》，《景印文渊阁四库全书》第743册，第414—415页。

[6] "乌贼鱼骨，味咸，微温。无毒。主女子漏下赤白经汁，血闭，阴蚀肿痛，寒热，癥瘕，无子，惊气入腹，腹痛环脐，阴中寒肿，令人有子。又止疮多脓汁不燥。肉，味酸，平，主益气强志。生东海池泽。取无时"。（宋）唐慎微撰，（宋）曹孝忠校，（宋）寇宗奭衍义：《证类本草》卷二一《虫部中品总五十六种》，《景印文渊阁四库全书》第740册，第869页。

[7] "白垩丸，治妇人白带久而不止，面生䵟䵠，遶脐疼痛，腰膝冷痛，日渐虚困，产后白带，并宜服之。白垩（火煅）、禹余粮（煅，醋淬七次）、鳖甲（醋炙）、乌贼骨（醋炙）、当归（去芦酒浸）、鹊巢灰、干姜（炮）、紫石英（火煅，醋淬七次）、附子（炮，去皮脐）、金毛狗脊（燎去毛）、芎穷（各一两）、艾叶灰（半两）、鹿茸（燎去毛，切片，醋炙一两），右为细末，醋煮米糊为丸，如桐子大。每服七十丸，空心温酒米饮下"。（宋）严用和：《济生方》卷六《血气》，《景印文渊阁四库全书》第743册，第414—505页。

[8] "血枯证，主妇人经病。年少醉入房室，气竭肝伤，故经衰少不来。肝伤则血涸，脾胃相傅，大脱其血，目眩心烦，故月事不来也。乌鱼骨圆，主之治血涸、胸胁交满、妨饮食，变则闻腥膻之气，唾血，出清液，前后泄血。藘茹，乌贼鱼骨（各一两），右为末，雀卵不拘数，和成剂，圆如小豆大。每服五圆至十圆，煎饱鱼汤下，食后此，日三服，食压之妙矣"。（金）刘完素：《宣明方论》卷一《诸证门》，《景印文渊阁四库全书》第744册，第754—755页。

[9] "白龙散，主生肌止痛，及耳中卒然大痛。寒水石（四两烧，半白研）、乌贼鱼骨（研）滑石（已上各一两研），鹏砂（五钱），轻粉（一钱），右为细末，每用干掺。耳中痛者，油调如糊，滴纴于耳中，痛立止"。（元）齐德之：《外科精义》卷下《白龙散》，《景印文渊阁四库全书》第746册，第842页。

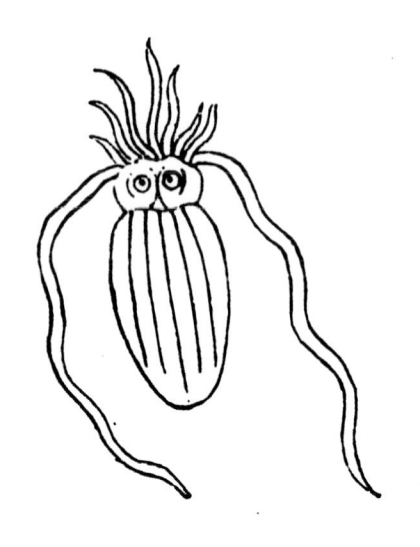

图 4 雷州乌贼鱼
［（宋）唐慎微撰，（宋）曹孝忠校，（宋）寇宗奭衍义：《证类本草》卷二一《虫部中品总五十六种》，第 869 页］

热汤泡洗，《杨氏家藏》。

痦眼流泪：乌贼鱼骨、牡蛎等分为末，糊丸皂子大，每用一丸，同猪肝一具，米泔煮熟食，《经验》。

底耳出脓：海螵蛸半钱、麝香一字为末，以绵杖缴净，吹入耳中，《澹寮方》。

鼻疮痦曆：乌贼鱼骨、白及各一钱，轻粉二字为末搽之，《钱乙小儿方》。

小儿脐疮：出血及脓，海螵蛸、胭脂为末，油调搽之，《圣惠方》。

头上生疮：海螵蛸、白胶香各二钱，轻粉五分为末，先以油润净乃搽末，二三次即愈，《卫生易简方》。

疬疡白驳：先以布拭赤，用乌贼骨磨三年酢涂之，《外台秘要》。

疔疮恶肿：先刺出血，以海螵蛸末掺之，其疔即出，《普济方》。[3]

明朝李时珍的《本草纲目》将乌贼的产地、不同部位药用效果、气味颜色都列举出来，对乌贼的各个成分入药配方和用药感受都有了相当详细的记录。例如："腹中墨【主治】血刺心痛，醋磨服之。"[1] "肉气味酸平，无毒，主治益气强志、益人、通月经。"[2] 同时，书中提及"海螵蛸"有 47 次之多，并对乌贼鱼骨和海螵蛸的用量有非常明确的记载。现摘录部分药方记录如下：

血风赤眼：女人多之，用乌贼鱼骨二钱、铜绿一钱为末，每用一钱，

从上述药方中看到，明朝时期乌贼鱼骨和海螵蛸这两味药材在内服煎熬和外敷研磨的药方中都有涉及，且有明确用药量记载。可见明朝李时珍编写《本草纲目》之前，乌贼在中医医药中已经得到很好的利用，乌贼的产量相较唐宋应当有一个很大提升。除医用价值外，《本草纲目》中还记载了乌贼鱼的日常食用与装饰价值："时珍曰：乌鲗无鳞有须，黑皮白肉，大

1　（明）李时珍：《本草纲目》卷四四《鳞之四》，《景印文渊阁四库全书》第 774 册，第 304 页。
2　（明）李时珍：《本草纲目》卷四四《鳞之四》，《景印文渊阁四库全书》第 774 册，第 303 页。
3　（明）李时珍：《本草纲目》卷四四《鳞之四》，《景印文渊阁四库全书》第 774 册，第 304 页。

者如蒲扇。炸熟以姜、醋食之，脆美。背骨名'海螵蛸'，形似樗蒲，子而长，两头尖，色白，脆如通草，重重有纹，以指甲可刮为末，人亦镂之为钿饰。"[1]

相比医药用价值，乌贼的食用开发也有非常悠久的历史。早在商周时期，用乌贼做的酱已被要求作为贡品献给周王。《逸周书》卷七载："请令以鱼支之鞞，乌鲗之酱，鲛瞂利剑为献。"[2] 汉唐以后，随着时人对乌贼认知的逐渐加深，其食用价值逐渐被开发出来。（绍定）《吴郡志》卷三十记载了隋朝大业六年（610）吴郡上贡的蜜蠏拥剑就是西晋左思《吴都赋》中所说的"乌贼"[3]。唐代以后，乌贼作为美味佳肴已经成为沿海饮食产品中的重要一员：

广州边海人，往往探得大者，率如蒲扇。煠熟以姜醋食之，极脆美。或入盐浑淹为干，搥如脯，亦美，吴中好食之。左思《吴都赋》曰："乌贼拥剑。"[4]

《周书》："伊尹为四方，今日'正东'，请令以鲗之酱为献。"其无骨者名'柔鱼'，又章举、石距相类而差大。[5]

宋元时期，大量诗词中有关于乌贼已成为沿海美味佳肴的诗句。明代，乌贼作为美味的海产品已经被人所熟知。如陈仁锡的《无梦园初集》载："鲜蹢、鲜淡菜掺鱼、墨鱼皆美时正盛。"[6]（崇祯）《闽书》卷一五一记载："陈时，天台智顗禅师请禁海际捕鱼沪，宣帝勑答曰：'此江既无乌贼珍味，宜依所请。'观此，见乌贼之味为食珍矣。"[7] 周履靖的《群物奇制》中记录了两种乌贼的做法："煎乌贼，研入酱，同煎，不出水，且味佳，或入蜜最妙""煮乌贼鱼，每十个洗净入水，一二盏煮熟，令有汁，半盏止取起，入蛤蜊酱，卤一茶瓯许拌匀，少时吃妙"[8]。

到了清代，乌贼已成为宁波地方的特产，并作为水产美食在地方志中有详细的记载。如刘斯枢的《程赋统会》卷一一记载，宁波的土产包括"土蚨、鲈鱼、墨鱼、淡菜、蚶子、紫菜、鲨鱼、江瑶

---

1 （明）李时珍：《本草纲目》卷四四《鳞之四》，《景印文渊阁四库全书》第774册，第302页。
2 （晋）孔晁注：《逸周书》卷七《王会解第五十九》，《景印文渊阁四库全书》第370册，第50页。
3 （宋）范成大：（绍定）《吴郡志》卷三〇《土产下》，《景印文渊阁四库全书》第485册，第224页。
4 （唐）刘恂：《岭表录异》卷上，载《景印文渊阁四库全书》第五八九册，第83页。
5 （宋）罗愿撰，（元）洪焱祖音释：《尔雅翼》卷二九《释鱼》，载《景印文渊阁四库全书》第222册，第491页。
6 （明）陈仁锡：《无梦园初集》江二《右二十四》，明崇祯六年张一鸣刻本，第44页。
7 （明）何乔远编撰：（崇祯）《闽书》卷一五一《南产志》，厦门大学古籍整理研究所、历史系古籍整理研究室《闽书》校点组校点，福建人民出版社，1995，第4484页。
8 （明）周履靖编：《群物奇制》"饮食"，明万历二十五年（1597）金陵荆山书林刻夷门广牍本，第11、22页。

柱、石首鱼"[1]等多种海味。(乾隆)《鄞县志》卷二八中提到:"墨鱼干,俗呼'螟脯鲞',螟脯或作'明府',以地名也,货于江右为盘钉上品。"[2] 1907年出版的《汉口·中央"支那"事情》中也提到"干肠及墨鱼,非常为此地所嗜好。其输入额,干蛏与墨鱼稍相等"[3]。可见,到清朝晚期,乌贼海产品已由沿海销往长江沿岸等内陆城市。这一时期,乌贼作为美味不仅是沿海居民的重要菜肴,也是不少内陆地区常用的补品。[4]

结　语

乌贼是中国沿海常见的海生生物,主要分布在中国黄海、东海和南海区域。早在商周时期,乌贼制品已经作为地方特色产品成为贡品。秦汉以后,乌贼的食用和药用价值得到开发和利用。此时,古人根据乌贼的特性对乌贼的来源做了多种猜测。宋元时期,乌贼的另一个名称"墨鱼",逐渐出现在各类文献中。随着乌贼捕捞产量的增加和产地范围的扩大,加上捕捞技术水平的提升和加工保鲜技术的成熟,乌贼制品不仅被沿海居民所普遍食用,也成为主要的中医药材之一。乌贼制品的普及使得古人对乌贼的关注更为普遍,"乌贼""墨鱼"及其衍生名称在古籍资料中的出现频率不断提高。明清时期,药方、食谱、诗词、小说、图画等多种形式文献记载,无不展示了乌贼与时人日常生活的紧密程度。这一时期,伴随保藏技术的提升和商品经济的发展,乌贼的消费市场逐渐扩展到长江沿岸的内陆地区。

乌贼,是中国沿海种群最多的海洋生物之一。在长期的开发利用当中,古人逐渐发现乌贼的各类特性,从早期的酱制食品到单一的"乌贼鱼骨"药材,从医学药用发展到日常食用,构成了乌贼在中国海洋捕捞发展史中的多维图像。乌贼在中国古代渔业历史中的名称变更,在医药史、食用史中的用途发展都反映出乌贼资源开发利用程度的变化。此外,乌贼捕捞和利用的历史活动,还从侧面展示出中国古代海洋捕捞与加工技术的进步,和海洋捕捞与海产品流通政策的变化。乌贼的发展史是在医药药方、饮食食谱、诗词文集、地方志书、笔记小说和图画文献中拼凑和推理出古人开发和利用海洋的一个侧影,从一个很小的视角去窥视中国海洋渔业发展宏大的历史画面。

1　(清)刘斯枢辑:《程赋统会》卷一一《浙江省》,《续修四库全书》第834册,第132页。

2　(清)钱维乔承修,(清)钱大昕总修:(乾隆)《鄞县志》卷二八《物产》,《续修四库全书》第706册,第652页。

3　(日)嘤求学社:《汉口·中央"支那"事情》,载曾兆祥主编《湖北近代经济贸易史料选辑(1840—1949)》第二辑,湖北省志贸易志编辑室,1984,第277页。

4　李玉尚、胡晴:《清代以来墨鱼资源的开发与运销》,《思想战线》2013年第4期。

四

地图研究

《大明混一图》绘制时间再探讨
——以明太祖"十四封王"为中心

■ 单 丽（上海中国航海博物馆）

《大明混一图》无疑是深受国内外地图史学界学者关注的一幅世界古舆图。相对而言，国外学者对《大明混一图》[1]的研究关注早于国内学者，但他们大多未能亲见原图，因而讨论未详。[2] 亲见此图的汪前进等人在研究过程先将部分满文地名译成汉文，后又汉译了所有长条满文注记；多数中国学者由于未见过《大明混一图》原貌，因此对该图的介绍多参自见过该图的汪前进、胡启松、刘若芳等人的研究，又因于此，相关研究更多只能舍图幅所载具体内容不言，[3] 而将关注点更

---

1 鉴于图幅巨大及其珍贵性，《大明混一图》一直珍藏于中国第一历史档案馆（以下简称"一档馆"），故而长期不为人知。20 世纪 80 年代，中国科学院自然科学史研究所邀请古地图收藏单位联合编纂《中国古代地图集》，其第二册"明代"卷于 1995 年出版，首图即影印缩版《大明混一图》全图，图 2 至图 5 分别为该图顺天府部分、山东部分、洞庭湖部分和黄河源部分，这是《大明混一图》首次正式对外公布。但《中国古代地图集》所刊影印图质量不高，研究价值稍欠；而一档馆所藏原图已朽，不宜再做公开展览，因此当时少有学者亲见其貌，诸多研究只能藉影印图进行。2000 年一档馆会同敦煌艺术研究院和浙江大学专家曾对《大明混一图》做过模绘。20 世纪末，李鹏委员长访问南非时将《中国古代地图集·明代》作为礼物赠送给南非国民议会议长金瓦拉，后者缘此索摹绘件一幅于 2002 年"南非国民议会千年项目地图展"展出，该图为仿真彩绘，保持了原图风貌，一经展出便引起了世界媒体的关注。2007 年，一档馆为上海中国航海博物馆提供了《大明混一图》复本，作为该馆最重要藏品之一置于航海历史馆内供观众鉴赏。除此之外，日本京都大学收藏此图摹绘件一份，另有一份摹绘件存档于一档馆。2019 年，上海中国航海博物馆对位于航海历史馆的《大明混一图》进行展陈改造，增设了在严谨研究基础上的电子展项；一档馆亦于 2021 年对《大明混一图》进行了展陈设计并对外展出复本。

2 汪前进等已经对前期德国、日本学者的研究情况进行过简单概括，兹不赘述，详见汪前进、胡启松、刘若芳《绢本彩绘大明混一图研究》，载曹婉如主编《中国古代地图集·明代》，文物出版社，1995。

3 地理标识等具体内容方面的研究鲜见，因此也就显得尤为珍贵。域外地名方面，杉山正明曾进行初步尝试；姚大力对《大明混一图》上之所以出现两个印度的原因进行了探讨，成为近年来《大明混一图》研究方面的力作。详见姚大力《〈大明混一图〉上的两个印度》，《复旦学报》（社会科学版）2020 年第 1 期。除此之外，单丽对《大明混一图》地理标识概况进行了初步解析，详见单丽《〈大明混一图〉地理标识解析》，载上海中国航海博物馆编《广域万象：人类航海的维度与面向》，上海古籍出版社，2020。

多集中于成图年代、来源、地图比例、性质与作者等外延信息方面。[1]

在《〈大明混一图〉绘制时间再探讨》一文中，刘若芳、汪前进列出了图上13个封国，分别为燕王府、鲁王府、齐王府、晋王府、周王府、卫王府、秦王府、蜀王府、楚王府、湘王府、潭王府、韩王府、豫王府，梳理出各封国建立于洪武三年（1370）至洪武十一年（1378）之间，并配合图中其他府县地名信息，得出《大明混一图》绘制时间是洪武二十二年六月至九月（1389年六月—1389年九月）之间的结论。[2] 在有关《大明混一图》的研究中，刘若芳、汪前进等人的研究因建立在细致观摩此图的基础上而相对更为扎实，其结论也更易被学界认同。

然而笔者仔细对照上海中国航海博物馆所藏《大明混一图》复本，发觉其封王贴签为14处，且与刘若芳、汪前进所列封国及所梳理封王时间并不尽相同，而对这一问题的厘清以及展现地图所呈现的复杂信息对于舆图文博展示与社教故事的精准讲述有重要意义。不仅如此，基于对相关信息的分析，可以发现学界长期以来所认同的《大明混一图》绘制于洪武二十二年六月到九月的说法，仍有进一步探讨的空间，这不仅涉及对该图地理信息的综合认知与特点总结，而且对于满文贴签舆图绘制时间、表现年代等相关问题的探讨也具有参考价值。

一 《大明混一图》上的"十四封王"

《大明混一图》原为汉文地图，清人贴满文贴签于原汉文地理标识上沿。随着少量满文贴签脱落，原汉文地理标识露出。[3]

---

[1] 汪前进、胡启松、刘若芳：《绢本彩绘大明混一图研究》，载曹婉如主编《中国古代地图集·明代》；刘若芳、汪前进：《〈大明混一图〉绘制时间再探讨》，《明史研究》2007年第10辑；李孝聪：《中国古地图的调查与地图学史领域的国际汉学交流》，载《国际汉学研究通讯》（第一期），中华书局，2010；刘迎胜主编：《〈大明混一图〉与〈混一疆理图〉研究——中古时代后期东亚的寰宇图与世界地理知识》，凤凰出版社，2010；朱鉴秋：《〈大明混一图〉与〈毛罗地图〉的比较研究》，载上海中国航海博物馆编《航海——文明之迹》，上海古籍出版社，2011；丁一：《"源流派分"与"河网密切"——中国地图中江南水系的两种绘法》，《中国历史地理论丛》2011年第3期；成一农：《"天下图"所反映的明代"天下观"——兼谈〈天下全舆总图〉的真伪》，载氏著《中国古代舆地图研究》，中国社会科学出版社，2018，第642—644页；林梅村：《观沧海：大航海时代诸文明的冲突与交流》，上海古籍出版社，2018；杨雨蕾：《〈混一疆理历代国都之图〉的图本性质和绘制目的》，《江海学刊》2019年第2期。

[2] 详见刘若芳、汪前进《〈大明混一图〉绘制时间再探讨》，《明史研究》2007年第10辑。在1995年刊印的曹婉如所编《中国古代地图集·明代》中，汪前进等人已列出了如上13个封国，但未梳理封国时间，见汪前进、胡启松、刘若芳《绢本彩绘大明混一图研究》一文。

[3] 至于该图形貌、尺寸等特征，汪前进等已详细介绍，不再赘述。

就上海中国航海博物馆所藏复本而言，[1] 图上共有 5076 个地理标识，其中满文地理标识为 4632 个，脱落满文贴签而显示原汉文地理标识的共计 384 个，另有不可辨识的标识 60 个。该图域内部分不仅有封王、府、县等层级分明的地理标识，也有各地山川甚至村、镇、堡、寨等标识，尤其在大明与周边接壤的边疆地带，画师会以长幅字条阐释该地的地理方位以及环境特点，使得该图地理信息极为丰富。[2] 图中满文贴签有两类，其中一类为白底红框，另一类无框白底。脱落满文贴签的汉文地理标识也可分为两类，一类是汉文直接落于图上、汉字周边无线框的地理标识，另一类是有红框粉底汉字贴签的地理标识。[3] 相关标识如图 1 所示。

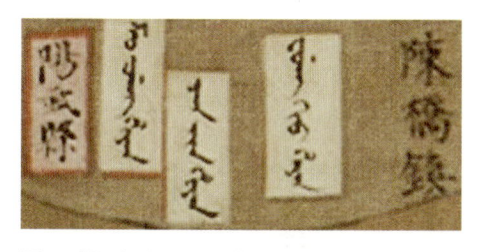

图 1 红框粉底汉文贴签、红框满文贴签、无框满文贴签、无框汉文地名示意图

就形状而言，地理标识的满文贴签形状主要有正方形（有大小之别）、矩形（又分为横条矩形和竖条矩形）和不规则圆形等。在域内中原地区，两都"皇都"（hūwang du，今江苏南京）、"中都"（jung du，今安徽凤阳）与十四封王以大正方形图示，其中十四封王的方形略小于两都的方形满文贴签。基本位置如图 2 所示。

从脱落的贴签来看，封王原图示为方形墨绿底，汉字应直接落于图面上，后清代贴满文贴签于其上。以上海中国航海博物馆所藏复本为例，此 14 处封王中有 11 处封王仍存满文地名，另 3 处封王贴签脱落显示出原绿底色（见图 3 和图 4）。笔者将图上封王所在的地名与《明史·地理志》中提名条目一一对照，如表 1 所示。

由表 1 可见，除贴签脱落的 3 处封王外，其余十一封王大致可以分为两类：一类是可按审音勘同法直接对照而出的封王贴签，共 9 处，为益都县处的"齐"，兖州府处的"鲁"，阳曲县处的"晋"，祥符县处的"周"，成都县处的"蜀"，南昌县处的"豫"，江夏县处的"楚"，长沙县处的"潭"，江陵县处的"湘"；另一类为无法直接对照的封王贴签，共 2 处，为安阳县处的 wei 和安陆州处的 han。

---

1 此处之所以指明为上海中国航海博物馆复本，是源于各版本因复制时间不同，满文贴签脱落情况亦不同。如上海中国航海博物馆版《大明混一图》中，江苏常信处已脱落满文贴签、露出原汉文字样，而 1995 年刊印的曹婉如所编《中国古代地图集·明代》中所刊山东局部图中的江苏常信处依然覆盖满文贴签。

2 地理标识介绍详见单丽《〈大明混一图〉地理标识解析》一文。

3 目前尚不清楚几种贴签的差别，笔者猜测此或许代表贴条顺序，即最初的汉文地理标识直接落字于纸上，后有部分汉文地理标识不知何故被写在粉底红框贴签上，最后则是所有地理标识全部贴上白底满文地名贴签。在此情况下，笔者并不能确定其中是否有些地名原图无而为后人所加。

336　地图研究

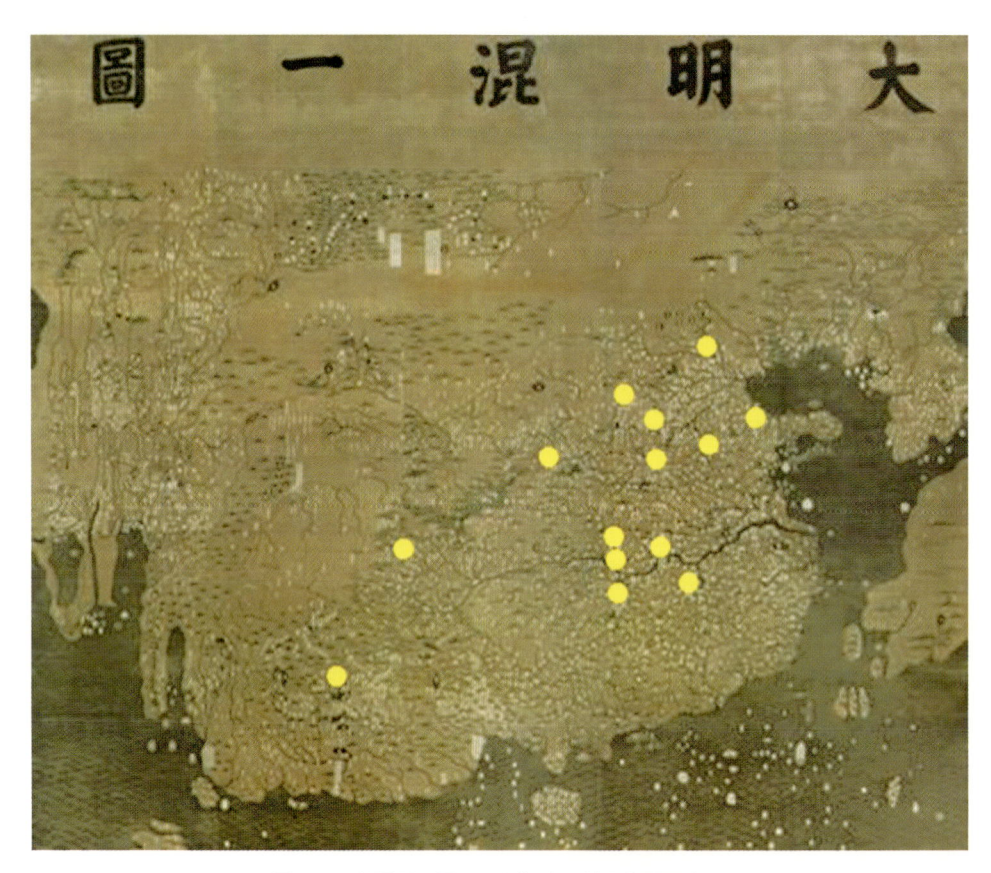

图 2　《大明混一图》两都与十四封王位置示意 1

王号 （满文转音）	封王对应图上封地 3	《明史·地理志》中相关地名条记载 4
jeo	河南省承宣布政使司所辖**开封府**府治**祥符**县	**祥符**，倚，洪武十一年正月建**周**王府

1　图中黄点为十四封王所在。

2　感谢复旦大学历史地理研究中心齐光老师完成相关满文汉译转写。

3　本栏加黑部分，意为图中该地有对应地名贴签。

4　庞乃明经细致考证后认为，洪武三年四月为齐王受封时间，而齐王府当始建于洪武十二年，建成于洪武十四年；洪武三年四月为鲁王受封时间，而鲁王府当建于洪武十三年至十四年或十八年之间；阳曲晋王府似为洪武四年始建，九年完成；开封周王府似建于洪武十三年；蜀王府始建于洪武十八年，建成于洪武二十三年；豫王朱桂受封之时为不足四岁幼娃，而别书亦不载豫王府，因此南昌当未兴建豫王府；楚王府当建于洪武四年至十四年之间；洪武三年四月为潭王受封时间，而潭王府当建于洪武十三年至洪武十八年之间；洪武十一年正月为湘王受封时间，而湘王府似建于洪武十八年。详见庞乃明《〈明史·地理志〉疑误考正》，社会科学文献出版社，2012，第82—83、76、95—96、112、177—178、217—218、239、270—271、260页。

续表

王号 (满文转音)	封王对应图上封地	《明史·地理志》中相关地名条记载
jin	山西省承宣布政使司所辖太原府府治阳曲县	阳曲，倚，洪武三年四月建晋王府于城外东北维
cu	湖广省承宣布政使司所辖武昌府府治江夏县	江夏，倚，洪武三年四月建楚王府于城内黄龙山
šu	四川布政使司所辖成都府府治成都县	成都，倚，洪武十一年建蜀王府
ioi	江西省承宣布政使司所辖南昌府府治南昌县	南昌，倚，洪武十一年建豫王府，二十五年改为代王，迁山西大同
wei	河南省承宣布政使司所辖彰德府府治安阳县	
ci	山东省承宣布政使司所辖青州府府治益都县	益都，倚，洪武三年四月建齐王府，永乐四年废
lu	山东承宣布政使司所辖兖州（附郭县为"滋阳"，图上未显）	滋阳，倚，洪武三年四月建鲁王府，元曰滋阳，洪武初省入州
han	湖广省承宣布政使司所辖安陆州	
tan	湖广省承宣布政使司所辖长沙府府治长沙县	长沙，倚，治西北，洪武三年四月建潭王府，二十三年除
siyang	湖广省承宣布政使司所辖荆州府府治江陵	江陵，倚，洪武十一年正月建湘王府，建文元年四月除
贴签脱落	北平承宣布政使司所辖北平府	顺天府，元大都路，直隶中书省。洪武元年八月改为北平府，十月属山东行省，二年三月改属北平，三年四月建燕王府
贴签脱落	陕西省承宣布政使司所辖西安府府治长安县	长安，倚。治西偏，洪武三年四月建秦王府
贴签脱落	云南省承宣布政使司所辖云南府府治	

如前所述，《〈大明混一图〉绘制时间再探讨》中将彰德府安阳县处封国贴签定为"卫"，并称建立于洪武三年四月，而《明史》卷四二《地理三》无论

是"彰德府"条还是其附郭县"安阳"条均不载与封王"wei"有关的内容，同时洪武三年四月明太祖首次所封的诸王中，亦并无卫王。考卫王受封时间，为洪武十一年，且于洪武二十五年（1392）改封。[1] 至于湖广安陆处，《〈大明混一图〉绘制时间再探讨》一文定为"韩"，并称设立于洪武三年四月，实际上，韩王并非受封于洪武三年，而是洪武二十四年（1391）；而《明史》卷四四《地理五》属德安府的"安陆"县条虽载有诸多亲王受封于安陆，但并无与《大明混一图》对应的"han"王。

其余3处脱落贴签的封王，按以上方法查勘可推知北平府附郭县宛平处汉文贴签为"燕"，陕西西安府附郭县长安处汉文贴签为"秦"。[2] 至此，十四封王中的十一封王贴签已可确认。

至于云南府处脱落满文贴签的封王，即是《〈大明混一图〉绘制时间再探讨》一文所遗漏的封王。考《明史》卷四六《地理七》云南"云南府"条载"云南府，元中庆路，洪武十五年正月改为云南府"；其附郭县"昆明"条载"昆明，倚，洪武二十六年，岷王府自陕西岷州迁于此。永乐二十二年迁岷王府于湖广武冈

州，建滕王府于此，宣德元年除"。按照之前已知十一王的勘考路径，云南府处缺失名条对应汉字似应为"岷"或是"滕"。但检视可考的十一王可知，十一王均为明太祖朱元璋所封诸子，其中有七王封于洪武三年，四王封于洪武十一年。按常理推测，一图所示封王应有一定之制，尚不至于杂乱无章；即便有个别例外，但亦应有合情合理的缘由。对比来看，滕王为成祖所封，受封于永乐二十二年（1424），与图中可考诸王均由太祖所封的情形相抵牾；而岷王虽由明太祖封于洪武二十四年，且于洪武二十六年（1393）就藩昆明，但与可考诸王多封于洪武三年和十一年的情形有异。以此来看，云南府处封王贴签尚需更细致的考察。

在封王贴签的考证中，"明太祖封王"成为关键词之一，这将笔者视线引向对明太祖封王的细致考察上。

二　明太祖的三次封王

关于明代封王建藩问题，自20世纪

---

[1] 《明史》卷二《太祖纪二》，中华书局，1974，第33页；《明史》卷三《太祖纪二》，第49页。

[2] 《明史》卷四〇《地理一》京师"顺天府"条载"顺天府，元大都路，直隶中书省，洪武元年八月改为北平府，十月属山东行省，二年三月改属北平，三年四月建燕王府"；《明史》卷四二《地理三》陕西西安府"长安"条载"长安，倚。治西偏。洪武三年四月建秦王府"。庞乃明考证认为燕王府并非建于三年四月，此时间乃为朱棣受封燕王时间，而燕王府则建于洪武四年至十二年之间；秦王府兴建不应早于洪武四年，至洪武十一年基本完工。详见庞乃明《〈明史·地理志〉疑误考正》，第25、131—132页。

80年代以来，学人或专注某一封王，或专注某一地域、朝代的封王情况，从政治、经济、社会等各方面加以分析。在相关论述中，有明一代总体分封情况多有被概括式提及，如《明代陕西宗藩与地方社会》一文的"明代亲王分封一览表"，梳理了自明太宗至明神宗所封诸王，其中包括亲王名称、封地、与皇帝关系、就藩时间等要素，[1] 在类似论述中可谓比较详尽的一类。但由于其关注点并不全在"明太祖封王"，自然不可能涉及太祖封王的方方面面，因此如亲王改封、亲王就藩年岁等细致之处会多有忽略，但此问题涉及《大明混一图》绘图时间年代等细致问题的探讨。鉴于此，笔者梳理明太祖封王具体情况，作为后续分析的基础。

明太祖一生育子可考者有26人，可谓子嗣众多。大明定鼎之初的洪武三年，太祖已育子10人，太祖认为"诸子之封，本待报赏功臣之后，然尊卑之分所宜早定"，[2] 于是于该年四月分封诸王，此后依诸子年龄又于洪武十一年、二十四年封王。除以上3次大规模封王外，太祖另有几次改封，如表2所示；至于太祖前两次封王建制的细节，详见表3。

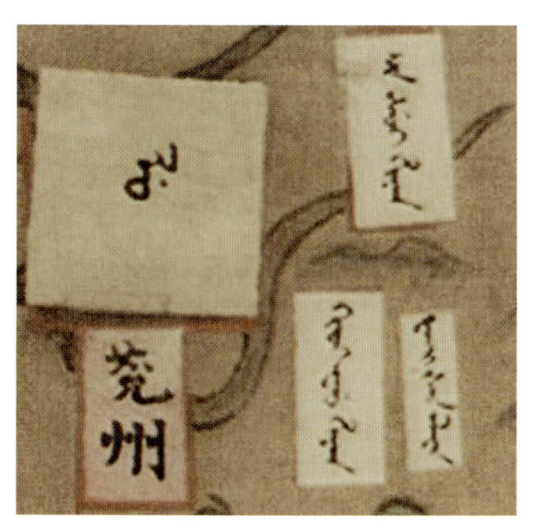

图3 满文贴签覆盖的兖州处封王

图4 满文贴签脱落的云南府处封王

---

[1] 王刚：《明代陕西宗藩与地方社会》，硕士学位论文，陕西师范大学，2013，第12—13页。

[2] 《明太祖实录》卷五十一"洪武三年夏四月乙丑"条，台北"中研院"史语所校印本，上海书店出版社，2015。本文所引《明实录》均为该版本，下文不再一一说明。

表2　明太祖三次封王[1]

封王年份	明太祖年龄（岁）	封王数量（个）	受封诸王	备注
洪武三年四月（1370年）	43	10	樉秦王，棡晋王，棣燕王，橚吴王，桢楚王，榑齐王，梓潭王，杞赵王，檀鲁王，从孙守谦靖江王	吴王橚于1378年改封周王
洪武十一年正月（1378年）	51	5	椿蜀王，柏湘王，桂豫王，楧汉王，植卫王，改封吴王，橚周王	豫王桂于1392年改封代王，汉王楧于1392年改封肃王，卫王植于1392年改封辽王
洪武二十四年四月（1391年）	64	10	㭎庆王，权宁王，楩岷王，橞谷王，松韩王，模潘王，楹安王，桱唐王，栋郢王，㰘伊王	

表3　明太祖1370年和1378年封王[2]

皇子序列	皇子	出生时间（年）	受封时间（年）	受封年龄（岁）	王号	改封情况	就藩时间（年）	就藩年龄（岁）	就藩地点
2	樉	1356	1370	14	秦		1378	22	西安
3	棡	1358	1370	12	晋		1378	20	太原
4	棣	1360	1370	10	燕		1380	20	北平
5	橚	1361	1370	9	吴	1378年改封周王	1381	20	开封
6	桢	1364	1370	6	楚		1381	17	武昌
7	榑	1364	1370	6	齐		1382	18	青州
8	梓	1369	1370	1	潭		1385	16	长沙
9	杞	1369	1370	1	赵	1371年早殇			
10	檀	1370	1370	约1	鲁		1385	15	兖州

1　参见《明史》卷二《太祖纪二》，第24、33页；《明史》卷三《太祖纪二》，第48、49页。

2　1370年封王传记见《明史》卷一一六，第3560—3575页；诸王出生时间见《明太祖实录》卷四"丙申年十一月丁亥"条、卷六"戊戌年十一月壬子"条、卷八"庚子夏四月癸酉"、卷九"辛丑年秋七月丁巳"条、卷一四"甲辰年三月丁卯"条、卷一五"甲辰年十一月戊子"条、卷四五"洪武二年九月丁酉"条、卷四九"洪武三年二月丁丑"条。皇九子洪武三年殇，见《明太祖实录》卷五九。1378年受封诸王出生时间见《明太祖实录》卷六二"洪武四年三月壬寅"条、卷六七"洪武四年秋七月癸未"条、卷九一"洪武七年秋七月辛巳"、卷一〇八"洪武九年八月戊寅"条、卷一一一"洪武十年春正月癸亥"；此次受封诸王就藩时间，参见《明史》卷一一七，第3579—3587页。

续表

皇子序列	皇子	出生时间（年）	受封时间（岁）	受封年龄（岁）	王号	改封情况	就藩时间（年）	就藩年龄（岁）	就藩地点
	守谦	1361	1370	9	靖江		1376	15	桂林
11	椿	1371	1378	7	蜀		1390	19	成都
12	柏	1371	1378	7	湘		1385	14	江陵
13	桂	1374	1378	4	豫	1392年改封代王	1392	18	大同
14	楧	1376	1378	2	汉	1392年改封肃王	1395	19	甘州
15	植	1377	1378	1	卫	1392年改封辽王	1393	16	广宁

梳理可见，1370年首次受封十王中，9人为皇子，另有1人为太祖长兄南昌王之孙、南昌王次子文正之子靖江王守谦。[1] 除早殇的皇九子赵王及明太祖从孙守谦外，首次受封的其余诸王均体现在《大明混一图》中，史料信息可与图中8位封王位置一一对应。此次封王已遍及明太祖当时所有皇子，并按长幼依次受封，但诸王受封后并非即刻之国，而是及至成年后次序就藩。

在1378年受封诸王中，皇十三子、十四子、十五子虽初封于该年，但由于种种原因均于1392年改封，其中豫王桂改封代王后就藩大同、汉王楧改封肃王后就藩甘州、卫王植改封辽王后就藩广宁。另外《明史·地理志》虽明确记载了豫王封地建府处为江西南昌，[2] 然而并未指出汉王、卫王的封王建府之地。

如前所述，除云南府处缺失的封王贴签外，《大明混一图》中难匹配的另两处封王贴签，一为湖广安陆州的"han"，一为河南彰德府安阳的"wei"，恰好为皇十四子、十五子改封前的王号，即汉王和卫王，且其初次受封时间为洪武十一年，此状况亦与图中其他诸王皆为太祖第一、第二次所封皇子的情况相符合。就"wei"来说，太祖三次所封诸王中，除卫王外，并无其他与之读音对应的封王，由此来看，《大明混一图》河南彰德府安阳县处贴签应为"卫"。然而值得注意的是，在太祖第三次封王中，曾封二十子松为韩王，与"han"拼音亦对应，《〈大明混一图〉绘制时间再探讨》遂定其为"韩"，但仔细分析，《大明混一图》湖广安陆处

---

[1] 守谦父嫡罪，因此守谦自四岁始即养育宫中，并于1370年与其他皇子一同受封。

[2] 庞乃明认为，豫王朱桂受封时为不足四岁幼娃，而别书也不载豫王府，因此推测南昌当未兴建豫王府。见庞乃明《〈明史·地理志〉疑误考正》，第217—218页。实际上据《明史》卷一一七《列传第五·诸王二》载豫王在洪武二十五年改封代，是年就藩大同，之前似并未之国南昌。另《明太祖实录》卷一九九载"诏豫王桂驻汴梁时，周王徙居云南，因命豫王居其旧府，寻诏还，命周王长子有燉监国"。周王徙云南时为洪武二十二年，由此来看，豫王曾于洪武二十二年短期驻周王府监国。

贴签为"韩"的可能性不大。[1] 明太祖第二十子韩王松于洪武二十四年封国开原，但其一生并未之国，其子于永乐二十二年改封平凉，因此《明史》卷四二《地理三》平凉府"平凉县"条载："平凉，倚。洪武二十四年建安王府，永乐十五年除。二十二年，韩王府自辽东开源迁此。"由此来看，韩王初封、改封之地都与湖广安陆州无关，因此湖广安陆州处汉文贴签应为"汉"，而不能是"韩"。

至于《明史·地理志》不载汉王、卫王封地的原因，当是由于此两王初封时年幼，受封之时并未之国，仍按惯例先养育宫中，封王之地亦未建立相应王府，因此史书不记其地封王建府之事；及至两王成年，则又因改封，使得原封王未能落地，因此史书终不载当初封王之地，后人亦难考两王当初封地，而这恰是《大明混一图》补足正史记载疏漏的价值所在。

明太祖第三次封王为第十六皇子至第二十五皇子。第二十六皇子楠出生于洪武二十六年，逾月即殇，未及受封。第三次所封诸王中，第十六至第十九皇子于洪武年间就藩；第二十皇子韩王松于永乐五年（1407）薨，未之国；其后皇子均于永乐六年就藩。

通观太祖3次封王，洪武年间就藩的皇子有17人，远多于《大明混一图》中的14块封王贴签，因此，图中体现的并非洪武年间就藩的亲王分布情况，而是亲王受封情况，并尤其倾向于展示前两次封王的初况。

至此，《大明混一图》14处封王中的13处封王汉文贴签已确定，唯剩云南府处封王贴签难以对应。鉴于图中其他封王均为太祖所封，笔者初步推测此处贴签应与此类相同。考太祖所封诸王，其第十八子岷王梗在洪武二十四年封国岷州，[2] 洪武二十六年至建文元年（1399）改镇抚云南，就藩时年龄为18岁，《明史》卷四六《地理七》"云南"条亦载岷王府自陕西岷州迁于此。[3] 但问题在于，除该封王外，其余封王皆为太祖三次封王中的前两次所封，体现的是洪武中早期的封王情况，而岷王为太祖第三次封王时所封，亦非此次受封时年龄最大或就藩最早的皇子，[4] 鉴于该次其他封王皆未在图中标示的考量，此处为"岷"似有悖地图标绘王府位置的规则。

在太祖前两次的封王中，与云南有关的封王还有周王。康熙《云南府志》卷

---

[1] 《明史》卷一一八，第3604—3605页。

[2] 《明史》卷一一八，第3602页。康熙《云南府志》卷五《沿革》载云南平定于洪武十四年，洪武十五年始置云南布政司都司及各府州县。而之所以迁岷王于此，《明史》载是考虑到云南为新平之地，故宜遣亲王镇抚。

[3] 康熙《云南府志》卷五《沿革》与《明史》卷四六《地理七》载迁入时间为洪武二十六年，但《明史》卷一一八《列传第六·诸王三》记为洪武二十八年，此处采二十六年之说。

[4] 此次封王年龄最大的皇子为第十六皇子庆王栴，受封后第三年即之国宁夏，从未到过云南，因此不可能为"庆"。

五《沿革》载，因周王弃国私自之其原居地凤阳，太祖怒，并于洪武二十二年六月命迁周王于云南，故有"囚周王"之说。不过周王仅短期囚禁于此，该志同卷载"寻遣复国"，周王似在当年便得以解禁。结合前文提及周王就藩河南开封并体现于《大明混一图》对应位置的情况来看，图中云南府治处贴签基本不可能为"周"。

反考太祖前两次封王，前两次共封 15 位皇子为王，其中早殇 1 人，即两次封王中共有 14 位皇子得封并成王。在这 14 位王中，除已体现在《大明混一图》中的 13 位王外，另有一人并非太祖之子，而是太祖从孙靖江王守谦。《明史》卷四五《地理六》广西桂林府"临桂"条载"临桂，倚，洪武三年七月建靖江王府于独秀峰前"。[1] 然而怪异之处在于，《大明混一图》中桂林府附郭临桂县处并无对应封王方签。此情形有两种解释：其一是靖江王虽自幼养育宫中并同诸王子一同受封，但定成图之制的相关人员依然认为位有尊卑，[2] 因此靖南王不能与其他同封皇子一并体现在《大明混一图》中，故图中不表；其二是靖南王亦体现在图中，但封王条块置于别处。考靖江王生平，靖江王初封地为桂林，于洪武三年受封后由于年小并未马上就藩，而是"及长"后才之国，后由于粤人怨咨被太祖训诫不服而"作诗怨望"，遂被贬为庶人并被召回居于凤阳 7 年，之后靖江王复爵位并徙镇云南，但又因"爆横如故"被召回居于凤阳，最终卒于洪武二十五年。[3] 从相关记载来看，靖江王就藩桂林的时间并不长，而从《大明混一图》中其余十三王皆来自前两次封王的情况来看，该图应绘制于明太祖前两次封王之后，考虑到图中亦绘有置于洪武十五年的云南承宣布政使司，则该图应绘于洪武十五年之后，如此，则靖江王徙镇云南之时与《大明混一图》所表现分封年代极为吻合，[4] 在此情况下，制图之人将靖江王当时的徙封地而非原封地画于图纸上是合情合理之举。然而问题在于，靖江王徙镇云南地为大理府，[5] 与《大明混一图》中封王条块位于云南府处的情况相抵牾。

综合上文对洪武时期分封在云南的诸王来看，岷王和靖江王的可能性不大。分析至此，《大明混一图》十四封王的考证

---

1 据庞乃明考证，靖江王府应建于洪武五年（1372 年），见庞乃明《〈明史·地理志〉疑误考正》，第 382 页。

2 靖江王虽同诸皇子一并受封，但其"禄视郡王，官属亲王之半"，可见跟诸王依然有差别。见《明史》卷一一八，第 3613 页。

3 《明史》卷一一八，第 3613 页。

4 据郭晓航考证，靖江王徙镇云南时间大约在洪武十九年（1386）到洪武二十年这段时间，详见郭晓航《元明时期云南的出镇藩王与镇守中官》，博士学位论文，复旦大学，2009，第 94 页。

5 故有徙镇时靖江王在跟"百夷"交涉时"以大理印行令旨"之举而招罪，详见《明太祖实录》卷一八二"洪武二十年五月庚申"条。

不得不遗憾地暂告一段落，留待日后更多相关史料的发现。

三 关于绘制时间的讨论

中国传统舆图地理信息的叠加复杂性，使得舆图绘制年代判定成为一项十分具有挑战性的工作，并涉及舆图作伪问题，李孝聪、成一农等是较早注意到相关问题的学者。在《欧洲收藏部分中文古地图叙录》的前言部分，李孝聪指出大多数明清舆图没有编绘年代，因此只能依据图面内容进行判识，并总结出四种非常实用的判识方法，即"利用不同时代中国地方行政建置的变化"[1]"利用中国封建社会盛行的避讳制度""依靠历史地理学知识""借助国外图书馆藏品的原始入藏登录日期"来推测成图的时间下限。[2]在此基础上，成一农对舆图绘制时间和表现时间加以区分，并指出由于中国传统舆图的表现时间并无严格的时间节点要求，因此图面有很多互相矛盾的地理要素；而《大明舆地图》等舆图的绘制时间则因古人依各自不同使用需要而对前图改绘、摹绘等，使得时间辨别更为复杂，这也进一步触及古地图的真伪问题。[3]除此之外，孙靖国在《江防海防图》的个案研究中也提及舆图表现年代的复杂性，并指出在判断地图年代时，一定要考虑到地理信息的复杂性和层累可能，不能只依据图上的部分地理信息而遽下定论。[4]以上研究在为《大明混一图》绘制时间等问题的解决提供常规理论指导的同时，也提示了了解舆图自身绘制特点对推进个案研究的重要意义。

关于《大明混一图》的绘制时间，刘若芳、汪前进等人认为是洪武二十二年六月至九月（1389年6月—1389年9月），其结论的得出，是建立在对图中"所有中国地名"[5] 建置年代进行梳理的

---

[1] 在对传统舆图绘制年代的考察中，学界多以图中地名建置沿革作为成图时间的判断标准。具体而言有两种路径，其一，是以图中最后建置的地名采用时间作为绘图时间上限，即某地名出现，意味着该图绘于该地名采用时间之后；其二，是以某地未出现在地图上作为绘图时间下限，即某地相应名称未出现，意味着该图绘于该地名采用时间之前。显然，前一路径是毋庸置疑的，而后一路径则值得推敲。这是因为某实际采用地名未能体现在图中有多种可能，或是出于绘图之人疏忽、资料未能搜罗完整或及时更新等主观原因；或是出于成图要求即为体现某一时期区划沿革状况等客观需求。一图的绘制时间肯定要晚于其所采用的政区沿革资料的时间，其中间间隔，受成图难易程度以及绘图者工作效率等多方面的影响。严格来说，政区舆图所体现的，是该图绘制时所采用的政区沿革资料的时间，而非绘制时间。两者的间隔导致一种可能，即绘制之时某地名可能已经实际采用，但并未纳入成图资料范围之内，也就并不能呈现在图中。

[2] 李孝聪：《欧洲收藏部分中文古地图叙录·前言》，国际文化出版公司，1996，第41页。

[3] 成一农：《中国传统舆图绘制年代的判定以及伪本的辨别》，载氏著《中国古代舆地图研究》，第561—564页。

[4] 孙靖国：《〈江防海防图〉再释——兼论中国传统舆图所承载地理信息的复杂性》，《首都师范大学学报》（社会科学版）2020年第6期。

[5] 刘若芳、汪前进：《〈大明混一图〉绘制时间再探讨》，《明史研究》2007年第10辑。

基础上，其前后时间节点，取于四川广元县与龙州建置时间：四川广元县于洪武二十二年（1389）六月降州为县，而《大明混一图》中标绘广元县，说明该图绘制于洪武二十二年六月之后；龙州在洪武二十二年九月改名为龙州军民千户所，而《大明混一图》中标绘龙州并未改为龙州军民千户所，说明该图绘制于洪武二十二年九月之前。

刘若芳、汪前进对《大明混一图》的分析详细至所有府县卫所，论基可谓扎实。显然，两位的论述是在默认绘图之时所有政区变化均能及时如实反映到绘图基础资料并体现到图中，且其后世的满文贴签对原贴签完全没有变更的双重前提下进行的。然而就《大明混一图》来说，情况可能未必如此。如陕西邻接乌司藏地区有"松潘属四川"汉文字条，而其毗邻覆盖满文贴签的字条直译均为"某州，四川省辖地"[1] 样式，显然，相关字条下的原汉文字条应为与"松潘属四川"类似的"某州属四川"，这说明后世满文贴签仅能保持原意不改，但不能保证逐字对应。如若说，这种个别字词的变化并未对此类阐释性词句产生影响，那么在内地县名的满文贴签中，州、县的讹用则会产生很大影响，而据《大明混一图》中脱落满文贴签的汉文地名来看，有诸多县并未将县级体现出来，如河北卢龙县，图中仅标"卢龙"。

除此之外，在满文贴签贴覆的过程中，部分县存在把原字误看成另一类似字，而导致满文转音出现讹误的情况。如原山西"中部县"被看成"中都县"，因之翻译成相应的满文地名贴签；同样，河南"柘城县"被满译成"石城县"，而"澳水"被满译成"渭水"。在此情况下，很难保证后贴的满文贴签都能完全准确。

因此，如若广元县满文贴签下的汉文确为"广元县"，那么笔者认同汪前进等学者对《大明混一图》呈现时间上限的判定及其标准，但对其呈现时间下限的判定标准则略有异议。首先，勿论世界地图，仅就一幅全国政区舆图来说，由于明代疆域幅员辽阔，绘图之人不一定对全国区划有精准的掌握，尤其是涉及数以千计的县、所等较为基层的设置，其中有类似于将"龙州军民千户所"省略为"龙州"这样的个别错讹遗漏在或难免。其次，就绘图目的来说，如若绘图目的是了解绘图之时的地理状况，自然会严格要求将邻接绘图之时出现的区划变化准确反映到图中，但即便如此，有个别错漏亦属正常。然而问题在于，目前我们对《大明混一图》绘图目的及体例并未有足够的了解，因此不能断定其是否将实时展现绘图之时的地理状况为任务。就图中县级地名来说，不同区域资料来源的时间节点可能差别迥异，如图中河北宣府三卫地区有数处原汉文地名——威宁、顺圣、宣平、定安等，基本体现的是元代区划设置，很有可

---

[1] 如"雅州，四川省辖地"。

能此处的资料源自元代旧图；对比《大明混一图》中四川"广元县"和山东"胶水县"满文贴签，广元县是于洪武二十二年六月由广元州撤降并合绵谷县而来，假定其原汉文字条确无县、州讹误使用，那么广元地区采用的是洪武二十二年六月之后的资料，但山东胶水县在洪武二十二年正月即已升为平度州，可见胶水县采用的仍是洪武二十二年正月之前的政区资料。从以上例证可以看出，《大明混一图》并未对资料时间有严格统一的要求。再次，就《大明混一图》来说，图中仅有甘肃地区岷州卫千户所、河州卫千户所等3处有关千户所的标绘，可见《大明混一图》并不将卫所作为标绘重点，因此没有体现出龙州军民千户所亦可能出于此因。除此之外，即便在档案史料中，以通称或俗称指代当时约定俗成的地域并不鲜见，如清宫档案中有安庆省、西安省等称谓，而其并不属于清十八省范畴。[1] 但毫无疑问，当时人是明了这种称谓的具体指代的，因此，并不能排除以龙州指代"龙州卫军民千户所"的可能。以上分析证明，在无法明晰政区舆图中县级地名的基本资料来源及绘图特点的前提下，仅以一地的沿革变化未精准体现在图中作为绘制时间下限尚略为冒险。

分析可见，与常规舆图相比，有满文贴签的大型汉文舆图往往因翻译过程叠加的错漏等问题而使情况更趋复杂：一是满、汉往往不能逐字对应，这会增加以县、州升降等行政建制变迁作为绘制时间判别标准实施的难度；二是由于内容庞杂的全国性舆图上数以千计的地名，难免会使得那些了解国家地理情况的绘图人员和翻译人员对地名误译和误写，而这又进一步增加绘制时间判定的难度。可见，满文贴签舆图的研究更需根据每幅舆图特点来选择针对性的研究方法。

就《大明混一图》而言，相较于数以千计的府县卫所，显然，十四封王无论从数量还是从因地位而导致的重视程度上来看，主观作伪的可能性不大，[2] 客观出错的可能性亦极低。若将观察对象转移到屈指可数的封王上来，将封王时间作为绘制时间的判断标准则似乎相对稳妥。

从前文有关汉王、卫王的考证分析来看，由于其年幼并未之国以及成年后洪武二十五年三月的改封，《明史·地理志》等相关史料更多记载其改封后的王府建造地，而不载其初封地，使得后人已难考其初封地在何处，而这一点，则在《大明混一图》中得以呈现。由此来看，绘图之人或督导绘图之人应是极其熟悉洪武初年封王情况，为当时人绘当时图，且希望准确呈现绘图之时的封王实况。由此来看，该图应绘制于洪武二十五年三月之前，否则以当时人绘当时图的前提来看，

---

[1] 侯杨方：《清代十八省的形成》，《中国历史地理论丛》2010年第3期。

[2] 成一农提及清廷藏图机构所藏舆图基本不存在真伪问题。见成一农《中国传统舆图绘制年代的判定以及伪本的辨别》，第569页。

汉王、卫王的王号应不会出现在图中，而应将改封后的肃、辽两号标绘在图中的甘州和广宁。

进一步从《大明混一图》中封王分布来看，显然，该图所想要表现的，应是太祖前两次的封王成果。按太祖秉性，如若该图绘制时第三次封王已经完成，理应一同体现在《大明混一图》中，似无理由不以更多封王来展现太祖时盛况。由此来看，该图绘制时间可进一步提前至尚未进行第三次封王的洪武二十四年四月之前。

在太祖前两次的封王中，还有一王值得注意，即潭王。潭王受封于洪武三年。洪武二十三年四月，受胡惟庸案牵连与妃自焚，潭王无子，至此国除。[1] 对比《大明混一图》中潭王贴签依然对应于长沙的情况来看，该图应该绘于洪武二十三年四月之前。[2]

如前所述，笔者赞同刘若芳、汪前进提出的《大明混一图》呈现时间的上限，即洪武二十二年六月的观点，当然其前提是"广元县"满文贴签下的汉文确为"广元县"；不过结合笔者的研究，《大明混一图》呈现时间的下限，当为洪武二十三年四月，由此该图的呈现时间应为洪武二十二年六月至洪武二十三年四月之间。

《大明混一图》绘制时间的探讨再次展示出，舆图绘制或成图时间与其所采用的政区沿革资料时间是两个概念——前者涉及成图下限，指一图最终完成的时间，而后者大致相当于图所表现的建置年代；[3] 表现年代与绘制时间往往大相径庭，而以某地未呈现在图中作为绘图时间下限的判断标准略为冒险。除此之外，在舆图绘制中，绘图之人力图表现的年代与舆图客观上呈现的表现年代往往并非同一概念。正如在《大明混一图》中，从封国图层可管窥绘图之人力图表现的是太祖前两次封王之时的建置情况，对于布政使司的标注亦基本支持这一观点。但由于中原地区幅员辽阔，图中对府级尤其是县级政区的标注所展现的表现年代并不能满足这一诉求，因此会出现早设置的地名未能体现在图中，而晚设置的地名跃然纸上的混乱情况。[4] 这也是李孝聪先生提及有时"虽能判断成图的时间，却不能说图面表

---

[1] 《明太祖实录》卷二〇一与《明史》卷一一六《列传第四·诸王一》对此有载。亲王就藩薨后，一般由其长子接替原爵位监国，依此延续，是以王府可存续很长时间。

[2] 当然，笔者不排除绘图者会为展示前两次完整的封王成果而将已除国的潭王府标于《大明混一图》之上的可能。但考虑到潭王无子，后继无人，如此标绘的可能性并不大。

[3] 关于此差异，汪前进等已经指出，但遗憾的是在实际使用中并未严格加以区分。

[4] 正如《大明混一图》中有洪武二十二年六月降州为县的广元县，但无洪武二十二年正月由胶水县改成的平度州的原因。具体到《大明混一图》绘制时间下限的判断，笔者之所以试图以封国地名出现与否来推断，乃是基于从汉王、卫王标绘情况所判断出的该图为当时人绘当时图的前提，这就意味着绘图时间跟采用政区沿革资料的时间间隔基本衔接，二者差别甚微。

现的是哪个时期的行政建置"的原因。[1]

小　结

《大明混一图》中的封王贴签共计14处，除云南府处封王不可考外，其余皆可与《明史·地理志》的相关记载相印证和补充；其中湖广安陆州处贴签为"汉"，代表受封于洪武十一年的汉王，而非受封于洪武二十四年的韩王。统观封王情况可知，《大明混一图》为当时人绘当时图，体现的主要是明太祖前两次封王的成果，其中既包括实际就藩的亲王，也包括虽受封但因年幼尚养育宫中而未就藩的亲王，即成图之时的封王情况。因此，就中原地区来说，《大明混一图》所力图展现的是封王时期的建置状况，而封王情况已完全等同于绘图之时的动态截图；但由于舆图绘制对地方建置并无严格统一的时间节点要求，因此整图的表现年代并不一致。以上情况的精准展示与社教故事讲述，有利于公众更好地理解中国传统舆图的复杂性及趣味性。

结合图中封王情况以及四川广元县的建置来推断，《大明混一图》似应绘制于洪武二十二年六月至洪武二十三年四月之间。前辈学人所总结的舆图绘制时间所经常使用的判别方法，为相关问题的解决提供了常规理论指导，但满文贴签类型舆图绘制时间的判定，比常规传统舆图更为复杂。因此在严格区分舆图力图表现的年代、客观展现年代以及绘制时间三个完全不同概念的基础上，充分了解舆图的绘制特点并选择恰当的地标图层进行时点判断，这是得出严谨结论的首要前提，也是推进舆图绘制特点等个案研究的重要意义。

附记

本文得到汪前进、成一农等各位前辈的悉心指导，谨致谢忱！

---

[1] 引自2015年6月1日李孝聪先生在四川大学"中国古代舆图的编绘、类型、收藏和研究利用"讲座内容。

明清时期政区图的测绘技术及其近代转型研究*

■ 成一农（云南大学历史与档案学院）

从中国古地图作为专门研究领域在民国初年诞生之始，对中国地图近代转型的研究基本讨论的就是地图测绘技术的转型。如陶懋立的《中国地图学发明之原始及改良进步之次序》[1] 一文将中国古代的地图学史分为三期，在"第三期，从明末至现世为欧洲地理学传入之时代"中，作者重点介绍了明代万历之后传教士所绘以及基于传教士传入的技术绘制的地图，如陈伦炯的《海国闻见录》、魏源的《海国图志》、李兆洛的《历代沿革图》和胡林翼的《大清一统舆图》，由此强调的就是近代地图测绘技术的引入及其导致的中国地图测绘技术的进步。又如褚绍唐的《中国地图史考》[2]，将中国古代地图的演进分为三期，其中后两期分别为：完成时期，时间是康熙四十七年之后，主要成就是《皇舆全览图》的绘制以及受其影响的一系列地图，如《皇朝中外一统舆地图》等；改造时期，时间是自《皇舆全览图》之后直至该文的撰写时期，提出地图绘制的进步表现在多个方面，而质的变化则是民国二十二年（1933）申报馆丁文江、翁文灏、曾世英编的《中国分省新图》的出版。大致而言，两者虽然可能并未有意对地图的转型进行论述，但在叙述明清以来中国地图的发展时，主要论及的都是测绘技术和印刷出版技术的进步，也即暗示着中国地图的近代化实际上就是地图测绘技术的近代化。中国地图学史研究的奠基者王庸在其名著《中国地图史纲》的第十一章"近代中国地图的测绘"中对近代进行的各种测绘活动以及绘制的地图进行了简要的叙述，

---

* 本文为国家社科基金中国历史研究院重大历史问题研究专项2022年度重大招标项目"中国古代边疆治理的实践及得失研究"（22VLS010）成果。

1 陶懋立：《中国地图学发明之原始及改良进步之次序》，《地学杂志》1911年第2卷第11、12号。

2 褚绍唐：《中国地图史考》，《地学季刊》第1卷第4期，上海大东书局，1934。

因此有意无意强调的也是测绘技术的转型。[1] 此后，中国地图近代转型的研究基本遵循了这一视角，只是在细节上更为丰富。

可能由于近代以来地图测绘技术的转型是非常明显的，且似乎也是毋庸置疑的，因此一直以来少有专题性的研究，且大多数的结论并没有出乎意料，如小岛泰雄的《成都地图近代化的展开》一文虽然强调"本文以四川省中心城市成都为研究对象，通过对19世纪后半叶到20世纪前半叶间当地城市地图的编年整理与历史地图学分析，从近代测绘与印刷、制图意识变化及民众普及等角度观察其发展历程，进而揭示其近代化发展的特征，探究在中国城市地图近代化过程中，外部世界对它的深刻影响"[2]，但该文在结论中提出"比如，从木刻向石印的转变，反映了近代印刷技术的进步，使得地图的详细表现成为可能；又如，对测量与制图准确性的意识与重视；还有，地图贩卖与使用的普及与大众化"[3]，主要强调的还是地图测绘和出版技术的转型。类似的还有王慧《从画到图：方志地图的近代化》[4]、姚永超《近代海关与英式海图的东渐与转译研究》[5]，以及刘增强《近代化过程中云南地理志舆图演变》[6] 等。

不过，最近已有学者意识到，中国地图的近代转型远远不是地图测绘技术的转型，这一转型不仅是近代社会变迁的一部分，而且受到近代社会众多方面变迁的影响，因此中国地图的近代转型也必然是众多方面的。而且仅就地图测绘技术的转型而言，也不仅仅是测绘技术本身的转型，而涉及测绘技术背后众多知识门类甚至知识体系整体的转型。[7]

当然，无论如何，就地图测绘技术而言，中国传统舆图确实转型为现代地图，但问题在于这一转型发生在什么时间？以往的研究或认为发生在明末，是由传教士使用近代地图测绘技术绘制的各种世界地图以及由此引入的不同于传统的世界观所引发的；或认为发生在清代中期，契机则是康雍乾时期进行的大地测量以及绘制的一系列地图；或者认为始于鸦片战争，原因在于包括现代地图测绘技术在内的"先进"西方知识和文化的大量传入及其对"落后"的中国传统文化的取代。但整体

---

1 王庸：《中国地图史纲》，生活·读书·新知三联书店，1958。

2 [日] 小岛泰雄：《成都地图近代化的展开》，钟翀译，《都市文化研究》第12辑，上海三联书店，2015，第150页。

3 [日] 小岛泰雄：《成都地图近代化的展开》，钟翀译，《都市文化研究》第12辑，第158页。

4 王慧：《从画到图：方志地图的近代化》，《上海地方志》2019年第1期。

5 姚永超：《近代海关与英式海图的东渐与转译研究》，《国家航海》第23辑，上海古籍出版社，2019，第118页。

6 刘增强：《近代化过程中云南地理志舆图演变》，《咸阳师范学院学报》2017年第2期。

7 参见成一农《社会变迁视野下的中国近代地图绘制转型研究》，《安徽史学》2021年第4期。

而言，以往这方面的研究往往用少量被认为是"划时代"的或"重要"的地图作为论据，典型的就是利玛窦地图和《内府舆图》，但一方面这些所谓"划时代"或者"重要"的地图基本只是"天下总图"，远远不能涵盖传统舆图的众多类型；另一方面，即使是"天下总图"，也能举出此后存在的众多依然采用传统方式绘制的地图的例证，以往对于"划时代"的或"重要"的地图的认知，基本属于后见之明，即基于结论而选择作为关键证据的地图，因此对这一问题的研究并不能完全成立，且实际上也缺乏实证性的研究。

中国古代流传下来大量描绘某一政区中的城池、聚落、军事布防、道路以及山川分布的政区图。类似于今天，政区图在中国古代也是日常使用的地图类型，其实用性使其测绘时所使用的技术基本代表了当时被普遍采用的技术。因此，对明清以来政区图测绘技术的分析，也就能使得我们可以对古代地图测绘技术转型的时间等相关问题进行比以往更为细致的讨论。

一 明清时期政区图测绘技术量化统计

表1中对搜集到的明清时期264幅（套）单行的政区图（集）按照测绘技术分类进行了整理。对于该表需要说明以下事项：

第一，中国古代的古籍中收录有大量的政区图，但其中绝大多数都集中在如《地图综要》等有着大量作为插图的地图的书籍中，以及如《大清一统志》等地理总志中。由于这些著作中往往收录有大量的政区图，因而如果将它们全部纳入统计的话，必然会极大地影响最终统计的结果，因此在表1中只是将整部图集计算为一种以减少统计偏差。与此类似的还有单行本的地图集，如《广舆图》，这些地图集中的所有政区图在统计中也都被计算为一种，因为一套地图集中极少会采用不同的绘制方式；且某些时期纳入统计的政区图数量本身就很有限，因此一套收录有众多政区图的图集往往会对统计结果造成极大的影响。

第二，在统计中地图（集）的不同版本都被算成一种。大致而言，地图集的不同版本，通常只是对其中收录的地图进行了局部修订，而不会进行彻底重绘。以某一地图（集）为基础进行了大量增补、修订的著作，在统计中则被计算为新的地图。由于进行了大量的增补和修订，因此增补和修订者完全有机会采用新的地图测绘技术对地图进行重绘，而如果增补和修订者保留了原图，那么大致可以说明他们对原来的绘图技术的认可。

第三，表格将明清时期划分为四个阶段，即明代、顺治至咸丰、同治和光宣，理由如下：明代留存下来的政区图数量极少，且有学者认为明末传教士绘制的地图对中国地图的测绘技术产生了影响，因此将明朝作为一个时间阶段将使得我们有机会对这一观点进行验证。清代顺治至咸丰时期流传下来的政区图数量稍多，但同样较为有限，且有些观点认为康雍乾时期的大地测量及其绘制的一系列地图，对中国古代地图的测绘产生了重要影响，因此将这一时期单独划分出来，将可以就这些问题进行一些讨论。按照现有资料，同治时期，某些省份颁布了一些带有现代地图测绘色彩的绘图章程，同时如湖北官书局等机构也测绘了一批具有现代意义的地图，且有着一定的影响。光宣时期，通常被认为是中国开始大规模现代化的时期，地图也是如此，这一时期组织绘制了具有强烈现代意味的《光绪会典舆图》，成立了一些现代的地图机构，甚至出现了大量民间的绘图机构，如武昌舆地学会和商务印书馆等，由此中国地图的测绘也开始了普遍的现代化。但上述对于同治和光宣时期地图测绘的认知是否完全正确，也即这样的转型是否那么"彻底"和"顺畅"，则是此处所关注的问题。

第四，比例尺是现代地图的重要构成元素，但明清时期这方面的问题比较复杂。使用经纬度绘制的地图应当是具有比例尺的，因为至少在使用通过经纬度确定了位置的点绘制地图时，需要考虑经纬度与实际距离的转换问题，但在本文讨论的时期中，很多使用经纬度数据绘制的地图，并不一定标注比例尺，由此地图的使用者无法直接进行距离的测量和换算。基于此，似乎可以推测，这些地图的绘制者并不太在意比例尺，或者至少没有意识到标注比例尺的重要性。此外，本人认为"计里画方"不等于比例尺。很多中国古代地图的研究者认为"计里画方"绘制的地图在准确性上要高于不用"计里画方"绘制的地图，其中蕴含的一种认知就是认为"计里画方"相当于比例尺，或者至少有着比例尺的意味，但实际上这是一种错误的认知。中国古代某些"计里画方"的地图，实际上只是在原来不使用"计里画方"绘制的地图上直接套叠了一个方格网，根本没有进行数据的换算。另外，"计里画方"只是绘图方式，但绘制地图，除了绘图方式之外，还需要使用与之配套的通过测量获得的绘图数据。但中国古代并没有可以与"计里画方"配套的直线距离数据和准确的方位数据，由此即使"计里画方"有着比例尺的"意味"，但由于缺乏相应的数据，这样的"意味"也只是"意味"，绘制出的地图不可能有比例尺，且由于绘图者使用的是道路距离和粗略的方位数据，因此他们也必然知道这样绘制的地图缺乏准确性和"比例尺"[1]。基于上述考虑，表1中只将地图上直接标注比例尺的地图认定为有比例尺。

还需要说明的是，本人查阅的一些图目和图录著录的信息并不全面，且目前条件下也无法一一查看原图进行核对，因此表1中的一些信息不完全准确。这些不准

---

[1] 更为具体的分析可以参见成一农《对"计里画方"在中国地图绘制史中地位的重新评价》，《明史研究论丛》第12辑，故宫出版社，2014，第24页；成一农《"非科学"的中国传统舆图——中国传统舆图绘制研究》，中国社会科学出版社，2016。

确主要集中在以下两处:

第一,就绘图方式而言,北京图书馆善本特藏部舆图组编的《舆图要录》等书中对于光宣时期一些带有比例尺或者有着经纬度的政区图,只著录为"彩色",而没有注明其具体的印制方式,但显然这一时期的该类地图虽然有可能是手绘的,但更可能是使用某种印刷技术制作的。由于无法确定具体的绘图或印制技术,因此在表1中,将这些地图归入"其他"。

第二,就绘图数据和测量技术而言,同治之前绝大多数没有使用经纬度和"计里画方"方法绘制的政区图,应当是使用中国传统的绘图技术绘制的,也即属于传统的只讲求相对位置的大致准确,而不追求绝对位置的准确,甚至是只具有示意性的地图,因此这一时期的"绘图数据和测量技术"一栏中的"无法直接确定"实际上代表着中国王朝时期传统的测绘方法。同治和光宣时期问题比较复杂。这一时期"计里画方"和使用经纬度数据绘制的地图的数量逐渐增加,后来的一些政区图在摹绘时参照了这些地图,但并未将方格网和经纬线摹绘上去,故而在这些地图的图面上可能无法直接看出其绘图所使用的绘图数据和测量技术,因此同治和光宣时期的"绘图数据和测量技术"一栏中的"无法直接确定"的部分政区图可能是使用"计里画方"或使用经纬度数据绘制的。

总之,受制于本人掌握的材料以及长期以来查阅地图的困难,表1中的数据是不完全准确的,但这种不准确应当不会影响对整体趋势的表达。

表1　明清时期政区图分类统计

	测绘和印制技术	明代	顺治至咸丰	同治	光宣
绘图数据和测量技术	无法直接确定	6	54	20	175
	计里画方		5	34	48
	画方不计里		1	4	21
	计里画方结合经纬度			1	13
	经纬度			2	7
绘图和印制方式	绘本	5	46	5	177
	刻印		14	54	35
	石印				47
	铜版				2
	其他	1	2		3
比例尺	有			1	59
	无	6	62	58	205

通过表1可以非常明显地看出中国古代地图无论是测绘技术还是印制方式的转型都发生在同治和光宣时期。具体而言，明代以及清代咸丰之前，中国古代的政区图基本是用传统方式绘制的，用"计里画方"方式绘制的地图数量极为有限；与此同时，地图多是绘本，刻印本的数量有限。同治时期，使用"计里画方"法绘制的政区图的数量迅速增加，甚至占据了主导，主要以刻本的形式制作；这一时期虽然出现了图面上标注比例尺的政区图，但数量极少；此时绘本的政区图依然存在。到了光宣时期，用"计里画方"法绘制的政区图依然占据主导，使用经纬度数据且图面绘制有经纬网的地图的数量也急剧增加，且不少地图在图面上直接标出了比例尺；在印制技术上，除了刻印之外，近现代的石印和铜版印刷技术也开始使用，但传统的绘本地图数量依然庞大。下面通过对明清时期使用不同技术绘制的具有代表性的政区图进行简要介绍，以深化对不同时期政区图测绘和印制特点的理解。

二 明清时期使用不同测绘技术的典型地图

（一）明代及清顺治至咸丰时期

目前保存下来的明代以及清代咸丰之前绘制的政区图，绝大部分是用类似绘画的方式绘制的，且绝大部分是绘本，有些类似于绘画，如：

台北"故宫博物院"藏《江南各道府图表》（图1），该图集绘制于明洪武、永乐迁都北京之前，纸本彩绘，现存地图6幅，即"应天府""镇江府""太平府""池州府""徽州府"和"广德州"图以及相应的附表，图幅63×66.5cm。各图四缘标有正方向，上北下南；底色为黄色；山脉用形象的带有树木的山形符号绘制，主体涂以青绿色，底部有着少量黄褐色；河流用绿色双曲线绘制；府城绘制为带有城门和城楼的城垣，城垣本身用多条曲线勾勒以表示其用砖石修筑，主体为白色，下方涂以黄褐色，相对准确地勾勒了各城垣的大致轮廓；城内还绘制有一些衙署和寺庙；县城，绘制有带城楼的城垣，需要注意的是，大部分县城的城垣轮廓为方形且涂以青绿色，似乎带有示意性，而少量县城，如徽州府的婺源县，则大致准确地勾勒了县城的轮廓，且城垣的绘制方式与府城近似，似乎是写实的，县城内除了衙署之外，有时还标绘有少量其他建筑；[1] 城外的"铺"等建筑，基本用带有旗帜的房屋符号表示，屋顶和台基为青绿色；所有地名都书写于粉红色矩形文本框中。图后附表记录了各府州所辖县治的情况，内容大致包括道里远近、山川险易以及所

---

[1] 据查徽州府所辖各城中，只有徽州府和婺源县城修筑于明洪武十八年，其余各县在明初都无城垣，或者城垣处于"圮废"的状态，因此除徽州府和婺源县之外，图中对各县城垣的描绘实际上是一种符号，但往往让后来的阅读者产生误会。

辖县治内的地形地势和物产。总体而言，整幅地图在黄色底色上充斥着绿色以及粉色，偶有白色和其他颜色点缀其间，这种地图用色方式也为明代和清初的众多政区图所沿用。

日本神户藏《江西舆地图说》，整套地图的底色同样为黄色；山脉用形象的山形符号绘制，涂以青绿色，底部有着少量黄褐色；河流用灰黄色双曲线绘制；府州县城绘制为带有城门、城楼和垛口的城垣，主色调为黄色，门楼涂以红色，城内绘制有衙署和寺庙；城外的建筑基本用房屋符号绘制；所有名称都书写在白色矩形文本框中。

图 1 台北"故宫博物院"藏《江南各道府图表·池州府》

图2 中国国家图书馆藏《江西省府县分图·南康府图》

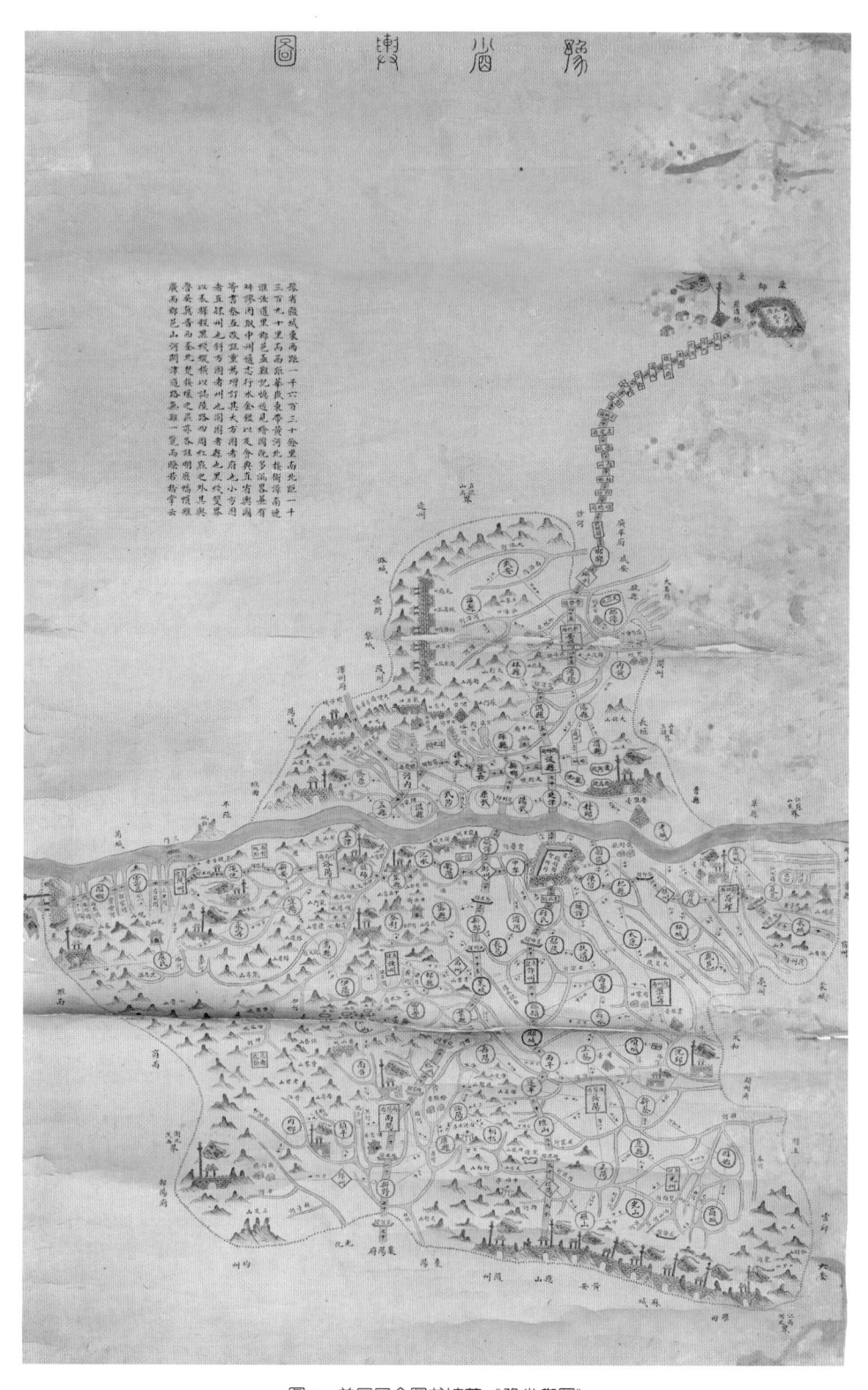

图 3　美国国会图书馆藏《豫省舆图》

中国国家图书馆藏《江西省府县分图》（图2），绢底彩绘，存84幅，每幅图幅28×26cm。整套图集的底色为深褐色；山脉用形象的山形符号绘制，涂以淡蓝色，底部有着少量黄褐色；河流用淡绿色双曲线绘制，且绘有水波纹；府州县城绘制为带有城门、城楼和垛口的城垣，主色调为黄绿色，门楼涂以红色，城内标绘有衙署和寺庙；城外的建筑基本用房屋符号绘制；所有名称都书写在淡黄色矩形文本框中。图中江西广信府永丰县尚未改名为广丰县，其改名是在清雍正九年（1731）；顺治十二年（1655）并入赣州卫的信丰千户所依然存在；图中有明嘉靖三十九年（1560）设置的兴安县、万历六年（1579）设置的建昌府泸溪县。总体而言，这一图集所呈现的时间应当是明万历六年至清雍正九年之间。这一图集与中国国家图书馆藏明万历至崇祯年间绢底彩绘《江西全省图说》非常近似，后者为图集1册，现存37幅，每幅图幅28×26.4cm。

中国国家图书馆藏《全滇舆图》，绘制者不详，绘制时间大致在清乾隆元年（1736）至乾隆二十一年之间（1756），[1]彩绘本，图幅30.7×20.5cm。这一图册共有地图26幅，其中总图《云南全省舆图》1幅，各府分图23幅，《威远舆图》1幅，一图一说，最后附有《云南诸江发源图》1幅。图集中各图主要采用形象画法，详细表现了境内的山川河流、府州县以及重要的村庄、关隘等地理要素；各图四缘标有正方向，上北下南；底色为淡褐色；山脉用形象的山形符号绘制，涂以青绿色，底部有着少量黄褐色；河流和湖泊用淡青色双曲线绘制，湖泊绘制有水波纹。总图《云南全省舆图》中，府城用红色实心方框标识；州城用实心绿色三角符号标识；县城用淡黄色实心圆圈标识。各府图中，府城用带有城楼和城门的绿色城垣符号绘制，大致写实地勾勒了城郭的轮廓；县城等用带有城门的城郭符号绘制。各图在图面的不同位置书写有大段图说，简要描述了政区沿革、山川走向以及地理区位的重要性。

美国国会图书馆藏有一幅《豫省舆图》（图3），标绘有河南至北京的驿路和道路距离以及各行政治所之间的道路距离。李孝聪先生指出：

（该图为）彩绘本，裱成卷轴，91×61厘米，未注比例；轴背墨书"精绘河南图"，似出自近人之笔。

---

[1] 《全滇舆图》中各图以及图说，与四库全书本《云南通志》中的"图说"基本相同，但也存在少量差异，如《广南府舆图》。可以推测这一图册是基于四库全书本《云南通志》"图说"改绘的。按照四库馆臣的提法，四库全书本《云南通志》成书于乾隆元年，因此这一舆图及其图说也应当完成于这一时间之后，且《广南府舆图》中记载了乾隆元年设置的"宝宁县"也印证了这一点。《全滇舆图》没有反映乾隆三十五年（1700）对云南政区的大范围调整，如永北府降为直隶州，因此其绘制时间应当是在乾隆三十五年之前。《丽江府图》中绘制有"鹤庆府中甸州判治"和"鹤庆府维西通判治"，且在《鹤庆府图》的图说中记载有"鹤庆之维西"和"惟中甸居府之北境"，因此中甸和维西在图中依然为鹤庆府的属地，而这两地在乾隆二十一年（1756）改属丽江府。因此，可以认为《全滇舆图》绘制的时间应当是在乾隆元年至乾隆二十一年之间。

用传统的平立面形象画法，显示河南省全境的山川形势，府、州、厅、县等各级行政区划，以及具有重要战略地位的关口和名胜古迹；同时绘出北京至河南省界的驿路，城市间的驿路里程注记图上。"宁"字因避道光皇帝讳而改写成"甯"，淅川厅已标注，而黄河下游尚未改道，故此图应绘制于道光十二年（1832）以后至咸丰五年（1855）以前。据作者注记，图的内容取自《中州通志》《行水金鉴》《会典》等文献互参增补而绘，这幅地图表现出中国传统制图史上的几个特点：1. 用不同的几何符号表示地方行政等级的治所；2. 黄河总是涂成黄色，以区别于其他河流；3. 地貌用孤立的三角山形符号，而不是连续的山脉线条图案；4. 城市符号涂以各种颜色，以指明统辖于不同的府；5. 两座城市间的距离，用注记标在图上，而不是真实的数量比例；6. 具有军事战略地位的关口，画出门楼作为图的解释；7. 河流的宽度，非常夸大。[1]

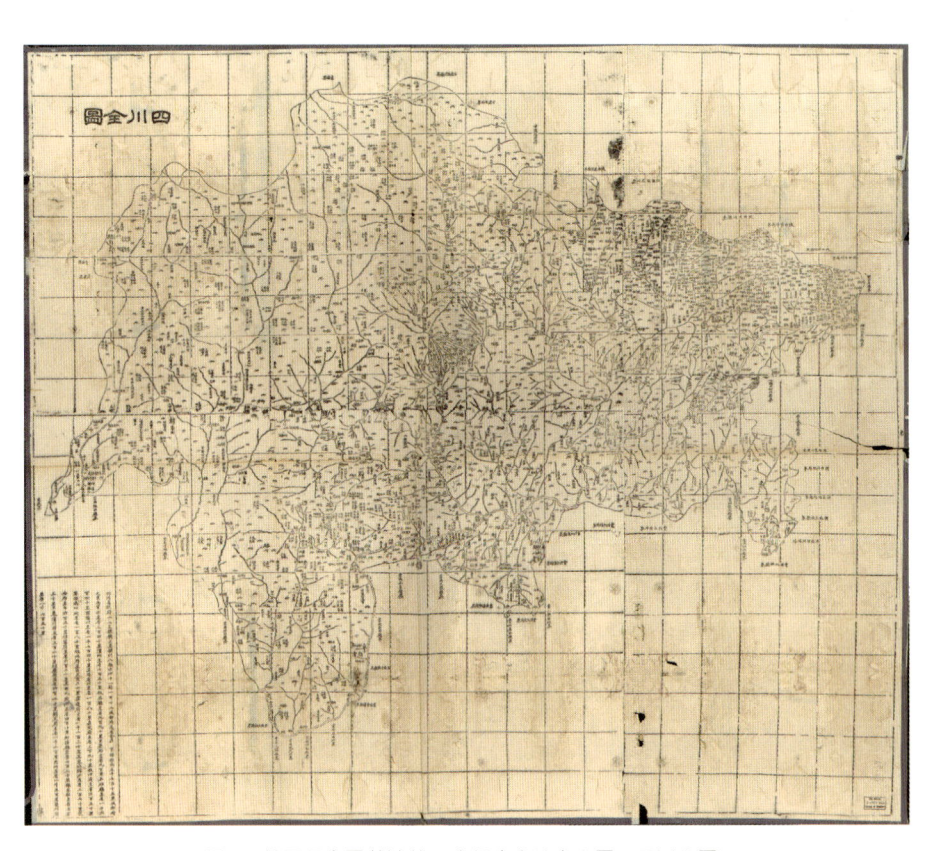

图 4　美国国会图书馆藏《皇朝直省地舆全图·四川全图》

---

[1] 李孝聪：《美国国会图书馆藏中文古地图叙录》，文物出版社，2004，第65页。

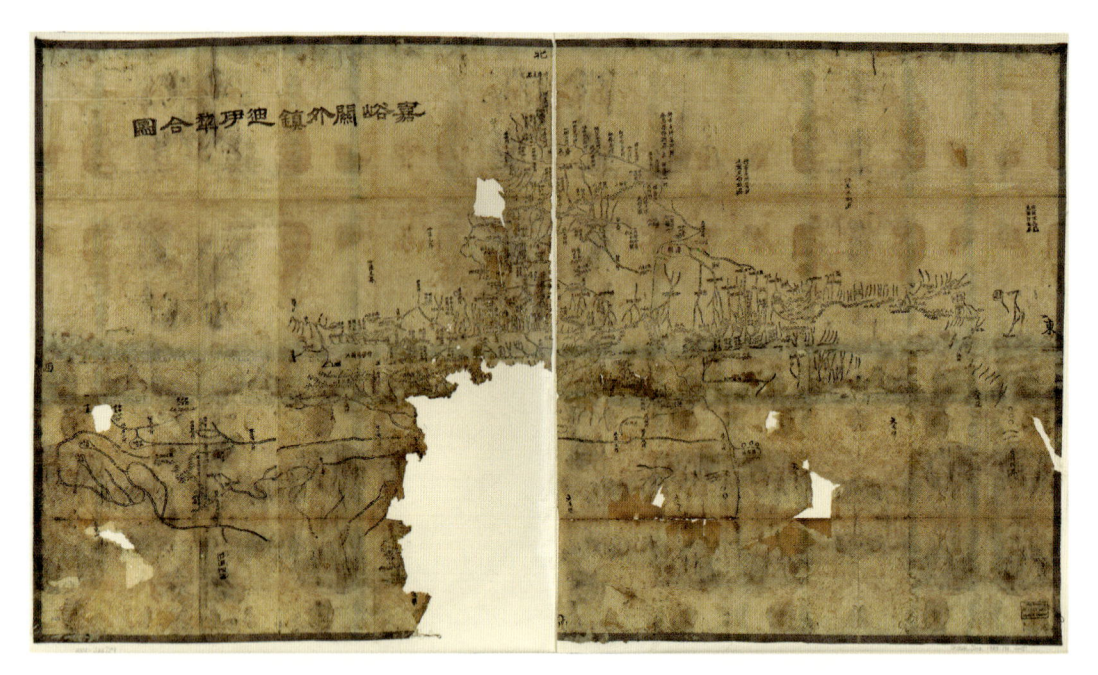

图5 美国国会图书馆藏《皇朝直省地舆全图·嘉峪关外镇迪伊犁合图》

（二）同治时期

这一时期政区图的绘制方式发生了极大的转变，使用"计里画方"法绘制的地图数量迅速增加，甚至占据主导，主要以刻本的形式制作。在这类地图中影响力最大的当属武昌湖北官书局编制的《皇朝直省地舆全图》。

《皇朝直省地舆全图》包括《直隶全图》《盛京全图》《山西全图》《山东全图》《河南全图》《江苏全图》《江西全图》《湖南全图》《陕西全图》《四川全图》《云南全图》《贵州全图》《广西全图》《甘肃全图》《浙江全图》《福建全图》《安徽全图》《广东全图》《嘉峪关外安西青海合图》《嘉峪关外镇迪伊犁合图》《内外蒙古图》《西藏全图》以及《新疆图》等共26幅，各图图幅不等，方位标在图的四缘。其中大部分地图采用"计里画方"法编绘，每方百里，但《嘉峪关外安西青海合图》《嘉峪关外镇迪伊犁合图》不画方，《新疆图》画方但未标每方里数。

如其中的《四川全图》（图4），刻印本，图幅103.9×120.7cm。该图描绘了四川全省的山川、湖泊以及政区等的分布；方位标在图的四缘；采用"计里画方"编绘，每方百里；地貌用三角山形符号表示；用不同符号标注了府、州、厅、县以及主要的集镇、村堡、关塞等的位置；用黑实线描绘了四川省的省境，且在边线之外注记接界的州县。地图左下角附图说，记述了本省所统辖的府、直隶州、厅、散州、厅、县的数量，省会成都府与京师顺天府（北京）的相对方位、距离里程，以及省内各府、州的方位及至省城的里程。

又比如其中的《嘉峪关外镇迪伊犁合图》（图5），刻印本，图幅61×112.5cm。该图方位标在图的四缘；描绘了嘉峪关外新疆的山川、湖泊等地理环境，行政治所和各族的分布以及游牧地；地貌用三角山形符号表示；用不同符号标注了不同等级的城池。

除了《皇朝直省地舆全图》之外，武昌湖北官书局还编制有一套多省合图图集，目前所见的有《湖北安徽合图》《湖北河南合图》《湖北江西合图》《湖北陕西合图》《湖北四川合图》《湖南江西合图》《湖南四川合图》《湖南广东合图》《湖南广西合图》《湖南贵州合图》以及《湖广全图》。这套图集是湖广总督衙门为掌握湖北、湖南两省与周边各省的地理形势而编制的。该图集同样为清同治三年湖北官书局刻印本，图幅不等；各图皆不画方；图上用三角山形符号表示地形地貌，用双线表示河流；省城用回字形符号表示，府城用"口"符号表示，直隶州城用双边框的矩形符号表示，散州城用矩形符号表示，厅用菱形符号表示，县城用圆形符号表示，用圆点表示镇、店、驿、巡司；未描绘道路，但用单线勾画出省界。虽然这些多省合图图面上没有标绘方格网，但其绘图方式与《皇朝直省地舆全图》近似，因此这一图集可能原本也是用"计里画方"或者使用与此有关的数据绘制的。

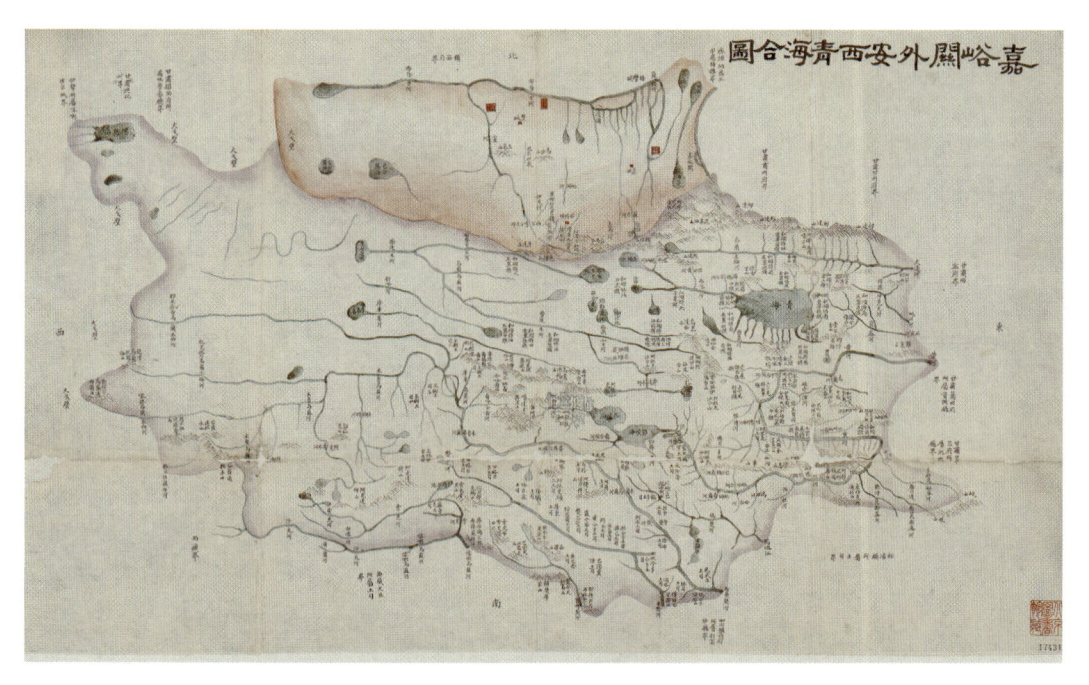

图6 中国国家图书馆所藏《嘉峪关外安西青海合图》

除《皇朝直省地舆全图》之外，还存在其他一些使用"计里画方"绘制的政区图，如中国国家图书馆藏《直隶通省全图》。该图集由徐志导于清朝咸丰九年（1859）绘制，其中《直隶河道全图》为同治元年（1862）所绘，因此该图集的刊刻时间应当在此后不久。图集为刻印本，1册，图幅26.8×35.5cm；其中总图1幅、东西南北路厅图4幅、府和直隶州图14幅，附有"直隶河道全图""北省海口全图"[1]。各图用"计里画方"绘制，每方百里，图后附有图说。总图《直隶通省舆图》，正方向标注在图面四缘，上南下北；图面右侧标注了该图用于注记府州县厅的符号；用山形符号表示山脉；河流用双曲线绘制；长城用带有垛口的城垣符号绘制；政区边界用黑实线绘制。各分图以及《北省海口全图》和《直隶河道全图》的绘制方式与此近似，只是道路和海路用虚线绘制。

除了上述地图外，还存在其他一些印本地图，如严树森编制的《鄂省全图》，为清同治元年（1862）刻印本，单幅分切2印张，全图图幅123×197cm。该图是严树森担任"抚鄂使者"（巡抚）时，为了解湖北全省形势而绘制的。《鄂省全图》详细描绘了湖北全省的自然地理面貌、各级政区及其治所；图中用立面形象符号表示山脉地形，河流用双线描绘；用方形、菱形、圆形城墙符号分别表示府、州、县等城池，用小的矩形符号表示镇、驿、巡司，用哨楼表示关卡；用点线表现城镇间的道路，并标注里程；所附图说，描述了湖北省与相邻各省州县的四至界址，汉水、长江在省内的流经路线。[2]

不过需要强调的就是，这一时期还存在传统绘本以及彩绘本政区图，如《皇朝直省地舆全图》就存在一些摹绘本地图，中国国家图书馆藏《西藏全图》就是根据《皇朝直省地舆全图》中的《西藏全图》摹绘的彩绘本政区图，图幅47×90cm；还有该馆所藏《内外蒙古图》，是根据《皇朝直省地舆全图》中《内外蒙古图》摹绘的，同样为彩绘本，图幅62×128cm。典型的就是中国国家图书馆藏《嘉峪关外安西青海合图》，该图是根据《皇朝直省地舆全图》中的同名地图摹绘的，图幅47.5×81cm，图中青海和安西部分分别用不同颜色作为底色，其中青海为灰色，安西为粉红色；山脉用三角山形符号绘制；河流用灰绿色双曲线勾勒，湖泊也填充以灰绿色；"玉门""安西"和"敦煌"书写于红色矩形框中，其中"安西"的矩形框为双线，石保城、景城的符号为涂有红色的正方形；其余地名直接书写于图面之上。该图虽然不像传统的绘本政区图那

---

[1] 北京图书馆善本特藏部舆图组编：《舆图要录——北京图书馆藏6827种中外文古旧地图目录》，北京图书馆出版社，1997，第120页。

[2] 以上内容引自李孝聪《美国国会图书馆藏中文古地图叙录》，第61页。

样与绘画类似，但与刻印本的《皇朝直省地舆全图》相比，则显得没有那么刻板，甚至看不出"测绘"意味。

还有现藏于中国国家图书馆的清同治年间的彩绘本《盛京全省山川道里四至总图》。该图底色为淡褐色；山脉用形象画法表示，涂以淡青色和淡褐色；河流用浅绿色双曲线绘制，并用线条的粗细区别主干流；行政治所城池用浅蓝色带有城门的城郭符号标识；盛京则用带有密集的城楼和角楼的浅蓝色城郭符号绘制，且外侧还绘制有一道带有城门的黄色外郭城；其余城寨则用长方形符号标识；用近似于房屋的符号详细标绘了境内的各处居民点，绘制得非常详细；柳条边用木栅栏形象表示，并标绘了柳条边上开设的城门；政区之间的边界用红色实线绘制；境内的交通线用红色虚线详细绘制，并在一些地点上标注距离，如"城厂边门，此门距瑷阳门一百七十里"；山海关一带的长城则用浅蓝色的带有城门的墙垣符号绘制。大体而言，其绘制方式与之前的绘本政区图基本一致。

（三）光宣时期

光绪和宣统时期最大的变化就是出现了众多使用经纬度数据和投影技术绘制的政区图。不过，需要注意的就是，这一时期一些使用经纬度数据绘制的政区图上还标有代表"计里画方"的方格网，如清光绪二十一年诸可宝、陈京等编制的《江苏全省舆图》，江苏书局刻本，线装三册；每幅地图边缘有经纬度，但同时图面上也标有计里画方的方格网，省图每方一百里，府州厅图每方五十里，县图十里；清光绪二十年宗源瀚等编制的浙江官书局石印本《浙江全省舆图并水陆道里记》等也是如此。因此可以认为这一时期，就政区图的测绘技术而言，依然处于过渡时期。

正是由于如此，这一时期用"计里画方"法绘制的地图也广泛存在，其中一些时间较早的大都与《光绪会典舆图》有关。《光绪会典舆图》于清光绪二十五年（1899）绘制完成，其中只有总图《皇舆全图》采用了圆锥投影，绘有经纬网，以通过京师北京的经线为零度经线，以赤道为零度纬线，而其余各图采用"计里画方"绘制，省图每方百里，府、直隶州（厅）图每方五十里，县图每方十里；各省图集中有些用红色或淡蓝色印制有方格线或经线。总体而言，《光绪会典舆图》在绘制过程中，曾要求各省实施经纬度测量和地形测量，且在可能的情况下使用圆锥投影，虽然结果并不太符合最初的要求，但通过这次大范围的测量，使得经纬度测量技术和投影的绘图方式在各地开始扎根。

如中国国家图书馆所藏《黑龙江舆地图》，是《光绪会典舆图》中的一幅，该图方位上北下南，左西右东；绘制范围东至松花江入黑龙江口，西至客尔额车臣汗部中右旗扎萨克多罗郡王界，北至俄罗斯雅库次克省界，南至伯都讷。图内采用形象画法，所有河流用双线表示，用箭头标识了流向，沿河注记名称；用长空心黑方块表示城，用菱形符号表示厅，用空心三角符号表示驿站，用小圆圈表示一般居民地，用方框表示古城，还用其他符号表示卡伦、营站、庙宇、桥梁、古迹等；用虚线绘制了道路；用虚线表示国界；用笔架式符号表示山脉，并注记山脉名称。该图附有图表，记述了齐齐哈尔、黑龙江、墨尔根、呼伦贝尔、呼兰城、布特哈六城和呼兰厅、绥化厅两厅的经纬度。

再如《贵州全省地舆图说》，宣统元年（1909）贵州调查局印制，石印本，共4卷，分为4册。首卷为通省及各府、直隶州、直隶同知总图，共17幅；上、中、下三卷为府、州、厅、县分图，共72幅；一图一说，图说详细介绍了各政区的历史沿革、经纬度、与京师、所属府（直隶州）的距离以及山川、道路，尤其详细记载了村寨等聚落的分布和名称。其中《贵州通省总图》，在"计里画方"（每方百里）的基础上标绘有经纬网，以通过北京的子午线为中央经线；图中纬线与"计里画方"的网格重合，而经线则用虚线标绘，并不与"计里画方"的网格重合，有一定斜度，且只有"偏西十二度"和"偏西十一度"两条。与此同时，各分图则使用"计里画方"绘制，且画方计里不等。图集各图用双曲线勾勒河流；用三个三角形符号绘制山脉；用虚线绘制政区边界；地名直接书写于图面之上；各级治所用不同的符号表示。在该书的"附记"中提到这一图集绘制的缘由，即"辛卯夏五月呈缴《贵州通省府直隶厅州总图说》，旋奉内阁典籍厅咨开议定舆图章程并发下表格，饬各州县分图立表，统限一年呈缴等因"，辛卯即1891年，正是《会典馆》补发第二次诏令对各省舆图的绘制提出了明确的时间要求，因此该图集也是《光绪会典舆图》的分省图之一，或者与其有着直接关系。

属于《光绪会典舆图》分省图或根据其绘制的还有美国国会图书馆藏清光绪二十二年湖南抚署石印本《湖南全省舆地图表》，94幅地图，线装16册，每页板框28×16cm，使用了会典馆编绘《大清会典舆图》时规定的统一图式符号，同时是基于测绘资料，采用"计里画方"的绘图方法绘制的；中国国家图书馆藏清光绪二十年王志修编制的《奉天全省地舆图说图表》，刻印本，画方不计里，1册；中国国家图书馆藏清光绪二十五年魏光焘的《陕西全省舆地图》，刻印本，计里画方，2册等。

与此同时，除了与《光绪会典舆图》有关的地图之外，还存在一些用"计里画方"法绘制的政区图。如中国国家图书馆藏彩绘本《甘肃省地舆总图》（图7），绘制于清光绪年间，图幅52×74.5cm。该图在地图四缘和四角标注有方向，其中上部标注为"北界"，左上角标注为"西北隅"等；用"计里画方"绘制，每方百里，但图中河西走廊明显过于短促，非常失真。图中描绘了甘肃省的山川和府州县的分布；用三角形山形符号绘制了山脉；黄河用浅黄色双曲线绘制，其他河流则用淡蓝色双曲线绘制，青海湖等湖泊也都填充以淡蓝色；交通线用红色虚线绘制；省城名书写于双线矩形框中，其余州县名以及各类地名都书写于单线矩形框中；用贴红标注了一些府州县等聚落至其他聚落的距离。大致而言，该图虽然是绘本地图，但整体风格与这一时期的刻本地图非常接近，已经失去了之前绘本地图那样鲜亮的色彩和类似于青绿山水画的风格。再如中国国家图书馆藏清光绪年间瞿继昌《西藏全境舆地图说》，共收录地图 11 幅，皆为绘本，各图"画方计里"不等，其中总图二百里方，分图为二十里方，该图集在风格上同样类似于刻本地图。

除了这些受到《光绪会典舆图》影响的地图之外，各地还绘制有数量众多的有着现代意味的地图，虽然图面上没有绘制经纬网和方格网。如：

中国国家图书馆藏刘槐森等测、冀汝桐等绘，清光绪二十九年至三十三年（1903—1907 年）北洋陆军学堂石印本《保定附近图》，这套图集原本应有地图 9 幅，现存的 4 幅地图分别为第 7 号、第 8 号、第 5 号和第 2 号，即《保定府南关外附近略图》《保定府南关外附近略图》《保定府东关外附近略图》和《保定府北关外附近略图》。这四幅地图在外观上已经与现代的测绘地图没有本质的区别，且明确注明比例尺为 1∶10000，因此这几幅地图应当是基于实测的。不过需要注意的是，图中没有绘制等高线，也没有绘制经纬线和标注经纬度。此外，前三幅地图下方还有着现代测绘地图上经常出现的拼合图。

中国国家图书馆藏清光绪年间绘本《萍乡县图》，图册共有地图 4 幅及图记 1 张。图册中的 4 幅地图分别为《东桥草市图》《大安里之新店市上图》《上栗市图》和《县城图》。在所附的"分图之图记与图例"中记录了《萍乡县图》的分图名称，城郭的周长、高度、宽度等数据，周围的地势、山川的分布、交通路线、户口和工商业的从业者比例；以及东桥草市、上栗市和大安里之新店市距离县城的距离，地势、交通、面积、人口等数据。图例中标注了各图所用各种符号，且各图中除使用了图例中标注的符号之外，还绘制有等高线并标注了高度，明确注明比例尺为 1∶5000。

要说明的就是，这一时期传统的绘本政区图依然存在。如中国国家图书馆藏清光绪年间彩绘本《秦州并所属舆图》，对秦州直隶州所属范围内的山川以及聚落的分布进行了描绘，该图以淡黄色为底色；用形象的山形符号绘制了山脉；渭水等河流用填充有青灰色的粗细不等的双曲线绘制；用红色实线绘制了道路；秦州城绘制了其东西向展开的众多关城，且绘制有城楼和城门；各县城用带有四门和城楼的城郭符号呈现；其余聚落则用带有旗帜的符号标识，将地名书写于单线的矩形框中，且在旁边标注了到其余聚落的距离。类似的还有中国国家图书馆藏清光绪年间彩绘本《甘州府属舆图》等。

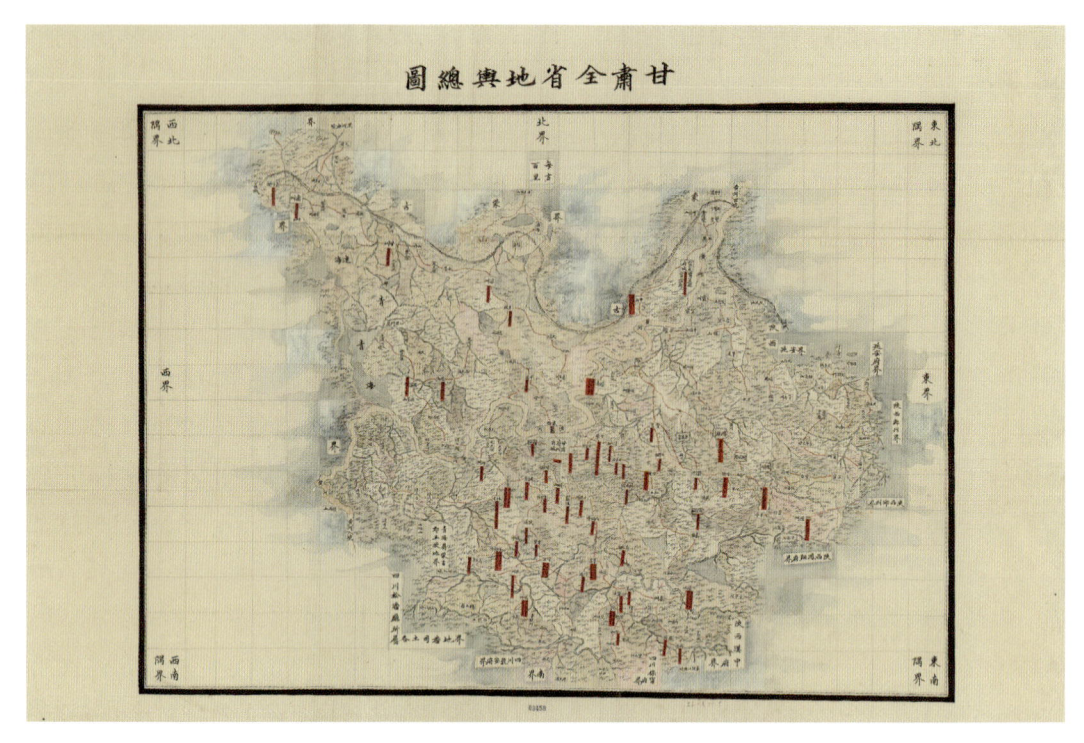

图7 中国国家图书馆藏彩绘本《甘肃省地舆总图》

三 结论：对政区图测绘技术转型时间的再讨论

上文对明清时期政区图测绘技术的演变及其转型基于量化统计和典型地图进行了介绍，本文的结论部分即基于此对以往学界关注的两个问题进行进一步的讨论。

第一，以往对于"计里画方"的研究，将注意力集中在这一方法本身以及少量如《广舆图》等所谓典型地图，忽视了对这一技术普及度的讨论。就本文的分析来看，即使这一技术能达到一定的准确性，但咸丰之前，使用这一技术绘制的政区图数量非常有限。到了同治时期及其之后，使用"计里画方"绘制的地图确实大幅度增加，而且在同治时期甚至占据了主流；到了光宣时期，虽然使用经纬度数据绘制的地图数量逐渐提高，但并未占据主导，使用"计里画方"方式绘制的地图的数量依然众多。不过，这里要提出的一个问题就是，同治及之后的"计里画方"与之前的"计里画方"还是同一种绘图方法吗？

同治时期，一些省份颁布了绘图章程，其中对当时采用的地图的测绘方法进行了具体介绍。如中国国家图书馆藏同治四年（1865）的《苏省舆图测法条议图解》和同治年间颁行的《广东全省绘舆图局饬发绘图章程》，两者所介绍的绘图方法基本相同，大致如下：用民间最为常用的堪舆罗盘，以确定二十四向；同时主要用步测的方式测量距离,并用笔和"簿"进行记录。基本方法就是沿着道路、海岸、河岸、城岸、城墙、基围、山脚量测当前直去为某方向,前行若干距离转折为某方向,"逐段审定,使曲折之形不差";且沿路行进时,"遥望所及,无论山顶、村庄、城楼、塔阁、祠庙、独树及隔岸渡头涌口,随时测其方向求其交点"。绘图时,首先确定分率,统一绘制在发放的画有 10×10 方格的标准绘图纸上,每格 1 寸 8 分,代表 10 里,另有每长刻度代表 1 里、短刻度代表 1/5 里的比例尺;然后按照方向,将步测距离按照比例转换后分别绘制在图纸上;远离道路的地理要素,则通过在测量路线中的不同点上测量的其所在方向的延伸线的交点来确定其位置。这一方法,虽然要求将地图绘制在网格上,但所使用的绘图数据已经不同于传统的"计里画方"使用的只有八个方向和道路距离的"四至八到"数据,从理论上而言,有着一定的准确性。需要强调的是,这种绘图方式忽略了道路的高低起伏,且方向只有二十四向,因此在今人看来其准确性有限。不过,当时采用这种方式也是不得已为之,因为其将绘图和测量技术尽量进行了简化,由此希望当地那些缺乏几何知识的人能够尽量和尽快掌握。如《苏省舆图测法条议图解》之前就记有"沈令等所议各条并器图式均属可行,惟逾限已久,必应赶紧办理,庶可以速补迟,仰即通颁各属遵照如法绘造……本局覆查原议,包举大纲,词旨简约,犹恐其中勾股算术等项,各该县承办绅董一时未易周知,当再禀明……更加参酌,逐条分列细目,注释详明,并改算为量,增订图解,冀可妥速遵办"[1]。

正如前文所述,同治之前中国传统的"计里画方"由于使用的是道路距离以及"四至八到",因此绘制者本身也会意识到用这样的绘图方法绘制出的地图是不准确的,绘图者使用"计里画方"更多的是便于在地图上布局众多的地理要素,目的不在于追求"准确",中国古代地图的绘制本身就不太在意今天意义上的准确性。而同治时期政区图测绘时使用的"计里画方"法开始将"准确性"放在了重要位置,并采用当时最具有实用性的技术手段来达成地图绘制的准确。由此,可以认为虽然同为"计里画方",但两者在内涵上已经存在本质差异。

第二,虽然可以认为同治时期,中国地图的测绘技术开始向现代转型,但要到光绪后期,或者说甲午战争之后,使用能达成现代地图所需要的"准确"的经纬度数据和投影方法绘制的政区图才开始大量出现。不仅政区图如此,陈旭对"天下总图"的分析以及杜晓伟对海图的分析也得出了近似的结论。[2] 基于此可以认

---

[1] 《苏省舆图测法条议图解》,中国国家图书馆藏同治四年刻本。

[2] 陈旭:《清代"天下总图"的知识谱系及其近代转型研究》,博士学位论文,云南大学,2023。杜晓伟:《清代海防图绘制转型研究》,博士学位论文,云南大学,2023。

为，中国地图在技术层面开始真正意义上的现代化要晚至甲午战争之后。

正如本人所提出的，地图测绘技术的转型并不是技术本身的问题，而涉及社会转型。[1] 陈旭对"天下总图"的研究也揭示，"天下总图"测绘技术的近代化转型与整个中国的政治、社会、文化的近代化历程息息相关，其转型虽初始于咸同年间洋务派掀起的"器物之学"，但真正开始被广泛接受则始于戊戌变法前后系统的"制度之学"，最终至五四运动以后"科学"等西方观念深入人心之时才定型。海图也是如此，杜晓伟认为，清代后期对海防图的认知，经历了三个主要时段，由道咸时期的传统认知，在同光时期转变为提升对地图准确性的需求，再到甲午海战之后，因传统海防观的破产及近代国际海洋法的传入，清人将海防图的作用与维护国家海疆权益开始结合，进而真正改变了对海防图绘制近代化的需求。同时在这一过程中，海防图的绘制技术的转型受制于传统海防策略的延续，以及对旧式水师依然存在需求，再加上科举及其考试内容的存在、缺乏对培养相关绘图人员的制度性规定等等，都使得海图绘制技术的转型十分缓慢。

总体而言，由于地图测绘技术的转型并不仅仅涉及技术本身，而涉及社会方方面面的转型，因此虽然在鸦片战争之后，中国人意识到准确地图的价值，但受制于种种因素，朝向准确地图的测绘技术的转型一直并未真正开始，只是局限于对类似于"计里画方"等传统绘图技术的改良。到了甲午战争之后，随着社会全面的现代化转型，地图测绘技术才开始了真正意义上的现代化。由此，本文的分析再次说明对地图转型的研究不能仅仅局限于技术本身，甚至不能局限于地图本身。

---

[1] 成一农：《社会变迁视野下的中国近代地图绘制转型研究》，《安徽史学》2021年第4期。

志观、胜景与城景：
明清南京朝天宫图像的变迁*

■ 贺晏然（东南大学历史学系）　褚国锋（四川大学道教与宗教文化研究所）

引　言

对南京地方景观进行系统化的拣选和叙写最晚在唐代就已经形成风气，刘禹锡的《金陵五题》即是其中代表。此后，又有南唐朱存的《金陵览古诗》和南宋曾极的《金陵百咏》等。到了明代，一般认为对南京地方景观的系统化叙述成于史谨的《金陵八景》诗，该书汇集了钟阜朝云、石城瑞雪、龙江夜雨、凤台秋月、天印樵歌、秦淮渔唱、乌衣晚照、白鹭春波八处景观，形成了金陵胜景系统中较为核心的部分。[1] 配合金陵胜景的绘画创作主要由吴派画家开启，这批画家的影响从嘉隆前后开始增强，如唐寅（1470—1524）、文徵明（1470—1559）及他们的徒辈陆治（1496—1576）、文伯仁（1502—1575）等，吴派画家的摹写使得金陵景致与文人品赏紧密结合起来，为文人画创作打开了更为广阔的空间。[2] 在这一过程中，作为明代南都最重要的道教管理和皇家斋醮机构的朝天宫，却很晚才进入金陵景观的视域。以万历年间出现的志观主题为起点，朝天宫图像逐渐经历了志观、胜景、城景等阶段。在其图像发展的过程中，明清朝天宫建筑性质的变迁与图像的历史互相纠缠，最终呈现出清代朝天宫图像的多元面貌。

最早的朝天宫图像以万历年间南礼部

---

*　本文是江苏省双创计划"江苏道教历史建筑的研究和数位化保护"阶段性成果。

1　程章灿、成林：《从〈金陵五题〉到"金陵四十八景"：兼论古代文学对南京历史文化地标的形塑作用》，《南京社会科学》2009 年第 10 期。

2　关于明清金陵画坛的研究较富，仅举与本文相关数例：何传馨：《明清之际金陵画坛》，《东吴大学中国艺术史集刊》1987 年总第 15 卷；石守谦：《风格与世变——中国绘画史论集》，允晨文化实业股份有限公司，1996；杨敦尧：《图写兴亡：实景山水图在清初金陵社会网络中的意涵》，《书画艺术学刊》2006 年第 1 期；吕晓：《明末清初金陵画坛研究》，广西美术出版社，2012。

祠祭司郎中葛寅亮（1570—1646）所撰《金陵玄观志》中的"朝天宫左右景图"为代表。该图记录了主轴的宗教建筑、道教管理机构和官方习仪场所等具体的建筑空间，充分展现了南都这座集官署和道观于一体的道教建筑的复杂性，[1] 也开启了东南文士描摹以朝天宫为代表的南京道教图景的兴趣。晚明以降，朝天宫图像由"志观"进入金陵胜景系统。"金陵胜景"是本地文人对地方文化的一次综合解读，朝天宫政治和文化属性随"胜景"框架而扭转。明清易代以后，更为多元的文人想象逐步挑战"胜景"模型，胡玉昆、陈卓等对朝天宫的描绘就是这种多样性的佐证。康熙年间，陈卓的《冶麓幽栖图》展现了朝天宫图像的深刻变化，在视角和情境上都有别于此前的画作，创造了朝天宫图像的"城景"范式。这一源于方志的图像，由此突破了"志观"的性质，开始传递更具象征性的城市文化意义。

对于明清时期的南京城市景观，此前学界已从文学和艺术史领域展开研究，取得了丰硕的成果。[2] 但是宗教图像的个案研究目前尚少，将宗教史的视角引入对景观画作的观察，依然可能带来新的议题。对明清朝天宫图像资料的梳理，一方面有助于了解明清江南景观绘画发展的流变线索和多元途径；另一方面，朝天宫景观、功能和空间开放程度的变化在图像的演变过程中也得以体现，对进一步探讨明清江南地方道教宫观文化也将有所助益。

一　从志观到胜景：明代朝天宫图像

朝天宫是明太祖对南京冶山道教建筑群的赐名。朝天宫道观建筑的修整陆续跨越了大半个洪武朝。洪武十七年，"赐名朝天宫。设道录司于内"[3]。洪武二十八年，"重建朝天宫成，先是建是宫，凡正旦、圣节、冬至群臣习朝贺礼于其中。上以其制度未备，故命重建之。至是成，诏右演法曹希鸣住持"[4]。朝廷主持的对朝

---

[1] 关于明代朝天宫历史，见贺晏然《明代南京朝天宫建筑格局的变迁及其意蕴》，《道教研究学报》2019 年总第 11 期。

[2] 相关研究成果颇丰，仅就近年代表性研究成果举例。王宏钧、刘如仲：《明代后期南京城市经济的繁荣和社会生活的变化——明人绘〈南都繁会图卷〉的初步研究》，《中国历史博物馆馆刊》1979 年第 1 期；胡箫白：《胜景品赏与地方记忆——明代南京的游冶活动及其所见城市文化生态》，《南京大学学报》2014 年第 6 期；胡恒：《〈南都繁会图卷〉与〈康熙南巡图〉（卷十）——手卷中的南京城市空间》《建筑学报》2015 年第 4 期；李钿：《胜景的流变：明清视觉文化中的金陵胜景图》，收入胡阿祥、范毅军、陈刚主编《南京古旧地图集》下册，凤凰出版社，2018，第 116—128 页；王志高：《〈南都繁会景物图卷〉所绘城市空间解析》，《中国国家博物馆馆刊》2019 年第 9 期。

[3] 《明太祖实录》卷一六三，"中研院"历史语言研究所，1967，第 2523 页。

[4] 《明太祖实录》卷二四三，第 3535 页。

天宫建筑的修筑，进一步增强了冶山一带宗教建筑的政治色彩。永乐迁都之后，对朝天宫的增修仍然持续展开，冶山的景观逐渐被纳入官方道观环境中。冶山地区明代以前在传统的地景系统中，"景观"的意味较弱，[1] 明初的朝天宫作为皇家道教活动和百官习仪的场所虽然在建筑上得到了空前的扩充，但是直到晚明，官方的道教空间始终对公众封闭，作为景观的朝天宫因此较晚才进入本地文人对地方知识和文化的规模化整理。

目前已知明代最早的朝天宫图像是《金陵玄观志》中的"朝天宫左右景图"（图1）。《金陵玄观志》是万历年间南礼部祠祭司郎中葛寅亮主持编撰的，记录了南京道录司和太常寺下辖所有道教宫观的历史沿革、殿堂分布、田地公产、山水古迹、名道事迹、田租赋税、道规制度等信息。该书现存明刊本一部，应是天启年间葛寅亮回到南京任职之后印刷的。[2] 书前配有两幅图，分别是当时南都最重要的两座道观朝天宫和神乐观的全景图。配图由凌大德绘制，整体风格与葛寅亮同期编撰的南京佛寺志《金陵梵刹志》类似，刻工有可能相同。[3] 画面详细展示了朝天宫前山包括宫左卞壶祠和西山道院在内、后山包括全真钵堂、圜堂在内的道教建筑的全貌，并在重要殿阁上标注了建筑物的名称，具有典型的官修方志"志观"的目的。

目前可见的"朝天宫左右景图"刊印的时间虽在天启年间，但是反映的是万历年间葛寅亮等礼部官员的宗教改革理想。[4] 葛寅亮采用东南视角，将人之目力不可及的前后山场景一并纳入图中，是服务于其万历年间对冶山道教建筑整修政绩的记录。葛寅亮在职期间修复了朝天宫后山的全真堂，这一代表其道教改革理想的标志性建筑被着重纳入朝天宫图像的范围。[5] 其对宫观地亩产业的调查，以牌坊、围墙的形式事无巨细地记录在画面上。为了展现朝天宫建筑的全貌，图像提供了能兼顾前山与后山景观的东南俯视视角，这一全能视角在明清时期朝天宫图像的传承中具有典型意义。在万历时期的南京城中，朝天宫东南侧并没有可供登高眺望朝天宫全景的高地，而平视的角度却很难展现冶山后山和西侧卞壶祠、西山道院的状况。因此，此图的绘制过程是在全面掌握朝天宫建筑情况的基础上，通过调节

---

[1] 关于元代朝天宫发展状况见贺晏然《明代南京朝天宫建筑格局的变迁及其意蕴》，《道教学报》2019年总第11期。

[2] 贺晏然：《〈金陵玄观志〉明刊本述略》，《道学研究》2020年第1期。

[3] 《金陵玄观志》很可能是刘希贤所刻。关于刘希贤的介绍，参见严云受主编《中华艺术文化辞典》，安徽文艺出版社，1995，第295页。

[4] 何孝荣：《葛寅亮与〈金陵梵刹志〉》，《南开学报》（哲学社会科学版）2007年第6期。

[5] 贺晏然：《重塑"全真"：明代南京朝天宫全真堂的兴衰》，《宗教学研究》2022年第4期。

视角以完整展现朝天宫建筑,画师创作的过程中也主要是为了符合官修志书对宫观信息全面记录的需要。另一方面,《金陵玄观志》作为礼部祠祭司的官修志书,绘图细腻,兼顾对周边景致的呈现,朝天宫所在的冶山、远处的清凉山和铁塔仓塔也都被绘入图中。因此,"朝天宫左右景图"在"志观"的作用之外,也呈现出冶山山水的风貌,具有广义的山水画的某些特质。上述"朝天宫全景图"的视角和绘画风格在后出的诸多朝天宫图像中都明确可见,发挥了"模板"的作用。

晚明地方的文化自觉为朝天宫图像传播提供了契机,文人对地方风物的绘制、地方知识的整理、方志的编辑等都是地方意识提升的结果。[1] 朝天宫图像也由此进一步融入地方视野。万历年间,金陵名士余梦麟、焦竑、朱之蕃、顾起元等在游冶活动中选取了"金陵二十景",并由余孟麟将四人所赋编为《金陵雅游编》付梓刊行。[2] 朝天宫所处的冶城第一次进入了金陵景观系统,《金陵雅游编》对冶城的吟咏主要聚焦于它的今昔变幻,同时也注意到朝天宫浓郁的道教氛围:"凭高望真气,仙苑郁嵯峨。铸剑城何在,悬壶客屡过。雌雄跃冶后,风雨化龙多。莫漫悲禾黍,长江急逝波。"在诗作中,传统的吴王铸剑的意象已经被道观的盛况所覆盖,文人此时对冶山风貌的观看显然是当朝的,也即从洪武年间重修之后官方道观的景象。[3] 有趣的是,诗文在描述朝天宫道观建筑时,提到"凭高",应该是从冶山向南俯视道教建筑集中的朝天宫中轴,因此可以见到山前"仙苑嵯峨",但是这种从冶山俯视的视角却并未出现在金陵文士的画作中,在不久之后出现的朝天宫画作中,朱之蕃等忠实地选用了与《金陵玄观志》类似的东南俯视的观看视角。

朱之蕃等评定"金陵二十景",拓展了金陵胜景的范畴。不久,朱之蕃编,其徒陆寿柏绘的《金陵四十景图像诗咏》中出现了《金陵玄观志》之后朝天宫第一幅真正意义上的文人画——《金陵四十景图像诗咏》"冶麓幽栖"图(图2)。《金陵四十景图像诗咏》是对金陵景观一次蔚为壮观的系统化整理,以文图结合的形式对明末南京地区的四十处景观进行了描写。[4]

---

[1] 胡箫白:《胜景品赏与地方记忆——明代南京的游冶活动及其所见城市文化生态》,《南京大学学报》2014年第6期;李钰:《胜景的流变:明清视觉文化中的金陵胜景图》,收入胡阿祥、范毅军、陈刚主编《南京古旧地图集》,第116—128页。

[2] 王聿诚:《雅游编:明代"金陵四十景"的源头》,《江苏地方志》2018年第1期。

[3] 朱之蕃等对冶山风物的拣选当然不乏怀古的意味,但从观景的角度看,冶山的实景只有朝天宫道教建筑。

[4] (明)朱之蕃:《金陵四十景图像诗咏》,南京出版社,2012。相关研究参见费丝言《谈判中的城市空间:城市化与晚明南京》,浙江大学出版社,2021,第137—138页。

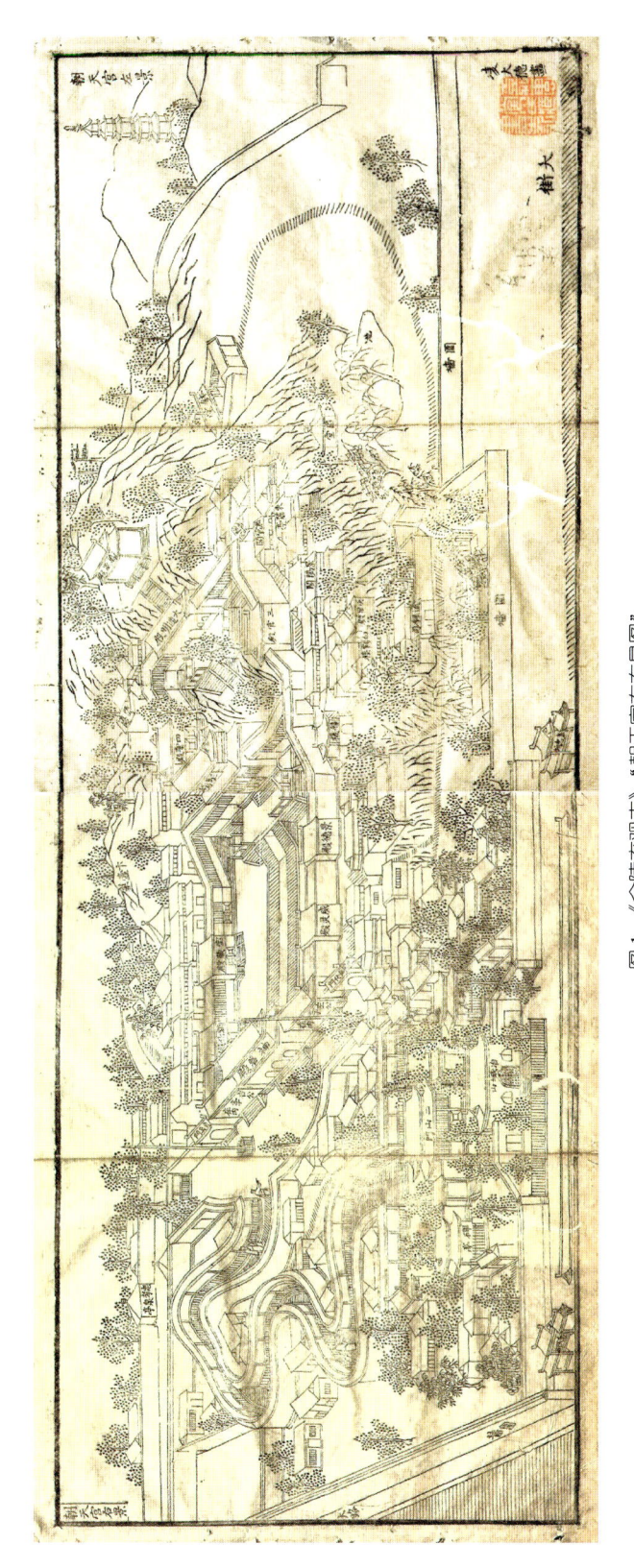

图 1 《金陵玄观志》"朝天宫左右景图"

(采自胡阿祥、范毅军、陈刚主编《南京古旧地图集》,第 152—153 页)

374 地图研究

图 2 朱之蕃编、陆寿柏绘《金陵四十景图像诗咏》"冶麓幽栖"图

[采自中国国家图书馆藏明天启三年（1623）《金陵图咏》刻本。另参《金陵四十景图像诗咏》，第 49 页]

"冶麓幽栖"图涉及朝天宫所在冶山地区历史的记录，朱之蕃首先叙述了冶城铸剑故事，与万历间文士拟定金陵二十景时述及的冶山传统相一致。对谢安、王羲之造访之事的记录则有效地加深了冶山的文人色彩。但是"冶麓幽栖"图对这类信息的记录是隐蔽的。图像对冶山风物的表达并不着眼于怀古，冶山和山后剑池等均未进入"冶麓幽栖"的中心位置，朝天宫道教建筑群依然是图像结构中的稳定核心，这与此前《金陵玄观志》朝天宫左右景图建构的观看方式是一致的。朝天宫前山中轴建筑被描绘得最为细致，标注着建筑名称的万岁殿、玉皇庙、神君殿都是中轴的道教宫观，两侧附属建筑仅标注了卞壶祠。[1] 对建筑名称的标注隐约体现出朝天宫图像的志书起源，但建筑的名称与《金陵玄观志》已经出现些微差异，应是对此时建筑状况的真实记录。朱之蕃序中"属陆生寿柏策蹇浮舫，躬历其境，图写逼真"[2]。所言非虚。不难看出，此时的冶山已经被明代皇家道教文化记忆所占据，搭配图像的诗作也调集了视觉、听觉多重感官传达了朝天宫皇家仙苑的氛围："韬光敛彩游尘界，抱一含元湛玉壶。东麓飞霞通帝座，倘分沆瀣涤凡夫。"诗作中提及的飞霞是冶山三阁之一，晚清仍有阁中道士在金陵文人圈活动的记录。云锣是常用的道教乐器，对朝天宫道乐的推崇正与前文"每月明风静，笙鹤之声达于九霄云"的描写相呼应。可见无论是冶山的图像还是诗文，都逐渐被明代以来的皇家宫观氛围深刻裹挟，其承《金陵玄观志》而来的对皇家宫观场景的再现有着实景的支撑。

朱之蕃游赏朝天宫时称"缘山之高下，最称盛览"，此处的山应该是指朝天宫所处的冶山，很可能是对作者游览路线的记录，作者将文人登临与冶山的道教氛围对接，传达了"超世"的共同志向。[3] 但是与《金陵雅游编》类似，这一游览路线与图像的呈现视角依然是矛盾的，"冶麓幽栖"图延续了此前"朝天宫左右景"图的视角，与文士游览过程中从冶山俯视的真实情况大异其趣。图咏较之《金陵玄观志》最为重要的变化是视角略微南偏。这是因为"朝天宫左右景图"的东偏视角主要是为了展现葛寅亮于后山新修的全真钵堂和圜堂。但是到了天启年间，这一建筑已经迁建到城西清凉山中，[4] 后山的宗教建筑衰落，景观意味和展示需求均下降。纯粹的南面视角已经足

---

[1] 关于朝天宫卞壶祠在明清时期的发展，参见贺晏然《道观与家祠——明代卞忠贞公的双祠记》，《宗教哲学》2017年总第88期。

[2] （明）朱之蕃：《金陵四十景图像诗咏》，第8页。

[3] （明）朱之蕃：《金陵四十景图像诗咏》，第49页。

[4] （明）卓发之：《漉篱集》卷一四《体堂修街募疏》，《四库禁毁书丛刊》，集部第107册，北京出版社，2000，第542页。

以呈现冶山建筑的风貌。"朝天宫左右景图"中塔的形象也被"冶麓幽栖"图继承，并且由一座增添为两座，作者分别标注为铁塔仓塔和永庆塔，使得图咏较之《金陵玄观志》更具景观的纵深，朝天宫不仅是冶山的官方建筑，也是城市风物的延展。同时，诗文和画作均委婉表达彼时朝天宫道教活动的相对沉寂，"雉堞消磨荒瑞草，瑶坛幽寂暖丹炉"。与此相呼应的是，"冶麓幽栖"图的官方色彩有所削减，作为道教管理机构的南都道录司未被纳入画面，而散布院落内外观赏和游戏的人群充满市井气息，体现了明末朝天宫官方地位下降后宫观空间的开放性，这在朝天宫承担皇家斋醮任务的明初几乎是不可想象的。费丝言在《谈判中的城市空间》一书中认为图咏代表着南京"从一个集中反映帝王权力和王朝荣耀的神圣空间，转变成了一个挤满了地方民众和呈现市井生活的平民地带"[1]。这虽然不能解释朝天宫官式图像的连续性，但对理解图像细节的世俗化色彩是有效力的。

综合明代的朝天宫图像可知，朝天宫图像在明代的艺术创作是围绕其自洪武年间获得的官方道观身份而展开的。官方道观的封闭空间，使它较晚才进入地方景观系统中，随着晚明在地文人对地方景观体系的不断发掘，逐渐为"金陵胜景"系统所吸纳。在此过程中，《金陵玄观志》的"朝天宫左右景图"提供了长期的视角和风格的模板意义，但同时随着宗教空间的进一步开放和文人地方知识世界的开敞，对朝天宫宫观建筑和宫观生活的体察都开始沾染文人社群的生活经验。《金陵四十景图像诗咏》中"冶麓幽栖"的题名或许便是这种文人审美情趣的流露，"幽栖"二字将冶山的历史和清幽的宫观氛围进一步融合，预示了清代朝天宫画作的文人化取径。

二 胜景的多元化：清代朝天宫图像

入清后，朝天宫宫观建筑的发展经历了平稳的过渡。[2] 咸同以前，朝天宫依然是南京最重要的道观，康熙、乾隆二帝均曾亲临，并屡次重修。"康熙三十年，南巡临幸，皇太后赏银一千两修葺庙宇。""乾隆二十一年，南巡临幸，大吏鸠工改作，重门直达，二十九年发帑重新。"[3] 明代遗留的山南中轴道观建筑从清初到道光年间得到了一定的维护。本地文人陈作霖（1837—1920 年）幼时所见朝天宫主体道教建筑的场景，宛然明代的建筑格局："前重为神君殿，中为三清殿，后为

---

[1] 费丝言：《谈判中的城市空间：城市化与晚明南京》，第 136 页。

[2] 贺晏然：《南京冶山道院与朝天宫关系考》，《江苏地方志》2020 年第 6 期。

[3] （清）吕燕昭、姚鼐：《重刊江宁府志》第 10 卷，《中国方志丛书·华中地方》第 128 号，台北成文出版社，1974，第 404 页。

卞皇殿，皆高台纳陛，翼以长廊。飞云、飞霞、景阳三阁，矗立于其东。"[1] 清初朝天宫建筑的稳定性，有助于朝天宫图像格局和氛围的持续，康乾间是清代朝天宫图像继承与创新并举的时期。

目前已知清代最早的是周亮工作跋、高岑绘制的《金陵四十景图》中所收"冶城"图，后被收入康熙六年（1667）江宁知府陈开虞主持修纂《江宁府志》中（图3）。[2] 高岑（约1618—1689年后），字蔚生，号榕园，江宁人，是清初"金陵八家"之一。[3] 此图可以明显地看出对晚明《金陵四十景图像诗咏》"冶麓幽栖"的仿制，连宫门前的人物都是将"冶麓幽栖"神君殿前的人物整体搬到了山门之外。对冶城的描述也几乎照录《金陵四十景图像诗咏》，只将篇末对道乐的艺术化描写删除。[4] "冶城"图的绘制虽然并非直接服务于方志编撰的目的，但高岑显然将参考冶麓幽栖图作为一种经济的选择。学界此前对《江宁府志》图像的研究集中于易代背景下政治情感的传达，认为金陵胜景图所代表的遗民群体间隐晦传达的前朝旧情，似乎开始逐渐公开化，形成一种怀古和感旧的承载形式。[5] 从这个意义上说，《江宁府志》"冶城"图也是胜景图像发展中的重要节点。但这一节点意义恐怕仅停留在对图像价值的学术阐释，"冶城"图对"冶麓幽栖"图构图、风格等公式般的继承，使得图像本身的情感自觉显得颇为有限。

为"冶城"图作跋的周亮工也是清初金陵画坛发展过程中的关键人物。周亮工（1612—1672年），字元亮，又号陶庵、减斋、缄斋、适园、栎园等，河南祥符人。[6] 此前的研究认为清初南京形成了以周亮工为中心的艺术圈，吸引了新安、扬州、浙江、福建乃至正统派活跃的太仓地区的画家来此短期创作与交流，金陵遂成为清初画坛最为活跃的城市之一。[7] 在此背景下，以龚贤、樊圻、吴宏等为代表的金陵画派逐渐形成，成为独立于清初

1　陈作霖：《运渎桥道小志》，收入陈诒绂《金陵琐志九种》上，南京出版社，2008，第24—25页。

2　关于《江宁府志》中《金陵四十景图》的研究，参见 Jonathan Hay "Ming Palace and Tomb in Early Qing Jiangning: Dynastic Memory and the Openness of History", *Late Imperial China*, Vol. 20, No. 1, 1999, pp. 1-48。

3　关于高岑与金陵八家的研究，参见陈传席《金陵八家的构成及四位高岑问题》，《东南文化》1987年第3期；陈传席《论"金陵八家"构成原因及有关问题》，《东南文化》1990年第5期；唐昆《高岑〈江山无尽图〉浅析》，《中国书画》2014年第5期；吕晓《高岑其人其画》，《中华书画家》2016年第4期。

4　（清）陈开虞：《江宁府志》，《金陵全书甲编·方志类·府志·康熙江宁府志1》，南京出版社，2011，第276页。

5　吕晓：《明末清初"金陵胜景图"研究》，《南京艺术学院学报》2010年第4期。

6　董博芳：《周亮工的艺术交往与收藏》，硕士学位论文，上海师范大学，2010。孟晗《周亮工事迹征略（下）》，《商丘职业技术学院学报》2015年第1期。

7　吕晓：《明末清初金陵画坛研究》，第22页。

"四王"正统画派外的另一大艺术群体。[1] 他们多隐居以书画为生,具有较强的遗民意识,作品主张师法自然,注重写生,极具江南山水特色。[2] 但是很显然,方志图的系统有其稳定脉络和现实的需求。可以说,直到(康熙)《江宁府志》,朝天宫的图像仍然部分停留在《金陵玄观志》"朝天宫左右景图"的框架内,天启初年《金陵四十景图像诗咏》中的"冶麓幽栖"图与《江宁府志》中"冶城"图均是在对道观建筑忠实记录的基础上,进行了视角和世俗化的改造。

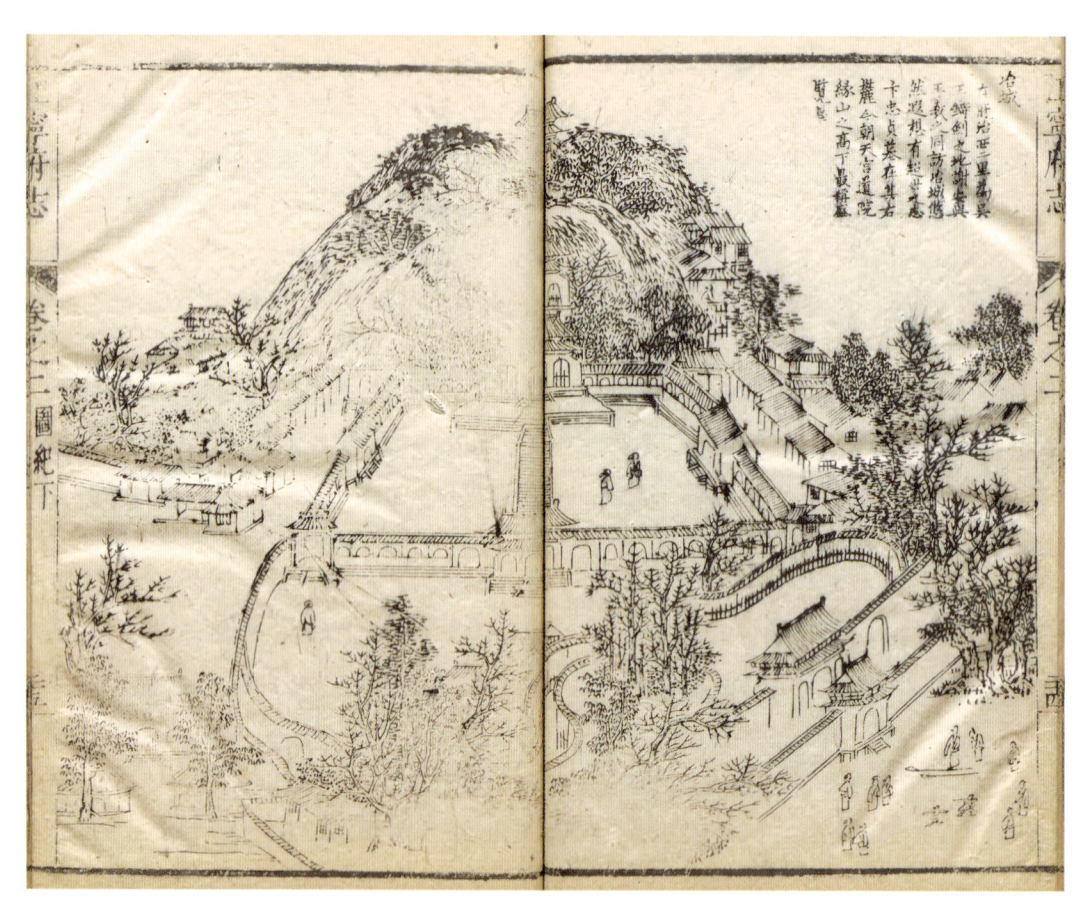

图3 (康熙)《江宁府志》"冶城"图
[采自日本内阁文库藏(康熙)《江宁府志》。另参《金陵全书甲编·康熙江宁府志》,第274—275页]

1　林树中:《金陵画派与金陵文化——金陵画派综论》,《东南文化》1989年第Z1期;姜斐德:《无声的对应——中国士大夫的绘画与书法》,收入李季主编,故宫博物院编《盛世华章中国:1662—1795》,紫禁城出版社,2008,第265页。

2　王晓春:《17世纪金陵画家武丹及其绘画》,《中华书画家》2016年第5期。

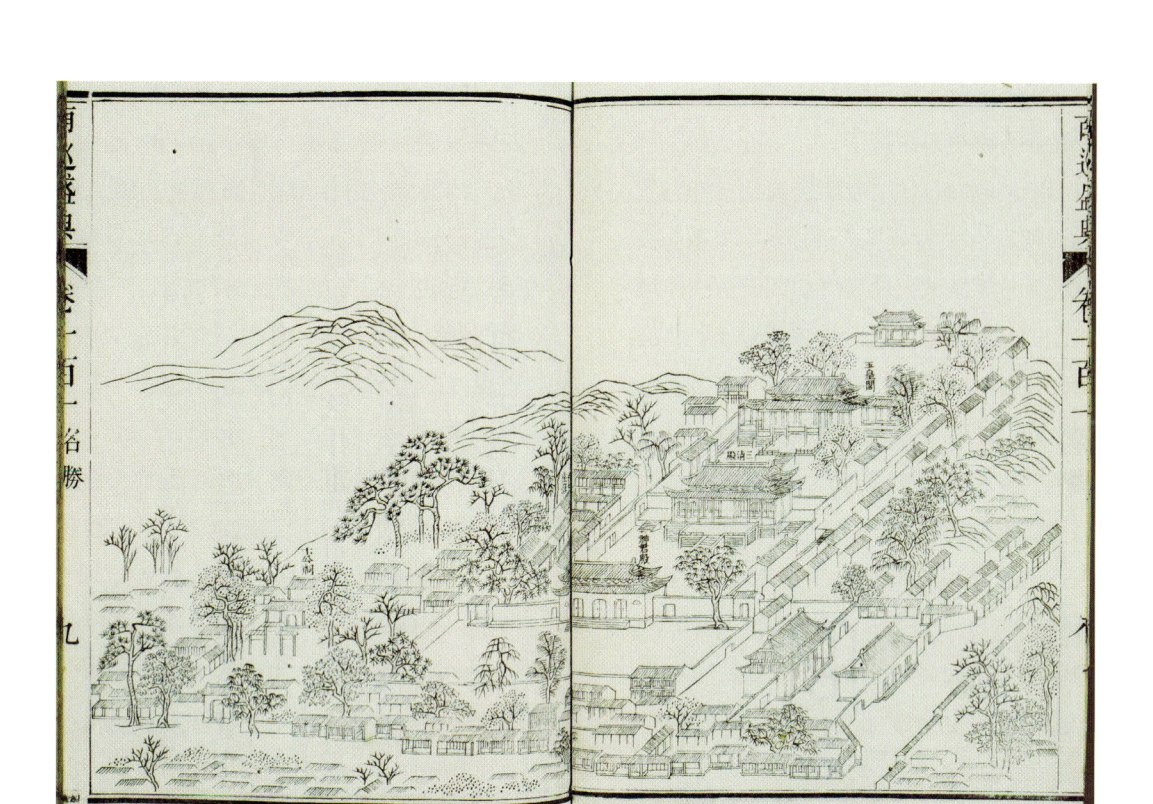

图4 高晋《南巡盛典》"朝天宫"

这种官式样板直到乾隆年间依然为官方所采用,在乾隆南巡的相关画作中曾出现朝天宫图像。如《乾隆南巡驻跸图》和《江南名胜百图之金陵二十六景片》等。[1] 这些图一般认为作于乾隆第五次行幸后,是对清代官方修缮朝天宫之后朝天宫建筑状况的反映。乾隆三十一年(1766),两江总督高晋(1707—1778年)意图编纂《南巡盛典》,特意记录朝天宫为"乾隆二十九年,钦奉皇太后发帑重修。石室丹台,均蒙慈荫,瑶雨宝箓,永介鸿釐,乃为金陵道观之最"(图4)。[2]"朝天宫"图也采用了便于表现建筑全局的东南俯视视角,并标注了神君殿、三清殿、玉皇阁等部分建筑名称,与《金陵玄观志》的"志观"传统形成了微妙的呼应。朝天宫的山势为了迎合建筑布局的展开被人为地削减了,画面更为平整,屋廊的安排也极为规整,《金陵玄观志》中这一"帝国统治下被编制入列的地点"

---

[1] 关于清帝南巡图像的研究参见王正华《艺术、权力与消费:中国艺术史研究的一个面向》,中国美术学院出版社,2011,第157—159页。

[2] 南巡图有多个版本,此处引(清)高晋等《南巡盛典》名胜卷一〇一"朝天宫",日本早稻田大学图书馆藏清乾隆三十六年(辛卯,1771年)序刊本,第9页。

又一次借官府之手重现，只是这次对上意的契合变得更为显著了。[1]

而与此同时，江南画坛的文士开启了在"朝天宫左右景图"的范式中寻求突破的另一类尝试。代表清初朝天宫画作风格变迁的是胡玉昆和陈卓。胡玉昆（1607—1686年），字褐公，一字元润，江宁人。他所在的胡氏家族有较强的艺术传统，他也是周亮工极为推崇的本地画家。[2] 胡玉昆对冶城应颇熟悉，在康熙二十五年（1686）所作的《金陵名胜图册（丙寅本）》十二开（天津博物馆藏）自叙中他曾经提及"时康熙丙寅闰四月记于冶城之道院"，在他顺治十六年绘制的《金陵古迹图》中就曾包括冶山。胡玉昆创作的朝天宫图像很可能不止一幅，《金陵古迹图》由于目前藏于美国较难获得，但是根据道光年间戴熙（1801—1860年）仿胡玉昆的冶山图，可以清楚地看出胡玉昆独特的山水风格。戴熙对画作记录道："冶山。八十老人玉昆作。醇士戴熙临。"又云："金陵二十四图。图为元闰胡玉昆褐公老年笔，河东父故物也。"并且感叹画作烟雨迷蒙的苍茫风格，冶山建筑被包裹在山林中，仅有崎岖的小道勾连。这与此前画作恢宏开敞的气象大异，应是对时代心境和胡玉昆晚年艺术风格的反映，与石守谦教授所谓17世纪金陵画坛"感伤"的情绪较为相似。[3] 戴熙《金陵二十四图册》此后还为贺天健（1891—1977年）所临，胡玉昆对冶山苍茫山色的表述得到了较为长久的推崇。本文下节将着重探讨的陈卓的《冶麓幽栖图》与胡玉昆创作的年代相仿。康熙二十六年（1687）基于本地画家一次颇具规模的合作，陈卓绘制了《冶麓幽栖图》。虽然沿用了《金陵四十景图像诗咏》的名称，但是在观察角度和绘制方式等方面都出现了新变。类似陈卓、胡玉昆这样的画家，为清代朝天宫图像的历史打开了新局面。

乾隆之后，在金陵四十景和四十八景的组合图像中，朝天宫图像依然较为稳定的传承。但是较之明末清初金陵胜景图绘制的风气，此时的创作热情已渐趋衰弱。黄鼎（1768—1842年）在《金陵景物图》中曾记道："金陵景物图余曾见朱之蕃之四十景，郭存仁之八景，高岑之四十景，胡玉昆之十二景，皆出于明末清初，足以见一时之风尚。"黄鼎《金陵景物图》中包括"冶城琳宫"一幅，主要描绘朝天宫中轴的道教建筑，从"琳宫"二字可知，冶山道教建筑应仍然是画作的主题。

1　王正华：《艺术、权力与消费：中国艺术史研究的一个面向》。

2　吕晓的研究将胡玉昆称为个性派画家，认为是明清南京文人画家中比较特殊的一类。见氏著《明末清初金陵画坛研究》，第23页。

3　石守谦：《从奇趣到复古——十七世纪金陵绘画的一个切面》，收入氏著《从风格到画意——反思中国美术史》，生活·读书·新知三联书店，2021，第332—346页。陈卓的《冶麓幽栖图》或许已经显露了石守谦教授所称"复古"的倾向，但"感伤"与"复古"在此一时段更像是兼具的。

图 5　徐寿卿编、韵生绘《金陵四十八景全图》"冶城西峙"图

到了晚清，朝天宫宗教建筑经历了快速的儒家化转向。早在嘉庆年间，已有改建朝天宫为府学的建议，"嘉庆间，府学大成殿灾，时有建议者请迁冶城，改朝天宫为府学，而移道家神像于府学，未为无见，惜不果行"[1]。嘉道间改造未成的原因主要是朝天宫道士聚集一时难以搬迁。"嘉庆道光中，宫观尤盛，黄冠数百人，连房栉比，鼓舞盯庶。"[2] 此时道士的人数也侧面说明了清代中期朝天宫道教兴盛的景象。太平天国之后，冶山南面的宗教建筑已经几乎损毁，仅剩门堂、飞云阁、水府行宫数十间。[3] 同治四年八月，在李鸿章（1823—1901 年）的主持下，移建府学、文庙于故朝天宫遗址。[4] 这次重建，修造了大成殿、棂星门、戟门、两

---

[1] （清）甘熙：《白下琐言》，南京出版社，2007，第 32 页。

[2] （清）曾国藩：《江宁府学记》，收入《曾国藩全集·文集》，河北人民出版社，2016，第 75 页。

[3] 也有的记录称朝天宫经乱之后"扫地无余，惟三清殿下银杏一株仅存"，见陈作霖《运渎桥道小志》，收入陈诒绂《金陵琐志九种》，第 25 页。

[4] （清）莫祥芝、甘绍盘：《同治上江两县志》卷八《中国地方志集成·江苏府县志集 4》，江苏古籍出版社，1991，第 116 页。

庑、库房、官厅等,次年九月建成。曾国藩(1811—1872)于同治六年后,又增建崇圣殿、尊经阁、明伦堂、宫墙、泮池、名宦、乡贤、忠义、孝悌等祠以及教官衙署、牌坊等。同治八年七月,工程才正式完成。经过这两次重建,朝天宫道观的性质实际上已被改写,朝天宫的宗教建筑在光绪年间被逐渐搬迁至后山,冶山图像中展现的山南道教景观消失殆尽,此前朝天宫图像所代表的寂静悠远的宗教氛围也失去凭借。"琳宫""幽栖"的主题被"冶城西峙"取代,开始频繁地出现在金陵胜景图中,如陈学的《金陵四十八景图》、徐虎的《金陵四十八景图》、端木治的《金陵四十景》、怀岎的《金陵二十四景图》等,这些画作仍可以隐约看到自《金陵玄观志》"朝天宫左右景图"以来构图模式的影响,但是对朝天宫宗教氛围的记忆显得愈发模糊。民国年间徐寿卿编、韵生绘的《金陵四十八景全图》也保留了"冶城西峙"图(图5),[1] 或许可以视为清代朝天宫图像的余绪。

综上可见,清代朝天宫图像在对明代《金陵玄观志》范式继承的基础上,逐渐出现了更为多元的文人化转向。清初本地画坛的发展,为朝天宫图像视角和技法的转移提供了基础。康熙年间以陈卓、胡玉昆为代表的金陵名家开始突破此前朝天宫图像的模型,传达了更为细腻多元的文人审美。朝天宫在清代的两次建筑变迁也带来了图像的新变,第一次是乾隆年间官方对朝天宫建筑的修缮,第二次是太平天国之后朝天宫建筑性质由宫观转为府学。晚清金陵胜景的传统虽然勉强维持,但冶山的建筑不再提供现实的道观场景,朝天宫图像的描绘失去了明代以来的主题背景。加之晚清金陵画坛的精英画家逐渐减少,绘画的技法落入陈式。晚清出现的"冶城西峙"图只能借助成例,略作改易而已。

三 城景的深化:陈卓《冶麓幽栖图》

康熙年间陈卓的《冶麓幽栖图》是清代朝天宫文人画的代表作之一。陈卓(1635—约1711),字中立,晚号纯痴老人,北京人,住金陵。[2] 陈卓生活的时代是清初江南画坛急剧变迁的时期,[3] 学界此前对陈卓在清初画坛的地位及创作特点已有一定的研究,认为他是清初金陵画派的代表人物之一,对其创作技法和存世书

---

1 徐寿卿编:《金陵四十八景全图》,南京出版社,2012,第43页。
2 吕晓:《秣陵烟月:明末清初金陵画坛研究》,收入王明明主编《大匠之门2》,广西美术出版社,2014,第84页。
3 石守谦:《从奇趣到复古——十七世纪金陵绘画的一个切面》,收入氏著《从风格到画意——反思中国美术史》。

画作品颇为推崇。[1] 康熙二十五六年间，安徽人叶蕡实陆续邀请寓居南京的画家吴宏、龚贤、樊圻、陈卓、戴本孝、柳堉等，为其绘写实景山水画《金陵寻胜图卷》。陈卓绘制了其中有较多建筑的《冶麓幽栖图》（图6）和《天坛勒骑》。相较于清初其他的金陵景观绘画，《金陵寻胜图卷》的创作过程实际上是对晚明《金陵四十景图像诗咏》地方精神的一次回归，画作的创作过程是对本地创作资源和情感的调动，在金陵的画坛和文坛都可谓盛事。如《金陵寻胜图卷》画卷题跋（现藏于南京博物院）所述："以金陵人藏金陵图画，即索之金陵佳手笔，亦一时胜事。"此卷现存十景，龚贤、吴宏、陈卓、樊圻各作两景，戴本孝、柳堉各作一景，其中龚、吴、陈的六卷藏于北京故宫博物院，樊圻的两卷藏于南京博物院，戴、柳二卷藏于上海博物馆。[2]

图6 陈卓《冶麓幽栖图》
（采自故宫博物院藏品导览网站，https://www.dpm.org.cn/collection/paint/229093.html）

---

1 陈传席：《关于"金陵八家"的多种记载和陈卓》，《东南文化》1989年第Z1期；吕晓：《明末清初金陵画坛研究》，第78—79页；周安庆：《清初陈卓的实景山水画品鉴——以〈天坛勒骑图〉〈冶麓幽栖图〉画卷为例》，《文物鉴定与鉴赏》2013年第9期。

2 吕晓：《分藏三馆的〈金陵寻胜图卷〉》，《收藏》2015年第23期。

陈卓在《冶麓幽栖图》最左端以行书落款："丁卯（1687年）仲春画于东山草堂，陈卓。"后钤"中立"朱文方印。在《金陵寻胜图卷》的创作时期，康熙南巡的活动已经展开，但朝天宫清代的第一次官方重修活动尚未开始，直到"康熙三十年，南巡临幸，皇太后赏银一千两修葺庙宇"[1]。故图像表现的应该是明末崇祯年间朝天宫重修之后的场景，[2] 中轴的道观建筑被较为妥善地保存下来，但是观前的开敞空间未被绘入，宫观环境略显萧索。晚明画作的某些要素在陈卓的作品中依然有所表现。例如远景中的铁塔仓塔就被保留下来，与山后城市的景象相互交融，"朝天宫左右景图"中的远山也有所呈现。陈卓将城市的背景进一步扩大，朝天宫伫立在一片苍茫的雾霭中。画作很可能较为真实地反映了康熙年间朝天宫的建筑和南京的城市风貌，同时呈现出陈卓等创作者对朝天宫宗教和政治内涵的诠释。

《冶麓幽栖图》卷末附有文人王楫、[3] 柳堉的诗跋。王楫先是引用朱之蕃《金陵四十景图像诗咏》第三十九景"冶麓幽栖"中的诗文，这进一步证明了这次创作接续晚明文坛盛事的目的。王楫接着又赋诗一首："清夜长闻奏凤韶，琳宫贝阙郁层霄。坛遗立鹤招犹至，剑化苍龙去已遥。山麓日添沽酒肆，城跟时过贩鱼舠。松窗竹榻闻相待，欲就黄冠乞一瓢。"诗后并钤有白文"王楫之印"、朱文"汾仲"方印各一枚。这首诗除了颈联外的每一句都与《金陵四十景图像诗咏》"冶麓幽栖"诗一一对应，如朱诗首联的"奏云璈"与王诗"奏凤韶"，均是描写道乐的优美，尾联的"分沆瀣"和"乞一瓢"，都是作者寄望求仙的婉转表达。而不相对应的颈联其实说明了朝天宫在清初进一步世俗化的景象，所谓"山麓日添沽酒肆，城跟时过贩鱼舠"。但是从陈卓的画面中，似乎较之此前的画作更难发掘朝天宫此时的世俗色彩，空寂的宫观和暮霭沉沉的民居显示了更为内敛的江南山水的风格。此图最后是柳堉的诗跋："冶城宫殿建朝天，簇簇霓旌拥御筵。玉局符存灵外篆，金炉香绕殿中烟。苏耽化鹤人何处？尹喜逢牛书杳然。曾向金丹求道士，从来尘世葬神仙。"并钤有朱文"柳堉"、白文"公韩"方印各一枚。柳诗在描写朝天宫道观曾经辉煌的同时，对道教求仙之术显示出消极的态度，使得抽离了官方道观身份的朝天宫呈现出更为虚幻的意味。

陈卓《冶麓幽栖图》最为特殊之处是与明清所有朝天宫图像均不相同的观察视角。画家从冶山的西侧高处向东眺望，将城东辽阔的山水纳入画面。陈卓站立的

---

[1] （清）吕燕昭、姚鼐：《重刊江宁府志》卷一〇，第404页。

[2] 贺晏然：《明代南京朝天宫建筑格局的变迁及其意蕴》，《道教学报》2019年总第11期。

[3] 王楫（1621—1710年前），字汾仲，号艾溪，安徽黟县人，隐居金陵。见（清）魏禧《王汾仲六十叙》，载《魏叔子文集外篇》卷一一，《续修四库全书》第1408册，上海古籍出版社，1996，第672—673页。

位置此前有观点认为是清凉山，[1] 但是清凉山位于冶城西北，绝不可能看到山南宫观的情况，且距离遥远，较难捕捉到殿前香炉等细节，笔者推测陈卓观看的位置很可能是三山门一带的城墙。在南京明代的习俗中就有"登城头"，这一活动在清代也曾延续。清人甘熙在《白下琐言》中写道："岁正月既望，城头游人如蚁，萧鼓爆竹之声，远近相闻，谓之'走百病'，又云'踏太平'，聚宝、三山、石城、通济四门为尤盛。"[2] 虽然不能确定康熙年间对登城的管制程度，但从画作的观察角度来看，城墙似乎是俯视朝天宫最为可能的位置。陈卓作画的时间是农历二月，正离正月"走百病"之期不远，他是否也看了王楫诗中的"城跟时过贩鱼舡"，可供遐想。若陈卓观察的方位可信，则《冶麓幽栖图》是以城东方向的钟山为幕，与"朝天宫左右景"图等表现的城西清凉山相异。钟山作为明帝陵的政治隐喻，传达了《金陵寻胜图卷》创作过程中的兴亡之叹，这与吴宏、樊圻等"用饱含感情的山水画来作为对明王朝覆灭的反应"的做法有相似之处。[3] 使得这套个性迥异的画作，隐然有了统一的精神内核。

陈卓的《冶麓幽栖图》代表了康熙年间金陵画家对胜景传统、实景山水和金陵画派个人风格的融合，与此前朝天宫图像对《金陵玄观志》图像的仿制有巨大差异。陈卓观察朝天宫的西南侧视角在此前和此后的作品中几乎都未出现过，而对朝天宫殿阁的细节化描写和对金陵城景的铺陈在朝天宫图像中也是第一次出现。《冶麓幽栖图》较早将设色山水带入金陵胜景"冶麓幽栖"的传统，此后诸多的朝天宫图像，实际上均未表现出超越陈卓的实景山水风格。秦祖永评陈卓画"有宋人精密之体"[4]，从此图可以看出陈卓用笔细腻之处，在兼顾精密的同时，画作呈现的城市风貌突破了《金陵玄观志》以来朝天宫图像的模式化框架，成为金陵城的朝天宫。乃至于"金陵迄今称以画世其家者，必推陈氏焉"之称，周亮工的"金陵八家"也以陈卓为首。[5] 其山水画的特色通过《冶麓幽栖图》得到了呈现，朝天宫图像在清代的多元发展也通过类似陈卓的画家得以实现。

1　周安庆：《清初陈卓的实景山水画品鉴——以〈天坛勒骑图〉〈冶麓幽栖图〉画卷为例》，《文物鉴定与鉴赏》2013年第9期。

2　张凯月：《明初南京移民习俗的都市化研究——从"走桥"到"登城头"习俗的演化与文化空间转换》，《文化学刊》2017年第9期。

3　姜斐德：《对清朝征服的反应：吴宏与孔尚任》，收入李季主编，故宫博物院编《盛世华章中国：1662—1795》，紫禁城出版社，2008，第370页。

4　（清）秦祖永：《桐阴论画二编》，《续修四库全书》第1085册，1996，第354页。

5　陈传席：《关于"金陵八家"的多种记载和陈卓》，《东南文化》1989年第Z1期。

结　语

朝天宫是明清以来南京最为重要的道教宫观,其自洪武年间始的皇家宗教功能为其在本地文化语境中的呈现开启了新传统。这种传统在图像上最早的体现就是晚明万历年间官修志书《金陵玄观志》中的"朝天宫左右景图",通过忠实记录朝天宫道教建筑,体现"志观"的功能。随着晚明本地文人对城市景观的系统化整理,朝天宫逐渐进入了"胜景"的系统。以朱之蕃《金陵四十景图像诗咏》中"冶麓幽栖"图为代表,《金陵玄观志》的图像特征稳定地度过了明清易代得以传承。直到康熙年间,金陵画坛一批本地画家的崛起,将更为多元的创作特色引入胜景传统,胡玉昆和陈卓即是其中代表人物。陈卓的《冶麓幽栖图》采取了不同以往的视角和技法,打破了朝天宫图像晚明以来的创作范式。晚清朝天宫建筑经历了战乱和改建,冶麓幽栖的主题也被"冶城西峙"所取代,图像的表现显得更为统一和平淡。由宗教场所图像析出的分析路径,可以为此前学界依城市、消费、地方性等观念所见的江南社会提供新的面向,明清南京的政治性和世俗性有了更为多元的表达方式。宗教史和艺术史叙事结合的方法,不仅能够深入理解明清以来朝天宫建筑格局和宗教氛围的变迁,对认识南京胜景传统内部的差异和画家个人特色也将有所助益。

附记

本文在写作的过程中得到东南大学历史学系李铀博士和常州大学江南文化研究中心蒋欧悦研究员的指点,特此致谢!

近代地球仪由中国传入朝鲜的早期历史
——以牛津大学博德利图书馆藏地球仪图像为中心

王 耀（中国社会科学院民族学与人类学研究所）

以"地圆说"为基础的地球仪，公元前2世纪最早由古希腊天文学家制作，[1] 9世纪由阿拉伯人继承后，13世纪一度传入元朝。[2] 近代地球仪则是16世纪末由耶稣会士传入中国，意大利传教士利玛窦（Matteo Ricci，1552—1610）最早在中国制造中文地球仪，1585年肇庆地球仪是第一架近代意义上的中文地球仪，受其影响，中国人瞿汝夔和李之藻曾自制地球仪，现存最早在中国制造的1623年地球仪是葡萄牙传教士阳玛诺（Emmanuel Diaz Junior，1574—1659）和意大利传教士龙华民（Nicolas Longobardi，1559—1654）为上呈皇帝而制作。[3] 至1636年，德意志传教士汤若望（Johann Adam Schall von Bell，1592—1666）撰写《浑天仪说》，首次将欧洲印制地球仪的技艺传入中国，并绘制地球仪用世界地图——《地球十二长圆形图》。

完全颠覆了中国古人"天圆地方"观念和传统天下观的地球仪，因为制作不易，在明朝后期属于极为罕见的西洋器物，传播范围有限，并未如1602年利玛窦《坤舆万国全图》等西洋式中文世界地图一样，上至万历皇帝，下至普通士人，广泛传送，远至域外朝鲜、日本，亦纷纷仿效。然而汤若望撰写的地球仪制作技艺，机缘巧合地传入了朝鲜半岛。

本文所要重点讨论的这幅现藏于英国牛津大学博德利图书馆（Bodleian Library）的地球仪用世界地图，应该就是朝鲜人根据汤若望图籍改制而来。牛津

---

[1] 参见［英］李约瑟（Joseph Needham）《中国科学技术史》第三卷《数学、天文和地学》，梅荣照等译，科学出版社、上海古籍出版社，2018，第375页。

[2] 参见《元史》卷四八《天文一·西域仪象》，中华书局，1976，第999页。

[3] 参见曹婉如、何绍庚、吴芳思（Frances Wood）《现存最早在中国制作的一架地球仪》，载曹婉如、郑锡煌、黄盛璋、钮仲勋、任金城、秦国经、胡邦波编《中国古代地图集》（明代），文物出版社，1995，第117—121页。

大学钟仲明（Minh Chung）在2019年编著的《朝鲜珍宝》（Korean Treasures）第二卷中，对图幅内容、作者及其价值进行了探讨。[1] 1933年日本学者秋冈武次郎（Takejirō Akioka，1895—1975）对另一幅朝鲜制地球仪用图进行了专题研究。[2] 本文将在前人研究基础上，从东西文化交流和中朝文化交流的角度出发，结合同时代中国及欧洲的地球仪状况，呈现地球仪这一西洋器物经由中国传入朝鲜的早期历史（1603—1801）[3]。

一 西学初入朝鲜的时代背景及1644年昭显世子"舆地球"

大航海时代以来，欧洲人陆续来到东亚、东南亚。1553年，葡萄牙人入居中国澳门，1565—1571年西班牙人开始陆续占领菲律宾群岛，1619年荷兰人攻占爪哇岛上的雅加达，更名为巴达维亚。与此同时，1540年获得教皇认可的耶稣会，成为天主教的一个正式修会。1541年耶稣会士沙勿略（San Francisco Xavier，1506—1552）开启东方传教，1549年作为首位踏上日本国土的天主教传教士，在九州鹿儿岛开教。[4] 天主教在九州等日本南部传播迅猛，1579年意大利传教士范礼安（Alexander Valignani，1538—1606）抵达日本时，丰后的大友宗麟、肥前的马晴信和大村纯忠等大名入教，1580年大村纯忠更是将长崎及附近的茂木地区献给耶稣作为领地。[5] 至1581年年底，教徒已达15万人，4/5在九州，教堂不下200所，1595年教徒更是增至30万人。[6] 在16世纪末欧洲制地球仪被带至日本，作

---

[1] Minh Chung: *Korean Treasures: Rare Books, Manuscripts and Artefacts in the Bodleian Libraries and Museums of Oxford University*, Volume 2, Bodleian Library, 2019, pp. 9–13.

[2] ［日］秋冈武次郎：《安鼎福筆地球儀用世界地圖——東洋製作の古地球儀用舟形図の一》，《歷史地理》，1933，第61卷第2号。该文章由中国社会科学院近代史研究所赵妍杰、台湾"中研院"潘光哲帮助查找复印，在此致谢。

[3] 本文对于"早期历史"的时间界定（1603—1801年），与朝鲜西学史有关。朝鲜西学经由中国传入，1602年利玛窦《坤舆万国全图》在1603年被朝鲜使臣李光庭带回朝鲜弘文馆，这是汉译西书传入朝鲜的最早记载。利玛窦地图对17、18世纪东亚地图学影响深远，并且同时代东亚地球仪球面内容多采自该图，故而以此为始。18世纪末期，李氏朝鲜对天主教及西学日趋严厉，1785年"乙巳秋曹摘发事件"后开始查禁汉译西书，至1801年"辛酉教难"，天主教在朝鲜传播陷入低潮，朝鲜西学受到重挫，因此时间截止到1801年。"早期历史"大概包括17世纪初至18世纪末的二百年间的历史。

[4] 参见［法］费赖之《在华耶稣会士列传及书目》（上），冯承钧译，中华书局，1995，第1—10页。

[5] 参见顾卫民《范礼安与早期耶稣会远东（中国与日本）传教》，《史林》2001年第2期。

[6] ［美］马士（Hosea Ballou Morse）、宓亨利（Harley Farnsworth MacNair）：《远东国际关系史》，姚曾廙等译，上海书店出版社，1999，第30、31页。

为礼物赠送给各地大名。[1] 至 1637 年，九州岛原地区民众不堪压迫，揭竿而起，酿成史称"岛原之乱"的日本最大规模的农民起义。因为起事者多为教徒，领导者亦以宗教相号召，变乱颇有宗教战争的性质，1638 年幕府调集重兵镇压。自此幕府禁教，直至明治维新时代。[2]

最早进入中国传教的意大利耶稣会士罗明坚（Michel Ruggieri，1543—1607），1582 年进入广东肇庆。对于中西交流做出重大贡献的利玛窦与之同行，撰写了《天主实义》（1604 年译为日文）、《西国记法》等书，最为有名的是绘制《坤舆万国全图》（1602）、《两仪玄览图》（1603）等西洋式中文世界地图。耶稣会士编译了大量图籍，较著名的如 1623 年艾儒略（Giulio Aleni，1582—1649）的《职方外纪》，汤若望参与编制的《西洋新法历书》，1674 年南怀仁（Ferdnand Verbiest，1623—1688）刊印的《坤图图说》及《坤舆全图》。

明末天主教在中国的传播范围有限。康熙前中期，对天主教态度友善，康熙三十一年（1692）颁布了允许天主教会在华传播的诏令。由于教会内部发生"礼仪之争"，1704 年教宗克莱门十一世正式禁止"中国礼仪"，包括禁止敬孔祭祖、祭天地等严重违背中国传统的内容，导致中国与教廷关系破裂。康熙四十五年（1706）对来华传教士实行领票制度，予以限制。[3] 雍正认为康熙过于宽纵，在雍正二年（1724）发布禁教令，除在京教士外，全国各地传教士居留广州。乾隆对天主教略有宽容，乾隆二年（1737）朱批："天主教非邪教可比，不必禁止。"[4]

相较于中国和日本，朝鲜与西洋人的直接接触要晚一些。1582 年冯里伊漂流到济州岛，随即被押往中国。1594 年赛斯佩特斯（Gregoreo Sespetus）在"壬辰倭乱"时期来到朝鲜，作为日本侵略朝鲜的随军传教士，与朝鲜人并无接触。1628 年漂流到济州岛的荷兰人朴渊（Jan Janes Weltevree）被捕后居留朝鲜。1653 年哈梅尔（Hendrik Hamel，1630—1692）等 36 名荷兰船员漂流到济州岛，1668 年哈梅尔返回荷兰后出版《哈梅尔游记》，这是欧洲人亲历记述朝鲜的首部著作。朴渊、哈梅尔等西洋人虽曾为朝鲜制造铳炮等武器，但

---

[1] J. B. Harley and David Woodward, *The History of Cartography*, Vol Two, Book Two, *Cartography in the Traditional East and Southeast Asian Societies*, Part Two *Cartography in Korea, Japan and Vietnam*, Chapter 11 *Cartography in Japan*, (Kazutaka Unno), University of Chicago Press, 1994, p. 390.

[2] [美] 马士（Hosea Ballou Morse）、宓亨利（Harley Farsworth MacNair）:《远东国际关系史》，"在此后二百十三年之间，日本人民在德川历代将军的统治下，被切断了同外国的一切交通，防范惟恐不周：一度甚至外国书籍都不得携带入境"（第 42 页），"自 1640 年起直到 1853 年潘理海军准将来临时止，就对外交通而言，日本一直是酣睡未醒"（第 43 页）。

[3] 顾卫民:《中国天主教编年史》，上海书店出版社，2003，第 210—211、228—229 页。

[4] 顾卫民:《中国天主教编年史》，第 280 页。

作为船员并不具备较高素养，因此对朝鲜西学传播影响甚微。[1] 1710年，雷孝思（Jean Bapt Regisl，1663—1707）、费隐（Xavier Ehrenbert Fridelli，1673—1743）测绘直隶、东三省、黑龙江北地图时，意欲同时测绘朝鲜并建立教会，康熙不允。[2]

在近代耶稣会士东来引发的东西文化交流中，不同于传教士在中国和日本的直接传教和传播西学，朝鲜半岛主要是通过使臣从明清两朝间接地输入汉译西学。如黄时鉴指出："大航海以来，西学东渐，先到中国和日本，而朝鲜王朝时代的西学则首先是经由中国传过去的。韩国的西学初传史也是西学入华史进一步向东的延伸。"[3] 韩国学者李元淳亦有类似表述，[4]并强调使臣在西学引入中的关键作用，"赴京使行是引入西洋文物的导管，但实际上赴京行员直接接触西洋文物，并将它引入朝鲜国内，是发生在北京的事"[5]。

较早见于文献记载者，1602年利玛窦《坤舆万国全图》在次年就被使臣李光庭带回朝鲜。1603年利玛窦《两仪玄览图》在1620年时被使臣黄中允携带回朝。[6] 1631年，朝鲜使臣郑斗源将葡萄牙传教士陆若汉（Jeronimo Rodriquez，1561—1634）所赠《天主略》《千里镜说》《职方外纪》《西洋国风俗记》《天文图南北极》《万里全图》及千里镜、西炮、自鸣钟等带回朝鲜。[7] 自17世纪初，诸多绘制大航海时代以来世界五大洲等全新地理知识的世界地图以及《职方外纪》等图籍，开始陆续传入朝鲜。

地球仪最早传入朝鲜半岛，并非通过朝鲜使臣，而是始于汤若望与当时作为人质居留于北京的昭显世子李澄（1612—1645）之间的直接接触。1623年，汤若望抵达北京，期间曾翻译伽利略的《远镜说》，1627年赴西安传教，1630年回北京供职于钦天监，修订《崇祯历法》。明清易代之后，汤若望担任钦天监监正，顺

---

1 参见黄时鉴、全善姬《关于〈哈梅尔游记〉》，载黄时鉴《东西交流史论稿》，上海古籍出版社，1998，第380—387页。另参见［韩］李元淳《朝鲜西学史研究》，王玉洁、朴英姬、洪军译，邹振环校订，中国社会科学出版社，2001，第41—42页。

2 参见［法］费赖之《在华耶稣会士列传及书目》（下），冯承钧译，第618页，"已而朝廷知其（案：费隐）通晓数学，召之赴京，助理雷孝思、杜德美二神甫测绘中国地图。一七一〇年与二神甫共测直隶、东三省、黑龙江北一带地图。宋君荣神甫信札云：'诸人以为兼测朝鲜地图，冀于此国建设一传教会，然康熙皇帝不许，计划由是失败'"。

3 黄时鉴：《东西交流史论稿》，"序言"，第16页。

4 ［韩］李元淳：《朝鲜西学史研究》："朝鲜引入西洋文物的形式同其他国家相比具有一定的独特性。朝鲜引入西洋文物并非依靠与朝鲜有关系的西洋人，而是通过朝鲜人本身完成引入、研究工作的，即不是被动的接受，而是能动的引入，这就是朝鲜引入西洋文明的特征"（第41页）。

5 ［韩］李元淳：《朝鲜西学史研究》，第43页。

6 杨雨蕾：《韩国所见的〈两仪玄览图〉》，《文献》2002年第4期。

7 参见［韩］姜在彦《朝鲜西学史》，韩国民音社，1990，第50页。

治十五年（1658）受一品封衔。汤若望在华传教40余年，历经明、清两代，是继利玛窦来华之后最重要的耶稣会士之一。[1]

1637年皇太极征伐朝鲜（"丙子之役"），订立《南汉山山城条约》，同年二月昭显世子等人入质于盛京。1644年随清军入关后，九月入居文渊阁，至十一月被释回朝。[2] 在北京居住的两个月里，昭显世子与汤若望多有往来，其事见法国传教士费赖之（Louis Pfister，1833—1891年）的记载。[3] 相赠礼物的详细记录，见于清人著作《正教奉褒》："顺治元年，朝鲜国王李倧之世子，质于京，闻汤若望名，时来天主堂，考问天文等学。若望亦屡诣世子馆舍叙谈。久之，深相契合，若望频讲天主教正道，世子颇喜闻详询。及世子回国，若望赠以所译天文、算学、圣教正道书籍多种，并舆地球一架，天主像一幅。世子敬领，手写致谢。"[4] 可见昭显世子除获赠天文等西学书籍外，还获得一架象征地球为球体的"舆地球"，这是地球仪实物传入朝鲜的最早记载。可惜昭显世子1644年释归朝鲜后，次年去世，这架地球仪也不知所踪。

二 汤若望图籍的影响及博德利藏图的价值

汤若望精于天文、数理，在北京期间曾制作浑天球、望远镜、观象仪等天文仪器。[5] 地球仪传入朝鲜的早期历史，皆与汤若望有关。除赠予昭显世子地球仪实物之外，汤若望记载地球仪制作技艺的《浑天仪说》，由使臣金堉（1580—1658）于1646年携回朝鲜。[6] 1636年汤若望图籍中的地球仪制作技艺及书中所附《地球十二长圆形图》，在东亚地球仪发展史上具有重要意义。之后在东亚朝鲜、日本出现的这类图像，皆源于此。《浑天仪说》首次向中文世界介绍了地球仪的制作方法——十二长圆形法，如文献中所载：

---

1 参见汤开建汇释、校注《利玛窦明清中文文献资料汇释》，上海古籍出版社，2017，第57页。

2 参见王臻《朝鲜世子与德国传教士汤若望在北京的交往考述》，《暨南学报》（哲学社会科学版）2015年第12期。

3 参见［法］费赖之《在华耶稣会士列传及书目》（上）："当时朝鲜国王（冯承钧案：此朝鲜国王应是朝鲜王世子之误）在京师，因识若望，曾过访，而若望亦曾赴其馆舍谒见，冀天文、数理之学赖其输入朝鲜。若望且盼教理浸入王心，乃赠以耶稣会士所撰一切关于宗教之书籍，又赠浑天球仪一具，天主像一幅，并以讲说教义一人嘱其携带回国。王曰：'余宁愿延君之欧罗巴同伴一人至国，讲授西学；然不论所遣者何人，将待之如同君之代表'"（第174页）。

4 （清）黄伯禄：《正教奉褒》第1册，顺治元年十二月，上海慈母堂印，光绪三十年版，第25页。

5 参见［法］费赖之《在华耶稣会士列传及书目》（上），第169页。

6 参见杨雨蕾《汉译西学书传入朝鲜述论》，《文献》2001年第2期。

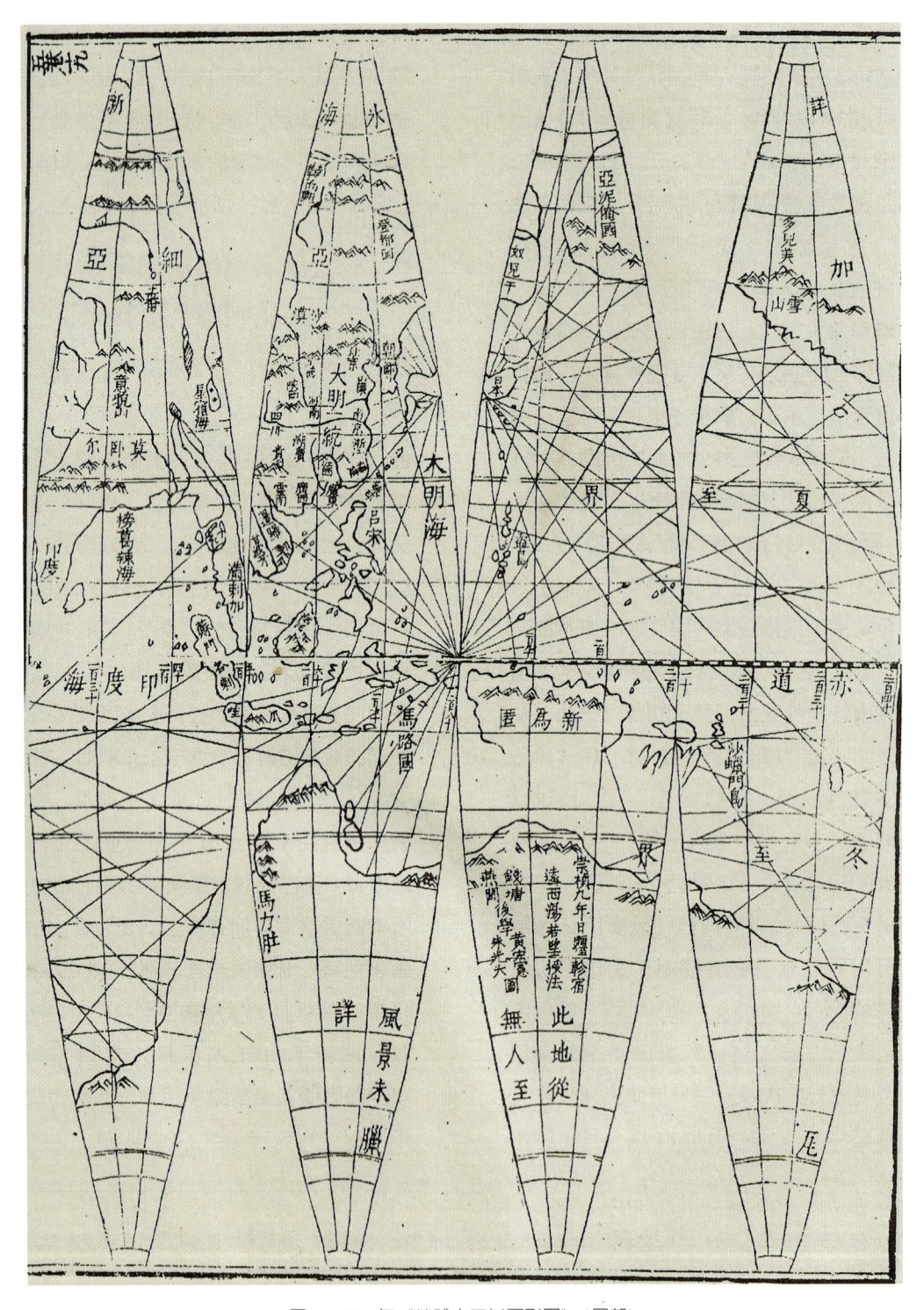

图1　1636年《地球十二长圆形图》（局部）

（采自汤若望《浑天仪说》卷五，第20页；载《西洋新法历书》第五册，第108页）

凡造浑球可任意大小，界黄赤道等圈其上，又依度数带入诸星，此元法也。但其功甚难，故别为简法。先制星图及地图，刊于平板，以楮印之，糊于球面必合。因其图形为长圆，设长直线以三十平分之，从第一分为心，十一分为界作弧，渐次以往，止于十二弧。后复从下对前弧，亦如前作十二弧，得十二长圆形。[1]

即先制十二长圆形图，然后糊在球面，汤若望另撰《制球法》《上长圆图于球面法》等专节详尽介绍制作方法。

汤若望书中附有《地球十二长圆形图》，图1展示的是中亚、印度及东亚区域，标注"大明一统""大明海""朝鲜""日本"及"苏门答剌""印度海""印度""莫卧尔"等名称。图幅右下方注记："崇祯九年日躔轸宿远西汤若望授法钱塘后学黄宏宪图燕闽后学朱光大图"，由此可知该图绘制于崇祯九年（1636年），"日躔"是指"太阳运动位置。躔，行迹"[2]，"轸宿"为"中国古代星官名。二十八宿之一，四象中南方朱雀七宿之最后一宿"[3]。同时可知该图由明朝人黄宏宪、朱光大根据汤若望授法（即十二长圆形法）绘制。

这不同于之前利玛窦等明末传教士绘制地球仪，比如现存最早在中国制作的地球仪——1623年龙华民、阳玛诺地球仪，"木质实心，地表用彩漆描绘"[4]，就是绘制地球仪。在制作技艺上，汤若望的图便于效仿，可批量制作，然后粘贴于球面，批量制造地球仪。同时也因为文字内容和图像保存于书籍中，较之于罕见的地球仪实物，随着书籍刊印和流通，相关知识更便于传播。朝鲜、日本等地散存的相关图像即是明证。

1933年，秋冈武次郎指出东亚地区现存三种1800年之前制作的该类地球仪用图：一是汤若望《浑天仪说》中附图；二是安井算哲（Yasui Santetsu，1590—1652年）藏图；三是日本学者今西龙（Imanishi Ryū，1875—1932）藏朝鲜人安鼎福绘制地球仪用图。[5] 1934年，秋冈武次郎在《地图学史》中注记汤若望图，提及该类地球仪用图在朝鲜有一种、日本有三种，但未具体言明。[6] 其中一种朝鲜

---

1 ［德］汤若望：《浑天仪说》卷五《制天地球十二长圆形法》，明崇祯刊本，第12页；载故宫博物院编《西洋新法历书》（第五册），《故宫珍本丛刊》第387册，海南出版社，2000，第103页。

2 徐振韬主编：《中国古代天文学词典》，中国科学技术出版社，2013，第181页。

3 徐振韬主编：《中国古代天文学词典》，第325页。

4 曹婉如、何绍庚、吴芳思（Frances Wood）：《现存最早在中国制作的一架地球仪》，载曹婉如、郑锡煌、黄盛璋、钮仲勋、任金城、秦国经、胡邦波编《中国古代地图集》（明代），第117页。

5 ［日］秋冈武次郎：《安鼎福筆地球儀用世界地圖——東洋製作の古地球儀用舟形図の一》，第109页。

6 ［日］秋冈武次郎：《地图学史》，岩波书店，1934，第30—31页。"筆者の知る範圍でに彼以後の地球儀用地圖は朝鮮に一種、日本に三種の存在を知るだであるが、彼が始めて東洋に此の知識を扶植したてとは特筆感賞すべまてとと言はばならぬ。"汉译为："据我所知，他之后有三种地球仪用地图，一种在朝鲜，三种在日本，但是值得注意的是，他首先将这种知识传入了东方。"

图当指今西龙藏图，而三种日本图，除汤若望图、安井算哲图之外，大概还包括1855年三木一光齊（Kazumitsu Miki）制图。

因为1933年文章中限定讨论1800年之前制作的图幅，所以日本仅两幅。但是文章中另提及19世纪日本的两幅地球仪图像，其一是1855年沼尻墨僊（1775—1856）伞状地球仪，目前有实物留存，其形态近似于可折叠的圆形灯笼，其上绘制世界地图，[1] 但此类地球仪显然不属于汤若望图系列。第二种是秋冈武次郎自己收藏的三木一光齊制图，因该图属于其私藏，暂未能确知其形态。笔者在日本富士宫市（Fujinomiya City）乡土资料馆查找到一架角田樱岳制地球仪实物，球面上书写"松木愚谷阅、高木秀丰校、三木一光齊图、江川仙太郎刀"，可见该地球仪实物上的地图来自于三木一光齊，且地球仪内侧书写"十五号"，应该是批量制造的地球仪，同样的地球仪在佐仓市国立历史民俗博物馆和鹿儿岛市尚古集成馆也有收藏。[2] 因此三木一光齊应曾制作汤若望式地球仪用图，并用于大量制作地球仪。

1800年之前制作的安井算哲藏图，据传藏于德国莱比锡格拉西博物馆（Grassi Museum），钟仲明经与馆藏方联络，确认目前并无该图线索，因为该馆在"二战"期间曾遭到轰炸，所以大概藏品已毁于战火。而今西龙藏图除1933年秋冈武次郎的介绍文字和所附黑白图影外，经钟仲明多方查找，原图已佚失。因此作为汤若望图的衍生品，博德利图是目前所知世界范围内唯一现存的1800年之前制作的该类中文地球仪用图。

三　博德利藏图的图名与作者

该图现藏于牛津大学博德利图书馆，作为欧洲最古老的图书馆之一，在英国其规模仅次于大英图书馆。经征询钟仲明获知，该图是由马克·纳皮尔·特罗洛普主教（Bishop Mark Napier Trollope，1862—1930）于1896年捐赠。特罗洛普受学于牛津大学新学院，1890年抵达首尔，他也是一位敏锐的书籍收藏者，博德利图书馆收藏的很多稀见且重要的朝鲜书籍和抄本，都是他在1896—1930年间陆续捐赠的。但是，对于如何获得这幅地图，他并未留下只言片语。[3]

---

[1] 图幅参见日本茨城县立历史馆（Ibaraki Prefectural Museum of History）网站，http：//www.rekishikan.museum.ibk.ed.jp/06_jiten/rekisi/untitled.htmkasasikitikyugi.htm，查阅时间：2021年5月14日。

[2] 角田樱岳地球仪图像及介绍文字参见富士宫市网站，http：//www.city.fujinomiya.lg.jp/citizen/llti2b0000002ow4.html，查阅时间：2021年5月14日。相关研究参见［日］宇都宫阳二朗、伊藤昌光《角田家地球儀についこ》，《人文論叢》（三重大学）第25号，2008，第1—31页。

[3] 笔者2022年3月4日邮件联系钟仲明，问询该图捐赠者情况及其如何获得该件地图的经过，钟氏回信如下："It was actually donated by Bishop Mark Napier Trollope (1862-1930) in 1896. Bishop Trollope was educated at New College, Oxford, and arrived in Seoul in 1890. He was also a keen collector of books. Many of the rare and important Korean books and manuscripts in the Bodleian Library were donated sporadically between 1896 and 1930 by him. There is unfortunately no note or anything at all written about how he obtained this map。"

图 2 博德利图书馆藏地球仪用图

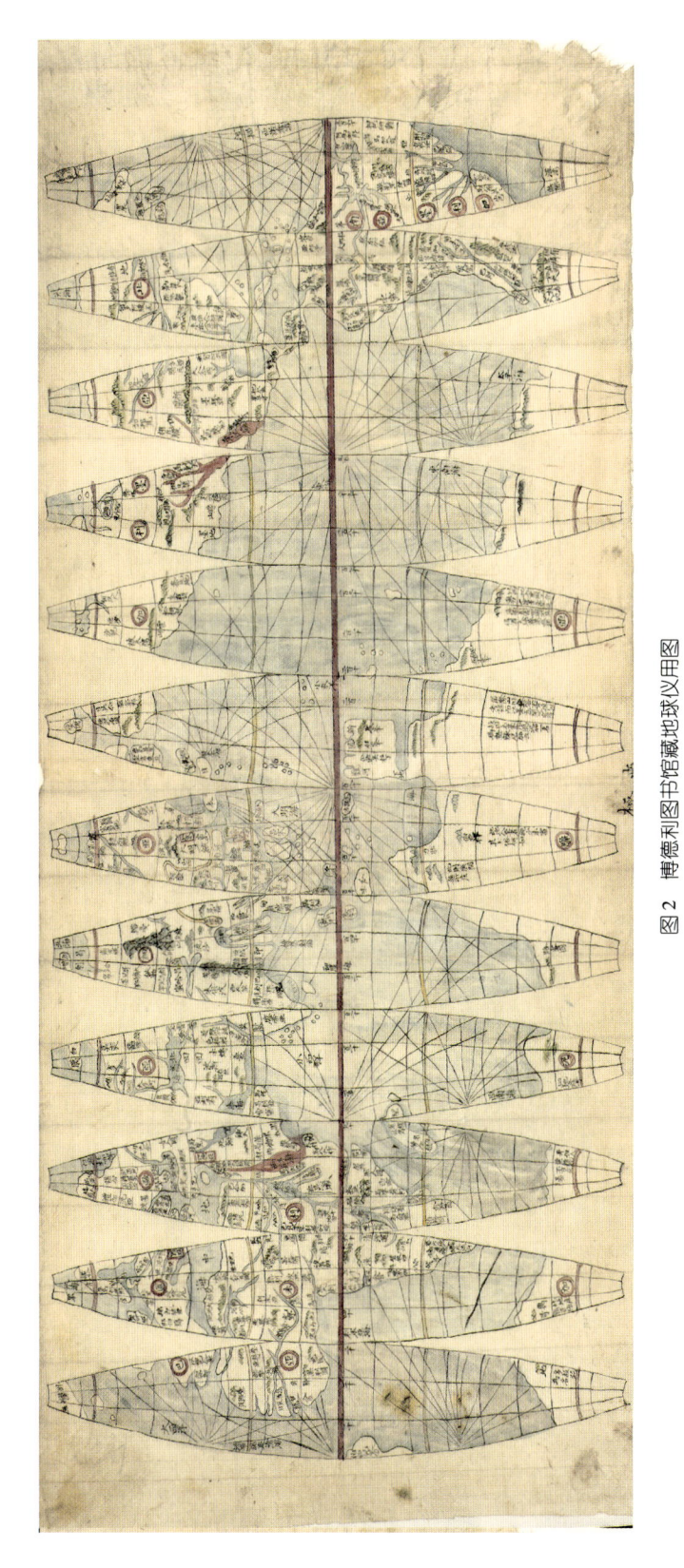

（博德利图书馆网站，https://digital.bodleian.ox.ac.uk/objects/297d5eb4-c875-4d8b-af45-457a29f4f7a/，查阅时间：2021 年 4 月 8 日）

如图 2 所示，该地球仪用图为彩绘本，由十二个长条缀合而成为一个平面世界地图，尺幅约为 28×71 cm。图幅以北为上，画出了赤道（深红色）、南北回归线（浅黄色）及经纬网，绘制了亚洲、欧洲、非洲、南北美洲及南极洲世界五大洲，并标注了不同国家名称和山川河流等自然地物。就其涵盖内容而言，这是一幅世界地图，但也不够准确，因为它是为制作地球仪而准备，十二个长条弯曲贴附到球体之上，就可制作一架地球仪。更准确地说，这是一幅地球仪用世界地图。

该图 1896 年入藏博德利图书馆，2019 年编入图录，钟仲明的研究即为最新成果。如其所言，这幅图"虽然十分重要，但在朝鲜内外鲜为人知"[1]。钟氏认为博德利图与今西龙藏图同源，皆出自朝鲜人安鼎福之手。秋冈武次郎研究成果被钟氏直接移用于博德利图，其中颇多值得商榷之处。

（一）图名

现有研究中提及的英文、日文及汉文名称，存在较大差异。博德利图书馆注记该图英文名称为 *Map of the World in Korean*，钟氏亦称之为 *The Bodleian World Map*，分别为《韩义世界地图》和《博德利世界地图》，以来源地和现藏地等特征为依据，简称之为世界地图。如上文分析，称为世界地图并不准确。其实，英文中对此类图幅有专门用语，钟氏在"地球仪用舟形图"的对应英文中已经标注，即"Globe gores"。

这种地球仪制作技艺大概始见于 16 世纪初，1507 年最早将美洲绘入世界地图的马丁·瓦尔德泽米勒（Martin Waldseemüller，1470—1521）制作的图幅，美国人标注图名为 *The Waldseemüller Globe Gores*。[2] 在英国格林威治皇家博物馆（Royal Museums Greenwich）收藏的诸多此类图幅亦归入"Globe gores"名目之下，与 Globe（地球仪）并列。[3] 可见这类图幅在英文语境下被归入"Globe gores"的范畴，但又不同于地球仪（Globe）。

就该类图幅的具体名称而言，法国国家图书馆藏彼得·范登基尔（Van den

---

[1] *Korean Treasures: Rare Books, Manuscripts and Artefacts in the Bodleian Libraries and Museums of Oxford University*, Volume 2, p. 10, "The Yŏnggo yanggye Yodong chŏndo world map, although important, is less known either inside or outside Korea".

[2] Martin Waldseemüller, *Globe gores*, ca. 1507, 现藏于美国明尼苏达大学詹姆斯贝尔图书馆（James Ford Bell Library, University of Minnesota）。图像见 https: // apps. lib. umn. edu/bell/WaldsWebsite/AtTheBell_ globe. htm，查阅时间：2021 年 4 月 22 日。相关研究参见徐永清《地图简史》，商务印书馆，2019，第 182—189 页；另见［法］保罗·克拉瓦尔（Paul Claval）《地理学思想史》（第 3 版），郑胜华、刘德美、刘清华、阮绮霞译，北京大学出版社，2007，第 38 页。

[3] 参见英国格林威治皇家博物馆网站，https: //collections. rmg. co. uk/collections. html#! csearch; authority = subject-90803; collectionReference=subject-90803，查阅时间：2021 年 4 月 22 日。

Keere, Pieter, 1571—1646）1614 年制作的 *Globe en 12 fuseaux*[1]，英文对译为 *Globe in 12 spindles*，可直译为"十二纺锤状地球仪"。除了直接以图幅外形命名外，也有其他命名方式，如荷兰制图商威廉·布劳（Willem Blaeu，1571—1638）1636 年制《新的地理描述》（*Nova orbis terrarum descriptio*）。[2] 因此，该图像如无事先正式拟名，英文名称可以馆藏地命名——*The Bodleian Globe Gores in Chinese*，而不是称之为世界地图（World Map）。

1933 年秋冈武次郎将此类图幅通称为"地球仪用舟形图"，1934 年在《地图学史》中沿用，[3] 这一称谓亦为钟氏在研究中借用。检索相关研究，这一称谓见于日文著作，应该是日本人自创的一种形象性描述，类似于上段提到的法文"十二纺锤状地球仪"的命名。因为图幅中十二个长条，每一个长条外形近似于扁舟，所以以"地球仪用舟形图"称之，形象生动且切近实际用途。笔者倾向于以"地球仪用图"或"地球仪用世界地图"这种平实准确的语言，来称呼此类图像。

至于具体图名，钟氏认为正式称谓是《宁古两界辽东全图》，[4] 因为秋冈武次郎研究的今西龙藏图中书写有"宁古两界辽东全图顺菴安先生手写本"字样，直接被钟氏移用于博德利图。然而根据图名信息，"宁古"应该是指清代东北地区的"宁古塔"，大致涵盖图们江以北、松花江以东至日本海以及黑龙江中下游和库页岛的广大地区。[5] 关于"两界"的用法，可参见同时代朝鲜人绘制的《西北彼我两界万里一览之图》，[6] 这是一幅 18 世纪中期清朝和朝鲜分界地图，内容大概涵盖朝鲜半岛北部和中国东北大部，以此用例而言，"两界"应该指国界或者区域分界。"辽东"在清代大概指辽东半岛区域，在 18 世纪朝鲜人绘制的《中原十三省之图》中，区域范围与中国人理解基本一致，即山海关外、鸭绿江以北的辽东

---

[1] 图幅参见法国国家图书馆网站，https：//gallica. bnf. fr/ark：/12148/btv1b8442098h/f2. item. zoom#，查阅时间：2021 年 4 月 22 日。

[2] 图幅参见法国国家图书馆网站，https：//gallica. bnf. fr/ark：/12148/btv1b8444040x？rk=150215；2，查阅时间：2021 年 4 月 22 日。

[3] ［日］秋冈武次郎：《地图学史》，第 30 页。

[4] *Korean Treasures: Rare Books, Manuscripts and Artefacts in the Bodleian Libraries and Museums of Oxford University*, Volume 2, pp. 9, 10.

[5] 参见谭其骧主编《中国历史地图集》第八册《清时期》，中国地图出版社，1996，《清时期全图》（一），第 3—4 页；《吉林》，第 12—13 页。

[6] 参见李花子《明清时期中朝边界史研究》，知识产权出版社，2011，第 73 页。地图见 http：//encykorea. aks. ac. kr/Contents/Item/E0027786#，查阅时间：2021 年 4 月 19 日。

半岛区域。[1] 仅根据图名而言，图幅应该绘制与朝鲜接壤的清朝东北地区及朝鲜半岛北部区域，尤以宁古塔、辽东为重，绘制范围与《西北彼我两界万里一览之图》相近。但实际上却是一幅地球仪用世界地图，并非东北亚区域图。再就实际绘制内容而言，在中国北部及朝鲜半岛区域标注"朝鲜""靺鞨""女真""北京""大明一统"，按照明代行政建置描绘，并非清朝建置，也未出现"宁古塔""辽东"等字样。因此，这种名实完全不符的情况引起笔者怀疑。

重新回到 1933 年秋冈武次郎文章，发现是因为钟氏对日文文章存在误读。秋冈武次郎并未以上述名称称呼该图，原文及汉译文如下：

此の安氏筆地球儀用舟形圖は寧古兩界遼東全圖と裏表に書かれ、一枚の折圖として保存されてゐるものである。氏は地球儀用舟形圖には何等記されてゐないが、遼東全圖に對して、「本册子ノ圖説ハ鄭德和燕行目錄二收錄スルヲ尹鑌ノ兩界圖説二同ジヲ以テ推スニ本册ハ即チ兩界圖ヲ寫セシモノナラン」と記し、且此の兩圖の袋紙に「寧古兩界遼東全圖順庵安先生手寫本」と題せら

れてゐる、前述の如き安氏自筆の地圖である[2]。

这张安氏"地球仪用舟形图"与"宁古两界辽东全图"正反两面绘制，作为一张折图保存。虽然他在"地球仪用舟形图"中未作任何记载，但针对辽东全图，记述为"本册子的附图与郑德和燕行收录的尹鑌《两界图说》相同，由此可推测，本册子即抄写（尹鑌）《两界图说》而成"，且这两图的纸袋上题名为"宁古两界辽东全图顺庵安先生手写本"。如前所述，是安氏亲自绘制的地图。[3]

其中记载清晰，纸张正反两面绘制了两幅地图，在地球仪用图中没有任何记载，也无图名；而纸袋上的题名"宁古两界辽东全图"很明显指的是另一面上绘制的"辽东全图"，与地球仪用图无关。今西龙藏图实际上与博德利图一样，图像中并未书写图名。因为该图制作技艺和图幅形态，直接上承自汤若望《地球十二长圆形图》，如无题名，汉文拟名则以在原作（母本）名称之前加注馆藏地的命名方式，较为适宜，如博德利《地球十二长圆形图》。

---

1 参见博德利图书馆藏《四海地方胜览之图》，该图册共收录 20 幅地图，由朝鲜人于 18 世纪绘制，其中《中原十三省之图》标绘了"辽东"位置。图幅见 https://digital.bodleian.ox.ac.uk/objects/658423c3-b2d9-4e39-84a6-a59003f57e70/surfaces/ac62b9b8-d852-404f-b0d4-4c2922511bb9/，查阅时间：2021 年 4 月 21 日。

2 ［日］秋冈武次郎：《安鼎福筆地球儀用世界地圖——東洋製作の古地球儀用舟形図の一》，第 111 页。

3 日文由中国社会科学院民族学与人类学研究所张珊帮助翻译，在此致谢。

（二）作者

钟仲明引用秋冈武次郎研究，认为博德利图与今西龙藏图一样，同样为安鼎福绘制。在此首先分析今西龙藏图的作者问题，如上节引文所示，今西龙藏图分为正反两面绘制，在"宁古两界辽东全图"一面中，注记"本册子的附图与郑德和燕行收录的尹锳《两界图说》相同，由此可推测，本册子即抄写（尹锳）《两界图说》而成"，秋冈武次郎据此认为这段注记出自安鼎福之手。然而，此处"郑德和燕行"应该是指1854年郑德和撰《燕槎日录天·地·人》，考虑到安鼎福（1712—1791）生卒时间，他不可能知道郑德和著作。因此该处注记应该是1854年之后书写，并非安鼎福本人手笔。

至于纸袋上文字"宁古两界辽东全图顺庵安先生手写本"，根据上段注记内容分析和行文方式，应该同样为后人添注，并非安鼎福本人书写。对此可作如下解读：后人仅为正反两面图幅中的"辽东全图"一幅拟名，并指出该图为安鼎福绘制，这是最符合阅读习惯的理解方式。由此延伸，注记者并未述及另一面地球仪用图的图名和作者，也就不能简单推导出安鼎福绘制地球仪用图。这从注记者在"辽东全图"中留下文字而反面并未注记来看，也符合上述推断。

退一步而言，将"宁古两界辽东全图顺庵安先生手写本"的题注，理解为纸袋中正反两面均为安鼎福绘制，虽不符合阅读习惯，但也不能排除这种可能。因为一纸两面，既然一面为安鼎福绘制，其他人在另一面又绘制地图的可能性也不大。况且题注者明确书写安鼎福手写本，虽对其人未知其详，但他能够阅读郑德和的书籍、地球仪用图等，亦有可能是安鼎福的后人或后世学人。因此从题注信息而言，虽然有些晦暗不明，但并无有力证据直接推翻，因此仍将安鼎福认定为今西龙藏图作者为妥。

至于秋冈武次郎所言："如前所述，是安氏亲自绘制的地图"，则存在对版本学和制图流程的误解。因为以东亚传统写本而论，无论文字著述还是地图图像，跟现代意义上的严格原作者手稿，是有区别的。很多誊清稿本并非本人亲笔手写，而是雇人代抄，古地图则因涉及绘画技巧等，更是会请画工等代为绘制。因此，如上文汤若望《地球十二长圆形图》题注所言："远西汤若望授法钱塘后学黄宏宪图燕闽后学朱光大图"，这类地球仪用图大致是士人授法、匠人制图的流程。观察今西龙藏图中粗陋字迹的写本特征，即使认定安鼎福为该图作者，也是指该图由安氏授法而非亲绘，亲绘者当为画工匠人等。

博德利图中并未书写图名和作者，钟氏并未进行论证和比较，直接引用秋冈武次郎研究，将博德利图作者认定为安鼎福。这在今西龙藏图作者留有疑问的情况下，关键是未进行两幅图像的细致比对，仅根据形态近似而得出上述结论，显然是站不住脚的。

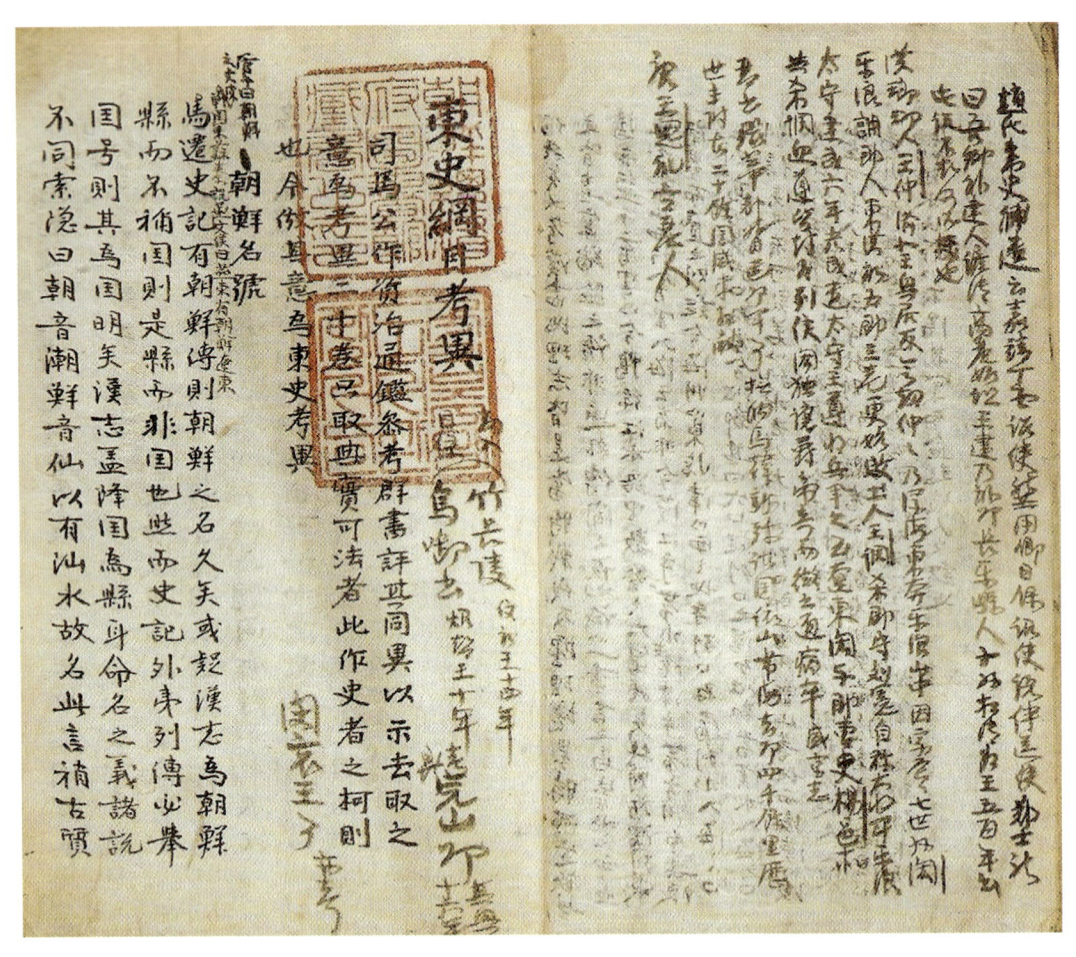

图3　安鼎福手书《东史纲目：并附录》
(采自 An Annotated bibliography of Rare books in The National Library of Korea, Vol. XIV, 图版11)

　　1933年披露的今西龙藏图图影为黑白印制，在海陆轮廓方面与博德利图基本一致，但是字迹漫漶，模糊难辨，难以针对具体地名等展开细致比对。以下仅就勉强识别出来的今西龙藏图与博德利图存在差异之处，列举如下：（1）今西龙藏图在中国部分标记"大一统"，而博德利图为"大明一统"；（2）今西龙藏图在南极洲部分标记"墨瓦蜡泥加"五个字，同于1602年《坤舆万国全图》的标注，[1]而博德利图为"亚腊泥加"四个字，少了"墨"字，"亚"与"瓦"似因形近而混淆；（3）在右数第四条下方，今西龙藏图出现两个地名——"东南海"与

---

[1] 参见美国明尼苏达大学詹姆斯贝尔图书馆藏《坤舆万国全图》，图像见 https://www.wdl.org/zh/item/4136/view/1/1/，查阅时间：2021年5月30日。

"墨瓦蜡泥"，博德利图仅书写"东南海"。区分授法人与绘制者两个层面而言，因为博德利图中未有任何文字记载可以证明该图与安鼎福有关，所以不宜轻率地仅因形似而认为该图与今西龙藏图同源而出自安氏之手。再就绘制者而言，如出自同一画工之手，在较为关键的"大明一统"字样以及大洲名称等地名上，似不应存在较大差异。

安鼎福（字顺庵，1712—1791）为李氏朝鲜后期的著名学者，曾师从朝鲜西学奠基人李瀷（字星湖，1681—1763）学习，著有《天学考》《天学问答》及《东史纲目》等著作。[1] 2012 年，韩国国家图书馆（The National Library of Korea）出版了馆藏安鼎福资料的专书，其中披露了大量安鼎福亲笔书写的图籍。在安氏《读史详节》一书中的附图，绘制的就是辽东、盛京等与朝鲜接界的清朝东北地区，[2] 因此安氏确曾绘制过《宁古两界辽东全图》这类反映分界的地图。

博德利图字迹清晰，以下将之与安鼎福亲笔字迹进行比对，以期进一步辨别两者关系。首先，在博德利图中标注为"朝鲜"，而在安氏手书中则为"鲜"的异体字"鮮"（如图 3），可见在安氏书写习惯中，非常关键的国名书写却与博德利图中"朝鲜"不同。其次，博德利图中"大明海""地中海""利未亚海"等名称中的"海"字形似而具特色——海，字体右下方不是"母"，而是"毋"字形。而翻检安氏手书，"海"字并无此种变体。再次，通览韩国国家图书馆展示的安氏手书，无论楷体或草书，稿本或正本，安氏笔迹在笔画及字体结构等痕迹来看，皆是经过书法训练，大致可称为文人体。而博德利图中字迹偏稚拙，并无书法美感，似可视为匠人体。在书法观感上，两者差异较大。最后，博德利图中存在几处明显错误，如上文提到的将南极洲错误标记为"亚腊泥加"，再如东南亚标注的"满利加"，应为"满剌加"之误，更离谱的是将"四川"书写为"泗川"。安鼎福如将"四川"错写为"泗川"并混淆"利"和"剌"、"亚"和"瓦"这些简单汉字，则不符合他通晓儒学、西学的学者身份。通过上述分析来看，博德利图出自安鼎福亲绘，几无可能。同时也无文字记载可证该图由安氏授意制作，因此谨慎起见，不应认定安氏为博德利图的作者。

四　博德利藏图的技艺与内容

汤若望图与博德利图之间的传承关系，较为明确。秋冈武次郎和钟仲明都已提及，但未深入探讨比对。本节将追溯更

---

[1] 安鼎福及其学术思想的研究参见《朝鲜西学史研究》，第 139—160 页。

[2] 参见 *An Annotated bibliography of Rare books in The National Library of Korea*，Vol. XIV, The National Library of Korea, 2012，图版 13。

早之前该技艺由欧洲传入中国的过程，进而探讨博德利图与汤若望图、利玛窦地图及艾儒略图籍等西洋式中文世界地图之间的传承关系。

15世纪末的早期欧洲地球仪制作也是雕刻（engraved）或绘画（painted）而来，制作数量有限且不宜传播，因此发展出被汤若望译为"十二长圆形法"的制作方法。1507年瓦尔德泽米勒已经制作此类图幅，但数量极少。南德意志地区的约翰·舍纳（Johann Schöner，1477—1547）开设了第一家地球仪工厂，在16世纪上半叶生产了一批印制地球仪（printed globes）。[1] 该制作方法于1527年传入安特卫普，至16世纪后期阿姆斯特丹取代安特卫普成为地球仪生产中心。为了商业利益，以约道库斯·洪第乌斯（Jodocus Hondius，1563—1612）和威廉·布劳为代表的地图和地球仪生产商，制作销售了大量此类地球仪，至今尚存350架之多。[2]

1591年，汤若望降生于德国科隆，成年后赴罗马学习，1618年从葡萄牙里斯本启程离开欧洲。1600年前后正值洪第乌斯、布劳等专业制造商大量制作此类地球仪的时期，地球仪流入欧洲各国。因此，汤若望一定接触过印制地球仪技艺，由此首度将之引入中国。上文提到的1636年威廉·布劳《新的地理描述》，其制作方式与图像形态，与汤若望图如出一辙。汤若望可谓将东、西方地球仪制作技艺同步，《浑天仪说》在1646年由使臣带到朝鲜半岛，又被朝鲜士人学习仿效，孕育制作出了今西龙藏图和博德利图等朝鲜地球仪用图。

关于博德利图与汤若望图在绘制内容上的传承，目前尚未见翔实分析。在此先比对汤若望图的参阅图籍，再进一步探讨两者间的内容传承等问题。

（一）汤若望图的参阅图籍

汤若望《地球十二长圆形图》成图于1636年，在此之前由传教士绘制的中文世界地图大致有1602年利玛窦《坤舆万国全图》和1623年艾儒略《万国全图》，也不排除汤若望参阅现存最早的中文地球仪——1623年龙华民、阳玛诺地球仪。其实，不管是艾儒略绘图还是龙华民地球仪，其内容绝大部分截取自利玛窦地图。经比对海陆布局、地名等信息，可以确定《地球十二长圆形图》主要参阅自利玛窦图及艾儒略图（如表1）。

1　参见 Van Duzer, Chet: *Some Results from a Study of Johann Schöner's 1515 Terrestrial Globe*, published in *Globe Studies*, No. 57/58, 2011, International Coronelli Society for the Study of Globes, pp. 93-106。

2　参见 Peter van der Krogt, *Globe Production in the Low Countries and its Impact in Europe*, 1524-1650, published in *Globe Studies*, 2002, International Coronelli Society for the Study of Globes, pp. 45-52, 54。

表1 地名对照

1636年汤若望图	1602年利玛窦地图	1623年艾儒略图籍	1623年龙华民地球仪
新为匿	新入匿	新为匿亚	无
圣老楞佐岛	仙劳冷祖岛	圣老楞佐岛	仙劳冷祖岛
圣依勒纳岛	仙衣力拿岛	圣依勒纳岛	无
青山岛	绿峰岛	绿峰岛	无
意大理	意大里亚	意大里亚	意大里亚

其一,"新为匿"为今新几内亚岛,1602年利玛窦并未将之绘制为岛屿,而是南方大陆的北部半岛。该岛于16世纪初被西方航海家发现,直到1606年西班牙航海家托雷斯最早发现澳大利亚与新几内亚岛为一海峡所分隔,该海峡后被命名为托雷斯海峡(Torres Strait)。[1] 艾儒略吸纳了这一最新地理发现,将"新为匿亚"绘制为一座独立岛屿,龙华民地球仪与艾儒略绘图一致。[2] 汤若望图虽地名标注异于利玛窦图,但是延续利玛窦图中的半岛形态。

其二,"圣老楞佐岛"是非洲东南部的马达加斯加岛,1500年圣劳伦斯节当天,葡萄牙航海家第奥古·迪亚士登岛并将其命名为"São Lourenço"[3]。利玛窦《坤舆万国全图》等影响深远的中文世界地图,参阅自同时代欧洲著名的奥特里乌斯(Abraham Ortelius,1527—1598)《寰宇全图》(Theatrum orbis terrarum)。[4]

---

[1] 参见 Adrian Room, *Placenames of the World*: *Origins and Meanings of the Names for* 6,600 *Countries*,*Cities*,*Territories*,*Natural Features and Historic Sites* (2nd Ed), McFarland & Company, Inc, Publishers Jefferson, North Carolina, and London, 2013, p. 379, Torres Strait: "The strait, between Australia and New Guinea, was so named in 1769 in memory of the Spanish navigator Luis Váez de Torres (1560-? 1614), who discovered it in 1606 during his circumnavigation of New Guinea. At the time he did not realize it was a strait, as he was unaware of the existence of Australia。"

[2] 参见曹婉如等编《中国古代地图集》(明代),图91:《现存最早在中国制作的地球仪》(亚洲部分)。

[3] 参见 *Placenames of the World*: *Origins and Meanings of the Names for* 6,600 *Countries*,*Cities*,*Territories*,*Natural Features and Historic Sites* (2nd Ed), p. 230, "When the Portuguese explorer Diego Dias discovered Madagascar on August 10, 1500, St. Laurence's Day, he named it accordingly *São Lourenço*"。

[4] 参见曹者祉撰《坤舆万国全图》注记"《坤舆万国全图》采用椭圆形等积投影,是利氏以奥台理《地球大观》等西文地图作蓝本,并参考中国舆地图籍绘制的",《中国古代地图集》(明代),"图版说明",第5页。另见黄时鉴、龚缨晏《利玛窦世界地图研究》,上海古籍出版社,2004,第69页,"从存世的利玛窦世界地图和其他文献资料可以看出,利氏绘制世界地图的主要依据乃是奥特里乌斯的《地球大观》"。

1587年《寰宇全图》中标注为"Ins S. Laurentij"[1]。利玛窦音译为"仙劳冷祖岛",后为龙华民地球仪采用;艾儒略音译为"圣老楞佐岛"[2],被汤若望采信。

其二,"圣依勒纳岛"位于非洲西部的大洋中,1502年葡萄牙航海家约翰·达·诺瓦发现该岛并命名,1645—1651年荷兰短暂占领该岛,1659年英国占领该岛至今,[3] 后因1815年流放法国皇帝拿破仑而闻名。该岛地理位置优越,在苏伊士运河开通前,一直是大西洋中重要的船舶停靠地。1587年《寰宇全图》中标注为"S. Helena"。利玛窦将之音译为"仙依力拿岛",汤若望同于艾儒略,译为"圣依勒纳岛"。

其四,"青山岛"和"绿峰岛"均为意译,是指今非洲西部的佛得角,得名自葡萄牙语 Cabo Verde,[4] Verde 意为"绿色的",Cabo 意为"角",1587年《寰宇全图》中标注为"de capo Verde"。不同于利玛窦和艾儒略,汤若望将之译为"青山岛"。此外,汤若望图中的"意大理"的用字,也不同于之前惯用的"意大里亚"。

综合来看,汤若望图来源主要是利玛窦地图,有些地名(如圣老楞佐岛、圣依勒纳岛)受到艾儒略地图影响,极个别地名(如青山岛、意大理)不同于以往,似为新创。

(二)博德利图与汤若望图的比较

两图中地名众多,笔者仅选取两图最左第1条(大西洋东部区域及欧洲和非洲西部)及左数第6条(中国及其南北地区),将其中地名逐一摘录如表2。

两图中地名同于1602年利玛窦《坤舆万国全图》者,以下划线标注;同于1623年艾儒略《职方外纪》者,以波浪线标注。通过比较可知:

(1)汤若望图中地名大部分来自1602年利玛窦图,部分来自艾儒略图籍,不限于上节提及的"圣老楞佐岛"等,还包括"以西把尼亚""默理""狮山""爪哇"等为数不少的地名。个别来源不明者,似为自创,如"清地""鹰岛""青山岛"。

---

1 比利时普朗坦—莫雷图斯博物馆(Museum Plantin-Moretus)藏《寰宇全图》(*Theatrum orbis terrarum*),1587年法文版,地图参见"世界数字图书馆"网站,https://www.wdl.org/zh/item/8978/view/1/14/,查阅时间:2021年5月20日。

2 参见[意]艾儒略《职方外纪校释》之《利未亚图》,谢方校释,中华书局,2000,第25页。

3 参见 *Placenames of the World: Origins and Meanings of the Names for 6,600 Countries, Cities, Territories, Natural Features and Historic Sites* (2nd Ed), p. 326, "a British colony off the southeast coast of Africa, was discovered by the Spanish navigator in Portuguese service João da Nova on May 22, 1502, the feastday of St. Helen, and was named accordingly"。

4 参见 *Placenames of the World: Origins and Meanings of the Names for 6,600 Countries, Cities, Territories, Natural Features and Historic Sites* (2nd Ed), p. 78, "The cape was named *Cabo Verde*, 'green cape', by 15th-century Portuguese explorers, who noted the green palm trees here contrasting with the barren, sandy coast"。

表2		地名对照
序号	1636年汤若望图	博德利图
第1条	清地、<u>大西洋</u>、<u>以西巴尼亚</u>、鹰岛、福岛、佛沙国、默理、青山岛、狮山、彼多倭、伯西儿	<u>卧兰的亚</u>、<u>大西洋</u>、以西把你亚、加西郎、查那瓦、河描诺亚沧海、塾利亚、<u>赫雅</u>、瓦腊大、息匿瓦日、白腊、<u>入匿</u>、<u>卧卧</u>、<u>黑利国</u>、<u>色匿</u>、伯西儿界
第6条	冰海、<u>鞑而靼</u>、登都国、沙漠、朝鲜、河阴、北京、大明一统、山东、陕西、四川、河南、南京、浙江、福建、湖广、贵州、江西、广东、广西、云南、琉球、大明海、吕宋、暹罗、甘波牙、瓜哇、马路国、马力肚	罗、狗国、室韦地、**鞑而靼**、瓦腊、奴儿干、沙漠、靺鞨、女真、朝鲜、**北京**、大明一统、山西、陕西、**河阴**、山东、泗川、河南、湖广、天台、南京、洞庭、江西、贵州、广东、广西、云南、安南、吕宋、大明海、老挝、占城、暹罗、三佛齐、**淳泥**、马路古、瓜哇、力肚、此则广问无所产、此地人至者绝少未审其土俗何如

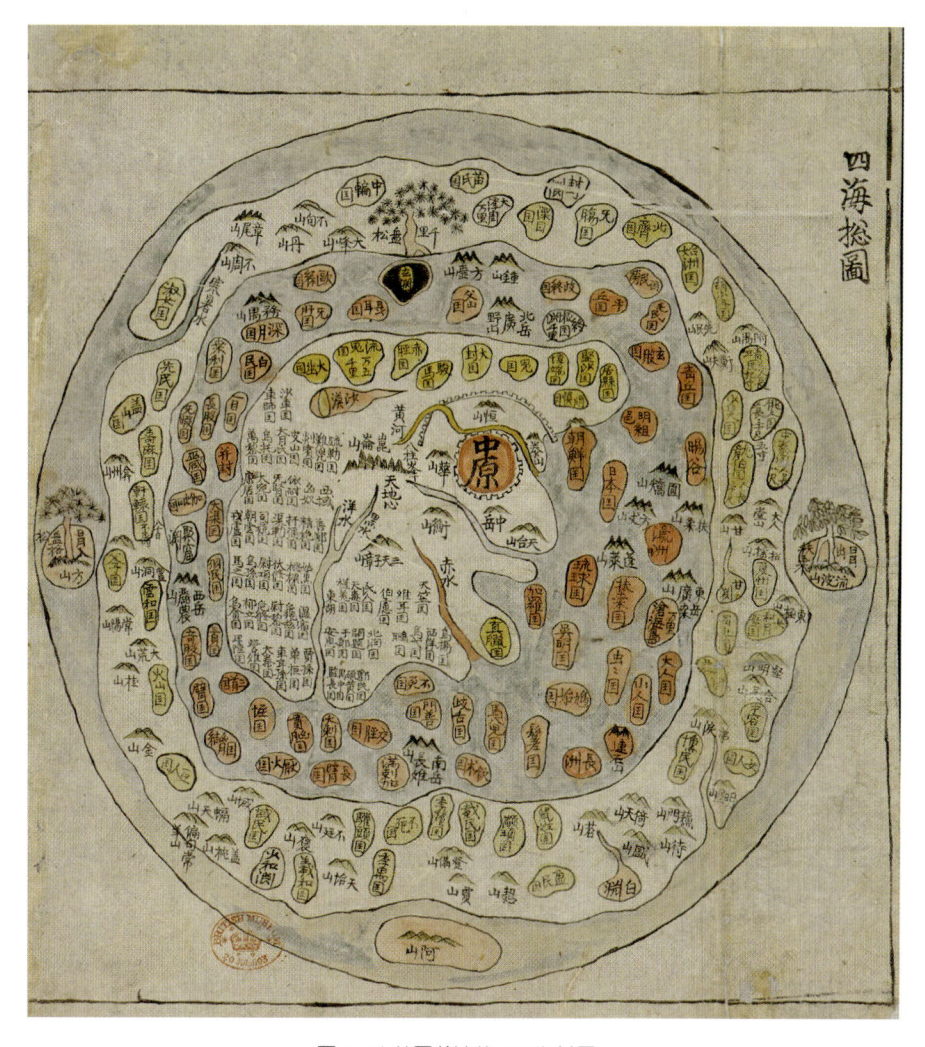

图4 大英图书馆藏《四海总图》

(https://www.bl.uk/collection-items/cheonhado-world-map#,查阅时间：2021年6月9日)

（2）如表2所示，博德利图地名绝大部分来自于1602年利玛窦图，个别与利图不符者，也基本是对其中地名的误书等原因造成。"河描诺亚沧海"在利图中为"河折亚诺沧"；"塾利亚"对应"热土利亚"；"息匿瓦日"则为"息匿瓦国"之误；"白腊"为"感白腊"的漏写；"罗"为"罗山"的漏书；"室韦地"应为对利图中"大室韦""北室韦""室韦"等众多地名的概括；"力肚"则是"玛力肚"的漏书。"此则广问无所产"缩写自"近年有被风浪，加西良舶至此地，惟言其广润无所产"的注记；"此地人至者绝少，未审其土俗何如"则改写自"此南方地，人至者少，故未审其人物何如"。由该段分析也可见，博德利图作者将上下排列的"热土利亚"误写作"塾利亚"，并存在多处漏写及将"四川"写作"泗川"、将"广润"误写作"广问"等，呼应上节博德利图作者的分析，如此众多错误，不符合安鼎福的学者身份。也从侧面反映出，博德利图地名基本来源自1602年利玛窦图，即使错误也可据其推导而出。

（3）博德利图中出现的"鞑而靼""北京"及"河阴""浡泥"四处地名。"鞑而靼"和"北京"在利图中分别为"鞑靼"和"京师"，"河阴""浡泥"未出现于利图中。而这四处地名均来自1623年艾儒略图籍，其中前三个地名同时出现在汤若望图中，但是"浡泥"在汤若望图中未出现，应该是博德利图作者直接抄录自艾儒略图籍。另在上文提及的马达加斯加岛处，博德利图标注"圣老楞佐岛名仙劳冷祖"，同时出现了利图和艾儒略图的地名称谓。此外，细致查看表2中地名对照，在相同区域内两图标注和选取的地名存在较大差异，不能一一对照，并且汤若望图中自创的具有特色的"清地""鹰岛""青山岛"等并无一处体现在博德利图中。因此，笔者倾向于认为博德利图中地名并不直接来自汤若望图。

（4）博德利图中在中国东南区域标注的"天台"，并未对应出现在上述西洋式中文地图，而是该图所独有。这一看似细小的差异，却也是一条重要线索。浙江天台山是日本及朝鲜半岛佛教天台宗的祖庭，在笔者过目的18世纪朝鲜人绘制的圆形天下图中，都会标记此山。比如分藏于大英图书馆的《四海总图》（如图4）和博德利图书馆的《四海地图》[1] 以及巴伐利亚国立图书馆藏《手绘朝鲜古地图》之《天下地图》，[2] 这三幅朝鲜人绘图中都出现了"天台山"。这种18世纪在朝鲜流传的圆形天下图，突出特点是在图幅

---

[1] 博德利图书馆藏《四海地图》，见 https://digital.bodleian.ox.ac.uk/objects/658423c3-b2d9-4e39-84a6-a59003f57e70/surfaces/44452ba9-83cc-4e8b-9f5d-646c7cf74dd1/，查阅时间：2021年6月9日。

[2] 德国巴伐利亚国立图书馆藏图，见 https://ostasien.digitale-sammlungen.de/view/bsb00061455/1?localeUrl=/view/bsb00061455?locale=&locale=en，查阅时间：2021年6月9日。

中心位置绘制"昆仑山",以"天地心"称之,这属于较为典型的佛教世界地图或者佛教天下图,[1] 有些类似于佛教南瞻部洲地图,图中都会标注"天台山"在内的诸多佛教山川。因此,仅据此点而言,博德利图应曾参阅当时在朝鲜半岛流传的佛教天下图。

总之,1636 年汤若望《地球十二长圆形图》,综合参阅了 1602 年利玛窦图和 1623 年艾儒略图。博德利图的制作技艺源自汤若望及其图籍,图幅绘制则主要参阅 1602 年利玛窦图,个别信息直接参阅自 1623 年艾儒略图籍,内容并非直接转录自汤若望图。在西洋式中文地图之外,应该还参阅了同时代朝鲜流行的佛教天下图。

一般而言,可供参阅的《坤舆万国全图》《职方外纪》及《浑天仪说》等汉译西书,只存于皇宫或者一些通晓西学的士人之手。《坤舆万国全图》于 1603 年传入朝鲜,1708 年朝鲜李朝肃宗曾令人制摹绘本《西洋乾象坤舆图》;1631 年《职方外纪》传入朝鲜后,学者李瀷、慎后聃、李家焕等曾研读书中世界地理知识。[2] 笔者查看 1708 年的地图,绘制精美,字迹隽永,不似博德利图中出现错别字、漏字等,仅从错字和字体来看,博德利图不应出自宫廷。大概率会是接触西学的士人制图,如同《地球十二长圆形图》由汤若望授法、黄宏宪和朱光大制图一样,博德利图应该也是士人授法、匠人制图的流程。

五 博德利藏图的成图时间与时代背景

博德利图的时间,可参考古地图的时间判定方式。因为中国古代地图一般极少标注绘制者等信息,因此很难断定具体的绘制时间,一般会根据图幅中地名、避讳、河湖变化等来推定表现时间。地球仪用图与古地图基本相同,博德利图因为参照 1602 年《坤舆万国全图》、1623 年《职方外纪》和 1636 年《浑天仪说》的内容绘制,因此表现时间大致为 17 世纪前期的明朝末年,地图中标注"大明一统""大明海"等是最明显的例证。[3]

绘制时间很难断言,参照今西龙藏图,其内容也是表现 17 世纪前期,但实际成图时间已经是 18 世纪中期前后。结

1　佛教天下图研究可参考 Gari Ledyard:*Cartography in Korea*,*Korea and Maps in the Buddhist Tradition*,University of Chicago Press,1990,pp. 254-256. 另可参考［英］李约瑟《中国科学技术史》第三卷《数学、天文和地学》,"东亚制图学中的宗教宇宙学",第 589—594 页。

2　参见［韩］李元淳《朝鲜西学史研究》,第 45—46、52 页。

3　钟仲明也认为该图表现年代为明朝末年,并认为这是朝鲜王朝人士在入清后追怀明朝的表现。参见 *Korean Treasures：Rare Books，Manuscripts and Artefacts in the Bodleian Libraries and Museums of Oxford University*,Volume 2,p. 10。

合18世纪前后朝鲜西学发展状况，如李元淳研究，1601—1750年是"接触西学期"，之后在18世纪中期的"探究西学期"，实学代表人物李瀷积极探求西学，收集、阅读大量西学书籍，劝导士人弟子研习西学，形成星湖学派。作为李瀷弟子的安鼎福，受其影响，撰写《天学考》等书并制地球仪用图。之后洪大容（1731—1783）、朴趾源（1737—1805）等"北学派"直接在北京接触西学，并传至朝鲜。[1] 18世纪后期李氏朝鲜对天主教日趋防备和严厉，"在短短17年（1784—1801）中经历了'乙巳秋曹摘发事件''珍山事件''辛酉教难'等多次教难之后，陷入低潮，直到19世纪80年代后期朝鲜与法国签订《修好条约》为止"。[2] 自1801年"辛酉教难"天主教在朝鲜传播陷入低潮，直到1886年朝鲜与法国签订《修好条约》，才获得合法宗教地位。基于朝鲜西学传播状况，推测博德利图成图时间大致在西学活跃的18世纪中期前后。

这一时期"地圆说"在朝鲜传播，《坤舆万国全图》《职方外纪》《坤舆全图》等世界地图及《天文略》《西洋新法历书》等记录天文历法的书籍，陆续传入朝鲜后，其中承载的"地圆说"亦随之入朝。最早接触西学的李睟光（1563—1628）、金万重（1637—1692）分别在《芝峰类说》和《西蒲漫笔》中对"地圆说"做了描述。[3] 对"地圆说"在朝鲜传播起到极大推动作用的，仍属星湖学派创始人李瀷，在《星湖僿说》及安鼎福编《星湖僿说类选》中均有"地球"专目。

1708年，朝鲜李朝肃宗命令崔锡鼎根据汤若望赠《乾象坤舆图》和《坤舆图》，新绘《西洋乾象坤舆图》。[4] 在崔氏题记中明确提到了"地圆说"：

> 今西士之说，以地球为主。其言曰：天圆地亦圆，所谓地方者，坤道主静，其德方云尔。仍以一大圆圈为体，南北加细弯线，东西为横直线。就地球上下四方分布万国名目，中国九州在近北界亚细亚地面。其说宏阔矫诞，涉于无稽不经。然其学术传授有自，不可率而下破者，姑当存之，

---

[1] 参见［韩］李元淳《朝鲜西学史研究》，第6—8页。另参见廉松心《明末清初天主教在中朝两国初始传播研究》，《世界宗教研究》2012年第2期。

[2] 廉松心：《明末清初天主教在中朝两国初始传播研究》，《世界宗教研究》2012年第2期。

[3] 参见［日］船越昭生《朝鮮におけるマテオ・リッチ世界地図の影響》，《人文地理》1971年第2号。另参见胡树铎、白欣《明清之际地圆说在朝鲜的传播和反响》，《自然辩证法通讯》2019年第2期。

[4] 相关研究参见［日］鈴木信昭《朝鮮肅宗三十四年描画入り『坤輿萬國全圖』攷》，立教大学史学会编《史苑》63（2），2003，第6—35页。另见［韩］郑基俊《奎章阁再生本〈坤舆万国全图〉（2010）为原奉先寺藏本》，《奎章閣》，Vol. 38，2011，第275—283页。

以广异闻。[1]

在该图右上角还书写利玛窦《坤舆万国全图》题记："地与海本是圆形，而合为一。球居天球之中，诚如鸡子黄在青内"等语，并绘制象征地球为球体的《天地仪》图像（如图5）。

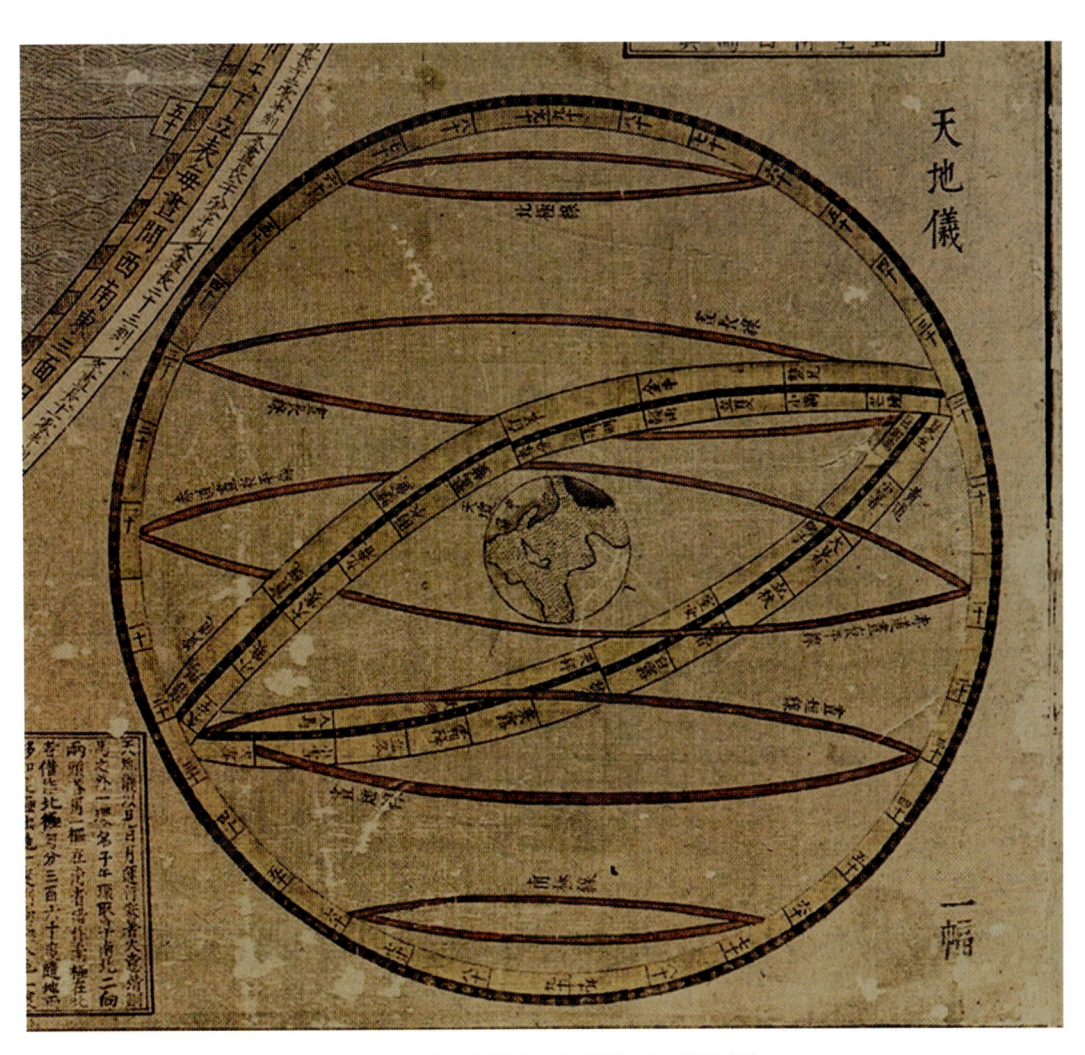

图 5　1708 年《西洋乾象坤舆图》之《天地仪》

[韩国实学博物馆（The Museum of Silhak）藏 1708 年《西洋乾象坤舆图》，图像参见 https://artsandculture.google.com/asset/new-gonyeo-manguk-cheondo-new-matteo-ricci%E2%80%99s-world-map/twGEi2Om9Nmouw，查阅时间：2021 年 6 月 7 日]

1　崔锡鼎撰《西洋乾象坤舆图二屏总序》，参见 https://artsandculture.google.com/asset/new-gonyeo-manguk-cheondo-new-matteo-ricci%E2%80%99s-world-map/twGEi2Om9Nmouw，查阅时间：2021 年 6 月 7 日。

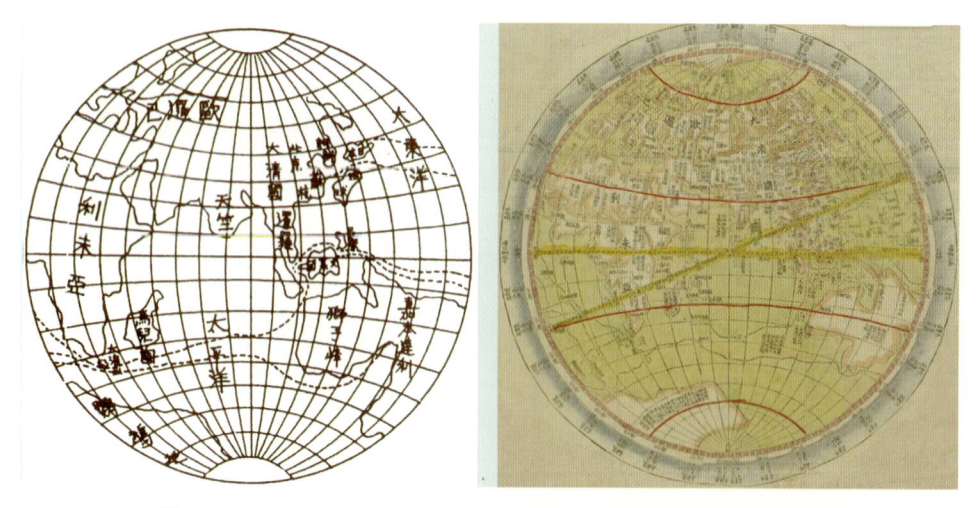

图6　高丽大学藏地球仪平面图（左）与法国国家图书馆藏《大清统属职贡万国经纬地球式》（右）

以同时代朝鲜地图而言，韩国国立中央图书馆藏18世纪制作的圆形世界地图——《天地全图》，该图系另见于美国国家图书馆、大英图书馆及荷兰莱顿汉学研究院。据杨雨蕾研究："《天地全图》将西方地理学知识与带有实际和想象的东方地理知识融合在一起，而现存的一些'天下图'显然也融合有西方地圆说及其经纬度的概念"[1]，其中西方地理知识混杂了利玛窦《坤舆万国全图》及南怀仁《坤舆全图》的知识。[2] 由上面分析可见，西洋式中文世界地图及"地圆说"观念，在朝鲜王宫和民间的渗透和传播。这也是在这一时期能够产生安鼎福制地球仪用图及博德利图的时代背景。

六　高丽大学藏地球仪的制作时间

值得注意的是，加里·莱迪亚德（Gari Ledyard）在 Cartography in Korea 一书中，以《一架18世纪地球仪》（An Eighteenth-Century Terrestrial Globe）为题，专节论述一架现藏于高丽大学博物馆（Koryǒ University Museum）的地球仪。这架地球仪较特殊，安装在一架由时钟驱动的浑天仪中。韩国学者全相云（Sang-woon Jeon）认为该架地球仪制作于1669年，[3] 这一论断被英国学者李约瑟接纳。

---

[1] 杨雨蕾：《〈天地全图〉和18世纪东亚社会的世界地理知识：中国和朝鲜的境遇》，《社会科学战线》2013年第10期。

[2] 同上注。

[3] Sang-woon Jeon, *Science and Technology in Korea: Traditional Instruments and Techniques*, Cambridge: MIT Press, 1974, pp. 68-72.

加里根据"嘉本达利"（Carpentaria）这一澳洲地名出现在中西文地图中的时间，对17世纪中期的制作时间提出质疑，认为其应是18世纪的产物。[1] 因为本文探讨时间限定在1801年之前，故将其纳入研究范围。

然而，笔者认为该架地球仪应为19世纪作品。如图6所示，左边是高丽大学藏地球仪平面展开图，[2] 右边是法国国家图书馆藏《大清统属职贡万国经纬地球式》。[3] 二者在大陆轮廓上基本一致，细节上如地球仪中经非洲南部"大浪山"往东经"太平洋"然后在澳洲大陆分南、北两道的航线绘制，以及澳洲东北部的两条平行航线，在绘制上与法国藏图如出一辙。此外，地球仪上地名如"大清国""狮子峰""嘉本达利"等这些其他西洋式地图中不太常见的地名和标注位置，在法国藏图中均可一一对应。尤其是加里研究中着重强调的澳洲大陆的"嘉本达利"的书写，并不同于1674年南怀仁《坤舆全图》[4] 和1760年蒋友仁《坤舆全图》。[5] 南怀仁图在澳洲书写"加尔本大利亚"和"新阿兰地亚"，对应音译自Carpentaria和New Hollandia（新荷兰），"嘉本达利"这一写法笔者首见于法国藏图系列。而蒋友仁图在北美大陆绘制上，与地球仪绘制差异明显——蒋友仁图将加利福尼亚绘制为半岛形态，这符合今天墨西哥下加利福尼亚和美国加利福尼亚的长条半岛形状，而在地球仪和法国藏图中，与很多中西方古地图一样，将之绘制为独立于北美大陆的岛屿。

综合来看，高丽大学藏地球仪图面内容参阅自《大清统属职贡万国经纬地球式》图系。该图底本大概为乾隆五十九年（1794）《职方会览四夷图说》，嘉庆五年（1800）庄廷敷（1728—1800）绘制，应该是清朝皇宫制图。[6] 该图式在美国国会图书馆也有藏图。[7] 因此，高丽大

1　J. B. Harley and David Woodward, *The History of Cartography*, Vol Two, Book Two, *Cartography in the Traditional East and Southeast Asian Societies*, Part Two *Cartography in Korea, Japan and Vietnam*, Chapter 10 *Cartography in Korea* (Garl Ledyard), University of Chicago Press, 1994, p. 253.

2　Garl Ledyard, *Cartography in Korea*, p. 252.

3　图幅参见法国国家图书馆网站，https：//gallica.bnf.fr/ark：/12148/btv1b55000126k/f1.item.r=da%20qing%20tong%20shu.zoom，查阅时间：2021年6月11日。

4　参见谢国兴、陈宗仁主编《地舆纵览：法国国家图书馆所藏中文古地图》，"中研院"台湾史研究所，2018，第40—41页。

5　参见中国第一历史档案馆、澳门一国两制研究中心选编《澳门历史地图精选》，华文出版社，2000，蒋友仁《坤舆全图》，第70—71页。

6　参见李孝聪《欧洲收藏部分中文古地图叙录》，国家文化出版公司，1996，第18页。

7　图幅参见美国国会图书馆网站，https：//www.loc.gov/resource/g3200.ct003384/?r=0.498,0.119,0.09,0.173,90，查阅时间：2021年6月11日。相关研究参见李孝聪《美国国会图书馆藏中文古地图叙录》，文物出版社，2004，第2页。

学藏地球仪有可能是清宫制造而后流入朝鲜的西洋器物，其内容据《大清统属职贡万国经纬地球式》简化而来，也可能是朝鲜人根据清朝地图自制。可以肯定的是，这架地球仪制作时间当在 1800 年之后的 19 世纪。

小　结

大航海时代以来，东西文化交流日趋紧密，开启了近代意义上的"西学东渐"和"西器东传"。作为当时西方社会知识阶层的传教士，梯山航海，来到东方。"西学"和"西器"首先被带到中国和日本，再经中国传入朝鲜半岛。如黄时鉴所言，朝鲜西学史可视为西学入华史的向东延伸。地球仪这一西洋器物在东亚的传播历史，就集中体现了上述趋势。

近代地球仪在 16 世纪末由利玛窦传入中国，顺治年间清宫钦天监制作有地球仪，[1] 清宫造办处在康熙年间亦曾制作地球仪。[2] 同时期日本与葡萄牙、荷兰等国通商，在 16 世纪末欧洲制地球仪被带到日本，日本人最早在 1605 年自制地球仪。[3] 目前记载所见最早传入朝鲜的地球仪实物，应是 1644 年汤若望赠予昭显世子的"舆地球"。伴随着汉译西书的大量传入，尤其是《坤舆万国全图》《职方外纪》《浑天仪说》和"地圆说"的引入，略晚于中国和日本百余年，在 18 世纪中期前后产生了今西龙藏图和博德利图这类朝鲜人自制地球仪用图。

1636 年汤若望著《浑天仪说》并制《地球十二长圆形图》，这在东亚地球仪发展史上具有重要意义。区别于之前利玛窦、龙华民等绘制地球仪技术，汤若望首次将欧洲印制地球仪技艺传入中国。这种更便于效仿的地球仪制作技艺，传入朝鲜后，在 18 世纪朝鲜西学活跃的土壤上，以 1602 年利玛窦图为主，并参阅 1623 年艾儒略地图和朝鲜人绘佛教天下图，孕育出了博德利藏地球仪用图。

此外，朝鲜王朝时代著名学者南秉哲（1817—1863）《圭斋遗稿》卷五收录有《地球仪说》，其中提及一架朝鲜藏乾隆朝地球仪，"盖前人之作，有乾隆地球之式"，"旧仪只凭其经纬线，而是仪有经纬线又用圈尺，理同而详约不同"[4]。南氏以"旧仪"称呼乾隆朝地球仪，且亲自目验，对"旧仪"球面内容多有描述。从南氏将这架地球仪径直冠以"乾隆"而非朝鲜王朝年号的记载方式，推测这极有可能是一架 18 世纪中后期在中国制造

1　说明及图像参见故宫博物院网站，https：//www.dpm.org.cn/collection/clock/233806.html，查阅时间：2021 年 6 月 21 日。

2　参见刘宝建《康熙朝地球仪漫谈——帝国了解世界的新窗口》，《紫禁城》2006 年第 Z1 期。

3　Kazutaka Unno, *Cartography in Japan*, pp. 390-391.

4　[韩] 南秉哲：《圭斋遗稿》卷五《地球仪说》，日本早稻田大学藏刻本，第 32 页。

而后传入朝鲜的地球仪。明末传入中国的地球仪，在乾隆朝已经登堂入室，由清宫制作并于乾隆三十一年（1766）作为"礼器"编入《皇朝礼器图式》。[1] 因此这一时期有地球仪实物流入朝鲜半岛，亦属情理之中。

在17—18世纪的二百年间，由中国传入朝鲜的不仅有地球仪实物（昭显世子"舆地球"及乾隆地球仪），也有汉译西书影响下朝鲜人自制的今西龙藏图、博德利图等地球仪图像。地球仪作为承载世界地理知识和"地圆说"的西洋器物，其传播历史事关中朝文化交流史、东西文化交流史以及天主教东亚传播史、地图学史等。通过重点分析博德利图，基本展现了地球仪经由中国传入朝鲜的早期历史。同时以地球仪为线索，为观察18世纪前后世界地理知识传播、器物流传及宗教传播等东西交流，打开了一扇新窗口。

附记

牛津大学博德利藏地球仪图像及相关英文研究图录由东北师范大学王永杰老师提供，谨致谢忱！

---

[1] （清）允禄、蒋溥等初纂，福隆安、王际华等补纂：《皇朝礼器图式》卷三《仪器》，哈佛燕京学社藏乾隆三十一年武英殿刊本，第27页。

《形象史学》征稿启事

《形象史学》是由中国社会科学院古代史研究所文化史研究室主办、面向海内外征稿的中文集刊，自 2021 年起每年出版四辑。凡属中国古代文化史研究范畴的专题文章，只要内容充实，文字洗练，并有一定的深度和广度，均在收辑之列。尤其欢迎利用历史上流传下来的各类形象材料进行专题研究的考据文章，以及围绕中国古代文化史学科建构与方法探讨的理论文章。此外，与古代丝路文化和碑刻文献研究相关的文章，亦在欢迎之列。具体说明如下。

一、本刊常设栏目有理论动态、名家笔谈、器物研究、图像研究、汉画研究、服饰研究、文本研究、跨文化研究等，主要登载专题研究文章，字数以 2 万字以内为宜。对于反映文化史研究前沿动态与热点问题的综述、书评、随笔，以及相关领域国外学者的最新研究成果（须提供中文译本），亦适量选用。

二、来稿文责自负。章节层次应清晰明了，序号一致，建议采用汉字数字、阿拉伯数字。举例如下。

第一级：一 二 三；

第二级：（一）（二）（三）；

第三级：1. 2. 3.；

第四级：（1）（2）（3）。

三、中国历代纪年（1912 年以前）在文中首次出现时，须标出公元纪年。涉及其他国家的非公元纪年，亦须标出公元纪年。如清朝康熙六年（1667），越南阮朝明命元年（1820）。

四、来稿请采用脚注，如确实必要，可少量采用夹注。引用文献资料，古籍须注明朝代、作者、书名、卷数、篇名、版本；现当代出版的论著、图录等，须注明作者（或译者、整理者）、书名、出版地点和出版者、出版年、页码等；同一种文献被再次征引时，只须注出作者、书名、卷数、篇名、页码即可；期刊论文则须注明作者、论文名、刊物名称、卷期等。如为连续不间断引用，下一条可注为"同上注"。外文文献标注方法以目前通行的外文书籍及刊物的引用规范为准。具体格式举例如下。

（1）（清）张金吾编：《金文最》卷一一，光绪十七年江苏书局刻本，第 18 页。

（2）（元）苏天爵辑：《元朝名臣事略》卷一三《廉访使杨文宪公》，姚景安点校，中华书局，1996，第 257—258 页。

（3）（清）杨钟羲：《雪桥诗话续集》卷五（上册），辽沈书社，1991 年影印本，第 461 页下栏。

（4）（唐）李隆基注，（宋）邢昺疏：《孝经注疏》，载李学勤主编《十三经注疏》，北京大学出版社，1999，第 3 页。

（5）金冲及：《二十世纪中国史纲（简本）》上册，社会科学文献出版社，2012，第 295 页。

（6）苗体君、窦春芳：《秦始皇、朱元璋的长相知多少——谈中学〈中国历史〉教科书中的图片选用》，《文史天地》2006 年第 4 期。

（7）林甘泉：《论中国古代民本思想及其历史价值》，《光明日报》2003 年 10 月 28 日。

（8）[英] G. E. 哈威：《缅甸史》，姚楠译，商务印书馆，1957，第 51 页。

（9）Marc Aurel Stein，*Serindia* London：Oxford Press，1911，p. 5.

（10）Cahill, Suzanne, "Taoism at the Song Court: The Heavenly Text Affair of 1008", *Bulletin of Sung-Yuan Studies*, 1980 (16), pp. 23-44.

五、(1) 请提供简化字（请参照国家语言文字工作委员会 1986 年重新发布的《简化字总表》) word 电子版。如有图片，需插入正文对应位置。(2) 同时提供全文 pdf 电子版。(3) 另附注明序号、名称、出处的高清图片电子版（图片大小应在 3M 以上），并确保无版权争议。（如为打印稿，须同时提供电子版）。(4) 随文单附作者简介（包括姓名、单位、职称、研究方向）、生活照（电子版）、联系方式、通信地址、邮编。

六、如获得省部级及以上项目基金资助，可在首页页下注明。格式如：本成果得到××××项目（项目编号：××××）资助。项目资助标注不能超过两项。

七、邮箱投稿请以"文章名称"命名邮件名称和附件名称。请用文章全名命名，副标题可省略。

八、请作者严格按照本刊格式规范投稿，本刊将优先拜读符合规范的稿件。

九、来稿一律采用匿名评审，自收稿之日起三个月内，将通过电话或电子邮件告知审稿结果。稿件正式刊印后，将赠送样刊两本，抽印本若干。

十、本刊已入编知网，作者文章一经录用刊发即会被知网收录，作者同意刊发，即被视为认可著作权转让（本刊已授权出版方处理相关事宜）。

十一、本刊地址：北京市朝阳区国家体育场北路 1 号院中国历史研究院行成楼 220 房间，邮编：100101。联系电话：010 - 87420859（周一、周二办公）。电子邮箱：xxshx2011@yeah. net。